经以济世
建德开来

贺教育部

哲学及宏观项目

办王主任

李晓林
丙戌六月八

教育部哲学社会科学研究重大课题攻关项目

"十四五"时期国家重点出版物出版专项规划项目

新时代高校党的领导体制机制研究

RESEARCH ON THE INSTITUTIONAL MECHANISM OF PARTY LEADERSHIP IN UNIVERSITIES IN THE NEW ERA

黄建军

等著

中国财经出版传媒集团

经济科学出版社

·北京·

图书在版编目（CIP）数据

新时代高校党的领导体制机制研究/黄建军等著. --北京：经济科学出版社，2023.11
教育部哲学社会科学研究重大课题攻关项目 "十四五"时期国家重点出版物出版专项规划项目
ISBN 978 - 7 - 5218 - 5068 - 0

Ⅰ.①新… Ⅱ.①黄… Ⅲ.①中国共产党 - 高等学校 - 党的建设 - 研究 Ⅳ.①D267.6

中国国家版本馆 CIP 数据核字（2023）第 162569 号

责任编辑：何 宁
责任校对：隗立娜 蒋子明
责任印制：范 艳

新时代高校党的领导体制机制研究
黄建军 等著
经济科学出版社出版、发行 新华书店经销
社址：北京市海淀区阜成路甲 28 号 邮编：100142
总编部电话：010 - 88191217 发行部电话：010 - 88191522
网址：www.esp.com.cn
电子邮箱：esp@esp.com.cn
天猫网店：经济科学出版社旗舰店
网址：http://jjkxcbs.tmall.com
北京季蜂印刷有限公司印装
787×1092 16 开 25.5 印张 481000 字
2023 年 11 月第 1 版 2023 年 11 月第 1 次印刷
ISBN 978 - 7 - 5218 - 5068 - 0 定价：102.00 元
(图书出现印装问题，本社负责调换。电话：010 - 88191545)
(版权所有 侵权必究 打击盗版 举报热线：010 - 88191661
QQ：2242791300 营销中心电话：010 - 88191537
电子邮箱：dbts@esp.com.cn)

课题组主要成员

首席专家 黄建军
主要成员 姚剑文　赵倩倩　杜朝举
　　　　　　杨昌华　石书臣　杨　燕
　　　　　　杨　源　朱　帅

总　序

哲学社会科学是人们认识世界、改造世界的重要工具，是推动历史发展和社会进步的重要力量，其发展水平反映了一个民族的思维能力、精神品格、文明素质，体现了一个国家的综合国力和国际竞争力。一个国家的发展水平，既取决于自然科学发展水平，也取决于哲学社会科学发展水平。

党和国家高度重视哲学社会科学。党的十八大提出要建设哲学社会科学创新体系，推进马克思主义中国化、时代化、大众化，坚持不懈用中国特色社会主义理论体系武装全党、教育人民。2016年5月17日，习近平总书记亲自主持召开哲学社会科学工作座谈会并发表重要讲话。讲话从坚持和发展中国特色社会主义事业全局的高度，深刻阐释了哲学社会科学的战略地位，全面分析了哲学社会科学面临的新形势，明确了加快构建中国特色哲学社会科学的新目标，对哲学社会科学工作者提出了新期待，体现了我们党对哲学社会科学发展规律的认识达到了一个新高度，是一篇新形势下繁荣发展我国哲学社会科学事业的纲领性文献，为哲学社会科学事业提供了强大精神动力，指明了前进方向。

高校是我国哲学社会科学事业的主力军。贯彻落实习近平总书记哲学社会科学座谈会重要讲话精神，加快构建中国特色哲学社会科学，高校应发挥重要作用：要坚持和巩固马克思主义的指导地位，用中国化的马克思主义指导哲学社会科学；要实施以育人育才为中心的哲学社会科学整体发展战略，构筑学生、学术、学科一体的综合发展体系；要以人为本，从人抓起，积极实施人才工程，构建种类齐全、梯队衔接的高校哲学社会科学人才体系；要深化科研管理体制改革，发挥高校人才、智力和学科优势，提升学术原创能力，激发创新创造活力，建设中国特色新型高校智库；要加强组织领导、做好统筹规划、营造良好学术生态，形成统筹推进高校哲学社会科学发展新格局。

哲学社会科学研究重大课题攻关项目计划是教育部贯彻落实党中央决策部署的一项重大举措，是实施"高校哲学社会科学繁荣计划"的重要内容。重大攻关项目采取招投标的组织方式，按照"公平竞争，择优立项，严格管理，铸造精品"的要求进行，每年评审立项约40个项目。项目研究实行首席专家负责制，鼓励跨学科、跨学校、跨地区的联合研究，协同创新。重大攻关项目以解决国家现代化建设过程中重大理论和实际问题为主攻方向，以提升为党和政府咨询决策服务能力和推动哲学社会科学发展为战略目标，集合优秀研究团队和顶尖人才联合攻关。自2003年以来，项目开展取得了丰硕成果，形成了特色品牌。一大批标志性成果纷纷涌现，一大批科研名家脱颖而出，高校哲学社会科学整体实力和社会影响力快速提升。国务院副总理刘延东同志做出重要批示，指出重大攻关项目有效调动各方面的积极性，产生了一批重要成果，影响广泛，成效显著；要总结经验，再接再厉，紧密服务国家需求，更好地优化资源，突出重点，多出精品，多出人才，为经济社会发展做出新的贡献。

作为教育部社科研究项目中的拳头产品，我们始终秉持以管理创新服务学术创新的理念，坚持科学管理、民主管理、依法管理，切实增强服务意识，不断创新管理模式，健全管理制度，加强对重大攻关项目的选题遴选、评审立项、组织开题、中期检查到最终成果鉴定的全过程管理，逐渐探索并形成一套成熟有效、符合学术研究规律的管理办法，努力将重大攻关项目打造成学术精品工程。我们将项目最终成果汇编成"教育部哲学社会科学研究重大课题攻关项目成果文库"统一组织出版。经济科学出版社倾全社之力，精心组织编辑力量，努力铸造出版精品。国学大师季羡林先生为本文库题词："经时济世　继往开来——贺教育部重大攻关项目成果出版"；欧阳中石先生题写了"教育部哲学社会科学研究重大课题攻关项目"的书名，充分体现了他们对繁荣发展高校哲学社会科学的深切勉励和由衷期望。

伟大的时代呼唤伟大的理论，伟大的理论推动伟大的实践。高校哲学社会科学将不忘初心，继续前进。深入贯彻落实习近平总书记系列重要讲话精神，坚持道路自信、理论自信、制度自信、文化自信，立足中国、借鉴国外，挖掘历史、把握当代，关怀人类、面向未来，立时代之潮头、发思想之先声，为加快构建中国特色哲学社会科学，实现中华民族伟大复兴的中国梦做出新的更大贡献！

教育部社会科学司

摘　要

教育是国之大计、党之大计。高校作为人才培养的高地、意识形态的阵地、知识与文化创新的基地和服务经济社会发展的能量输出地，肩负着培养中国特色社会主义建设者和接班人的神圣使命。加强党对高校的全面领导，加强和改进高校党的建设，落实高校全面从严治党主体责任，坚持和完善高校党的领导体制机制，是办好中国特色社会主义大学的根本保证。在新时代背景下，高校要解决好"培养什么人、怎样培养人、为谁培养人"这一教育的根本问题，必须要确保高校党委在学校教育事业发展全局中居于领导地位和核心地位，承担管党治党、办学治校主体责任，把方向、管大局、作决策、保落实。与此同时，发挥好高校党委在改革发展、全面从严治党、意识形态、风气引领中的主导作用，履行好高校党委对学校教育事业改革发展的引领和保障作用，对于坚持高校党委领导下的校长负责制、牢牢把握立德树人根本任务、推动高校内涵式发展、不断理顺体制机制，提高高校党建工作科学化水平、推进高校治理体系和治理能力现代化具有深远的意义和价值。

新时代加强党对高校的全面领导的核心和关键在于不断完善高校党的领导体制机制建设，用制度的力量保证党对高校全面领导的贯彻落实，从而赋予党对高校的全面领导以规范化和制度化的维度。新时代完善高校党的领导体制机制，就是要以现实问题为观照，并将这一问题作为逻辑起点，通过科学把握"党的一元化领导和党的全面领导"的辩证关系及逻辑理路，准确界定"体制""机制""高校党的领导体制机制"等核心概念的内涵、特点与功能，从而确定相应的研究边界，为研究的展开奠定基础。与此同时，完善党对高校的全面领导的体制机制也是社会主义教育事业发展过程必然面临的一个理论性命题，通过深入挖掘、梳理、凝练马克思主义经典作家以及中国共产党人对教育阶级性本质、党对高校领导的相关理论思想，可以更为全面把握党对高校领导的理论深意，进而为新时代高校党的领导体制机制提供原则和遵循。

观照现实，新时代完善党对高校全面领导的体制机制也是全面贯彻落实立德树人根本任务，保证社会主义办学方向过程展现的一个现实性问题，因此，新时代高校党的领导体制机制必须关注现实背景，回应实际问题。新时代背景下，高校党的领导体制机制既面临着加强党对高校的全面领导、培养民族复兴人才、全面深化改革等迫切任务的多元诉求；也适逢党的建设新的伟大工程赋予的新条件、新实践、新方向等多元机遇；更迎接着建设"双一流"大学、推进高校深化改革、落实"立德树人"根本任务等多重挑战。因此，以现实关照为基础，以问题意识为导向，综合运用多学科知识，多维度地考察高校党的领导体制机制的现状，总结高校党的领导内容基本明确、领导格局逐步优化、体制机制夯实稳定等重要成效，挖掘高校党的领导体制机制在运行、执行、创新应急等方面存在的问题及不足，剖析其深层次缘由及影响因素的理路，彰显出现实必要性。

新时代高校党的领导体制机制是一项综合、协同的系统工程，既涉及对基本原则与具体要求的充分贯彻，也涉及对宏观思路与方略步骤的科学研判：一方面，要坚持以人民为中心的价值取向原则、服务中心工作的政策导向原则、依法依规的制度约束原则、党总揽全局的根本底线原则，深入明晰与精准定位当前高校党的领导体制机制关键环节，充分把握新时代高校党的领导体制机制对于选拔领导干部、提升人才素养、优化领导方式、设置成效评估等方面的根本要求；另一方面，要深刻认识坚持、完善、推进高校党的领导体制机制是办好社会主义大学、秉持党办高校优良传统、承担教育改革职责使命的客观旨归，要在推进党领导高校一切的过程中、坚持党中央权威和集中统一领导的过程中、夯实高校党的政治建设的过程中、确保高校党委总揽全局与协调各方的过程中，逐步建立科学民主的决策机制、公平合理的考评机制、协调高效的沟通机制、完善立体的监督机制,在理顺高校党政关系、集体领导与个人分工关系、党委书记和校长责任关系、思想领导和学术自由关系的基础上,不断加强高校党的领导体制机制的执行反馈和效能提升。

新时代完善高校党的领导体制机制要结合不同层次、不同类型高校实际情况提出具有针对性的对策建议:首先,部属高校是我国办学兴校的主导力量,加强部属高校党的政治方向领导、组织队伍建设、领导落实力度是推进高校党的领导体制机制的完善性举措;其次,地方高校作为党领导下的高校主体力量,要不断加强地方党委对所属高校的领导机制、规范落实党政管理机制、创新领导组织运行机制,为完善地方高校党的领导体制机制提供保障性措施;最后,民办高校作为推进我国人才培养事业的新生力量,需要持续加强各级党政部门的统筹指导监督,严格落实党的领导管理体制,健全党的领导内部运行机制,在促进民办高校建设的规模化、高质量、可持续发展中,将党的领导贯穿于办学治校的全过程。

总之,新时代高校党的领导体制机制是具有中国特色的制度体系,也是我国高等学校管理体制长期探索和发展的历史选择,更是加强党对高校全面领导的着力指向。我们要坚定维护高校党委权威和集中统一领导的各项制度,健全党的民主集中制、全面领导制度和纪律检查制度,不断完善高校党员代表大会制度,更好地实现"中国特色"和"现代大学制度"的深度融通,充分彰显中国特色现代大学制度的适应性、协调性与科学性。

Abstract

    Education is a major plan for the country and for the Party. If education is prosperous, the country will prosper; if education is strong, the country will be strong. As the highland of talent training, the ideological front, the base of knowledge and cultural innovation, and the energy output place serving economic and social development, colleges and universities shoulder the sacred mission of training builders and successors of socialism with Chinese characteristics. Strengthening the Party's overall leadership over colleges and universities, strengthening and improving the Party building in colleges and universities, implementing the main responsibility of comprehensively and strictly governing the Party in colleges and universities, and adhering to and improving the Party's leadership system and mechanism in colleges and universities are the fundamental guarantees for running a socialist university with Chinese characteristics well. The Party committees of colleges and universities occupy a leading position and core position in the overall development of school education, undertake the main responsibility of managing the Party and governing the Party, running schools and governing schools, and take the direction, manage the overall situation, make decisions, and ensure implementation. Only by giving full play to the leading role of the Party committees of colleges and universities in reform and development, strict Party governance, ideology and atmosphere guidance, and fulfilling the role of the Party committees of colleges and universities in guiding and guaranteeing the reform and development of school education, can the fundamental problems of "what kind of university to run", "how to run the university" and "who to train" and "how to train people" be solved. It has very important theoretical and practical significance for adhering to the president responsibility system under the leadership of the Party committee of colleges and universities, firmly grasping the fundamental task of Building Morality and educating people, promoting the connotative development of colleges and universities, constantly straightening out the system and mechanism, improving the scientific level of Party building in colleges and universities, and promoting the modernization of the governance system and capacity of colleges and universities.

To strengthen the Party's institutional mechanism for leadership over colleges and universities, the first thing to bear the brunt of it is to give full play to the leadership ability and management level of the Party committees of colleges and universities, and to ensure that the Party's leadership plays a full role in colleges and universities. To improve the Party's leadership system and mechanism in colleges and universities in the new era, it is necessary to take the realistic problem as the concern, take the realistic problem of how to strengthen the Party's leadership system and mechanism in colleges and universities as the logical starting point, and accurately define the connotation, characteristics and functions of such core concepts as "system", "mechanism" and "the Party's leadership system and mechanism in colleges and universities" by scientifically grasping the dialectical relationship and logic of "the Party's unified leadership and the Party's overall leadership". It is the premise of further promoting the research of the Party's leadership system and mechanism in colleges and universities. At the same time, through the reflection on the source of the Party's leadership system and mechanism in colleges and universities, it is clear that the objective needs, inevitable requirements, important significance, and practical values of the Party's overall leadership over colleges and universities are clarified. And we should also excavate, condense and sort out the relevant theoretical thoughts of Marx, Engels, Lenin and other classical Marxist writers and Chinese Communists on the class nature of education and the Party's leadership over colleges and universities. These can provide principles and guidelines for the Party's leadership system and mechanism in colleges and universities in the new era.

In the new era, the Party's leadership system and mechanism of colleges and universities must pay attention to the actual background and respond to practical problems. Under the background of the new era, the Party's leadership system and mechanism in colleges and universities are facing the diversified demands of urgent tasks such as strengthening the Party's overall leadership over colleges and universities, cultivating talents for national rejuvenation, and comprehensively deepening reform. It also coincides with the new conditions, new practices, new directions and other diversified opportunities entrusted by the new great project of Party building. It is also meeting the diversified challenges of building a "double-first-class" university, promoting the deepening reform of colleges and universities, and implementing the fundamental task of "educate people with virtue". Therefore, on the basis of realistic care, it is very necessary to comprehensively apply multidisciplinary knowledge to examine the current situation of the Party's leadership system and mechanism in colleges and universities in multiple dimensions, summarize the important results of the Party's leadership content in colleges and universities, gradually optimize the leadership pattern, and consolidate and stabilize the system and mechanism, excavate the problems and deficiencies in the operation, implementation, innovation and emergency response of the Party's leadership system and mechanism in colleges and universities, and analyze its deep-seated reasons and influencing factors.

The Party's leadership system and mechanism in colleges and universities in the new era is a comprehensive and coordinated system project, which involves not only the full implementation of basic principles and specific requirements, but also the scientific judgment of macro ideas and strategic steps. On one hand, it is necessary to adhere to the people-centered value orientation principle, the policy-oriented principle of service center work, the principle of institutional constraint in accordance with laws and regulations, and the fundamental principle of the Party taking charge of the overall situation, deeply clarify and accurately locate the key links of the current Party leadership system and mechanism of colleges and universities, and fully grasp the fundamental requirements of the Party's leadership system and mechanism in colleges and universities in the new era for selecting leading cadres, improving talent quality, optimizing leadership methods, and setting up effectiveness evaluations. On the other hand, it is necessary to profoundly understand that upholding, perfecting, and promoting the Party's leadership system and mechanism in colleges and universities is the objective purpose of running a socialist university well, upholding the fine tradition of Party-run colleges and universities, and undertaking the responsibility and mission of educational reform. we should gradually establish a scientific and democratic decision-making mechanism, a fair and reasonable evaluation mechanism, a coordinated and efficient communication mechanism, and a perfect three-dimensional supervision mechanism in the process of promoting the Party's leadership over all colleges and universities, in the process of adhering to the authority and unified leadership of the Party Central Committee, in the process of consolidating the political building of the Party in colleges and universities, and in the process of ensuring that the Party committees of colleges and universities have the overall situation and coordinate all parties. And we also should continuously strengthen the implementation feedback and efficiency improvement of the Party's leadership system and mechanism in colleges and universities on the basis of straightening out the relationship between the Party and the government in colleges and universities, the relationship between collective leadership and individual division of labor, the relationship between the responsibility of Party secretaries and presidents, the relationship between ideological leadership and academic freedom.

In the new era, to improve the Party's leadership system and mechanism in colleges and universities, it is necessary to put forward targeted countermeasures and suggestions in light of the actual situation of different levels and different types of colleges and universities. Firstly, the ministry-affiliated colleges and universities are the leading force in running and revitalizing schools in China, and strengthening the political direction leadership, organizational team building, and leadership implementation of the Party's political direction in the ministry-affiliated colleges and universities is a perfect measure to promote the Party's leadership system and mechanism in colleges and universities; Secondly, as the main force of colleges and universities under the leadership of the Party, local colleges and universities should continuously strengthen the leadership mechanism of local Party committees over their affiliated colleges and universities, standardize the implementation of Party and government management mechanisms, and innovate the operation mechanism of leadership organizations, so as to provide safeguard measures for improving the Party's leadership system and mechanism of local colleges and universities; Finally, as a new force in promoting the cause of talent training in China, private colleges and universities need to continue to strengthen the overall guidance and supervision of Party and government departments at all levels, strictly implement the Party's leadership management system, improve the internal operation mechanism of the Party's leadership, and promote the large-scale, high-quality and sustainable development of the construction of private colleges and universities, and run the Party's leadership through the entire process of running and governing schools.

In summary, the Party's leadership system and mechanism of colleges and universities in the new era is an institutional system with Chinese characteristics, and it is a historical choice for the long-term exploration and development of the management system of colleges and universities in China. We must firmly safeguard the authority of the Party committees of colleges and universities and the various systems of centralized and unified leadership, improve the Party's democratic centralism, comprehensive leadership system and discipline inspection system, constantly improve the system of Party member congresses in colleges and universities, better realize the in-depth integration of "Chinese characteristics" and "modern university system", and fully demonstrate the adaptability, coordination and scientific nature of the modern university system with Chinese characteristics.

目 录

引言　1

第一章 ▶ 高校党的领导体制机制相关概念辨析　5

　　第一节　高校党的领导相关概念界定　5
　　第二节　体制和机制的内涵、特点与功能　9
　　第三节　高校党的领导体制机制的科学界定　24

第二章 ▶ 新时代高校党的领导体制机制的价值审视　36

　　第一节　党对高校全面领导的客观需要　36
　　第二节　推进高等教育治理现代化的必然要求　42
　　第三节　高校坚持社会主义办学方向的题中之义　49
　　第四节　高校提高人才培养质量的内在要求　54

第三章 ▶ 新时代高校党的领导体制机制的理论基础　60

　　第一节　马克思恩格斯关于教育阶级性本质的相关理论　60
　　第二节　列宁关于加强党对教育领导的相关重要思想　67
　　第三节　中国共产党人关于高校党的领导的重要论述　73

第四章 ▶ 高校党的领导体制机制的历史考察　80

　　第一节　高校党的领导体制机制的历史演进　80
　　第二节　高校党的领导体制机制的基本经验　95
　　第三节　高校党的领导体制机制的现实启示　104

第五章 ▶ 新时代高校党的领导体制机制的现实境遇　110

　　第一节　新时代高校党的领导体制机制的现实背景　110

第二节　新时代高校党的领导体制机制的现实机遇　120
　　第三节　新时代高校党的领导体制机制的现实挑战　127

第六章　新时代高校党的领导体制机制的现状及成因　136
　　第一节　新时代高校党的领导体制机制取得的重要成效　136
　　第二节　新时代高校党的领导体制机制存在的主要问题　149
　　第三节　新时代高校党的领导体制机制问题的成因分析　162

第七章　新时代高校党的领导体制机制的基本原则与要求　185
　　第一节　新时代高校党的领导体制机制的基本原则　186
　　第二节　新时代高校党的领导体制机制的关键环节　198
　　第三节　新时代高校党的领导体制机制的根本要求　201

第八章　新时代高校党的领导体制机制的宏观理路与方略　207
　　第一节　提高认识，高度重视高校党的领导体制机制建设　207
　　第二节　强化领导，推进高校党的领导体制机制建设　221
　　第三节　完善机制，发挥高校党的领导体制机制优势　231
　　第四节　理顺关系，完善党委领导下的校长负责制　239
　　第五节　注重效能，加强高校党的领导体制机制执行反馈　253

第九章　新时代完善部属高校党的领导体制机制的对策建议　266
　　第一节　加强部属高校党的政治方向领导　267
　　第二节　创优部属高校党的组织队伍建设　274
　　第三节　强化部属高校党的领导落实力度　283
　　第四节　部属高校党的领导体制机制的完善性举措　290

第十章　新时代完善地方高校党的领导体制机制的对策建议　295
　　第一节　加强地方高校的领导体制建设　296
　　第二节　规范落实地方高校党政管理的体制机制　301
　　第三节　创新地方高校落实党的领导组织运行机制　306
　　第四节　地方高校党的领导体制机制的保障性举措　313

第十一章　新时代完善民办高校党的领导体制机制的对策建议　324
　　第一节　加强各级党政部门对民办高校的统筹指导监督　324

第二节　严格执行落实民办高校党的领导管理制度　330

第三节　健全民办高校落实党的领导的内部运行制度　336

第四节　民办高校党的领导体制机制的支撑性举措　343

结　语　363

参考文献　367

后记　373

Contents

Introduction   1

Chapter One   The Concepts of the Party's Leadership System and Mechanism in Colleges and Universities   5

1.1   The Relevant Concepts of Party Leadership in Universities   5
1.2   The Connotation, Characteristics and Functions of the System and Mechanism   9
1.3   The Scientific Definition of the Party's Leadership System and Mechanism in Colleges and Universities   24

Chapter Two   The Value of the Leadership System and Mechanism of the University Party in the New Era   36

2.1   The Objective Needs of the Party for the Overall Leadership of Universities   36
2.2   The Inevitable Requirement of Promoting the Modernization of Higher Education Governance   42
2.3   The Universities Adhere to the Socialist Direction of Higher Education Management   49
2.4   The Internal Requirements of Colleges and Universities to Improve the Quality of Talent Training   54

Chapter Three   The Theoretical Basis of the Leadership System and Mechanism of the University Party in the New Era   60

3.1   Marx and Engels' Theories about the Nature of Education Class   60

3.2   Lenin's Important Thoughts on Strengthening the Party's Leadership in Education   67

3.3   Important Thoughts of Chinese Communists on Party Leadership in Colleges and Universities   73

Chapter Four   The Historical Investigation of the Leadership System and Mechanism of the Party in Universities   80

4.1   The Historical Evolution of the Party's Leadership System and Mechanism in Universities   80

4.2   The Basic Experience of the Party's Leadership System and Mechanism in Colleges and Universities   95

4.3   The Realistic Enlightenment of the Party's Leadership System and Mechanism in Colleges and Universities   104

Chapter Five   The Realistic Situation of the Party's Leading System and Mechanism in the New Era   110

5.1   The Realistic Background of the Party's Leadership System and Mechanism in Colleges and Universities in the New Era   110

5.2   The Realistic Opportunity of the Leadership System and Mechanism of the University Party in the New Era   120

5.3   The Realistic Challenge of the Leadership System and Mechanism of the University Party in the New Era   127

Chapter Six   The Status Quo and Causes of the Party's Leading System and Mechanism in the New Era   136

6.1   The Important Achievements of the Party's Leadership System and Mechanism in colleges and Universities in the New Era   136

6.2   The Main Problems of the Party's Leadership System and Mechanism in colleges and University Party in the New Era   149

6.3   The Causes of the Party's Leadership System and Mechanism in Colleges and Universities in the New Era   162

Chapter Seven   The Basic Principles and Requirements of the Party's Leading System and Mechanism in Colleges and Universities in the New Era   185

    7.1   The Basic Principles of the Leadership System and Mechanism of the University Party in the New Era   186

    7.2   The Key Link of the Leadership System and Mechanism of the University Party in the New Era   198

    7.3   The Fundamental Requirements of the Leadership System and Mechanism of the University Party in the New Era   201

Chapter Eight   The New Era of the University Party's Leadership System and Mechanism of Macro Logic and Strategy   207

    8.1   To be Aware of the Great Importance of Constructing the Leading System and Mechanism of the Party in Colleges and Universities   207

    8.2   To Promote the Construction of the Party's Leading System and Mechanism in Colleges and Universities   221

    8.3   To Complete the Mechanism and the Advantages of the Party's Leading System and Mechanism in Colleges and Universities   231

    8.4   To Disentangle the Principal Responsibility System under the Leadership of the Party Committee   239

    8.5   To Emphasize the Efficiency and the Implementation Feedback of the Party's Leadership System and Mechanism in Colleges and Universities   253

Chapter Nine   The New Era to Improve the Party Leadership System and Mechanism of the University Countermeasures and Suggestions   266

    9.1   To Strengthen the Political Leadership of the Party in Affiliated Universities   267

    9.2   To Regulate the Construction of the Party's Organizational Team in Colleges and Universities   274

    9.3   To Innovate Implementation of Party Leadership in Affiliated Colleges and Universities   283

    9.4   The Improvement of the Party's Leadership System and Mechanism in Affiliated Colleges and Universities   290

Chapter Ten The New Era to Improve the Local University Party Leadership System and Mechanism of Countermeasures and Suggestions   295

    10.1 To Strengthen the Construction of the Leadership System of the Local Party Committee over the Affiliated Colleges and Universities   296

    10.2 To Standardize and Implement the System and Mechanism of Party and Government Management in Local Colleges and Universities   301

    10.3 To Innovate the Operation Mechanism of Implementing the Party's Leading Organization in Local Colleges and Universities   306

    10.4 To Safeguard Measures of the Party's Leadership System and Mechanism in Local Colleges and Universities   313

Chapter Eleven The Countermeasures and Suggestions of Improving the Party's Leadership System and Mechanism in Private Colleges and Universities in the New Era   324

    11.1 The Overall Guidance and Supervision of the Party and Government Departments at all Levels to Private Colleges and Universities   324

    11.2 To Strictly Implement the Party's Leadership and Management System in Private Colleges and Universities   330

    11.3 To Improve the Internal Operation System of Private Colleges and Universities to Implement the Leadership of the Party   336

    11.4 To Support Measures of the Party's Leadership System and Mechanism in Private Colleges and Universities   343

Articulation   363
References   367
Postscript   373

引 言

办好中国的事情，关键在党。习近平总书记在庆祝中国共产党成立100周年大会上深刻指出："中国共产党领导是中国特色社会主义最本质的特征，是中国特色社会主义制度的最大优势，是党和国家的根本所在、命脉所在，是全国各族人民的利益所系、命运所系。"① 东西南北中，党政军民学，党是领导一切的。坚持党的全面领导是做好一切工作的前提和基础，决定着党和国家的前途命运，关乎着中华民族伟大复兴的顺利实现。

高校是基础研究的主力军、科技突破的策源地、人才培养的主战场，肩负着"为党育人、为国育才"的时代重任。纵观世界，每一个国家都把办好高等院校作为实现国家发展、增强综合国力的战略举措。回顾全球高等教育发展历史不难发现：高校的发展始终与国家综合实力提升紧密联系在一起，从文艺复兴时期的意大利到工业革命时期的英国，从启蒙运动时期的法国到第二次世界大战之后的美国，这些国家之所以能成为当时的世界中心，综合国力得到显著提升，其重要原因就是高校在推动经济社会发展方面发挥了不容替代的关键作用。

我国是社会主义国家，我国社会主义教育就是要培养德智体美劳全面发展的社会主义建设者和接班人，这是党中央对建设中国特色世界一流大学提出的明确要求，也是中国高校的办学根基。党的十八大以来，以习近平同志为核心的党中央高度重视高等教育事业发展，提出了一系列新理念、新思想、新观点，指引着中国高校与祖国共进、与时代同行，创造了举世瞩目的发展成就。特别是习近平总书记反复强调："办好我国高等教育，必须坚持党的领导，牢牢掌握党对高校工作的领导权，使高校成为坚持党的领导的坚强阵地。"② 为此，中共中央专门

---

① 习近平：《在庆祝中国共产党成立100周年纪念大会上的讲话》，载于《人民日报》2021年7月2日第2版。
② 《习近平谈治国理政》第二卷，外文出版社2017年版，第379页。

制定了《关于坚持和完善普通高等学校党委领导下的校长负责制的实施意见》，标志着党对高校的全面领导迈进了新阶段。

  坚持党对高校的全面领导既是我们党百年来的优良传统和政治优势，也是我们党和国家事业充满生机活力的重要基础。然而，坚持党对高校的全面领导不能仅停留在口号上，更重要的是靠实际的体制机制来运行、推动和保障，这是推动党对高校全面领导落地生根的现实需要，是发挥高校党的领导优势的内在要求，是发挥高校党的办学治校的优势与效能的本质要求。聚焦高校党的领导体制机制弥足重要，怎样才能更好坚持和完善党对高校的全面领导，尤其是怎样才能更好地坚持和完善高校党的领导体制机制呢？方法可以说有千百种，最为根本的是深化理论研究，增强理论自觉，进而增强实践自觉，提高实践的针对性与实效性。因此，坚持党对高校的全面领导，聚焦高校党的领导体制机制要尤为注重深化对高校党的领导体制机制的理论研究，从而在实践中更好重视党对高校的领导和聚焦高校党的领导体制机制建设，完成新时代高校党的领导体制机制所赋予的时代使命与现实功能。

  高校党的领导体制机制研究是一项极其复杂的现实性课题，也是极具重要性的时代课题。要实现该课题的深化研究，最根本的就是要坚持理论与实践结合、具体问题具体分析等方法论，并在这个基础上，为研究探寻更为系统的分析思路，铺设更为完善的逻辑架构。

  第一，精准辨析高校党的领导体制机制相关概念是前提性工作，要充分把握其价值内涵。一定意义上看，界定高校党的领导体制机制概念是回答"是什么"的问题，而更深层的是，要深入回答"为什么"的问题。对"为什么"的问题，集中体现为对高校党的领导体制机制的价值审视。一方面，为什么要坚持和完善高校党的领导体制机制，这是由高校党的领导体制机制的价值意蕴决定的。深化高校党的领导体制机制研究还应该从深层上把握高校党的领导体制机制的理论基础，从深层次上回答为什么在我国高校必须要有党的领导体制机制，把握我国高校党的领导体制机制的深层理论基础。理论基础上的梳理不仅能够深刻回答为什么我国高校要有党的领导体制机制，同时也能够为深入推进我国高校党的领导体制机制建设提供理论指导。另一方面，深入研究高校党的领导体制机制，不仅应该对高校党的领导体制机制的相关概念、价值意蕴和理论基础进行深入系统的分析，还必须深入考察高校党的领导体制机制的历史发展，同时对新时代完善坚持高校党的领导体制机制也有现实启示价值。高校党的领导体制机制是高等教育治理制度的基本架构，是党对高校领导制度的具体内化，高校的发展状况往往受制于它的领导体制机制，而中国共产党为了完善高校的领导体制机制，围绕着高校党的领导体制机制进行了一系列变革创新并取得了宝贵的经验。这为新时代完善高校党的领导体制机制奠定了坚实的基础，这对于推进新时代高校党领导的体制机制建设具有一定的借鉴意义与启发价值。

第二，关注现实背景是研究高校党的领导体制机制的客观要求。研究问题的过程就是发现问题、筛选问题、分析问题、解决问题的过程，而问题来源于现实，因此，研究高校党的领导体制机制既要坚持问题意识，以问题为导向，也要回归现实，以实际情况为考量。一方面，深入推进高校党的领导体制机制研究要结合现实背景进行分析，要深刻回答高校党的领导体制机制面临怎样的实际境遇，是在怎样的现实背景下开展的，有着怎样的现实机遇，又面临怎样的现实挑战。另一方面，研究高校党的领导体制机制的根本指向是为了更好地坚持高校党的领导体制机制，推进高校党的领导体制机制守正创新。因此，要在充分总结当前高校党的领导体制机制取得的重要现实成效的同时，深入把握高校党的领导体制机制建设存在的主要现实问题，并对问题背后的成因进行分析，这对增强高校党的领导体制机制建设的针对性与实效性，具有重要的价值意义。

第三，聚焦实际，整体推进与完善高校党的领导体制机制是题中之义。推进与完善高校党的领导体制机制是一项系统工程，既涉及基本原则与根本要求，也涉及宏观思路与全局方略。一方面，深入探究完善高校党的领导体制机制的基本原则与根本要求，对进一步深化高校党的领导体制机制研究具有重要理论意义，对进一步助推高校党的领导体制机制完善也具有深刻实践价值。因此，我们拟将从基本原则、关键环节与根本要求三重维度来深入分析新时代完善高校党的领导体制机制问题。另一方面，宏观的理路与全局的方略是对基本原则、关键环节与根本要求的进一步深化，也是新时代完善高校党的领导体制机制的必然要求，我们只有进一步从宏观层面厘清并探究新时代完善高校党的领导体制机制的理路与方略，才能更好地完善新时代高校党的领导体制机制。

第四，结合不同类型、不同情况的高校，提出针对性对策建议是最终旨归。党的十八大以来，我国高等院校发展取得骄人成绩，在学总人数超过4 430万人，通过"211""985"工程和"双一流"建设计划，一批大学和一大批学科已跻身世界先进水平，中国高等教育整体水平进入世界第一方阵。① 根据教育部2022年6月17日公布的《全国高等学校名单》显示：截至2022年5月31日，全国高等学校共3 013所，其中：普通高等学校2 759所，成人高等学校254所。② 高校体系不断丰富完善、百花齐放的同时，部属院校、地方院校、民办院校等不同层次、不同类型、不同定位的高校，作为推进我国人才培养事业的不同

---

① 晋浩天：《我国高等教育十年发展振奋人心》，载于《光明日报》2022年5月18日，第1版。
② 《全国高等学校名单》，中华人民共和国教育部官网，http://www.moe.gov.cn/jyb_xxgk/s5743/s5744/A03/202206/t20220617_638352.html，2022年6月17日。

力量,将党的领导贯穿于其办学治校全过程,是保障其在育人方式、办学模式、管理体制、保障机制等方面可持续创新、高质量发展的根本保障。因此,结合不同高校类型的实际,针对不同高校党的领导体制机制的现状,提出针对性的对策建议,将更有利于对实际中相关高校改善党的领导体制机制提供更具参考性的建议,推进高校党的领导体制研究走深走实、落地生根。

总之,本书紧紧围绕如何推进高校党的领导体制机制研究形成了独特的分析理路与逻辑架构,遵循着概念辨析、价值审视、理论归纳、历史考察、现实解读、问题把握、因素分析等多维考虑,最后在兼顾原则与要求、宏观思路与全局方略的基础上,针对不同层次、不同类型的部属高校、地方高校、民办高校提出了具体对策建议。同时,本书蕴含着理论与实践、真理与价值、历史与现实、境况与成因、原则与灵活、共性与个性等多重维度的辩证统一关系,正是在这种多重维度的辩证统一关系中,使我们能够深化对高校党的领导体制机制研究,进而也能够彰显高校党领导体制机制研究的理论意义与现实意义。

第一章

高校党的领导体制机制相关概念辨析

作为意识构成的三大理性形式之一，概念是人们展开认识活动的首要工具，是对事物本质规律的揭示，同时也是认识和分析事物本质规律的阶梯。故而，任何学术研究的展开必然首先从相关概念的诠释开始，对于高校党的领导体制机制研究亦复如是。从概念的认识逻辑来看，辨析高校党的领导体制机制相关概念，就应该从一般意义上充分把握党的领导相关概念以及体制机制的概念内涵的基础上，才能科学把握高校党的领导体制机制的概念规定。党的十八大以来，尤其是在党中央提出全面深化改革以降，学界对于加强党的领导体制机制的研究渐成显学，同时往往不可避免地涉及领导、体制、机制等一系列基本概念。不宁唯是，学界在研究党的领导体制机制之时，往往将不同概念加以混淆杂糅，忽略了概念之间的区别与联系。鉴于此，对相关概念进行辨析也就成为研究高校党的领导体制和机制问题的首要枢机。

第一节 高校党的领导相关概念界定

从概念构成的角度来看，高校党的领导属于党的领导概念的下位概念，同时也是高校党的领导体制机制的一个核心概念，因此要充分把握高校党的领导这一概念，首要必须从一般意义上诠释党的领导相关概念。什么是党的领导？党的领导是如何体现的？从最一般意义上看，党的领导强调的是党总揽全局、协调各方、领导一切、是最高政治领导力量。就当代中国来说，党的领导是中国特色社会主义最本质的特征，表明了党的领导是中国特色社会主义的内在规定，体现了党的领导是中国特色社会主义本质特征中最核心、最关键、最重要、最显著的特征，统领着其他本质特征。党的领导不仅从内容上表现为政治领导、思想领导、组织领导，还从形式上表现为"党领导一切""党的一元化领导""党的全面领导"等形式，它们之间是一个有机联系的统一整体。为了全面理解把握高校党的领导体制机制科学内涵，我们必须先对高校党的领导相关概念进行深入剖析。

一、党领导一切

坚持党对一切工作的领导就是通过组织、制度、机制，把坚持党对一切工作的领导落实到各个地区、各个领域、各个方面，实现多层次、宽领域、全要素等的领导。值得强调的是，党领导一切不是管理一切。胡乔木曾指出："简单地说党领导一切这个话，是非常不妥当的。这个话在外延上就没有划清，哪些领导，哪些不必领导，领导什么，如领导政府，如果领导政府工作的一切，那就没有政府的活动了。"① 易言之，党领导一切与党管一切有着本质的区别，党领导一切是在政治、思想、组织上的领导，是要实现党对国家的全面领导，使党的领导覆盖各个领域。而党管一切则体现了党事无巨细，对大小事务都直接参与、直接管理，这易于出现以党代政的问题。党管一切在实践运作中也容易产生官僚主义和形式主义，进而影响社会经济的良性运行与协调发展。因此党领导一切主要在引领正确方向、顾全大局等方面。

二、党的一元化领导

党的一元化领导是党中央在1942年9月1日通过的《关于统一抗日根据地党的领导及调整各组织间关系的决定》（以下简称"九一决定"）中首次提出，即"根据地领导的统一与一元化，应当表现在每个根据地有一个统一的领导一切的党的委员会。"② 由此可见，这是针对"领导主体是谁"这个问题而提出的。"九一决定"在当时情况下有利于加强和巩固党的一元化领导，同时也有利于集中全党的力量进行抗日战争。1953年，毛泽东在批语中曾专门批评了过去几个

---

① 《胡乔木传》编写组：《胡乔木谈中共党史》，人民出版社1999年版，第109页。
② 《建党以来重要文献选编（1921~1949）》第19册，中央文献出版社2011年版，第423页。

月中一些人在未征得他同意的情况下擅自发文件。① 在1958年毛泽东明确提出了党的领导和工作原则,其中明确大权由党委独揽,其目的就是让权力集中在党的中央和各地方党的委员会。此外,毛泽东还特别强调党委是集体领导的,而不是个人独断。这就纠正了一些人把党委领导等同于个人说了算的错误。但是,由于权力过分集中在一部分人手中而又没有有效的监督,后来也产生了严重的错误。于是一些人开始质疑党的一元化领导,并对其持否定的态度。邓小平则进行了坚决的维护,并指出:"权力过分集中的现象,就是在加强党的一元化领导的口号下,不适当地、不加分析地把一切权力集中于党委,党委的权力又往往集中于几个书记,特别是集中于第一书记,什么事都要第一书记挂帅、拍板。党的一元化领导,往往因此而变成了个人领导。"② 为此,党的十一届三中全会明确强调要认真解决党政不分、以党代政的现象。这表明了党中央对党的一元化领导的肯定态度,我们要特别弄清楚党政分开并不是说党政之间是对立的、相互排斥的,而是职能上的分工,党主要侧重于大政方针的领导。可以说,坚持党的一元化领导是党领导一切的前提。党总揽全局、协调各方是实现党的领导要始终坚持的基本原则,也是党的全面领导的内在要求。在贯穿党的领导(党的一元化领导、党领导一切与党的全面领导)的过程中,一定要杜绝和防止把党领导一切等同于党管理一切、党包揽一切、党代替一切,甚至打着党的名义、组织的名义把个人等同于党,把个人等同于组织,等等,这些都是同党的领导的原则相违背的。

三、党的全面领导

党的全面领导是党对国家和社会宏观领导,党的全面领导主要是"定方向、谋大局、抓原则、促改革、保落实",主要是调动各方面力量,发挥各方面优势,实现党的伟大事业。党的全面领导体现了党治国理政的伟大实践,体现在国家机构、体制、制度等方面的领导,实现党的领导的全覆盖和坚强有力的领导,具体表现在经济建设、政治建设、文化建设、社会建设、生态文明建设"五位一体"总体布局。习近平总书记指出:"党政军民学,东西南北中,党是领导一切的。"③ 实际上,我国社会主义政治制度优越性的一个突出特点是党总揽全局、协调各方的领导核心作用,形象地说是"众星捧月",这个"月"就是中国

---

① 《建国以来毛泽东文稿》第四册,中央文献出版社1990年版,第229~230页。
② 《邓小平文选》第二卷,人民出版社1994年版,第328~329页。
③ 《中国共产党第十九次全国代表大会文件汇编》,人民出版社2017年版,第16页。

共产党①。党的建设是党领导的基础和支撑,党的领导地位的确立,不是与生俱来的,不是一劳永逸的,也不是永远拥有的,它是在自我革新的过程中实现了自我超越,巩固了自身的领导地位。党的全面领导需要党的全面建设,以此避免覆盖不全的盲区和死角,党的建设和领导的契合,释放了党的全面领导的最大优势,如果出现缺位和错位,造成工作中的漏洞和问题,必然会弱化党的领导效能。为此,我们要根据层级特点,围绕人们最忧最盼的问题,紧扣群众最关心最直接的现实利益,健全党的领导体制机制,保障党的领导工作,设立中央决策和协调机构,坚决维护党中央权威和集中统一领导,保证政令畅通和高效工作,强化党的领导地位,保障党的领导全覆盖,在国家机关、事业单位中的其他组织定期向党汇报工作,接受党委统一领导,使党总揽全局协调各方的功能在各级各类组织中得到全面的彰显。

在充分把握了党领导一切、党的一元化领导与党的全面领导的基础上,我们有必要把握党领导一切、党的一元化领导与党的全面领导的内在关系。尤其是对于党领导一切与党的一元化领导,在理论把握和实践展开过程中容易混淆和杂糅。从规范意义上来讲,党领导一切和党的一元化领导在本质上是一致的,都是坚持党的领导核心地位的体现。但二者之间又有一定的区别,简言之,党领导一切是从领域、范围来说,它明确了党的领导范围有多大;党的一元化领导则是从领导主体及其数量来说的,在我国各项事业的领导主体只能有一个,就是中国共产党这个核心。与此同时,党的领导的原则要坚持总揽全局、协调各方。这两个方面也是紧密联系、相互合作的,从而使党的领导更加坚强有力、更加科学高效。其中,总揽全局就是站在大局、整体的高度以战略性思维抓好各项重大方针政策和决策等。协调各方要协调好党委、政府、人大、政协的关系,从而密切配合形成合力,确保各项工作的开展。当然,总揽全局要求党委作为主体,是对坚持党的一元化领导的体现。协调各方需要坚持以总揽全局为前提条件,否则就会因为个体、局部、眼前的利益而扯皮推诿,不利于以整体性、全局性、长远性的思维协调各方关系、各方利益、各方矛盾等。值得注意的是,总揽不等同于包揽,协调也不等同于取代,决不能相互混淆。

总之,无论是党领导一切、党的一元化领导抑或党的全面领导,其中所彰显出的都是党的服务本质,同时也是人民当家作主和夺取中国特色社会主义伟大胜利的重要保障。无产阶级政党的领导源于自身的先进性,中国特色社会主义之所以一枝独秀就在于有党的正确领导。党的长期执政是全体人民认同和拥护的结果,党长期执政的合理性与合法性正是来源于人民的拥护和支持。习近平总书记

---

① 中共中央宣传部:《习近平新时代中国特色社会主义思想三十讲》,学习出版社 2018 年版,第 79 页。

指出:"全党同志一定要永远与人民同呼吸、共命运、心连心,永远把对美好生活的向往作为奋斗目标,以永不懈怠的精神状态和一往无前的奋斗姿态,继续朝着实现中华民族伟大复兴的宏伟目标奋勇前进。"① 在新时代背景下,高校作为中国特色社会主义事业的重要组成部分,必须在坚持党对高校全面领导的前提下,继续坚持和发展马克思主义,始终保持高校党的先进性和纯洁性,完善高校党的领导体制机制,维护好和发展好最广大师生的利益与愿望,这是始终坚持高校党的领导的本质要求。由此可见,党的领导从最为本质上的层面看是马克思主义政党对无产阶级革命事业和社会主义建设事业的引导和向导作用。党的领导不仅从内容上表现为政治领导、思想领导与组织领导,还从形式上表现为"党领导一切""党的一元化领导""党的全面领导"等形式,并且党的领导也必然需要一定的体制机制来支撑和保障。

作为党的领导的下位概念,高校党的领导是党的领导在高校领域的具体展现。就其内涵而言,高校党的领导就是在政治上、思想上、组织上实现对教育事业的方向性、全局性和根本性的领导,在高校教育事业的总体发展上起主导作用。高校党的领导就是高校校党委的领导,即高校党委对学校工作实行全面领导,承担管党治党、办学治校主体责任,把方向、管大局、作决策、保落实。进而言之,高校党的领导从核心要义和实践方法两个层面明晰了高校党的领导的实质内涵。一方面明晰了高校党的全面领导的核心要义,即高校党委必须自觉、主动加强自身建设,实现自我管理,为办好具有中国特色的社会主义大学承担主体责任;另一方面明确了高校党委全面领导的实践方法,即高校党委要把握高校发展的正确方向、明确为谁培养人、怎样培养人和培养什么人的问题,总揽高校发展全局、促进高校协同发展,广集良言、科学决策,保证高校的科学决策和党的方针政策得到贯彻落实,使高校成为坚持党的领导和培养社会主义事业建设者、接班人的坚强阵地。质言之,高校党的领导就是要全面领导高校的发展,自觉担当好办学治校的主体责任,在全面推进高校稳定、快速发展的过程中实现党对高校的全面领导,通过高校党的领导体制机制建设来使高校党的领导落地生根,为党和国家培育优秀可靠的高质量人才。

第二节 体制和机制的内涵、特点与功能

体制机制是高校党的领导体制机制的另一个核心概念,同时,高校党的领导

---

① 《中国共产党第十九次全国代表大会文件汇编》,人民出版社2017年版,第1页。

体制机制也是体制机制概念的具体化展现和场域式延伸,因此,只有充分把握体制机制的内涵所指,才能为界定高校党的领导体制机制提供学理支撑。在我国,"体制"和"机制"的概念在社会科学中尤其是在政治领域中已经广为使用。不仅如此,这些术语还被社会和政府所接纳,并在一些文件中普遍使用。但是,在"体制"和"机制"的概念运用上,还存在较多的误解和滥用的现象,特别是很多时候难以厘清"体制"与"机制"的关系,将两者混乱使用。因此,首要必须阐明"体制"和"机制"的内涵、特点及功能,并针对二者之间关系做出解释。

一、体制的内涵、特点与功能

作为一种概念术语,体制机制常并列使用且合二为一。但深入分析则不难发现,二者实际上具有不同的内涵与外延,同时在自身特点和功能等诸多方面也存有一定差异。

1. 体制的内涵

"体制"一词在英文中并没有相对应的词与之无缝对接。某些研究者为了借鉴或"照搬"国外的相关研究成果或论证自己的观点,将"system"或"institution"翻译为"体制",从而把其简单等同于"系统""体系""制度""机构"等意思。但是,"体制"的概念绝不等同于英文中的"system"或"institution",早就有学者建议,中文中的"体制"如果要翻译成英文,建议使用汉语拼音"tizhi",以免引起歧义。① 因为在英文中,"institution""regulation""constitution""system"等词语都具有制度的含义,其中,"system"一词不仅具有制度、体制含义,而且还有系统、方法之义。国外一些不同的经济学学派会把不同单词也译成制度,然而其内涵有时却相去甚远。例如,比较经济学虽然把"institution"和"system"作为制度概念,但二者中只有"system"在中文中具有体制概念,而"institution"只有制度含义。

在我国古代文献中,特别是在古代汉语中,"体制"的原意是指诗文作品的体裁、格式和格局。如郑玄《诗谱·周颂》孔颖达疏:"然《鲁颂》之文,尤类《小雅》,比于《商颂》,体制又异。""体制"在古代汉语中也被用来描述绘画等艺术作品的体裁风格。又如郭若虚《图画见闻志·纪艺下》:"崔白,字子西,濠梁人。工画花竹翎毛,体制清赡。"以上是"体制"一词在古汉语中的基本内涵。除此之外,"体制"一词在古代汉语中也被用作规则、制度之义。例如,清

---

① 孙绵涛:《体制论》,载于《南阳师范学院学报》2009 年第 2 期。

代李伯元所作《文明小史·第三七回》中有云："据学生的愚见，钦差既然要争那保送咨送的体制，就该合参谋部说明才是。"毫无疑问，这里的"体制"一词已经具有了一定的制度、规则的含义。

在近代汉语中，"体制"一词已经多被用来表达一定的制度。如，在近代报刊中，多次使用"体制"一词，且均为"制度"的含义。在《大公报（天津版）·译法国外交报》（1903）中记载："俄国政府向用强权手段压制其国民，有似野蛮国之体制，久为欧洲文明诸国所讥。"在《大公报（天津版）·时事要闻》（1903）中记载："临轩策问体制宜崇一切事宜均拟仿照。"《东方杂志·实业·豫南矿屋华实公司招股章程》（1905）中记载："公司章程已有官阶职分较崇者奏明请旨之例届时禀详奏派，以符体制而重矿政。"在沈端先在《北斗·创作月评（评论）》（1932）中就当时时代作出评论："比现在还要明白地表示出资本主义体制和社会主义体制的战争，世界的规模的阶级对阶级的斗争已经到了决战的时期的时代，历史上不曾有过。"在近代报纸中，将"体制"用作表达"制度"已经很常见，这时的"体制"一词既可以指公司、企业的制度，也可以指国家制度。"体制"的这一层含义沿用至现代汉语当中。

在现代汉语中，"体制"一词沿用了古代汉语和近代汉语中"体制"的基本内涵，或被用来表达诗文的体裁、格式，或被用来表达绘画等艺术作品的体裁风格，但主要还是用来表达一定的制度、规则等含义。新中国成立以后，"体制"一词的内涵也不断丰富和发展。特别是改革开放以来，"体制"一词多次被写入党和国家的一些重要文件中，如《中共中央关于经济体制改革的决定》（1984）、《关于教育体制改革的决定》（1985）、《中共中央关于完善社会主义市场经济体制若干问题的决定》（2003）等。此种情况不啻中国的特例，其他国家也有类似情况。在苏联，1977年通过的苏联新宪法的第一章标题就是"政治体制"，取代了以往"政治制度"作为标题的惯例。因此，对"体制"做出明确的定义更为重要。目前，权威词典中对"体制"做出了如下定义：《现代汉语词典》（1983）将"体制"定义为"国家机关、企业、事业单位等的组织制度。"①《新华词典》（1989）将"体制"定义为"国家机关、企业和事业单位的机构设置、管理权限、工作部署的制度。"②"体制"一词在现代汉语语境中的含义较之近代汉语语境已经发生了一些变化。一方面，"体制"一词的适用范围发生了变化。在近代汉语中，"体制"适用于国家、公司和企业，在现代汉语中，"体制"一词适用于国家机关、企业和事业单位。另一方面，"体制"一词的涉及范畴有所扩大。

---

① 中国社会科学院语言研究所词典编辑室：《现代汉语词典》，商务印书馆1983年版，第1130页。
② 新华词典编纂组：《新华词典》，商务印书馆1988年版，第879页。

现代汉语中，"体制"一词超出了制度、规则的范畴，是对体系、制度、方法、形式等的总称。由此可见，现代关于体制概念的解释还比较模糊，莫衷一是，因而尚没有明确的界定。但很多界定都与制度相联系。例如，在《辞海》中，体制指"国家机关、企业和事业单位机构设置和管理权限划分的制度。"① 1996 年版的《现代汉语词典》中将其解释为"国家机关、企业、事业单位等的组织制度"②。而后 2005 年版的《现代汉语词典》在界定其概念时在机构中增加了"国家"③。通过比较两个版本的《现代汉语词典》，我们可以发现，关于"体制"概念的界定有共性的地方，都将其界定为制度。曾冬梅等人认为体制就是体系化的制度④。通过比较《辞海》和《现代汉语词典》中关于体制的定义，前者将其界定为"管理权限划分的制度"，而后者将其界定为"组织制度"，二者共性在于都认为体制是制度的一种形式。此外，还有研究者将其定义为组织建制和工作制度体系。例如，关西普认为，体制是一定社会群体人为地建立的一套进行领导、管理、保证、监督活动的组织建制和工作制度体系⑤。这里的"一定社会群体"有大小之分，既可以是大到一个国家、政党、社会集团，也可以小到一个事业单位、私营企业。因而，根据社会群体的不同，体制又具有不同的性质和作用范围。也有学者认为体制应包含两个方面，一个是组织机构，另一个是规范和确保机构正常运作的机制。例如，孙绵涛认为，体制包含组织机构和保证组织机构正常运转的规范⑥。张晓清在《高等学校党政领导体制研究》中对孙绵涛教授关于体制的界定表示赞成，认为这种定义比较全面⑦。米红也认为孙绵涛教授的界定较为全面，并提出体系是体制的骨架，制度或规范是体制的血肉⑧。应该说，这一比喻使体制的定义更加形象。

综合上述一些学者的共识，由"体制"一词的使用和定义可以看出：社会机构和社会规范是体制的基本构成要素。孙绵涛（2009）指出："体制是社会机构和社会规范两个基本要素所组成的结合体或统一体。机构是体制的载体，规范是体制的核心，二者相互依存。"⑨ 社会机构是体制的载体，体制通过社会机构发

---

① 辞海编辑委员会：《辞海》（上），上海辞书出版社 1979 年版，第 521 页。
② 中国社会科学院语言研究所词典编辑室：《现代汉语词典》，商务印书馆 1996 年版，第 1241 页。
③ 中国社会科学院语言研究所词典编辑室：《现代汉语词典》，商务印书馆 2005 年版，第 1343 页。
④ 曾冬梅等：《规范高校内部领导体制确保高等教育健康发展》，载于《广西大学学报（哲学社会科学版）》1999 年第 2 期。
⑤ 关西普等：《体制、机制、规律及其相互关系问题》，载于《科学学与科学技术管理》1992 年第 1 期。
⑥ 孙绵涛：《教育行政学概论》，华中师范大学出版社 1989 年版，第 128 页。
⑦ 张晓清：《高等学校党政领导体制研究》，天津人民出版社 2015 年版，第 13 页。
⑧ 米红等：《建国以来我国高校内部领导体制演变述评》，载于《现代教育科学》2004 年第 3 期。
⑨ 孙绵涛：《体制论》，载于《南阳师范学院学报》2009 年第 2 期。

挥作用。从社会活动的实施与管理来看,社会机构既包括国家机关、企事业单位等,也包括国家机关、企事业单位等内部的组织、机构。从社会活动的领域来看,社会机构包括经济机构、政治机构、文化机构和其他社会机构等。社会规范是体制的核心,意指建立并维持社会机构正常运转的规章制度、体系、方法和形式。社会机构与一定的规范相结合,就形成了某种体制。国家行政机关与一定的规范相结合,就形成国家行政体制,国家管理机构与一定的规范相结合,就形成国家管理体制,企事业单位内部的管理机构与一定的规范相结合,就形成企事业单位管理体制。在社会活动领域,经济机构、政治机构、文化机构与一定的规范相结合,就分别形成相应的经济体制、政治体制、文化体制,凡此种种,不一而足。社会机构是体制的载体,没有社会机构,体制就失去了存在的基础;社会规范是体制的核心,没有社会规范,体制的形成就无从谈起。作为体制的基本构成要素,社会规范通过社会机构得以存在、维系和发展,社会机构通过社会规范表达统治阶级的或集团的意志,实现统治阶级或集团的目的,社会机构与社会规范二者相互联系、相互影响、相互作用,有机结合,形成体制。针对"体制"概念的理解,与马维野(1997)的观点基本保持一致,即人们平时在政治、社会、管理等方面谈及的体制,更接近于《辞海》上的定义。① 总而言之,我们认为体制是指国家机关、企业和事业单位在机构设置、职权划分、领导隶属关系等方面的体系和制度的统称。可以说,体制是体系和制度的有机结合体。这个结合体明确了国家机关、企业和事业单位在组织机构设置、职责权限划分、领导隶属关系等方面内容。此外,通过梳理"体制"一词的历史演变,考察权威词典对"体制"一词的描述,可以发现,"体制"一词包含三层含义:一是指诗文的体裁、格式;二是指艺术作品的体裁、风格;三是指国家机关、企业、事业单位在机构设置、领导隶属关系和管理权限划分等方面的体系、制度、方法、形式等的总称。"体制"的这些含义,在现代汉语中均有使用。

2. 体制的特点

从词语组成上来说,"体制"一词由"体"和"制"两字组成,其概念应该由"体"和"制"两部分构成。其中,"体"就是体系,"制"就是制度。但其特点并不仅仅表现为"体"的特点和"制"特征,而是两者有机结合后内在地所表现出来的特性。具体来说,体制具有根本性、全局性、系统性、意识形态性、稳定性、相对滞后性六个基本特点。

第一,根本性。体制是根据事物发展的客观规律和发展趋势而做出的制度性安排。体制的确立和实施,必须体现事务的根源或最重要的部分,必须具有广泛

---

① 马维野:《体制论》,载于《科学学研究》1997年第2期。

的认知性，反映主要问题，从属矛盾的主要方面，确定行为规范，具有一定的法律效力和强制性。

第二，全局性。体制是基于国家机关、企事业单位发展的整体和发展的全过程确立的，是关乎全局的制度体系。体制具有极强的现实性和全面性，是保障一个单位、一个部门或一个机构的制度保障。同时，体制也是众多领域和组织间复杂关系的集合，表现出一种错综复杂的关系，这些复杂的关系相互作用，使体制形成一个整体。

第三，系统性。体制不仅是对一个事物的某个方面做出制度性安排，而且是对一个事物的不同方面、不同要素、不同结构做出制度性安排，即体制是一个层次分明的整体，不同维度处于不同层级，形成一定的秩序、同层级的要素、结构等具有清晰的逻辑关系。整个体制中的单个规定能反映对某一方面的规定，而这些规定的综合又能反映这一事物的整体情况。

第四，意识形态性。意识形态或价值观念决定体制关系的性质。体制反映统治阶级或集团的意志，某种体制往往打上某个国家、某个组织统治阶级的意识形态或价值观念的烙印。李松林（2019）指出，体制是渗透某种意识形态或价值观念，在相关领域或组织间形成的一种基本的整体关系框架。体制是确立领域或组织间基本的微观关系的概念，它最直接的表现是领域或组织间确立下来的基本关系架构设计，它的性质是由意识形态或价值观念决定的。①

第五，稳定性。稳定性是体制的一个重要特征，体制的稳定性是各项工作有条不紊发展的现实要求和基本样态。稳定性是相对于异变性而言的，稳定性不是对灵活性的否定，它要求我们在体制确立以后，在一定期限内要保证其相对的稳定性，它的确立或废除必须经过一定的政治程序，不能朝令夕改。

第六，相对滞后性。由于体制具有稳定性特征，但是，社会环境等外在因素却在不断发生变化，有时会出现体制不适应社会现实的情况，跟不上社会发展的进程，这就导致了体制的相对滞后。

3. 体制的功能

体制的功能彰显的是体制的作用与效能。总体而言，体制具有四种特定的功能，即规范性和秩序性功能、合理性和合法性分配功能、导向和激励功能及协调性和整合性功能。

第一，体制具有规范性和秩序性功能。体制最直接的功能是形成和建构行为规范和社会秩序，确立组织间的正式关系和权责关系。体制作为国家机关、企事

---

① 李松林：《体制与机制：概念、比较及其对改革的意义——兼论与制度的关系》，载于《领导科学》2019年第6期。

业单位的规范体系，一旦被制定出来就会成为人际交往的共同规则程式，成为人机互动的约束性条件。体制这种"游戏规则"的属性，实际上"赋予了实践活动以规范性和有序性，进而保障整个社会的良性运行与协调发展，避免出现'脱序'和'失序'的状态。"① 换言之，体制的规范性和秩序性，对于生活在该规范体系适应范围内的任何组织和个人来说，是一种必须遵守的秩序和规范，是一种外在的强制力量。

第二，体制具有合理性和合法性分配功能。体制的合理性和合法性分配功能是由其规范性和秩序性功能所衍生出来的。表面上，体制具有规范性和秩序性功能，而在深层次方面，体制具有裁判功能，即社会价值的合法性分配功能。体制作为利益的合理性和合法性分配方案，决定着利益分配，决定着产权和产品所有。体制就其合理性和合法性而言，它的稳定存在，说明各方的利益之间达成了均衡。当体制的合理性和合法性受到质疑时，体制就可能发生变迁，即变革新体制而建构替代旧体制，从而产生新的利益分配方案，导致利益的再分配，各种利益关系就处于新的整合之中。而当体制使利益关系调整至均衡状态时，体制才有可能重新处于均衡状态。体制正是在不断完善和创新中实现社会价值合理性分配的。

第三，体制具有导向和激励功能。体制对组织和个人的行为选择和人的发展具有激励、导向功能。体制作为国家机关、企事业单位内人们活动和行为的规范体系，规定着人的行为选择空间，规范着人们应当做什么，不应当做什么。恩格斯曾经指出："群众对这样或那样的目的究竟'关怀'到什么程度，这些目的'唤起了'群众多少'热情'。'思想'一旦离开'利益'，就一定会使自己出丑。"② 由于体制是利益的合理性和合法性分配，实际上体制对人产生激励和导向作用。

第四，体制具有协调性和整合性功能。体制对于各种不同的利益关系和不同的组织关系具有协调性和整合性功能。生活在一定组织关系中的人们为了各自的利益追求，必然会在组织交往中形成不同的利益关系，结成不同的利益集团。体制作为一种在一定历史时期、一定程度和一定范围内的社会关系的规范体系，能够对组织的资源和财富进行形式合理性配置。因而它能够在一定程度上协调和平衡人们之间的各种利益关系，把人们的利益矛盾和冲突控制在一定范围内，并能够整合因利益分化而出现的各种组织力量，防止和减少各种组织力量的内耗，形成促进组织发展的"合力"。

---

① 黄建军：《中国国家治理体系和治理能力现代化的制度逻辑》，载于《马克思主义研究》2020年第8期。

② 《马克思恩格斯全集》第二卷，人民出版社1957年版，第103页。

二、机制的内涵、特点及功能

虽然在使用过程中，体制与机制常并联出现，实则二者并非同语反复、合二为一，体制和机制均有自身的能指与所指，二者在内涵外延、结构特点、运用场域和价值观等方面都有着显著的区别，尤其是在内涵、特点与功能三个维度上，体制与机制差异明显。

1. 机制的内涵

与"体制"一词相类似，"机制"一词在英文中也没有相对应的词与之无缝对接。英文中与"体制"一词比较接近的词语是"mechanism"，多数学者将"mechanism"翻译为"机制"，或将"机制"翻译为"mechanism"。但是，中文中"机制"的内涵绝不等同于英文中的"mechanism"。英文"mechanism"通常当作名词使用，含义为机制、原理、途径、机械装置、机构、过程或技巧。而中文的"机制"在使用过程中，既可以当作名词使用，也可以当作状语使用。梳理"机制"一词的发生、发展和演变比较容易看出英文"mechanism"与中文的"机制"的相似性与差异性。当前，国内学术界依然存在一些文章将机制等同于体制，常常赋予其较多的主观性和界定。据考证，机制一词是舶来品，来自希腊文"mechane"，是英语"mechanism"的意译。"mechanism"意指机械装置、结构、原理、进程等。国内首次将"机制"一词运用到社会学中的是郑杭生。他认为，社会学是"关于社会运行和社会发展的条件和机制，特别是关于社会良性运行和协调发展的条件和机制的综合性具体社会科学"[1]。而在此之前，工程学、生物学、医学已经以类比方式借用该词。此后该词开始在经济学、社会学、教育学、哲学等领域中运用。有学者统计，在《资本论》中马克思也使用该词，其次数不少于20次。[2]

在古代汉语中，"机制"一词有不同的用法，在不同的用法下，"机制"一词意随境迁。一是在"临机制变""因机制变""乘机制胜""应机制变"等固定用语中，意为把握时机，采取某种手段、方法，从而达到某种目的。"机制"的这种用法在古汉语中比较常见。《周书·陆腾传》有文："必望临机制变，未敢顶陈。"《南史·卷五十一·萧明》有文："诸将每谘事，辄怒曰：'吾自临机制变，勿多言。'"《北史·卷二十二·长孙翰》有文："资英武，兼包奇略。因机制变，怀彼戎夷。"这里，"临机制变""因机制变""乘机制胜""应机制变"

---

[1] 郑杭生：《论马克思主义社会学的两种形态》，载于《光明日报》1985年7月29日。
[2] 罗晋辉等：《谈"机制"的内涵、演化和特性》，载于《社会》1989年第6期。

意为临到时机，制订应变计划，基本与"随机应变"的含义保持一致。除此之外，在古汉语中，"机"与"制"也会拆开后，搭配使用。如《宋书列传·卷五十九》有文："坐谈兵机，制胜千里，安在乎蒙楯前驱，履肠涉血而已哉！"在这里，"机"与"制"常搭配使用，"机"表示机会，"制"则是一个动词，有"制动"之意。"机"与"制"拆开，搭配使用时，也表示把握某个机会，采取某种手段，达到某种目的的意思。二是装置、结构。《旧唐书·卷一百九十八·拂菻》有文："乃引水潜流，上遍于屋宇，机制巧密，人莫知之。"这里，"机制"一词是指结构、装置。不难发现，古汉语中，"机制"一词搭配使用时，意为把握机会，达到目的，而作为一个独立名词使用时，是一个工程学的概念，意为结构、装置。

在近代汉语中，"机制"一词是一个工程学的概念，既可指机器的部件，也可泛指机械工业或指用机器制造和机械制造。一是指机器的部件、零件。如，《顺天时报》（1914年，第3730号）曾刊："男女幼童均可购机制造物件由本公司派人教授不取酬。"二是泛指机械工业。1933年出版的《上海之机制工业》一书中"机械"一词就是指当地的机械工业、机械行业。三是指用机器制造、机械制造。《申报》（1922年，第17683号）刊："机制粉麦交易所"。《申报》（1928年，第20003号）刊："上海机制煤球业公会成立大会记。"《河北政府公报》（1930年，第615期）曾刊："财政部第16966号训令，内开准建设委员会曾咨，据电机制造厂呈称，本厂制造各种无线电机确系制造洋式货物，请准按照机制洋式货物税现行办法办理，以利行销。"《上海市政府公报》（1936，第175期）刊："上海市机制切面业同业公会业规。"《申报》（1923年，第18094号）刊："大丰机制煤团炭结股份有限公司筹备处成立通告。"郑观应《盛世危言·纺织》在比较中外的纺织工艺时中有言："所以然者，外国用机制，故工致而价廉，且成功亦易。中国用人工，故工笨而价费，且成功亦难，华民生计皆为所夺矣。"在这里，"机制"是一个动词，指通过机器制造、工业制造，从而形成某种产品。不难看出，在近代汉语中，"机制"一词主要是一个工程学的概念，既可以泛指机械工业，也可指机器的零部件，最常用的含义是指用作机器制造、机械制造、工业制造，从而形成某种产品。

在现代汉语中，"机制"一词超过了传统工程学的概念，拥有更加丰富的内涵。《现代汉语词典》将"机制"定义为四层含义：一是机器的构造和工作原理，如计算机的机制；二是有机体的构造、功能和相互关系，如动脉硬化的机制；三是指某些自然现象的物理、化学规律，如优选法中优化对象的机制，也叫机理；四是泛指一个工作系统的组织或部分之间相互作用的过程和方式。《辞海》将"机制"定义为三层含义：一是指用机器制造的，如机制纸；二是指有机体的构造、功能和相互关系，如生理机制；三是指一个工作系统的组织或部分之间相互作用的过程和方式，如竞争机制、市场机制；《汉典》将"机制"定义为三层含义：一是有机体的构造、功能及其相互关系，如分娩机制；二是机器的构造和工作原理，如计算机的机制；三是机器制造的。不难看出，在现代汉语中，"机制"一词在使用过程中，超越了古代汉语和近代汉语中传统工程学的范畴，可以在更多的语境中进行使用。"机制"一词可以用于表达有机体的构造、功能和作用关系，也可用于反映自然现象的规律，还可以用于工作系统内部组织、部分之间的相互作用过程和方式。还有研究者认为机制是指"社会系统内各要素间的律动或惯性的作用联系"[1]；"系统中诸多因素之间的内在联系及其运行方式"[2]；"系统化和制度化方法"[3]。此外，有学者认为，应该把机制解释为机体"内在功能"及其作用方式的总和。[4] 也有学者归纳出"机制"需要具备实体要素、结构要素、过程要素，这三个要素分别是机制的载体、机制的框架、机制发挥功能的关键[5]。这体现出学者们对"机制"一词的认识还不完全一致。正如严家明等著的《社会机制论》一书中所言，"机制"甚至泛用到述者和听者都不知所云的地步[6]。

通过梳理"机制"一词在古代汉语、近代汉语和现代汉语中的使用，考察权威词典对"机制"一词的描述，可以发现"机制"一词在古代汉语、近代汉语和现代汉语语境中的使用不尽相同。在古代汉语中，"机制"一词通常用于"临机制变""因机制变""乘机制胜""应机制变"的固定用语中，或"机"与"制"搭配使用，表示把握某个机会，采取某种手段，达到某种目的的意思。在古代汉语中，"机制"作为独立的词汇使用时，有装置、结构的含义。也就是说，在古代汉语中，机制就已经是一个工程学的概念了。在近代汉语中，"机制"一词独立使用已经非常常见，这时，"机制"一词已经完全变成了一个工程学的概念，既可指机器的部件，也可泛指机械工业，还可指用机器制造和机械制造。而在现代汉语中，"机制"一词则延续了古代汉语中作为传统的工程学的含义，指机器的构造和原理，又叫机理。此外，"机制"一词具有更加丰富的内涵。"机制"一词既可以用于表达有机体的构造、功能和作用关系，也可用于反映自然现象的规律。当"机制"一词运用于社会领域，"机制"就代表着工作系统内部组织、部分之间的相互作用过程和方式。但是，不管对自然科学还是社会科学而言，对机

---

[1] 严家明等：《社会机制论》，知识出版社1995年版，第2页。
[2] 王冀生：《宏观高等教育学》，高等教育出版社2000年版，第140页。
[3] 肖昊等：《高等学校运行机制》，武汉大学出版社2010年版，第5页。
[4] 周奉年等：《中国高等教育运行机制研究》，广东高等教育出版社1994年版，第3页。
[5] 石学峰：《中国共产党党内权力运行机制研究（1949-2012）》，中国社会科学出版社2016年版，第37页。
[6] 严家明等：《社会机制论》，知识出版社1995年版，第1页。

制的理解主要包括三个方面的内容，即构造、运行及功能。构造涉及其研究对象的组成，该组成决定了运行的情况和功能的发挥；运行是指因为构造体之间的相互作用而体现的一种特有的秩序，任何机制必然导致某种功能，没有无谓的机制。

综上所述，关于"机制"概念的阐述，可以发现，机制的主体涵盖机器、有机体、系统、自然现象，机制的内涵包括原理、联系、规律、要素、作用过程和作用方式。根据法国当代思想家埃德加·莫兰的复杂思维的视角，世间万物都是机器，人类社会是"巨型机"，巨型机的进化进一步催生出了"人造机"。[①] 由此可见，机制的主体是机器或系统。机制的类型又有动态机制、静态机制之分。其中，动态机制是系统作用的过程和作用的方式，静态机制是系统的原理、联系、规律、要素等静态特征。杨小微认为，"一个系统，只有它处于活动状态时，机制才在其中显现。"[②] 因此，对"机制"一词的理解，应该重点从动态的角度加以把握。我们以为，机制主要是指构成系统正常运行所需要的各种功能的集合，以及使系统综合功能得以发挥的规则、秩序、运作过程和方式。

2. 机制的特点

机制不仅具有特定内涵，还具有关联性、动态性和社会现实性三个基本的特点。

第一，关联性。关联性是机制最本质的特征。机制的建立即是对事物的规律进行把握，从而建立起事物内部要素之间的联系，使各要素相互作用的过程。张晓燕（2019）认为，社会领域对"机制"一词的引入标志着对社会事务的认识和研究已经实现了一种方法论改革，即从孤立的现象描述进入揭示本质联系的阶段。按照辩证唯物主义和现代系统论的观点，人类社会是有机联系的整体，与整体相连的任何部分都可视为一个子系统，每个系统由若干要素组成，每一种要素都有自己特定的功能，各要素之间按照一定规律相互作用和有序运转，形成系统运行的机理和整体功能。[③] 因而，机制的存在本身就是一个不断建立要素之间联系的过程，从而使各个要素之间形成关联性。

第二，动态性。动态性机制最显著的特征。在社会科学领域，"机制"一词泛指一个工作系统的组织或部分之间相互作用的过程和方式。机制本质上是一个作用过程，在动态的过程中，体制涉及的相关主体之间的关系得以维系和调整。由于机制的相关主体存在于现实世界中，当现实世界中，社会环境、背景条件等发生变化时，相关主体之间的作用关系也会发生变化，机制必然随之改变。

---

① ［法］埃德加·莫兰著，吴泓缈等译：《方法：天然之天性》，北京大学出版社2002年版，第162～181页。
② 杨小微：《整体转型：当代学校变革"新走向"》，江苏教育出版社2012年版，第146页。
③ 张晓燕：《中国共产党的领导体制和工作机制》，中共中央党校出版社2019年版，第23页。

第三，社会现实性。机制通过制度系统内部组成要素按照一定方式的相互作用实现其特定的功能。机制的设立是为了协调主体间，或要素之间的关系，机制的运行规则也是人为设定的，具有强烈的社会现实性，如竞争机制、市场机制、激励机制等。机制发挥作用后，也将产生直接的作用，具有强烈的社会现实性。

3. 机制的功能

功能意味着事物所具备的作用与效能，是事物自带的价值属性。一般说来，机制具有保障性功能、连接性功能、协调性功能、传递性功能等，但机制最突出的功能就是维系和调整结构体之间关系的功能。李松林指出："机制的核心功能在于对主体关系的维系和调整"①。机制通过协调事物内部结构体之间、要素之间、主体之间、主体与要素之间、主体与组织之间的关系，使事物之内的各种关系达到平衡，不同要素、主体、组织在这个事物中具有独特作用的同时，也会与事物内部的其他构成产生更为紧密的联系。换言之，机制的运行过程，是结构体之间建立更紧密联系的过程。机制的建立，一靠体制，二靠制度。质言之，通过与之相应的体制和制度的建立（或者变革），机制在实践中才能得到体现。可以通过改革体制和制度，达到转换机制的目的，即通过建立适当的体制和制度，可以形成相应的机制。例如，计划经济和市场经济是两种不同的体制，在两种经济体制之下，形成了截然不同的经济运行机制。现行社会保障体制与计划经济条件下的企业职工退休制度是截然不同的两个体系，现行体制对企业运行机制的推进是旧体制难以望其项背的。机制的构建是一项复杂的系统工程，各项体制和制度的改革与完善不是孤立的，也不能简单地以"1＋1＝2"来解决，不同层次、不同侧面必须互相呼应、相互补充，这样整合起来才能发挥作用。还要特别重视人的因素，体制再合理，制度再健全，执行的人不行，机制还是到不了位。正如钱穆先生所言："若离开人事单来看制度，则制度只是一条条的条文，似乎枯燥无味，无可讲。"② 与此同时，体制与制度不能完全分离，而应相互交融。制度可以规范体制的运行，体制可以保证制度落实。综上所述，机制功能可以表述为在正视事物各个部分的存在的前提下，协调各个部分之间关系以更好地发挥作用的具体运行方式。

三、体制与机制的内在关系

要辨析体制和机制的关系就离不开阐明制度、体制、机制三者之间的联系。

---

① 李松林：《体制与机制：概念、比较及其对改革的意义——兼论与制度的关系》，载于《领导科学》2019 年第 6 期。

② 钱穆：《中国历代政治得失》，生活·读书·新知三联书店 2012 年版，第 1 页。

因为一定的经济制度决定着一定社会经济的性质和权力结构，而一定的经济体制和运行机制又总是和一定的经济制度相联系。一般来说，制度有广义和狭义之分。制度一般根据规定的主体的性质、规定的范围、产生的影响等，有根本制度、基本制度、规章制度三种类型之分①。根本制度是以一定经济为基础的，不能轻易动摇的制度，如经济制度、政治制度、社会制度、文化制度等。基本制度有科技制度、税收制度、教育制度等。规章制度如宿舍管理制度、公务员考试制度、安全生产规章制度、学位管理制度等。

首先，体制机制与制度的互动关系。根据前述体制概念，制度决定体制的内容，体制是制度的外在表现形式。同时制度与体制二者并不是相互孤立、没有联系的。有什么样的制度就会有什么样的体制，即体制的形成受限于制度，但当体制形成以后，体制也会对制度的制定和实施产生一定影响。关于体制和制度的关系，我们可以用计算机专业的术语予以说明。众所周知，计算机由"软件"和"硬件"组成，如果说体制是计算机自身，那么制度就是计算机顺利运行所必不可少的"软件"，即体制离不开制度，制度的实施也不能脱离体制。制度、机制二者虽然概念不同，却是密不可分的。一般来说，制度是具有根本性、长远性的规则，机制是规则的具体实施，机制从属于制度。因而，制度作用的发挥是需要依赖机制，机制的设置有助于制度的实施。制度离不开机制的配合，如果缺乏与之相匹配的机制，那么制度就会成为空洞的躯壳。

其次，体制与机制的差异性与交融性。体制是机制的框架，机制是体制的体现。体制对于国家机关、企事业单位的机构设置、领导隶属关系和管理权限划分等方面进行了规范和规定，从顶层设计上明确了这些机构的结构、框架，是一个整体性、全局性的制度安排。机制运行于体制的框架之下，皮之不存毛将焉附，没有这个体制就没有这种机制。在体制和机制的关系上，机制存在于体制之中，并且同体制有着密切的联系。不同的体制需要匹配与之适应的机制，而且需要依靠机制实现其作用。党中央在全面深化改革的过程中明确提出建立技术创新的市场导向机制；完善科研组织与管理机制等机制，就是通过配套各项完善的机制，实现体制改革的目标。体制和机制具有密切的历史联系。布鲁斯在《社会主义经济的运行问题》中第一次将经济体制明确定义为"社会经济组织的具体形式"和"经济运行机制"。我国1985年通过的《中共中央关于制定国民经济和社会发展第七个五年计划的建议》提出：社会主义经济体制改革的目标是建立计划经

---

① 根据《中国共产党第十届中央委员会第四次全体会议公报》所载，制度可分为根本制度、基本制度和重要制度，这三种类型的制度分类是针对中国特色社会主义制度而言，而本书所做的根本制度、基本制度和规章制度的三种分类，则是针对普遍意义上的制度体系而言。参见《中国共产党第十九届中央委员会第四次全体会议文件汇编》，人民出版社2019年版，第7页。

济与市场调节相结合的经济运行机制。"经济体制"概念在我国开始具有了"运行机制"的内涵。体制和机制有着密切的联系。一方面，一定的经济体制包含着经济运行机制，经济体制是经济运行机制发挥作用的前提；另一方面，一定的经济体制只有依赖与之相适应的经济运行机制才能实现。总之，机制是为体制服务的，体制是机制存在的框架，体制的实现需要与之相适应的机制的密切配合，但一定的机制也离不开一定的体制，否则机制就会失灵。可以说，体制是机制的框架体制，决定着机制的产生、性质、地位和运行。机制是体制的产物，运行于某一体制框架之下的机制，承担着维系体制稳定状态、完善体制功能的重要作用，也体现着体制的性质。从具体方面看，体制与机制的差异性可以体现为以下几个方面：

第一，形态上，一明一暗、明暗交替。从二者的特点上看，体制是显性的、具体的，而机制是隐性的、抽象的。体制是国家机关、企事业单位在机构设置、领导隶属关系和管理权限划分等方面的体系、制度、方法、形式等的总称，因而体制确立了组织间的正式关系架构，具体明确。而机制是在结构体之间、人与人之间、要素之间、人与组织之间等相互作用的过程中体现出来的，抽象无形。体制因为是显性的，呈现出具体的形态，不同体制都由制度而明晰；而机制因为是隐形的，呈现出抽象的形态，隐匿于体制实施过程中的相关要素之间建立的关系。约言之，在形态上，体制是显性的，而机制是隐性的，二者截然不同。正因如此，从形态上，体制与机制也互为补充，体制是应然状态下的，机制是实然状态下的，体制预先设计了确立起来的关系架构，而机制在运行中，可以将体制的预先设计发挥实效，转变成现实。

第二，运行方式上，一静一动、动静结合。基于二者的特点可见，体制具有静态性，而机制具有动态性。体制是规范意义上的，是一种预先设计确立起来的关系架构，体制所规定的关系架构在相对较长的时间内不易改变，比较稳定。机制本身就是一个作用的过程，通过调整各种要素之间的关系，达到维系和调整体制关系或非体制关系的目的，因而是动态的。即在运行方式上，体制的静态性与机制的动态性存在着根本性区别，但是体制的静态性与机制的动态性发挥着互补的作用。总之，"体制作为静态、刚性的制度设计，机制则是动态、柔性的运行方式，静动配合才能刚柔相济。机制作为机制必须遵循的规范，机制则是体制体现的必要手段，两者功能互补，相辅相成。"①

第三，着眼点上，一整体一局部，综合施效。体制的着眼点在于整体，它是基于国家机关、企事业单位发展的整体和发展的全过程确立的，是关乎全局的制

---

① 众告：《体制与机制》，载于《开放教育研究》2018年第3期。

度体系。而机制的着眼点在于局部，它是通过把握事物的运行规律，促进体制内部各要素之间的相互作用，从而使各要素之间建立普遍联系的。体制确立后，对主体间的关系进行了设定，但是没有对其中各个要素之间的关系进行设定，因而体制是宏观的。与体制相比较，机制缺乏对事物整体的把握，但对体制框架内各个要素之间的运行方式做出了明确，因而机制是微观的。也即，在着眼点上，体制关注的是整体，而机制关注的是局部。机制不可能完全超越现有的体制，但不可否认，合理的机制设计对体制中的某些缺陷具有一定的修复作用。体制为机制的运行设定了一个全局性框架，而机制在体制的框架内发挥作用，从而保证体制的真正落实。总之，"机制实际上就是在相应体制框架内体现功能和发挥作用的运行规则，从而避免体制的束之高阁"①。

第四，功能上，优势互补、协同作用。体制具有规范性和秩序性功能、合理性和合法性分配功能、导向和激励功能及协调性和整合性功能四个基本功能。而机制的核心功能是维系和调整结构体之间关系。对国家、企事业单位而言，体制确立后，可以明确组织的规范和秩序，对组织内部成员的行为举止产生导向作用，同时，体制的确立也会就资源与利益进行合理性分配等。换言之，在功能上，体制能够起到导向、激励的功能，但是体制并未就具体细节做出设计，此时，机制通过维系和调整结构体之间的关系，建立体制内部各个要素之间的联系，从而使体制得以存在和维系，使体制发挥实效。有学者将体制与机制的关系比喻为人体骨架与肌肉、肌腱和韧带的关系。② 诚然，骨架支撑着人体，肌肉、肌腱和韧带互相作用，确保了骨架的稳定，从而使人体保持生机和活力。

虽然在形态上、运行方式上、着眼点以及功能上体制与机制都有着显著的差异，但二者实际上也具备着一定的共性——意识形态性。意识形态性是体制的鲜明的特征，体制反映统治阶级或集团的意志，某种体制往往打上某个国家、某个组织统治阶级的意识形态或价值观念的烙印，如社会主义市场经济体制等。由于机制是体制的产物，体制的意识形态性决定着机制也要受到统治阶级或集团的意志的影响，机制的形成与确立与体制是一脉相承的，某种机制必然体现着某个机制的核心要素，如前文提到的社会主义市场经济体制，社会主义市场经济体制下衍生的竞争机制等相关机制也将服务于社会主义市场经济体制。机制存在于体制的框架之内，是一定框架之内的机制也必然服务于这一体制，因而，二者具有共同的意识形态属性。

由此可见，在界定高校党的领导体制机制的科学内涵之前，我们必须充分认

---

① 众告：《体制与机制》，载于《开放教育研究》2018 年第 3 期。
② 李松林：《体制与机制：概念、比较及其对改革的意义》，载于《领导科学》2019 年第 6 期。

识到体制与机制之间的关系存在着差异性与交融性。一方面，体制与机制之间存在着内在一致性。机制的性质和地位是由体制决定的，体制为机制制定了全局性框架，机制是在体制的框架之内运行的，因此，机制是体制的直观体现。这种内在一致性也体现在二者共有的意识形态性，二者均反映统治阶级和集团的意志。另一方面，体制与机制之间存在着差异性。从形态上看，体制是显性的、具体的，而机制是隐性的、抽象的；从运行方式上看，体制是静态的、稳定的，而机制是动态的、变化的；从着眼点上，体制关注的是整体，而机制关注的是局部；从功能上看，体制能够起到导向、激励等功能，机制通过维系和调整结构体之间的关系的功能。不难看出，体制与机制之间存在着较大的差异。但是，体制与机制之间也存在明显的交融性。正是因为体制与机制在形态、运行方式、着眼点和功能上存在着差异性，且二者之间的差异性总是存在着互补的作用，体制与机制才能形成互补，二者一静一动，从而动静结合；二者一明一暗，从而明暗交替；二者一整体一局部，从而综合施效；二者优势互补，从而协同作用。充分把握体制与机制之间的关系，有利于我们进一步界定高校党的领导体制机制的本质规定。

第三节 高校党的领导体制机制的科学界定

高校党委是高校的领导核心，全面领导高校的教育事业。高校党的全面领导主要通过相应的领导体制和领导方式来实现，回溯高校党的领导体制的演变历史，从新中国成立初的校长负责制发展到党委领导下的校长负责制，高校党的领导体制和领导机制已经发生了多重嬗变。这种变化来源于高校党的领导实践的现实需要，是推进高校稳定、快速发展，并不断提升人才培育质量的现实要求。党对高校领导体制机制的认识就是对高校党的领导实践的反映，党在高校不同发展阶段所呈现的领导体制机制反映了高校党的领导体制机制的探索过程。

一、高校党的领导体制的内涵分析

为了充分把握高校党的领导体制机制的科学内涵，我们有必要对高校党的领导体制的内涵进行分析。"高校是独立的事业单位法人，面向社会独立承担着民事和法律责任，独立开展学术活动，经济独立核算。高校又是一种特殊的社会组织，是在最高水平层次上传承、发展、运用文化和科学技术的学术机构，承担着人才培养、学术研究和直接服务经济社会发展的特殊社会责任,其社会影响和作用是重要而巨大的。这种活动的独立性和作用的重要性势必受到我们党、国家和全社会的高度关注,每一所高校的办学都不允许有办学方向的偏差和影响重大的失误。"① "体制"的主体通常为国家机关、企事业单位,事业单位接受党和政府的领导,高校也必然涉及包括领导体制、教学体制、学术管理体制、行政管理体制等一系列体制的问题。高校领导体制问题是高校涉及的各种体制的核心与关键,它决定了高校由谁领导,由谁决策,机构如何设置,权力如何划分等一系列重要问题。因此,理解和把握高校领导体制的科学内涵是进一步完善坚持高校领导体制的前提。有研究者认为,领导体制是指"领导意图和职能借以实现的组织机构形式及其运行机制"②。这说明领导体制的实现需要一定的机制相配合。也有研究者指出,领导体制是"领导系统的权力结构、组织形态、运行模式及其基本制度的总和"③。领导为了实现其职能,需要制定领导构架和系统。现代领导体制分为决策、执行、监督和咨询四大系统,这四大系统之间分工明确、各司其职,从而使管理效益不断提升。根据前述体制概念,领导体制是指领导系统中的各组织机构之间职责权限划分、领导隶属关系、机构设置及领导工作制度。此外,还有研究者认为,高校领导体制是高校实施领导职能的组织形式、组织制度以及在长期的高等教育管理实践中形成的各种领导关系④。

《教育管理词典》(1999)将"学校领导体制"定义为:"学校内部领导和管理的根本制度。它规定学校由谁来领导和实现领导的组织原则,确定学校组织机构的职责。"⑤ 余峰、李宇光(1999)认为,"高校领导体制是高校的一项基本制度,它是正确处理高校内部党组织、行政组织、群团组织等内部组织相互关系的纽带,它的重要地位决定了它对高校的办学事业具有决定性作用。"⑥ 谢安邦(2009)认为,"高校领导体制是指高等学校举办者、办学者二者间的权力和职责关系,党委和行政部门间关系,以及高校行政管理系统和学术系统间关系等一些基本的关系范畴,它是高校管理体制的核心内容。"⑦ 米红、周仲高(2004)认为高校内部领导体制包含两个部分,一是高校内部领导体系的完善,二是高校

---

① 程刚:《现代高校党组织的新使命——高校党组织在和谐校园建设中发挥作用的理论与实践》,高等教育出版社2009年版,第45页。
② 孙成城:《中国教育行政概论》,安徽教育出版社1999年版,第325页。
③ 张晓清:《高等学校党政领导体制研究》,天津人民出版社2015年版,第14页。
④ 杨德广:《高等教育管理学》,上海教育出版社2006年版,第188~189页。
⑤ 俞家庆:《教育管理辞典》,海南出版社1999年版,第8页。
⑥ 余峰、李宇光:《正确理解高校领导体制的内涵》,载于《学校党建与思想教育》1999年第Z2期。
⑦ 谢安邦:《高等教育学》,高等教育出版社1999年版,第136页。

内部领导制度的建设。高校内部领导体系是指高校内部领导机构的设立及其组织结构，高校内部领导制度是指高校上下级之间以及各个机构之间进行行政活动所遵循的各种制度。① 孙晓峰、朱守良（2006）认为，"高等教育领导体制是指高教领导机构及与之相适应的行为规范的统一体，其核心是高教领导权力的基本配置方式。它包括高教行政领导体制和高校内部领导体制两个相互关联的部分。"② 傅国良、肖龙江（2006）认为，"高等学校内部领导体制，是高等学校内部管理体制的重要组成部分，是学校内部领导的根本制度，是高等学校决策机构与决策规范的统一体。"③ 王斗虎（2006）认为，"高等学校的领导体制是高等学校的基本制度，是由诸多重要因素及其相互关系构成的有机体系。它规定着高等学校内部的领导关系和基本管理模式，对高等学校的管理具有整体支配作用。高等学校领导体制的构建，不仅有其不同于其他组织的特殊性，更重要的是要受所处国家政治经济制度所决定。"④

同时，陈潮光（2009）认为，党委权力与行政权力的配置问题是我国高校领导体制及运行机制演变内在依据的核心，高校功能的变化、学术权力的凸显是我国高校领导体制及运行机制演变内在依据的基础，师生思想观念变化和民主意识增强是我国高校领导体制及运行机制演变内在依据的另一重要因素。⑤ 龚发云、汪本聪（2011）认为，"高等学校（指国家举办的高等学校，又称公立高等学校）的领导制度，是高等学校内部的领导者、领导机构、领导关系、领导方式等的总称，是决定高等学校领导权的制度。它是高等教育中最基本的政治制度，是高等学校中起核心作用的制度。"⑥ 所谓高校领导体制，是指高校权力划分的组织结构，以及领导和决策活动组织形态的制度化体现。具体就是高校由谁领导，谁决策，机构如何设置，权力如何划分等方面所遵循的体系规定。杜志淳、戴莹（2015）认为，"高校党的领导体制是指高校党的领导机构设置、隶属关系和权限划分的规范和程序"⑦。张晓清（2015）认为，领导体制是领导系统的权力结构、组织形态、运行模式及其基本制度的总和，高校领导体制是高等教育领导机构及与之相适应的行为规范的统一体，其核心是高等学校领导权力的基本配置方

---

① 米红、周仲高：《建国以来我国高校内部领导体制演变述评》，载于《现代教育科学》2004 年第 5 期。
② 孙晓峰、朱守良：《高校领导体制与干部管理》，合肥工业大学出版社 2006 年版，第 2 页。
③ 傅国良、肖龙江：《新中国高校内部领导体制的演变述评——兼与国外之比较》，载于《教育发展研究》2006 年第 16 期。
④ 王斗虎：《高校领导体制若干关系问题研究》，载于《理论导刊》2006 年第 8 期。
⑤ 陈潮光：《试论中国特色高校领导体制及运行机制的建构》，载于《高教探索》2009 年第 3 期。
⑥ 龚发云、汪本聪：《我国高等学校领导制度探析》，载于《国家教育行政学院学报》2011 年第 1 期。
⑦ 杜志淳、戴莹：《论高校党的领导体制与运行机制建设——以落实党委领导下的校长负责制为视角》，载于《思想理论教育》2015 年第 8 期。

式。它包括高校外部领导体制（即高校行政领导体制）和高校内部领导体制两个相互联系的部分①。章清、宋斌（2020）认为，"高校领导体制是高校领导关系和领导结构的问题，是高校决策机构与决策规范的统一体。"②

国内学术界对高校领导体制的研究较为深入，取得了一系列理论成果，围绕高校领导体制相关问题形成了一些共识：

第一，高校领导体制包括高校外部领导体制和高校内部领导体制。高校外部领导体制是高校领导体制的核心，高校内部领导体制是高校领导体制的基础。高校外部管理体制主要解决国家党政对高校实施领导权力分割和基本运作方式问题，即处理党、政府与高等教育机构（主要是指高校）三者之间的关系问题，涉及中央、地方、学校三方面在管理权限上的分配。在我国，高校外部领导体制是一个非常复杂的结构，中央和各级地方党委（主要是指省级党委）作为领导教育事业的核心力量，拥有管理包括高等教育在内的整个教育事业的全面权力。党中央负责高等教育的方针政策、政治标准和改革规划的方向指导，地方党委负责学校领导班子的人选和对其他重大事务进行指导和处理。与之并列的中央政府（国务院及其所属的行政机构——教育部）和地方政府拥有在党中央领导下依据宪法和教育法律、行政法规对教育事业进行行政管理和实施教育活动的权力。此外，全国人民代表大会及其常委会作为最高权力机构，拥有制定教育法规和对宪法中有关条文的修改、解释的权力；最高人民法院可以通过审理和裁决教育诉讼影响教育机构的管理和运行。高等学校内部领导体制，也是一个校内各级管理机构之间的关系和权力分配问题，它主要解决高等教育实施机构内部党政之间、学术与行政之间的权力分割问题和基本运作方式，即处理高校党、政与学术权力之间的关系问题。我国高校内部领导和管理上有自己的特色。我国高等学校缺乏学术自治的传统和相应的文化土壤，因此学术权力很难在学术事务领域发挥其应有的作用，而行政权力却容易在高校内部扎根并占据主导地位。更具独特性的是，执政党所拥有的政治权力也在中国高校内部发挥着重要作用。在我国，执政党在高等学校内部的影响是显现且直接的。③ 所谓高校领导体制，主要是指中国共产党领导下的高等学校内部领导体制，涉及中国共产党在高等学校的基层委员会对高等学校的直接领导以及由此产生的党政关系的权力分配问题。

第二，高校领导体制的核心是高校领导权力的划分与配置。高校内部存在着领导体制、行政管理体制、学术管理体制等多种体制。高校领导体制的重要性在

---

① 张晓清：《高等学校党政领导体制研究》，天津人民出版社2015年版，第14~16页。
② 章清、宋斌：《我国民办高校领导体制：历史回顾、实际运行与优化路径》，载于《现代教育管理》2020年第2期。
③ 张晓清：《高等学校党政领导体制研究》，天津人民出版社2015年版，第16~17页。

于高校领导体制规定了高校"由谁领导"这一关键问题。钟卫东指出:"领导是以实践为中心展开的,由领导者根据领导环境和追随者的实际情况确定目标和任务,通过示范、说服、命令、竞争和合作等途径获取和动用各种资源,引导和规范追随者,实现既定目标,完成共同事业的强效社会工具和行为互动过程。"[①] "由谁领导"直接决定着高校的定位、性质和发展,也决定着高校培养人才的方向和目的。党的十九大报告指出:"中国共产党的领导是中国特色社会主义最本质的特征,也是中国特色社会主义制度的最显著优势。"[②] 对于高校而言,也应坚持中国共产党的领导,高校由党的基层组织来领导是毋庸置疑的。领导本身就是一种权力关系,权力是领导的最关键因素。高校领导体制在规定"由谁领导"的过程中,实际上就是在对高校内部组织、机构、人员的领导权力进行划分和配置。

第三,高校领导体制的重要目的是保障决策的形成与实施。学术界就高校领导体制能够保障决策的形成已经形成共识。如,傅国良、肖龙江认为,高等学校内部领导体制是高等学校决策机构与决策规范的统一体。[③] 杜玉银认为,高校领导体制由它所作用的对象性质决定了它以保障决策的形成为主要目的。[④] 高校领导体制可以从不同的方面来规定和限定高校领导者或高校领导层的行为,规范高校制定工作制度、章程和办法的程序,指导高校各方面工作的开展,通过确立高校内部机构或个人之间的关系结构,分工职能,使各部门和个人能够各司其职,最终保证领导决策的形成。同时,高校领导体制在一定程度上有效保证了所制定的方针、政策、制度、章程或办法的公平性、公开性、公正性,提高了决策的科学性与合理性,从而保证决策的顺利实施。

梳理和总结国内学术界关于领导体制的研究,学术界关于高校领导体制的一些问题还存在着一些分歧。例如,高校领导体制与高校管理体制的关系、高校领导体制与高校领导制度的关系等。一般来说,高校领导体制是高校内部属于领导管理方面的体系和制度,"是确定学校内部领导力量的地位、作用、权力、责任以及运行方式的根本制度"[⑤]。就其内涵来说,包括谁是高校的领导核心;高校机构如何设置及其相互所属关系;高校权力和责任怎样分配等制度化的规定。在

---

① 钟卫东:《领导学原理》,哈尔滨工程大学出版社2010年版,第6页。
② 习近平:《决胜全面建成小康社会夺取新时代中国特色社会主义伟大胜利——在中国共产党第十九次全国代表大会上的报告》,人民出版社2017年版,第20页。
③ 傅国良,肖龙江:《新中国高校内部领导体制的演变述评——兼与国外之比较》,载于《教育发展研究》2006年第16期。
④ 杜玉银:《高校党建理论研究与实践探索》,云南大学出版社2008年版,第72页。
⑤ 焦力柱:《试析我国高校领导体制下校长权力的运行机制》,载于《云南社会主义学院学报》2014年第2期。

我国，中国共产党领导高校的体制在国家法律和中国共产党组织工作条例中有明确的规定。具体而言，根据2018年12月29日最新修正的《中华人民共和国高等教育法》（以下简称《高等教育法》）规定，在国家举办的高等学校实行党委领导下的校长负责制。条例方面，中共中央2010年印发的《中国共产党普通高等学校基层组织工作条例》（以下简称《2010年高校工作条例》）第十条规定：高等学校党的委员会按照党委领导下的校长负责制，发挥领导核心作用。校长在党委的领导下开展行政事务，体现了党的核心地位。高校领导体制包括党委和校长的关系、校长的权力和责任划分、校长和学校各机构的工作关系等。《中共中央关于党的百年奋斗重大成就和历史经验的决议》明确指出："治理好我们这个世界上最大的政党和人口最多的国家，必须坚持党的全面领导特别是党中央集中统一领导，坚持民主集中制，确保党始终总揽全局、协调各方。"① 因此，高校党委必须在一切方面实现对高校的领导，只有将高校发展的主动权牢牢掌握在党的手中，才能坚定社会主义办学方向不动摇，才能为社会主义服务，才能培育中国特色社会主义需要的人才。高校党委作为学校的领导核心，首先要担负起政治领导的责任，要全面落实党的路线方针政策，加强思想政治工作和德育工作，用党的指导思想武装全体师生头脑，尤其要学会用党的最新理论成果武装全体师生头脑，同时还肩负着培养社会主义事业可靠接班人的使命，必须坚定社会主义办学方向不动摇。其次要担负起组织领导的责任，党委肩负着学校内部组织机构负责人的提拔、培养、考察和监督等任务，而这对一个学校能否坚定社会主义办学方向又是至关重要的。最后要坚持民主集中制原则。党委是在坚持民主集中制原则的基础上，广泛听取群众意见基础上进行集体研究后决定重大事务的。总之，高校党委是领导高校的核心，是党在高校的最高决策组织。党委对高校的领导是对关乎高校改革与发展方向性、根本性问题进行领导，而不是包揽具体事务。

一是要厘清高校党的领导体制与高校管理体制的关系。1987年11月，由24所普通高等院校发起的普通高等院校管理体制改革研讨会上提出："高校管理体制改革包括宏观上的上级管理体制改革和微观的校内党政领导、教学科研、学生政治思想工作、人事、后勤、生产等等管理体制的改革，其中党政领导体制改革是关键。"② 这一观点鲜明地阐明了高校管理体制与高校党的领导体制的关系。高校管理体制的功能主要是对高校人、财、物等进行计划、组织、指挥、协调和控制，从而维持高校秩序的稳定。高校党的领导体制不是简单、具体的管理体制，也不是具体的操作和实施规程，而是作为制定路线、方针的保证条件，以相

---

① 《中共中央关于党的百年奋斗重大成就和历史经验的决议》，人民出版社2021年版，第65页。
② 廖远耿：《普通高校管理体制改革研究》，深圳大学出版社1988年版，第5页。

对稳定的方式发挥作用,它的功能主要是高校党的领导层率领、指挥、引导、协调、控制被领导者完成预定任务,从而保障和促进高校管理的顺利开展。因此,二者之间在许多内容上存在着重叠,甚至在很多时候,高校党的领导体制是高校党的管理体制的关键和核心。但是,高校党的领导体制绝不等同于高校党的管理体制,二者在规范的内容、调整的关系、保障的权利、决策的方式、作用的时效等方面均存在不同。规范的内容方面,前者规范了高校由谁领导,后者规范了高校由谁管理;调整的关系方面,前者调整的是校党委与行政的关系,即高校党委是高校的领导核心,支持校长行使行政职权,后者调整行政组织内部关系;保障的权利方面,前者保障政治权力,实现政党利益,后者保障行政权力,实现行政组织的利益;决策的方式方面,前者按照少数服从多数的原则和"集体领导、民主集中、个别酝酿、会议决定"的要求决策,后者则可以采取会议决策,也可以由负责人决策;在作用的实效方面,前者关注高校长远的发展,从全局性对高校党委与行政关系做出调整,在长时间内发挥作用,后者从局部对行政组织、机构之间的关系进行调整,能够增强学校活力,提高工作效率,相对来说,在相对短时间内发挥作用。由此可见,高校党的领导体制是高校党的管理体制的一部分,但高校党的领导体制不等同于高校党的管理体制。

二是要厘清高校党的领导体制与高校领导制度的关系。学术界对于高校党的领导体制的本质到底是不是制度存在着争议,有观点认为高校党的领导体制实际上是高校党的领导制度(《教育管理词典》,1999),也有观点认为,高校领导体制是高校党委领导的制度化体现(刘星彤,2013),还有观点认为,高校领导体制包括高校内部领导体系和高校内部领导制度(米红、周仲高,2004)。

要想厘清高校党的领导体制与高校党的领导制度之间的关系,首先要明确体制与制度之间的关系。体制是指国家机关、企事业单位在机构设置、领导隶属关系和管理权限划分等方面的体系、制度、方法、形式等的总称。制度是经制定而为大家共同遵守的办事规程或行动准则体制,即制度"是一系列被制定出来的规则、守法程序和行为的道德伦理规范,它旨在约束追求主体福利或效用最大化的个人行为"①。从体制与制度的定义不难看出,二者差异明显。制度是体制的强制性表现形式,体制一定是由正式制度确立起来并维系存在的。与此同时,体制与制度有着紧密联系,制度需要依赖于其确立的体制实施影响,为了保证制度的实施,体制还应针对机构设置、领导隶属关系划分和管理权限等做出规范,同时,还要对组织内部落实这个制度的方式、方法和形式等做出安排。这些内容都

---

① [美] 道格拉斯·C. 诺思著,陈郁、罗华平等译:《经济史中的结构与变迁》,上海人民出版社 1994 年版,第 225~226 页。

属于体制的范畴，可以说体制的内涵更宽广，体制实际上包含着制度。高校党的领导体制与高校党的领导制度的关系亦复如斯，高校党的领导制度是高校党的领导体制的强制性表现形式，高校党的领导制度明确了党委在高校中的领导核心地位，规定了高校领导权力的划分和管理权限，界定了高校组织机构的职责等。但是为了保证高校领导制度的贯彻与落实，还要对高校内部的领导者、领导机构、领导关系、领导方式、领导形式等作出规范和安排，使高校内部的机构设置、工作职责、分工方式、组织关系、人际关系等与高校领导制度有机结合，从而保证党对高校的全面领导。由此可见，高校党的领导体制与具体的、单一的高校党的领导制度不同，高校党的领导体制是高校党委内部的领导者、领导机构、领导关系、领导方式、领导形式及与之相适应的制度、程序与规范的总和。类比而言，高校党的领导体制包含"软件""硬件"与"纽带"三方面要素，即"软件"是指高校党的领导制度，"硬件"是指与高校党的领导制度相适应的机构设置、组织结构、分工方职责，"纽带"是连接"软件"与"硬件"之间的领导方式、方法和形式。"软件""硬件"与"纽带"相互联系、相互作用、相互促进又相互制约，从而形成高校党的领导的有机联系的统一体，这个统一体就是高校党的领导体制。

  同时，也要看到，高校从类型上分为公办高校和民办高校两种。本书讨论的主要内容是关于公办高校党的领导体制的问题，而民办高校党的领导体制与公办高校党的领导体制是有一定区别的。根据2016年11月7日第十二届全国人民代表大会常务委员会第二十四次会议《关于修改〈中华人民共和国民办教育促进法〉的决定》第二次修正的《中华人民共和国民办教育促进法》第九条规定：民办学校中的中国共产党基层组织，按照中国共产党章程的规定开展党的活动，加强党的建设；第二十条规定：民办学校应当设立学校理事会、董事会或者其他形式的决策机构并建立相应的监督机制；第二十一条规定：学校理事会或者董事会由举办者或者其代表、校长、教职工代表等人员组成；第二十三条规定：民办学校的法定代表人由理事长、董事长或者校长担任；第二十五条规定：民办学校校长负责学校的教育教学和行政管理工作。但这里面并没有明确党委对民办高校的领导关系。为了加强民办高校党的领导，《中共中央办公厅印发〈关于加强民办学校党的建设工作的意见（试行）〉的通知》，在《关于加强民办学校党的建设工作的意见（试行）》中做出了一些明确规定："加强党对民办学校的领导""民办学校党组织是党在民办学校中的战斗堡垒，发挥政治核心作用""坚持党的领导与依法治校有机统一，推动民办学校把党组织建设有关内容纳入学校章程，明确党组织在学校法人治理结构中的地位，保证党组织在重大事项决策、监督、执行各环节有效发挥作用""推进党组织班子成员进入学校决策层和管理层"等。民办高校虽然实行的不是党委领导下的校长负责制的领导体制，但在加强党对高校的领导的有关文件精神和具体实践中，党委书记实际上也参与了民办高校办学的领导决策。

综上可见，研究者们关于高校党的领导体制的内涵可谓众说纷纭。有研究者认为，高校党的领导体制是高校管理中内部领导机构的设置、分工以及与领导活动各方面所要遵循的制度的总和。它具有两层含义，一是高校党的领导体系的完善，二是高校党的领导制度的建设。也有研究者认为，"高校领导体制的内容主要包括：高等学校领导机构和职位的设置及相互关系；领导者的工作范围，领导实施管理、施加影响的方式；高校领导者的职责和权限的划分和对高校领导者的管理制度。"研究者们关于高校党的领导的运行机制的内涵也莫衷一是。有研究者认为，高校党的领导的运行机制的内涵有本体论和方法论两种，本体论是高校各要素之间相互影响和作用的过程，方法论是高校运行方式和过程的系统化和制度化。[1] 还有研究者认为，高校运行机制的内涵包括组成机构、管理制度和政策条例等。我们以为，高校党的领导的内部领导体制是高校党的领导者、领导机构、领导关系、领导方式、领导形式及与之相适应的制度、程序与规范的统一体，其核心是高校领导权力的划分与配置。

二、高校党的领导机制的内涵分析

科学界定高校党的领导机制内涵是准确把握高校党的领导体制机制概念的关键。从功能上来讲，党的领导机制是为党的领导体制服务的，其目的就是更有效地实施党的领导，做出的一系列决策、干部选用等方面的规定。根据前述关于机制相关概念的研究，我们认为，从广义上讲，高校党的领导运行机制是指为了有效实施高校的领导以及领导体制，高校内部各要素之间，以及高校与外部环境之间相互作用的关系及工作运转方式。其功能是为了有效实施高校党的领导和领导体制而服务的。

高校党的领导的机制包括领导干部考核、财务管理、科研奖励、人才培养等运行机制。有研究者将其核心框架分为自主办学、主动适应、自我发展、自我约束四种机制[2]。也有学者认为，高等教育运行机制由内部运行机制和外部协调机制有机组成[3]。其中，高校内部运行机制是高校统筹协调内部各个组织进行教学、

---

[1] 肖昊等：《高等学校运行机制》，武汉大学出版社2010年版，第5页。
[2] 陈世瑛：《对高校运行机制内涵的再认识》，载于《江苏高教》1995年第3期。
[3] 占志勇：《系统论视域下高等教育运行机制之创新》，载于《学术交流》2012年第8期。

管理、科研的过程。高校外部协调机制可以把高校教育质量通过社会管理层协调和社会协调层反馈到学校内部运行机制中的各个要素上。正是这些运行机制的有效实施，确保了党领导的高校始终沿着社会主义办学方向朝气蓬勃地发展，为实现社会主义现代化强国奠定了坚实的人才基础。同时，也要看到，由于高校从类型上分为公办高校和民办高校两种，而且公办高校和民办高校因为在经费筹集、办学主体等方面也存在一些差异。因此，高校党的领导机制也有公办和民办之分。如在经费筹集方面，虽然高校经费来源主要包括国家拨款、社会捐助、学生学费等，但经费来源的主体有一定的区别。前者主要以国家拨款为主，后者主要以股东投资、学生学费为主。

当前，高校实行党委领导下的校长负责制，校长作为学校法人需把握好以下几个关系。一是校长和党委书记的关系。校长作为党委班子的一员，必须服从党委的决定。同时，校长作为学校行政一把手，党委书记作为党委一把手，校长和党委书记要齐心协力，以合力带领好学校发展的方向。二是校长和行政班子成员的关系。校长作为行政班子的班长，要量才适用，根据每个成员的特长、专业等，充分发挥每个成员的价值。三是校长和学校中层干部之间的关系。学校中层干部作为学校政策、举措的落实者，中层干部对学校政策、举措的理解程度、执行情况都对学校的发展至关重要。校长要善于引导中层干部把握学校发展大局，以改革创新的精神和锐意进取的态度推动学校发展。实际上，高校领导机制的确立在新中国成立以来，经历了初建、探索、确立这几个阶段，总的来说，历经校长负责制、党委领导下的校务委员会负责制、以校长为首的校务委员会负责制、"一元化"领导的革命委员会制、党委领导下的校长分工负责制、试行校长负责制，直到1989年才确立沿用至今的高校领导体制。应该说，对高校领导体制的探索是在经历了70多年的艰难探索中取得的，是为实践证明的最符合我国高校实际的领导体制。这一领导体制就是要强调党在高校工作中的领导地位、核心作用，体现了有效实施党对高校的领导及其落实高校党的领导体制。

从根本上说，高校党的领导机制是对在坚持高校党委集体领导的前提下对党的领导决策制度、干部选用制度和干部监督制度等做出的科学化、程序化、细则化并能实现有序高效运行的一系列实现党的领导的具体作用方式。2014年印发的《关于完善坚持普通高等学校党委领导下的校长负责制的实施意见》（以下简称2014年《意见》）指出，党委统一领导学校工作，校长主要主持学校行政工作。2014年《意见》还明确了党委和校长的主要职权。通过比较党委和校长的职权划分，我们可以发现，党委主要负责讨论决定，校长主要负责组织拟订和实施。也就是说，党委和校长都有各自明确的分工，党委负责决定事关学校发展、科研、教学、行政管理等方面的重大决定；校长作为学校法人一方面实施党委决定的事项,组织拟订学校发展规划、科研举措、规章制度等,待党委讨论通过后负责组织实施。所以,高校党的领导机制是指为了有效实施党对高校的领导及其落实高校党的领导体制,对高校党的领导活动方式尤其是对党的领导决策制度、干部选用制度和干部监督制度等做出的科学化、程序化、细则化的规范并实现动态良性运行的具体作用方式。

三、高校党的领导体制与机制的内在关系

综上所述,高校党的领导体制是高校领导制度的表现形式,其内容是制度,核心则是对高校各项权责的分配和明确。高校党的领导的机制的核心就是把高校党的领导体制的要求、任务认真落实和完成。关于高校党的领导体制和领导机制的内在关系,主要体现在以下几个方面:

一是高校党的领导体制决定高校党的领导运行机制,高校党的领导体制的变化必然会引起高校党的领导的运行机制的变更。当前,我国高校党的领导体制的确立是一个渐进性的生成过程,回顾新中国成立以来高校党的领导体制的变迁,每一个时间段高校党的领导体制都不相同,直到1989年确立并沿用至今。这期间在探索高校党的领导体制的过程中,每一次调整都在所处的时期内对高校党的领导体制的完善产生了一定的推动作用。同时,高校党的领导体制的变化也会导致运行机制发生相应的变化,才能完成高校领导体制的预期目标。

二是高校党的领导的运行机制是为高校党的领导体制服务的。高校党的领导的运行机制,从类型上来看,主要有领导干部考核、财务管理、科研奖励、人才培养等。有学者认为,就不同的准则来分会有不同的类型,以社会职能来分,可以分为培养、科研及社会服务三种机制,如果从整体出发考虑机制对高校运行的有效性,可以分为决策、信息、动力、资源保障和质量保障五种机制。[1] 可以看出,机制的分类或者构建是为实现高校更有效的运行而服务的。而高校党的领导体制就是以制度的形式确保高校沿着社会主义的方向健康发展,二者是有共同目标的,因而高校党的领导的运行机制是为高校党的领导体制服务的。

三是在坚持党对一切工作的领导中不断完善高校党的领导体制和运行机制。为实现我国高等教育迈向世界一流水平的目标,高校党的领导体制机制中存在的一系列问题,需要在高校党的领导下不断解决,使之更加趋于完善,为我们高等教育整体水平的提高扫清体制机制的障碍。

四是高校党的领导的运行机制不能脱离高校党的领导体制而存在。即高校党

---

[1] 肖昊等:《高等学校运行机制》,武汉大学出版社2010年版,第7~8页。

的领导机制的选择和构建必须以高校党的领导体制为制度前提，离开高校党的领导体制的运行机制难免成为无源之水、无本之木。

综上所述，笔者认为，高校党的领导体制包括高校党的领导的外部领导体制和高校党的领导的内部领导体制，高校党的外部领导体制是高校领导体制的核心，高校党的内部领导体制是高校领导体制的基础；高校党的领导体制的核心是高校党的领导权力的划分与配置；高校党的领导体制的重要目的是保障决策的形成与实施等。但是，在梳理和总结国内学术界关于领导体制的研究时发现，学术界关于高校党的领导体制的认识还存在着一些观点上的分歧和思想上的混乱，如高校党的领导体制与高校管理体制的关系、高校党的领导体制与高校领导制度的关系问题。针对这两个问题，我们认为，高校党的领导体制和高校党的管理体制之间在许多内容上存在着重叠，高校党的领导体制机制是高校党的管理体制的关键和核心。但是，高校党的领导体制绝不等同于高校党的管理体制，二者在规范的内容、调整的关系、保障的权利、决策的方式、作用的时效等方面均存在不同。高校党的领导体制包含高校党的领导制度，高校党的领导制度是高校党的领导体制的强制性表现形式。但是，高校党的领导体制与具体的、单一的高校党的领导制度不同，它是高校党委内部的领导者、领导机构、领导关系、领导方式、领导形式及与之相适应的制度、程序与规范的总和。

基于此，通过对学术界相关研究成果的分析与总结以及对高校党的领导体制机制在高校中的落实状况来看，所谓高校党的领导体制机制，是指高校党的领导者、领导机构、领导关系、领导方式、领导形式及与之相适应的制度、程序与规范的统一体，以及对高校党的领导活动方式尤其是对党的领导决策制度、干部选用制度和干部监督制度等做出的科学化、程序化、细则化的规范并实现动态良性运行的具体作用方式，体现为党委领导下的校长负责制以及党委在各部门和基层的思想领导、组织领导与政治领导的运行状态。

第二章

新时代高校党的领导体制机制的价值审视

坚持和完善党对高校领导的体制机制,不仅要对其相关概念进行深入分析,还应该充分把握高校党的领导体制机制的价值意蕴。一定意义上看,对高校党的领导体制机制进行概念界定是回答"是什么"的问题,还应该进一步深入回答"为什么"的问题。对"为什么"问题的回答,集中体现为对高校党的领导体制机制的价值审视。从哲学意义上来看,价值是一个关系性范畴,强调事物本身的有用性,它是"主体和客体之间的一种特定关系,即客体以自身属性满足主体需要和主体需要被客体满足的一种效益关系"①。因此,新时代高校党的领导体制机制的价值意蕴必然要将其置于一定的主客体关系范畴之中才能彰显出来,也正是在对主体关系的确证之中,才能增强坚持和完善党对高校领导体制机制的自觉性与坚定性。鉴于此,我们拟从党对高校全面领导的客观需要、推进高等教育治理现代化的必然要求、高校坚持社会主义办学方向的题中之义、高校提高人才培养质量的内在要求四重维度,深入探究高校党的领导体制机制的价值意蕴。

第一节 党对高校全面领导的客观需要

历史和现实经验表明,"党的领导是引领新时代中国特色社会主义教育事业

---

① 孙正聿:《哲学通论》,人民出版社2010年版,第327页。

不断前进的最大政治优势,是办好中国特色、世界水平的现代教育的根本政治保证。"① 因此,高校党的领导体制机制的价值意蕴首先体现为新时代党对高校全面领导的客观需要,即它是新时代我国推动高等教育事业高质量发展的必然要求,而要进一步强化高校党的全面领导,完善并坚持高校党的领导体制机制是关键保障。从新时代党的建设角度来说,在推进全面从严治党向纵深发展的实践基础和时代背景下,通过坚持和完善高校党的领导体制机制,能够进一步地夯实党对高校全面领导的根本地位,发挥高校党建工作在党的建设新的伟大工程中的重要作用,为新时代中国特色社会主义高等教育事业的建设发展提供根本性保障,充分凸显其强大领导优势的内在要求。

一、夯实党在高校中的根本领导地位的现实要求

当前,坚持党对高校的领导地位,根本上来源于党的领导地位的历史确立和现实要求。习近平总书记指出:"党政军民学,东西南北中,党是领导一切的。"② 高校作为社会主义意识形态安全的前沿阵地,是培养社会主义建设者和接班人的重要战略场所,坚持党对高校的领导不仅在价值层面上是必要的,而且在现实实践中必须要坚定巩固和严格执行,唯其如此,党的领导优势才会真正得到彰显,高校的发展才会得到切实的根本保证。

从加强党的全面领导来看,坚持和加强党在高校工作中的领导地位,不仅是推动我国教育事业高质量发展的根本保证,更是维护党的权威及其核心领导地位的重要一环。党的二十大报告指出:"我们全面加强党的领导,明确中国特色社会主义最本质的特征是中国共产党领导,中国特色社会主义制度的最大优势是中国共产党领导,中国共产党是最高政治领导力量"③,中国共产党的领导地位并非自封的,而是由党的性质和宗旨决定的,是历史的选择、人民的选择。在风雨飘摇的旧中国,中国人民饱经磨难,备受屈辱,中国共产党的成立使中国人民看到了希望的曙光,在中国共产党的带领下,中国人民朝着国家富强、民族振兴、人民幸福的目标一步步迈进。特别是在中国特色社会主义新时代背景下,党的领导就是发挥出"总揽全局、协调各方的领导核心作用。"④ 党的领导是全面领导、

---

① 教育部课题组:《深入学习习近平关于教育的重要论述》,人民出版社2019年版,第32页。
② 习近平:《决胜全面建成小康社会夺取新时代中国特色社会主义伟大胜利——在中国共产党第十九次全国代表大会上的报告》,人民出版社2017年版,第20页。
③ 习近平:《高举中国特色社会主义伟大旗帜 为全面建设社会主义现代化国家而团结奋斗——在中国共产党第二十次全国代表大会上的报告》,人民出版社2022年版,第6页。
④ 《习近平谈治国理政》第一卷,外文出版社2018年版,第86页。

全方位领导，贯穿、体现在经济、政治、文化、社会、生态等中国特色社会主义建设的各个方面。高校事关国家与社会的前途命运，事关人民大众的切身利益，重视并加强党在高校中的领导地位，是强化党的领导地位、维护党在意识形态方面的领导权的重要一环。2018年9月，习近平总书记在全国教育大会上强调："教育是民族振兴、社会进步的重要基石，是功在当代、利在千秋的德政工程，对提高人民综合素质、促进人的全面发展、增强中华民族创新创造活力、实现中华民族伟大复兴具有决定性意义。"① 高校作为人才培养的主阵地以及社会意识形态建构与传播的重要环节，必须加强政治建设，把稳政治方向，高校必须从思想上行动上同党中央保持高度一致，通过坚持和完善高校党的领导体制机制，进一步提升高校党组织的领导能力和水平，充分发挥高校党委的政治核心作用，落实立德树人的根本任务，不断帮扶高校教育工作者提高政治信仰和综合能力，坚定不移地拥护中国共产党的领导，确保党始终是领导高校的主心骨。高校党的领导体制机制作为高校管理和领导体制的价值规定与实践路径，是坚持党对社会主义事业领导的本质要求，也是经历长期高校管理实践探索和历史经验总结的产物。当前，加强党对高校的领导，关键就在于坚持和完善高校党的领导体制机制，不断健全完善其具体制度和实施路径。通过高校党的领导体制机制的进一步完善，强化学校党委在举旗帜、把方向中的核心领导，让高校成为坚持党的领导的坚强阵地，切实提高政治站位，以政治建设为统领，把党的领导贯彻到办学治校的全过程。

　　从社会现实环境看，当前中国特色社会主义进入新时代，不仅意味着国家综合实力的提升，其整体发展进入了重要的战略机遇期，同时也意味着社会主义各方面建设事业面临更多的挑战和风险。经济社会的快速发展，不可避免地影响着党的队伍建设的环境和整体水平，党在治理进程中面临的长期执政、改革开放、市场经济和外部环境的考验愈加复杂艰巨，同时党自身面临的精神懈怠、能力不足、脱离群众和消极腐败的风险也愈加突出。这些风险考验也从根本上深刻地影响着高校的建设发展。进入新时代，高校展现出重视人才引进和争创"双一流"的新面貌，在落实立德树人和加强党委领导的目标指引下，同时也面临着一系列新机遇、新挑战。当前，教育普及化程度越来越高，高校的人才吸纳能力和教育水平呈现两种不同的趋向：即人才的吸纳能力越来越强，但整体的教育资源出现向顶端集中化的趋势，教育领域的人才和各类资源之间的竞争加剧，高校不可避免地出现了市场化主体的行为，教育秩序经历了市场化"冲击到融合"的历程。

---

① 《习近平在全国教育大会上强调：坚持走中国特色社会主义教育发展道路　培养德智体美劳全面发展的社会主义建设者和接班人》，载于《人民日报》2018年9月11日，第1版。

在社会主义市场经济深入发展的情况下，教育的市场化行为不可避免，高校党委的领导实践也经历了不断调适和多元化的发展过程，出现了一些模糊、混乱的边界地带。高校党的领导体制机制落实的情况，决定了党对高校领导的实际权威和效力。因此，随着我国高校建设越来越融入市场经济、融入国际环境、融入人民群众，其具有的影响全局的战略价值及发展作用也就越来越重要、越来越突出。而要在这一广阔的国际国内视野中站稳脚跟、抓住机遇，实现自身的跨越式发展，必须牢牢坚持党的领导地位，不断提高党的建设发展水平。正如习近平总书记所言："在坚持党的领导这个重大原则问题上，我们脑子要特别清醒、眼睛要特别明亮、立场要特别坚定，绝不能有任何含糊和动摇。"① 在高校党的领导和党的建设问题上，必须同推进党的建设新的伟大工程相一致，通过以加强党的政治建设为统领，以制度建设为关键，形成协调规划高校建设的战略布局，攻克高校发展治理中面临的新矛盾、新挑战，贯彻落实好高校的立德树人的根本任务，形成完善高校党的领导体制机制，为培育时代新人，实现中国特色社会主义教育事业的新飞跃奠定根本基础，指明前进方向。

坚持党对高校的领导，还需要从高校建设发展的现实情况出发，进一步针对发展实际和围绕存在问题的成因来进行对策性研究。在中国共产党的领导下，我国高校发展也经历了从初期的分散混乱到实行规模化扩张、重构的阶段，但随着经济社会结构的全面转型，人才培养和就业模式已经完全不同于往日。人才对教育的需求日益呈现多元化、内涵式的特征，要适应外部办学环境的变化，并更好地吸引和满足学生的发展需求，这对高校的建设发展提出了重大的历史性课题。同时，高校自身在长期发展和探索进程中，由于对党的领导体制机制实施情况不一，出现了过度行政化的现象：例如，党的领导地位不突出、党委领导和校长负责的边界不明显、高校师生的思想道德素质表现不时受到社会公众的质疑，或者与国家价值导向相违背，等等。因此，以完善党委领导下的校长负责制为核心，筑牢高校党的全面领导地位，不断提升高校党的领导的科学化水平，对于高校在克服自身和外部的重大挑战方面具有根本保障作用。尤其是在当前严峻的国际国内舆论环境的压力下，完善高校党的领导体制机制，有利于坚持党对高校的全面领导，进一步做好思想政治工作和党建工作，对于增强高校整体的思想凝聚力和社会感召力具有重要意义。观照现实，无论是解决高校发展中的现存问题，还是开拓高校治理的现代化新局面，都必须紧紧抓住高校党的领导体制机制，改进党的领导方式，创新完善党的领导的实施路径，充分发挥高校党委和校长之间的沟通合作能力，凝聚共同目标愿景，制定合理可行的实施方案，进而带动增强高校

---

① 习近平：《在全国党校工作会议上的讲话》，载于《求是》2016年第9期。

各部门、各院系、各领域的协同发展能力和改革创新能力，促进中国特色社会主义高等教育事业取得更持久、更显著的成就，以此进一步彰显我们的制度优势。

二、高校党的领导和党建工作协同发展的现实需要

坚持和完善高校党的领导体制机制不仅有助于夯实党在高校中的全面领导的根本地位，而且还有助于促进高校党的领导和党建工作协同发展，从而达到进一步强化党对高校全面领导的目的。

坚持和完善高校党的领导体制机制有利于处理好加强党的领导和促进党的建设两者之间的辩证关系。加强高校党的领导体制机制建设，有利于从党的领导和党的建设两个方面，强化发挥党的责任和使命意识，不断促进高校党建工作更好地服务于其治理现代化发展的大局，保障高校更好地履行培养时代新人的根本任务，彰显特色优势，为国家富强、民族复兴、人民幸福做出基础性、关键性贡献。一方面，完善高校党的领导体制机制必然要加强党的建设。党的领导地位不是一劳永逸的，特别是在高校这一师生群体思想多元、发展创新日新月异的环境中，坚持党的领导地位必须不断深化自我革命，以强化和创新党的组织建设实践来巩固和提升党的领导水平。习近平总书记指出"勇于自我革命，从严管党治党，是我们党最鲜明的品格。"① 高校作为意识形态建设的主阵地，其思想引领作用和社会舆论影响力日益凸显，因此必须在完善高校党的领导体制机制下，进一步加强高校党组织建设工作水平，强化和巩固党对高校一切工作的领导，促进高等教育的内涵式、可持续发展，切实发挥党组织的先锋模范作用。另一方面，高校加强党的建设必须要以完善高校党的领导体制机制作为前提。坚持党对高校的领导是一种本质必然，而加强高校党建工作是一种现实必然。坚持党对高校的领导地位，有利于发挥高校党组织建设的旗帜和堡垒作用。在当前推进全面从严治党的新形势下，高校党组织建设具有辐射带动和示范引领作用，有利于形成良好的教学及管理氛围，增强学生和广大社会公众的满意度，进而对学生的就业、社会生产力的提升、社会秩序的和谐运转等方面产生积极影响。加强高校各级党组织的党建工作，要从党委抓起，通过制定发展方针、完善制度建设、开展经常性和专门性相结合的实地调研、进行工作指导与帮扶等措施，提升高校党组织的战斗力、凝聚力和科学发展能力。高校中以大量知识分子为主体，也是发展新党员和考察师生党员的重要场所。因此，必须以完善高校党的领导体制机制为根本保障和价值目标，以此为推进党的组织建设注入强大活力。

---

① 《习近平谈治国理政》第三卷，外文出版社2020年版，第20页。

坚持和完善高校党的领导体制机制有助于进一步推进高校党的建设。高校在实践中必须以践行党的建设实施路径为核心，不搞标准化、同一化、行政化的党建工作模式，也不能单一地照旧开展党的建设工作，而要根据学校建设的实际需要和发展指向，在激发现有大量的、不同类型群体的党组织建设活力的基础上，通过以守正创新为原则，开展多元有效的党组织建设的工作和活动，创新具体形式和内容，使高校党建工作能够适应学校管理和建设发展的需要，激发全体师生对党组织的依赖感和责任感，进而维护党在高校的领导，以此为高校教育事业的稳定、快速发展提供根本保障。因此，以此为实践指向，深化对这一问题的研究，有利于促进高校党的领导和党建工作一体扎实推进，在完善坚持高校党的领导体制机制的同时，增强高校党建工作的自我革命作用。当前，从高校党的建设工作和党的领导工作来说，更重要的是一种高校党组织生态的改变。习近平总书记指出："完善坚持党的领导的体制机制，提高党把方向、谋大局、定政策、促改革的能力和定力，坚决扭转一些地方和部门存在的党的领导弱化、党的建设缺失现象，确保全党在思想上政治上行动上同党中央保持高度一致。"① 进一步完善高校党的领导体制机制，解决好高校党的领导过程中出现的问题，找出其问题的成因，有利于促进高校党委领导和党组织建设工作的有机统一，在互相促进、互为支撑的发展过程中取得新突破，实现新跨越。在此基础上，完善高校党的领导体制机制，从而更好地增强两者共同服务于高校铸魂育人的中心工作，以及进一步落实高校立德树人这项根本任务。完善高校党的领导体制机制，推动高校党风廉政建设，促进高校党的领导下各部门、各院系更好地服务学生、做好本职工作，为学生的成长和学校的发展营造良好的校园文化环境。

党的二十大报告明确指出："全面从严治党永远在路上，党的自我革命永远在路上，决不能有松劲歇脚、疲劳厌战的情绪，必须持之以恒推进全面从严治党，深入推进新时代党的建设新的伟大工程，以党的自我革命引领社会革命。"② 党的建设是提升党的领导水平、领导能力和实现党的自我完善的手段。质言之，党的领导离不开党的建设，党的建设其目的就是更好地提升党的领导水平，而党的领导则又是进一步加强党的建设的根本保证，由此可见，二者是"焦不离孟，孟不离焦"的关系。同时，加强党的建设又是增强党的领导的基础与前提。从党的建设范围来看，它主要包括党的政治建设、思想建设、组织建设和作风建设等，打铁必须自身硬，党这块钢铁堡垒坚固与否，就要从所囊括的建设内容去加固、去强化，使党变得更加坚硬无比，即就是要通过加强党的自我建设来提升党

---

① 《习近平谈治国理政》第三卷，外文出版社2020年版，第86页。
② 习近平：《高举中国特色社会主义伟大旗帜　为全面建成社会主义现代化国家而团结奋斗——在中国共产党第二十次全国代表大会上的报告》，人民出版社2022年版，第6页。

的领导水平、增强党的领导能力,如果党缺乏自我建设的能力,不去校正自身存在的问题,不去实现自我完善和顺应时代发展的要求,那么党的领导能力和领导水平就会弱化,甚至会动摇党的领导地位。

总而言之,党的领导引领党的建设,党的建设的目的是提升党的领导水平、领导能力,党的建设最终服务于党的领导,党的领导的底气源于党的建设,这也是中国共产党为什么能够始终保持先进性的奥秘所在。高校党的建设与高等教育事业的发展是息息相关的,加强高校党的建设既是推动高等教育高质量发展的题中应有之义,又能够为高校党的体制机制的发展与完善提供政治保证和重要动力。因此,一方面,我们要通过完善高校党的领导体制机制,加强党对高校的领导,贯彻落实党领导高校的政治原则和战略规划,进一步提升高校党的建设的科学化、制度化水平;另一方面,要不断完善高校党的领导体制机制,这既是加强党的建设的组成部分,也有利于从制度层面和运行机制方面维护和巩固党对于教育事业的核心领导地位,继而推动党建与高校各项工作的深度融合,不断强化党建在高校治理工作中的导向和引领作用。

第二节 推进高等教育治理现代化的必然要求

坚持和完善党的领导体制机制不仅是加强党对高校领导的客观需要,也是推进高校治理现代化发展的核心路径。高校治理现代化是国家治理现代化的应有之义,其现代化水平集中体现在高校自身的建设发展以及高等教育对社会发展的推动和服务上。从高校自身来看,高等教育治理体系的完善和治理能力的提高,有利于高校治理朝着更加科学化、民主化和法治化的方向演进;从高校对社会的影响力上来看,高等教育治理现代化的发展,能够进一步发挥其服务社会的功能,培养更具创造力的人才队伍成为各行各业的领军人物,并以其自身的高质量发展助力国家经济转型和社会进步。在过去很长一段时间里,高校的稳定持续发展为中国特色社会主义经济、政治、文化、社会、生态等各方面的建设事业培养了大量兼具专业基础知识和人文素质的各类人才,有力促进了国家经济社会的快速发展和社会的进步。随着新时代的历史性出场,也就意味着高等教育发展进入了新的实践场域之中,高等教育需要调整过去的发展路线,改革创新高校内部管理体制,朝着高校治理现代化的目标前进。推进高校治理现代化,需要进一步完善高校党的领导体制机制建设,这是推动我国高等教育事业内涵式发展,把规模化扩张控制在合理限度内,实现教育的社会功能最大化、最优化的现实要求。

一、进一步提升高校办学治校的法治化水平

党的二十大报告指出:"全面依法治国是国家治理的一场深刻革命,关系党执政兴国,关系人民幸福安康,关系党和国家长治久安。"① 依法治校是高校内部管理体制改革的必然趋势,是高校管理走向科学化、规范化、民主化的必由之路,也是完善高校内部治理结构的内在要求。我国积极探索高校内部领导体制机制的建立与完善,通过对新中国成立后高等教育正反两方面的历史经验及教训的总结,确立了党委领导下的校长负责制。通过实行党委领导下的校长负责制,提升高校办学治校的水平和质量,其最为核心的就是涉及政党权力、行政权力和学术权力之间的分配和矛盾调处问题。在高校构架一种法治治理的框架,使党的领导成为一种制度性的力量,发挥服务师生群体的作用,保障高校教育事业的运转秩序稳定、高效,减少议事决策中"搞变通""打折扣"等行为,使党委和校长之间的矛盾,通过法治化、制度化的力量得到缓解和解决,减少个人主义和官僚主义下的权威压制和不作为现象,进一步完善高校的法治治理体系,提升党委和校长之间的协作沟通能力,使党的领导优势通过高校治理发展的成效得到鲜明体现,促进两者有机融合,以法治的力量抵消两者在高校治理中存在的隐性或显性张力。

首先,坚持和完善高校党的领导体制机制,能够提升高校党的领导的制度化水平,强化制度的约束力和规制力。就国家治理而言,"制度是一种相对固定化的规范形式,这种规范能够约束主体性活动,并能够将国家治理活动纳入规范化轨道,从而在一定程度上防止权力滥用与治理失灵。"② 坚持和完善高校党委的领导体制和机制,实质上就是提升高校党的领导的制度化水平,把党委领导下的校长负责制作为高校领导管理体制,起到对下属各部门的领导指挥作用,分配和统筹办学资源的作用、对高校办学发展的顶层设计作用,因此党委领导下的校长负责制是一个涉及发展方向和实施路径的横向和纵向相互联结、相互作用的领导体制,其中民主集中制是根本的领导方式和组织原则,集体领导和委员会制度是领导制度的核心,其内部的制度构建和决策程序都要遵循这些核心要素。同时高校的办学治校成果最终体现在最为普遍的社会认同上,这也是检验其领导体制实施成效的根本标准和落脚点所在。随着党委领导下的校长负责制实施以来,我国

---

① 习近平:《高举中国特色社会主义伟大旗帜为全面建成社会主义现代化国家而团结奋斗——在中国共产党第二十次全国代表大会上的报告》,人民出版社2022年版,第40页。

② 黄建军:《中国国家治理体系和治理能力现代化的制度逻辑》,载于《马克思主义研究》2020年第8期。

高校进入了相对稳定的发展阶段，也取得了较大的发展成就，这意味着现行高校领导体制具有其科学性和合理性，是高校应当长期坚持的领导制度，同时要长期坚持这一制度，就要明确阐释和不断完善发展其制度内涵和实施路径。所以，在新的高校治理发展形势和目标下，要对其好的经验进行科学总结，对制度进行法治化定位，对出现的不足和问题进行制度性约束和规范。通过汲取过往的经验教训，完善高校党的领导体制机制，进一步明确党委领导和校长负责之间权责关系与工作边界，使双方在办学治校上充分发挥各自的优势，做好工作对接，通过制度机制的完善将办学治校过程中出现的问题和矛盾予以更为严谨、科学的措施规定，从而提高办学治校的标准和质量。

习近平总书记指出："教育强则国家强。高等教育发展水平是一个国家发展水平和发展潜力的重要标志。"① 当前，随着国内高等教育的规模逐渐扩大，国际国内社会和不同企业主体对于高质量人才的吸纳能力成为其竞争力的核心因素，同时高等教育在增强人民群众的社会满意度、维护其发展权利等民生方面的地位得到极大凸显，对于维护国家意识形态安全，促进现代化建设事业发展的战略价值越来越突出，高等教育的发展定位和目标也愈加明确，即要为国家和社会提供具有坚定理想信念和责任感、使命感，具有扎实技能和思想智慧的人才队伍。完善高校党的领导体制机制，要求总结党委领导下的校长负责制的实施经验，在此基础上进一步健全和完善相关的制度，同时明确制度存在的问题，进而抓住制度建设的方向，有利于从整体上对党委领导下的校长负责制这一领导体制进行系统梳理和发展规划，对制度进行法治化定位，使这种制度机制不因个别校领导的更换而改变，不因个别校领导的看法和注意力的改变而改变，提升高校管理制度机制的稳定性和严肃性，使党委和校长能够在工作中彼此认可和尊重对方，能够将坚持党委的全面领导制度与现代管理科学分工负责的制度规章相结合，通过统一的制度化沟通路径，减少两者在管理实践和问题决策上的张力和变易空间，增强高校治理的法治化水平。

其次，坚持和完善高校党的领导体制机制，有利于巩固党委的领导核心地位，保证校长依法行使职权，建立党委统一领导、党政分工合作、协调运行的工作机制。贯彻落实党委领导下的校长负责制，是我国高校坚持社会主义办学方向，致力于为中国特色社会主义现代化建设事业服务的可靠保障，也是促进高校形成党政共谋内涵式发展的必要保证。完善高校党的领导体制机制，健全完善党委领导下的校长负责制，对于高校的建设发展来说，能够避免在制度实施过程中

---

① 《习近平在全国高校思想政治工作会议上强调把思想政治工作贯穿教育教学全过程开创我国高等教育事业发展新局面》，载于《人民日报》2016 年 12 月 9 日。

党委书记和校长这两个"一把手"主体出现不良的交往形态：即在工作中出现相互冲突，或者是不讲原则地以强势一方为主的情况，等等。健全完善党委领导下的校长负责制，能够及时约束和解决冲突矛盾，规范党委与校长在职责划分上的自由裁量空间，有效整合党委领导和校长所主张的办学治校方针措施，使两者保持持续稳定的沟通协作，在明确各自分工责任的基础上，围绕如何增强高校办学的实际效益，在开拓新领域中进行协力合作，对矛盾争议的问题进行合力攻坚，从而使党委领导下的校长负责制更具有鲜明的、坚定的价值引领，不断贯彻落实并完善党委领导下的协商议事制度。

党委领导下的校长负责制，既始终明确了党委的领导核心地位，又创新性地探索发挥了党委领导作用的实践制度机制；既要保障以校长为首的各分管领导班子开展教学管理工作的自主权，也要在这个过程中着力将党委的工作要求融合到其各项工作中的制度机制中，使党委能够真正发挥过程性指导、资源性服务和结果性监督的作用，实现从决策、执行到最终落实效果的总结全过程参与。同时，党委与校长双方的沟通协商，要能够贯穿到底，避免并纠正集体内部扯皮和分工不协作的两种不同倾向，增强两者之间的协作发展能力，营造良好的沟通协调机制。因此，完善高校党的领导体制机制，党委和校长都要明确自身的责任分工，党委发挥统一领导、总揽全局、战略谋划、协调各方的核心作用，为高校各部门各方面工作指明努力方向；校长重点抓好教学、科研以及行政操作管理等具体事项的工作安排，依法在党委的领导下行使职权。在发展规划、校园管理和人才培养方面，二者形成一定制度性共识的基础上，通过在实践中完善具体制度措施，保证协商过程和结果公平公正，保证监督落实相关制度扎实有力，进一步促进不同的管理主体，以至各类校园生活主体能够彼此交换意见、实现有效沟通，形成对于制度的公信力，运用好制度、法治的协调和保障作用，在完善坚持高校治理制度体系中，提升高校治理能力和发展建设水平。

最后，坚持和完善高校党的领导体制机制，有利于通过以制度化的方式进一步确保党委的集中统一和领导核心作用，同时发挥校长领导班子及其下属行政系统在教学管理中的部署和组织落实作用，避免政党权力的过度延伸，使之集中而有效，避免个人主义和官僚风气对良好沟通协作的工作氛围的破坏，给高校党政领导工作带来不可持续发展的短视性危害。坚持党委的领导核心地位，严肃党内组织生活，反对独断专行和软弱涣散两种倾向，保证校长依法行使职权，建立党委统一领导、党政分工合作、协调运行的工作机制。习近平总书记曾指出："治理国家，制度是起根本性、全局性、长远性作用的。"[①] 通过制度建设纠正和解

---

① 中共中央文献研究室：《习近平关于全面深化改革论述摘编》，中央文献出版社2014年版，第28页。

决党政职责不明确、协商机制不健全、决策机制不畅通的问题，调动这一领导体制具体实施过程中各主体的自主积极性和创新能力，避免造成两者之间相互龃龉、混乱错位的管理状态。可见，完善高校党的领导体制机制，有利于转变高校党的领导方式，将其制度化、规范化。

高校具有其特殊性，是知识分子集聚的思想舆论场所，政党权力、行政权力、学术权力交织，各种权力的实现都需要综合考虑这些实现情况。当前学术和政治的显性状态容易迅速引发对学术的敏感，加剧学术和政治之间的张力，学术研究的社会化和功利化不可避免地干扰了学术研究的可行性和实施效果，因而要合理规范其在高校领域的权力分配，实现协调互补、健康运转。转变党委领导方式，将其制度化、规范化，对党委的领导核心地位要通过法治制度来加以明确，即从价值和实践上进行双重规范和保障。对于高校党委来说，加强党对高校的领导，也要做到"将权力关进制度的笼子里"①，自上而下将监督工作做实，才能真正形成对权力的敬畏，避免个人主义和官僚风气以及由此滋生的权力滥用、独断专行，使高校各项事业能够在党的领导下健康发展。约束行政权力的过度扩张，使之维持服务于学术研究的功能定位，在明确自身制度并严格执行的基础上，树立良好的行政管理工作形象，在实践中不断完善自身管理的各项制度建设，从而在解决和回应现实问题和时代需求中，有利于提升高校办学治校的法治化水平，发挥良好的社会示范引领作用，在积极服务国家战略建设中，为中国特色社会主义高校的长远发展和人才培养工作奠定制度和法治基础，堵塞一切消极懈怠、改旗易帜的不良风气和制度执行的"宽松软"现象行为，促进党政主体共同做好立德树人的育人工作和学术研究的管理评价工作，共同维护高校教育发展的质量，增强高校法治建设的示范影响力。

二、增强高校服务和引领现代化建设的能力

不同于西方国家现代化发展的模式，中国特色社会主义现代化建设具有特殊的历史国情、文化传统、实践探索等因素影响下的独特之处。正如党的二十大报告所指出的："中国式现代化，是中国共产党领导的社会主义现代化，既有各国现代化的共同特征，更有基于自己国情的中国特色。"② 实际上，高校领导体制机制的现代化演变也经历了一个长期曲折反复的探索发展历程，经过历史与实践

---

① 《习近平谈治国理政》，外文出版社 2014 年版，第 388 页。
② 习近平：《高举中国特色社会主义伟大旗帜为全面建成社会主义现代化国家而团结奋斗——在中国共产党第二十次全国代表大会上的报告》，人民出版社 2022 年版，第 22 页。

检验，党委领导下的校长负责制是适应我国国情现状的领导和管理体制。继续坚持和完善这一体制机制，是我国高校治理体系发展的核心内容和治理能力现代化发展的必然要求，也是坚持中国特色社会主义高校建设发展道路的鲜明特征和根本保障。随着我国现代化建设事业的发展，高校的服务性功能也越来越凸显。习近平总书记指出："党和国家事业发展对高等教育的需要，对科学知识和优秀人才的需要，比以往任何时候都更为迫切。"[①] 高等教育的高质量发展是推动党和国家重大战略发展需要的强有力支撑，因此，坚持和完善党委领导下的校长负责制就具有了鲜明的具体要求，即在党委的有效领导下，增强高校服务和引领现代化建设的能力。

首先，坚持和完善高校党的领导体制机制，有利于落实党委领导下的校长负责制。党委领导下的校长负责制是高校领导及管理体制现代化发展的统领性制度，从健全和完善党委领导下的校长负责制入手，对高校党组织建设的现代化发展及高校思想政治教育工作进行系统规划，在此基础上保障高校各项教学、管理、评价工作能够更好地满足师生需求，引领并组织师生在党委领导下积极开展教学科研活动，同时强化高校的各项服务职能定位，增强师生的自主发展能力，为现代化建设事业培养更多的创新人才。"制度的生命力在于执行"[②]，回顾高校以民主集中制为核心的民主协商、集体领导决策、分工负责实施、集体讨论问责，形成的党委领导下的校长负责制实施的全过程，其中各环节制度的严格执行是关键，如会议召集、会前准备、冲突调处咨询、会议记录和决策评议等，民主讨论商议氛围的构建则是一个长期且需要持续维护的过程，因此，可以进一步打通高校领导和管理体制实施中存在的监督不足和隐形阻碍等问题。同时，在应对师生思想日益活跃、高校对外开放和交流形式逐渐普遍多元、科研评价及管理与国际接轨程度日益提升、国家对科研和教育的投入及重视程度大幅提升的新形势新背景下，完善高校党的领导体制机制，健全党委领导下的校长负责制，不仅要从制度层面改进，还需要转变和更新办学治理理念，着眼于人这一治理现代化发展的核心要素，做好人才培养和科研管理工作，这是高校在国内的立身之本，也是在国际场域中赢得优势和话语权的有力武器。

实现高校治理体系现代化和治理能力现代化的发展目标体现了战略规划和决策执行两个不同的侧重点，高校党委起到全局性的引领和规划作用，校长领导班子则起到组织实施的作用，两者要实现通力合作，就要首先彼此尊重，从对方的

[①] 《习近平在清华大学考察时强调：坚持中国特色世界一流大学建设目标方向 为服务国家富强民族复兴人民幸福贡献力量》，载于《人民日报》2021年4月20日，第1版。

[②] 《中共中央关于坚持和完善中国特色社会主义制度推进国家治理体系和治理能力现代化若干重大问题的决定》，人民出版社2019年版，第42页。

客观实际出发，不要固守己见，或者对对方抱有成见，而要从高校建设的大局出发，积极履行自身职责，构建集体领导、民主集中、个别酝酿、会议决定的决策制度程序，实现高校领导体制的坚定有力，管理体制的科学有效，从而在治理体系建设和治理能力发展上取得一致性成就。因此，完善高校党的领导体制机制，坚持党委领导下的校长负责制，要共同发挥好在决定人才培养的方向和发展目标上的实际主导权，正如方向和道路的关系，方向决定道路，道路延展方向，两者在实践发展中互相促进，相辅相成。要从学生的现实需求和国家社会的发展趋势出发，做好高校发展规划和人才培养工作。在立足社会长远发展和人民群众根本利益的基础上，重点抓好人的现代化发展工作，凸显高等教育的内生动力和战略价值，为社会治理和国家建设的现代化发展奠定思想基础、提供优质人才资源，提升高校在现代化建设全局中的战略对接和服务能力。

其次，坚持和完善高校党的领导体制机制，有利于更好地服务于国家经济转型升级，更有底气和定力应对各种风险和挑战。目前，我国仍处于社会主义初级阶段，经济建设正处于转变经济发展方式、优化经济结构、转换发展动力的攻关期，经济发展前景向好，但也面临着结构性、体制性、周期性问题相互交织带来的困难和挑战。同时，国际上面临世界经济深度衰退、国际金融市场动荡、国际交往受限、经济全球化遭遇逆流、一些国家保护主义和单边主义盛行、地缘政治风险上升等不利局面。正如习近平总书记所指出的："当前，世界之变、时代之变、历史之变正以前所未有的方式展开""世界又一次站在历史的十字路口"①。在应对当今世界的百年未有之大变局中，可以说高等教育在促进经济社会发展和推动社会主义现代化建设全局中的特殊地位和价值意义愈加突出。无产阶级政党领导下的社会主义教育以人的全面自由发展为终极目标，但在现实实践过程中教育以人为主体，同时以人为目的，因此教育应当立足于现实的人，从人的发展的双重维度出发，以教育所传播的价值理性和工具理性为核心，以促进人的认识和实践水平的辩证发展作为现实路径，使两者对个人的成长发展起到互为补充，相辅相成的作用。总之，旗帜鲜明地坚持党对高校工作的全面领导，不断改革完善其领导方式和党委领导下的校长负责制，使之更好地服务于国家经济转型升级，更有足够的条件和能力应对各种风险和挑战，这是当前我国高等教育发展的正确决策和目标所在。

最后，完善高校党的领导体制机制，有利于更稳妥、成熟的对国外高校教育的管理模式和教学方式进行学习借鉴。有学者在论及现代化曾指出："现代是传

---

① 习近平：《高举中国特色社会主义伟大旗帜 为全面建成社会主义现代化国家而团结奋斗——在中国共产党第二十次全国代表大会上的报告》，人民出版社2022年版，第60页。

统的延续,传统是现代的深化……没有与传统断裂的现代化,也没有与现代化分离的传统。"① 作为一个后发型的现代化国家,我国高等教育事业在发展初期很大程度上借鉴了西方高等学校的学术架构和人才培养制度,但保留了革命时期的领导体制和自身特色的管理体制,由于这一制度长期处于反复探索发展的进程当中,其优势地位在话语建设上未能得到明确阐释。随着我国高等教育事业形成了一定规模,具备了一定的发展实力,应在此基础上进一步加强话语权和领导地位的建设,对高校实践探索的经验教训进行总结和深入研究,完善高校党的领导体制机制,进而在以党委领导下的校长负责制为统领开展高校治理和高水平大学建设的新征程中,避免出现"左"和右的错误路线和办学理念,如高校内部的形式主义、"一刀切",以及官本位下追名逐利、精致利己的不良教学工作风气。在党的领导下,积极开展国际交流合作,学习借鉴国外高校办学治校有益经验,整合国内外教育资源,推动我国高校管理和教学模式的改革。完善高校党的领导体制机制,落实党委领导下的校长负责制,其核心就是要牢牢坚持以人为中心的出发点和衡量标准,在长远和现实结合的视野中,坚持开放包容、兼收并蓄的态度,尽可能融合人类文明的一切优秀成果作为高等教育的课程内容,以人的自由全面发展作为教育的终极目标,对国外高校教育的管理模式和教学方式进行学习借鉴,同时要着力提升自身的教学质量,强化学术研究立场的灌输,发挥党委的正确领导作用,保障校长在学术管理和教学研究上的主动权和工作积极性,促进国际上各高校共同深入科技文化交流和课程研究,促进人类文明和科学技术的发展进步。

第三节 高校坚持社会主义办学方向的题中之义

马克思恩格斯在《共产党宣言》中指出:"共产党人并没有发明社会对教育的作用:他们仅仅是要改变这种作用的性质,要使教育摆脱统治阶级的影响。"② 在此,马克思恩格斯实际上指明了社会主义教育的本质和方向问题,即坚持社会主义办学方向。中国特色社会主义高等教育发展道路,最根本的就是坚持中国共产党领导,党的领导是我国高校始终坚持社会主义办学方向的根本保证。为人民服务,办人民满意的大学,是我国社会主义性质所决定的,而要想落实这一点就必须始终坚持党管高校办学治校的根本方向。高等教育只有始终坚持党的全面领

---

① 张立文:《论传统与当代的契合》,载于《南京社会科学》1990年第6期。
② 《马克思恩格斯选集》第一卷,人民出版社2012年版,第418页。

导，健全完善高校党的全面领导的体制机制，才能始终坚持住社会主义办学方向，才能符合高等学校的本质要求。改革开放以来，在党的领导下我们对高等教育事业进行了改革创新，始终确保坚持党管高校办学治校的根本方向，并在党的全面领导下我国高等教育取得了重大历史性成就。

然而与改革开放 40 多年以来高等教育迅猛发展相伴随的则是一系列令人担忧的现象和问题：重智育轻德育，重知识传授轻价值引领，重教书轻育人，等等，尤其是高校人才培养中理想信念的动摇生产出一批"精致的利己主义者"。种种现象的出现既是高校办学偏离社会主义方向的表征，同时也是其结果。我国高校是党领导下的高校，是中国特色社会主义高校。高校领导体制机制并非由高校内部发展需要而自发形成，很大程度上是由行政力量所左右，高校内部的组织机构很容易趋向行政化，学术功能受阻。诚然，高校作为国家教育系统的重要组成部分，从来没有也不可能脱离国家和社会的环境，行政力量应该以什么样的方式存在并影响高校的运行机制是不能够回避的现实问题。在高校"双一流"建设背景下，高等教育进入改革深化的关键时期，中国共产党已经认识到改进领导教育事业方式的重要性，政府为高校"松绑"才是改革得以继续进行的外部前提，赋予高校更多的自主权，只有这样，教育的自主性和稳定性才能得以保证。因此，这种背景下，更需要我们进一步完善高校党的领导的体制机制，确保始终坚持党管高校办学治校的根本方向。这不仅是加强党对高校全面领导的客观需要，也是高校坚持社会主义办学方向的题中之义，更是高校坚持社会主义办学方向的根本保障。

一、引领高校发展的关键切入点

中国共产党是一个马克思主义政党，党一经成立就鲜明地将马克思主义信仰写在自己的旗帜上，并将共产主义作为自己的最高理想和最终目标，在党领导人民实现中华民族伟大梦想的过程中，始终坚持马克思主义的科学指导，并在实践中进一步丰富和发展马克思主义。高等教育要坚持党的领导，就是要坚持马克思主义为指导，高举马克思主义伟大旗帜，致力于培养社会主义接班人，为实现中国特色社会主义共同理想和共产主义远大理想提供源源不断的优秀人才，同时在科学技术、思想理论上提供强大支撑和动力。正是在此意义上，习近平总书记提出教育"为人民服务，为中国共产党治国理政服务，为巩固和发展中国特色社会主义制度服务，为改革开放和社会主义现代化建设服务"[①] 的要求。完善高校党

---

① 《习近平在全国高校思想政治工作会议上强调：把思想政治工作贯穿教育教学全过程开创我国高等教育事业发展新局面》，载于《人民日报》2016 年 12 月 9 日。

的领导体制机制，是加强党对高等教育领导的重要举措，有利于从制度上保证党的领导地位，通过有效的领导体制机制发挥党对高校在政治上、思想上的把方向作用，保证我国高等教育始终坚持社会主义办学方向。从马克思主义唯物史观来看，"人的本质不是单个人固有的抽象物，在其现实性上，它是一切社会关系的总和。"① 进言之，人是历史的具体的，因此教育也是历史的具体的，教育存在的意义就在于不断提升人的认识能力和实践水平，使人在物质层面和精神层面得到解放，实现人的自由而全面的发展。

教育的发展离不开社会生产力水平的提升，同时教育通过人这一中介又极大地反作用于社会生产力的发展方向。其中人这一主体的能动性作用在多大程度上有利于社会生产力的发展，更重要的是有利于促进人自身的发展，这才是教育的本质和使命追求。无产阶级专政下的社会主义教育是将教育的社会性和人民性有机结合的一种阶段性实施形式。高校党的领导体制机制作为高等教育内部的一种管理模式，也体现着社会性和人民性的有机统一的特征。高校党委是教育的人民性的象征和保障，其决定着教育的发展方向，起到管长远、管根本的作用，因而坚持党委的领导地位丝毫不可动摇。高校党的领导体制机制是教育实现社会性延伸的现实需要，展示着一定阶段上教育的发展道路和发展模式，是社会主义教育事业的核心载体和关键枢纽。

党委和行政这两个集体之间并不是各自为政、相互疏离的，需要明确两者有着共同的目标和使命，只是具体的分工不同。校长在党委的领导下开展教学和行政管理工作，这就要求党委的领导作用既要体现在保障和维护高校的社会主义办学方向方面，也要对学校管理工作有一定的知识积累和实践经验，从而能够在给予校长充分的自主权的同时，进行双方之间有效的沟通交流，减少可能的官僚主义、命令主义和个人主义等不良管理作风对这一制度安排的侵蚀，造成实施效果的弱化和虚化、边缘化。新时代进一步彰显社会主义高等教育的优势，必然要求完善坚持高校党的领导体制机制，通过加强党的全面领导，增强教育的公平性、普惠性的同时，提高我国高等教育的质量和水平，培养既具备扎实基础专业知识又心怀"国之大者"的社会主义建设者和接班人，以适应新形势下国际人才竞争日益激烈和国内经济社会转型的创新型人才战略需要。

二、形成贯彻落实立德树人的强大合力

在思想多元化、价值多元化的现实社会，我国的高等教育必须坚持社会主义

---

① 《马克思恩格斯文集》第一卷，人民出版社 2009 年版，第 501 页。

办学方向，必须明确我国的高等教育是社会主义属性的高等教育，必须明确中国共产党的领导是实现我国高等教育事业高质量发展的内在要求，是坚持社会主义办学方向的根本保证，为党培育时代新人和为国培育栋梁之材提供源源不断的动力源泉。"教育是国之大计，党之大计。"① 教育是关系千家万户、关乎民族前途命运的事业，是一项需要家庭、学校、政府、社会共同参与的系统性工程，实现高等教育的高质量发展，需要整合全社会力量，历史也充分证明，中国共产党有能力、有底气凝聚全社会的力量，党的领导能够为教育合力的形成提供坚实的保障和强大的动力。通过完善高校党的领导体制机制，加强党对教育工作的全面领导，使党的教育方针、政策得到有效的贯彻和执行，推动我国高等教育事业同党和国家发展事业相适应，在全社会形成重视教育、关心教育的社会共识，营造良好的教育氛围，从而形成贯彻落实立德树人这一教育方针的强大社会合力。

高校要始终坚持社会主义的办学方向，就要坚定地沿着社会主义方向推动我国高等教育事业的发展，始终拥护中国共产党的领导，始终保持与党中央高度一致，夯实党在高校的领导地位，切实贯彻好党和国家的教育方针政策，进一步完善青年大学生的人格，助力大学生塑造科学精神、实干精神、工匠精神，提升大学生的综合素养、业务技能，为新时代党和国家的建设提供更多优秀的人才。马克思曾指出："一个阶级是社会上占统治地位的物质力量，同时也是社会上占统治地位的精神力量。"② 教育作为国家上层建筑的一部分和全部上层建筑的传播载体，必然以一定的政权形式为基本框架，以一定的国家意识形态作为基本内容，建立在一定的经济社会基础之上。因此，以国家为主体和保障开展的各类现实的教育实践活动，必然有其阶级属性和政治价值作为内核和发展指向。其中，高等教育不同于前期阶段的基础通识教育，更加注重针对个人的不同专业技能教育和思想政治教育，从而为个人进入社会、参与就业和人生发展提供专门性、系统性的教学和培育，同时引导和保障个人在学习实践和思想方面具有更多的自主选择性。因此，高等教育不仅在整个教育实施过程中具有重要的引领性地位，而且对于个人的未来发展来说，是一个关于人对自身及社会的基本价值观念全面形成和基本定型的关键时期。在这样一个重要的时期，高校的教育实施就必然具有自身的价值导向，进一步决定了其人才培养的根本定位，而这一过程必然同国家意识形态和经济社会性质不可分割，其人才培养的结果也必然受到这些条件和环境的限制。因而，坚持党对高校的领导，完善高校党的领导体制机制，有利于办好中国特色社会主义大学，彰显中国特色社会主义教育的显著优势。

---

① 习近平：《高举中国特色社会主义伟大旗帜为全面建成社会主义现代化国家而团结奋斗——在中国共产党第二十次全国代表大会上的报告》，人民出版社2022年版，第34页。

② 《马克思恩格斯选集》第一卷，人民出版社2012年版，第178页。

三、强化人才培养的价值朝向

高校坚持社会主义办学方向的显著特征就在于夯实党对高校的全面领导,以坚持和完善高校党的领导体制机制作为实施路径,以价值观塑造为核心进行基础知识和技能教育,并致力于长期培养能够服务于社会主义伟大事业的建设者和接班人。习近平总书记指出:"脱离了中国的历史,脱离了中国的文化,脱离了中国人的精神世界,脱离了当代中国的深刻变革,是难以正确认识中国的。"[①] 中国的高等教育发展也是熔铸于整个中国社会的历史文化传统之中,这种独特的历史、独特的文化和独特的国情决定了我们必须坚持中国特色社会主义的办学方向,必须坚持走具有中国特色的社会主义道路,而党对高校的全面领导则是坚持社会主义办学方向和走中国特色社会主义高等教育事业发展道路的根本保证。习近平总书记指出:"党政军民学,东西南北中,党是领导一切的。"[②] 党的领导是中国特色社会主义高校最鲜明的政治底色,必须加强党对高校的全面领导,坚持把党的领导贯穿办学治校、教书育人全过程,牢牢把握立德树人根本任务,为办好中国特色社会主义高校、培养社会主义建设者和接班人提供坚强的组织保证。坚持党对高校的全面领导,就是要全面贯彻党的教育方针,以立德树人为根本任务,确立正确的办学方向,培养担当民族复兴重任的时代新人和始终坚持为人民群众服务的社会主义建设者和接班人。概言之,坚持和完善高校党的领导体制机制是高校坚持社会主义办学方向的关键之举,不仅从价值方向、制度建设和管理全局等方面,牢牢把握坚持和加强党的全面领导,而且顺应我国社会主义建设的实际需要和发展水平,充分激发教育事业发展的生机活力,努力推动教育事业高质量发展。因此,要实现建设具有中国特色、世界水平的高等教育目标,就必须坚持和完善高校党的领导体制机制,不断深化教育体制机制改革,增强教育发展合力,促进中国特色社会主义教育更好地服务于中华民族伟大复兴的中国梦的实现,开启新时代中国特色社会主义教育事业新征程,推动构建人类命运共同体,同时,展现教育对个人、民族、国家和整个人类社会发展的基础性、导向性作用,彰显其从改变每个人开始到能够改变历史的磅礴伟力。

我国实行社会主义制度,这决定了我国教育的社会主义性质,而教育的社会主义性质又决定了我国高等教育务必要以中国共产党为坚强领导、以党的教育方

[①] 习近平:《出席第三届核安全峰会并访问欧洲四国和联合国教科文组织总部、欧盟总部的演讲》,人民出版社2014年版,第45页。

[②] 《习近平谈治国理政》第一卷,外文出版社2018年版,第1页。

针为根本指导、以培养社会主义事业建设者和接班人为基本目标。"青年兴则国家兴，青年强则国家强。"① 青年一代是祖国的未来、民族的希望，当代大学生能否在德、智、体、美、劳各方面全面发展、能否坚定不移地坚定社会主义的政治信仰、能否树立起共产主义远大理想，直接关系到我国社会主义现代化建设目标能否实现、关系到中国的前途和命运。因此，必须通过完善高校党的领导体制机制，坚持和加强党对高校的领导，确保高校党委在办学治校的过程中把方向、谋大局、定政策、促改革，推动高校高举中国特色社会主义伟大旗帜、走中国特色社会主义道路，培养能够服务于社会主义建设伟大事业的合格的、优秀的建设者与接班人。核心价值观是一个国家文化软实力的灵魂，承载着一个民族、一个国家的精神追求，体现着一个社会评判是非曲直的价值标准。② 因此，价值观教育是高校立德树人中最为基础的、根本的教育，它不仅事关大学生的成长成才的问题，还关涉高校能否承担好为党育好人、为国育好才的重要问题。鉴于此，新时代我们要进一步推动我国高等教育事业的高质量发展，夯实党在高等教育事业中的领导地位，就要从完善体制机制着手，为始终坚持党对高校的全面领导提供体制保障；此外，完善高校党的领导体制机制，加强党对高校的方向性、决策性领导，才能使得高校在服务社会主义现代化建设的事业中，对包括各学科、各科研领域的话语权建设提供坚强保障，使社会主义成为高校人才培养及科研成果走向的鲜明旗帜和价值引领。因此，应该以完善高校党的领导体制机制作为实施路径，以价值观塑造为核心进行基础知识培育和专业技能教育，为始终坚持党对高校的全面领导输送合格优秀的人才队伍。

第四节　高校提高人才培养质量的内在要求

习近平总书记指出："硬实力、软实力，归根到底要靠人才实力。"③ 作为一个国家发展水平和发展潜力的重要标志，高等教育发展水平更多地要以高质量人才的培养为目标导向和价值旨归。从深层次上看，完善高校党的领导体制机制，不仅是加强党对高校领导的客观需要、推进高校治理现代化的需要和坚持社会主义办学方向的需要，更是推动高校提高人才培养质量的内在要求。从总体上来看，坚持和完善高校党的领导体制机制，有利于落实立德树人根本任务，助力实

---

① 《习近平谈治国理政》第一卷，外文出版社 2022 年版，第 54 页。
② 《习近平谈治国理政》第一卷，外文出版社 2022 年版，第 168 页。
③ 习近平：《在中国工程院第十四次院士大会上的讲话》，载于《人民日报》2018 年 5 月 28 日。

现"双一流"高校建设目标,培养符合时代要求和人民群众根本利益的社会主义建设者和接班人。

一、有利于落实立德树人根本任务

教育是人类文明传承的重要实践活动。对于人类社会的发展来说,精神文明的传承和物质文明的传承同等重要,对于个人来说也是如此,只不过两者在个人与社会的发展中起到不同的作用,精神文明的传承有其独特性,尤其是精神文化的继承性尤为显著,而物质文明则在受到精神文明积极的影响和客观约束的同时具有相对的普遍性,其中精神文明的影响既具有潜在的能动性、也具有显性的能动性。正如马克思在《黑格尔法哲学批判》中所言:"批判的武器当然不能代替武器的批判,物质力量只能用物质力量来摧毁;但是理论一经掌握群众,也会变成物质力量。"① 因而发挥好精神文明的传承发展功能对于教育事业的发展来说,是一个重要的核心变量,发展的重中之重。物质文明和精神文明是建立在人的认识和实践水平不断提升基础上的一对相互促进、相互影响的客观社会发展成果,其具有在实践基础上长期辩证发展的特点,也具有一定的社会历史性。当前,党和国家的教育方针以落实立德树人根本任务为核心,坚持和完善高校党的领导体制机制,就是从民族和国家历史发展的角度,将中华民族优良传统美德、中国共产党革命道德和社会主义核心价值观结合在一起,作为教育的主要价值导向,在此基础上,进行专业知识和技能教育,进而为人生发展和社会建设明确方向、奠定根本原则和实践基础。

习近平总书记指出:"高校立身之本在于立德树人。"② 立德树人是新时代教育事业发展的根本任务所在,高等教育作为学科创新和知识创造、劳动力培养、意识形态建设的重要阵地,必须首要部署和落实好立德树人的相关工作。完善高校党的领导体制机制,有助于促进政治教育和品德塑造以及知识技能教育的深入融合,从而强化党对高校的思想领导,使党能够牢牢掌握高校思想政治工作的主导权和意识形态的领导权,进而巩固马克思主义在高校意识形态中的主导地位,推动高校以科学的理论培养人、以正确的思想引导人,落实立德树人的发展理念,真正实现高等教育为人民服务、为社会主义服务。通过党的政治引领和思想引领,加强对高校思想政治工作的领导,加强高校意识形态阵地建设。同时,在

---

① 《马克思恩格斯全集》第一卷,人民出版社 1956 年版,第 460 页。
② 《习近平在全国高校思想政治工作会议上强调:把思想政治工作贯穿教育教学全过程开创我国高等教育事业发展新局面》,《人民日报》2016 年 12 月 9 日。

学术上要推动高校创新和发展无产阶级政党的科学思想理论体系,构建中国特色哲学社会科学,不断开辟 21 世纪马克思主义发展新境界,创造有利于中国人民和中华民族、有利于世界的精神文明财富,深化高校学生对马克思主义的认识,深刻感悟马克思主义的科学性、人民性、实践性和发展性,用马克思主义的立场、观点、方法认识世界和改造世界,增强高校学生的政治自觉和社会责任感,坚定不移听党话、跟党走,使之成为堪当民族复兴大任的社会主义时代新人。在这一基础上,要不断增强我国高等教育事业的社会影响力和自身话语权建设,以凝聚更广泛的力量投入中国特色社会主义教育事业的发展中去,更好地履行立德树人的教育发展理念和根本任务。

二、有利于增强我国高等教育的可持续发展能力和人才竞争能力

在 2005 年,联合国教科文组织正式启动了《联合国教育促进可持续发展十年(2005－2014)国际实施计划》,其中对可持续发展教育做了相应概描:可持续发展教育基本上是价值理念的教育,核心是尊重;提出价值教育活动的教育内容是四个尊重;强调通过教育传授基本原则和价值观念,要求所有形式的教育都采用可持续发展价值观念的实践与方法。[①] 即教育在满足当前社会发展需求的条件下,能够为未来社会教育提供条件,从而使未来的教育事业有更大的发展空间,实现更为优质的、跨越式的发展。从以人为本的教育理念出发,立德树人是新时代我国教育事业发展的根本任务,满足人民群众的需求是高等教育应当承担的社会责任;从教育主体来看,高等教育的可持续发展与人的自由全面发展是相辅相成的,教育者与受教育者形成良好的互动关系是高等教育可持续发展的题中应有之义,有利于形成良好的教育氛围;从教育的体制机制来看,高等教育只有在实践中不断完善高校管理体制机制,健全高校科学发展的制度保障体系,才能够为高等教育可持续发展提供有力的支撑。人才竞争能力是推动高等教育可持续发展的重中之重,高校的高质量发展自然能够吸引大量的人才涌入,反过来,人才队伍的不断扩大和源源不断地输出,自然也能够为高校的发展提供强大动力。

当前,随着社会主义市场经济体制的逐渐健全与完善,教育领域也经历了全面的结构转型,形成了比较开放多元的教育教学秩序,但也面临着许多新问题、新挑战。新时代随着高等教育存在着不同性质的办学主体参与教育资源竞争的事实,使得某些办学主体为了获取更多的教育资源,难免出现一些过度追求经济利

---

① 田道勇:《可持续发展教育价值探析》,载于《教育研究》2013 年第 8 期。

益的办学行为，特别是教育领域中不同办学主体所属主管部门的差异，导致出现了严重的分层分级，从而使经济利益的补缺和竞争成为一些高校建设发展的首要问题，继而在教育教学管理中忽视了人文教育和道德素质教育，在这个过程中，学校管理层及领导班子也容易陷入官僚主义、形式主义的行为模式中，更为严重的就是引发与学生的日常和学习交流、对教师群体的评价都转移到以利益为中心的考核考评上来，从而对师生群体造成普遍的压力，使教育风气受到污染，甚至出现劣币驱逐良币的不良现象与恶劣态势。高校承担着独特的政治功能和社会使命，以逐利为目的会导致高校与高校、教师与教师、学生与学生之间的恶性竞争，以及由此产生的形式主义、官僚主义等不良风气，必然不利于高校治理的现代化建设，甚至会影响整个社会、国家和民族的发展进程，因此，要通过建设与完善高校党的领导体制机制，加强党对高校的全面领导，以党的建设引领高校建设，坚决防止不良风气的盛行，避免错误思想观念腐蚀高校教师、学生的思想意识以及我国高等教育体制自身。

新时代青年大学生正处于人生之中的拔节孕穗期，各方面都还处于不成熟的现实状态，尤其是知识体系的不完善、价值观的不成熟等特点。正如习近平总书记所指出的："青年的价值取向决定了未来整个社会的价值取向，而青年又处在价值观形成和确立的时期，抓好这一时期的价值观养成十分重要。"① 高校教育领域的各个主体、各种现象都会影响到大学生对社会的认知与判断，影响到大学生树立正确的价值取向及观念。在竞争激烈的社会环境中，我国高等教育事业正在潜移默化地引领大学生脱离简单的教育学习环境，大学生越来越具有更多自我的价值追求和实现空间，在这一过渡阶段高校做好德育工作，能够为大学生独立进入社会并客观地认识自我提供正确的指南，帮助其塑造良好的社会心态，培养创新奋斗的精神面貌，树立正确的世界观、人生观和价值观，这对于新时代青年大学生的成长成才来说都是最为宝贵的财富。因此，应坚持和完善高校党的领导体制机制，从实事求是的根本路线出发，不断推动高校树立正确的人才培养理念，增强我国高等教育的可持续发展能力和人才竞争能力。

三、有利于落实"双一流"高校建设的发展目标

建设"双一流"高校是从我国高等教育的现状出发制定的发展目标。从国内来看，高等教育为社会主义建设事业培养了大量优质人才，在高校数量得到大幅提升，学生的教育发展需求得到基本满足的情况下，教学质量和战略性人才培养

---

① 《习近平谈治国理政》第一卷，外文出版社 2022 年版，第 172 页。

成为当下最为重要的发展目标。习近平总书记指出："中国的发展离不开世界，世界的繁荣也需要中国。我们要以更加开放的姿态，加强同世界的联系和互动，加深同各国人民的了解和友谊。"① 在国际国内双向的人才交流日益广泛且普遍的情况下，文化交流和科研合作日益迈向国际化，相互之间的联系也越来越紧密，这就更加需要进一步提升我国高等教育的对外吸引力和内部融合力，增强高等教育在国际领域的认可度和合作能力，使优质的人才能够走出去，而且能够坚定自身立场、坚定文化自信，在更好地发展自身的同时，为国家建设事业做出更大的贡献。因此，我们要以培养适应时代要求、国家和人民需要的新时代优质人才为核心，以建设发展"双一流"高校为战略目标，这是提升中国特色社会主义高等教育发展道路的国际国内影响力的必然要求，是致力于为实现中华民族伟大复兴和国家治理现代化发展目标提供新型战略性人才的现实需要，是推动中国特色社会主义教育事业实现新的跨越式发展的重要举措。

  建设"双一流"高校并非易事，其进程必然不会一帆风顺，而党的领导是克服各种艰难险阻的有力保证。"双一流"高校的建设是推动高等教育现代化发展的关键一步，符合高等教育与经济社会发展相适应的客观规律，是党和国家在新的历史时期做出的重大战略决策，符合人类社会发展规律，是坚持和发展中国特色社会主义的必然要求，符合党的全面领导的执政规律。实现"双一流"高校建设发展目标的关键在于坚持党的领导，任何削弱党的领导的行为都会成为高等教育发展的阻碍。高校党委要从客观实际出发，把握新时代高等教育发展规律，以改革促发展、迎难而上，解决高校建设发展过程中的各种困难，精准切入，找到推动高校一流学科和一流大学建设的突破口和切入点，在政治上、思想上、组织上等各个方面发挥引领作用，为高等教育内涵式发展予以坚强的支撑。完善高校党的领导体制机制，正是在中国特色社会主义建设实践的基础上，健全党总揽全局、协调各方的党的领导体制机制的重要方面，充分发挥党的领导制度这个最大优势，促进我国形成独特的、开放的、先进的教育理论和话语权，加快教育制度和体制机制创新的根本保障和动力所在。

  总而言之，坚持和完善高校党的领导体制机制彰显出极其重要的价值意蕴。概言之，新时代完善高校党的领导体制机制，有利于加强党对高校领导的客观需要，也有利于推进高校治理现代化的需要，还有利于坚持社会主义办学方向的需要，更有利于推动高校提高人才培养质量。从理论阐释和现实实践的角度对其进行全面客观的分析，进一步完善高校党的领导体制机制，有利于更加自觉地坚持党对高校的全面领导，更加牢固党在高校的领导地位。新时代，我们要大力推动

---

① 《习近平谈治国理政》第一卷，外文出版社2022年版，第60页。

我国高等教育事业健康、稳定、快速地发展，必须充分增强完善高校党的领导体制机制的价值自觉，对其价值意蕴进行多维解读，进而增强完善坚持高校党的领导体制价值的实践自觉；我们还要从高校党建和社会主义教育事业协同发展的新形势新要求出发，从治理现代化的视角和提高人才培养质量角度审视其价值意蕴，不断改革完善高校党的领导体制机制，这不仅是新时代推动我国高等教育事业健康发展的基本路径，还是助力我国建成中国特色、世界一流大学的重要措施与关键手段。

第三章

新时代高校党的领导体制机制的理论基础

理论是实践的基础,缺乏理论指导的实践是盲目的。新时代高校党的领导体制机制建设虽然是一个具有强烈现实指向的实践性问题,但它却有着深厚的理论根基,因此,探究高校党的领导体制机制还应该从深层上把握高校党的领导体制机制的理论基础,即通过对理论基础的深化研究,在把握我国高校党的领导体制机制的深层理论基础的同时,从深层次上回答我国高校为什么要有党的领导体制机制。从根本上看,把握我国高校党的领导体制机制的深层理论基础,就应该坚持马克思主义的科学世界观与方法论;在直接性理论基础上,就应该深入把握马克思恩格斯关于教育阶级性本质的相关理论、列宁关于加强党对教育领导等相关重要思想以及党和国家领导人关于加强高校党的领导等相关重要论述。通过对这些理论基础上的梳理,不仅能够深刻回答为什么我国高校要有党的领导体制机制,同时也能够为深入推进我国高校党的领导体制建设提供理论指导。

第一节 马克思恩格斯关于教育阶级性本质的相关理论

马克思恩格斯关于教育阶级性本质的相关理论是高校党的领导体制机制的弥足重要的理论基础。马克思恩格斯从历史唯物主义的观点出发,对教育的阶级性本质进行了科学阐释,尤其是立足他们所处的自由资本主义快速发展的历史时期，对教育的阶级性进行批判，在揭露资本主义教育社会性和阶级性之间深刻本质矛盾的基础上，阐明了无产阶级政党领导下教育事业的发展路径和根本原则。党的二十大报告所指出的："教育、科技、人才是全面建设社会主义现代化国家的基础性、战略性支撑。"[①] 当前，我们正处于两种制度并存的人类社会发展阶段，包括高等教育在内的教育所具有的根本战略地位愈加突出，不仅对于意识形态安全具有根本保障作用，对于经济社会发展和国际综合国力竞争也具有重要战略支撑作用。从无产阶级政党同教育发展使命之间关系的分析，有利于明确党对高校的领导和坚持高校党的领导体制机制的深层理论支撑。坚持马克思恩格斯关于教育阶级性本质等相关理论指导，就要求我国高等教育事业要完善坚持党对高校的领导，同时不断地推进高校党的领导制度机制的完善和改进，如此才能更好地坚持我国高校办学正确方向。

一、关于教育阶级性本质的分析

在封建社会向资产阶级社会过渡的世界历史时期，王权和教权相统一相对应的宗教和贵族礼仪的紧密结合，转变为与新兴资产阶级相对应的"宗教信仰自由""人人生而平等"。对此，马克思恩格斯通过对资本主义经济现象和工人阶级生活状况的观察和研究，进一步对资产阶级社会进行了辩证分析，进而得出资产阶级思想价值具有"虚伪性"，其阶级本质决定了宗教信仰将对人的精神世界施以无尽的束缚，人与人之间形式上的平等与事实上的平等之间相互龃龉的现实。

在科学的哲学世界观和方法论指引下，马克思以宽广深邃的社会历史视野，以科学的唯物史观认识论和方法论，立足于人类历史发展和资本主义的现实实践，对教育的产生，以及对教育与劳动、教育与人的关系进行了哲学思考和实践分析。他先明确了教育的社会性起源与历史性内涵，第一次将教育作为一种具体的、人的社会实践活动来思考和阐释，不仅对封建贵族的思想统治进行了深刻批判，也深刻揭露了资本主义教育社会化发展现象之下的阶级压迫本质。在马克思看来，教育基于人开始具备与动物相区别的使用和制作工具的劳动能力以及使用语言符号交流的能力，并在日渐复杂的生产劳动实践和交往形式中，构建起人与自然、人与社会、人与人、人与自身意识之间的多重的人类社会关系，进而在结成一定的生产关系的基础上，逐渐形成阶级关系、政治法律关系和思想关系，这

---

① 习近平：《高举中国特色社会主义伟大旗帜为全面建成社会主义现代化国家而团结奋斗——在中国共产党第二十次全国代表大会上的报告》，人民出版社2022年版，第34页。

一切都构成了教育实践的基本内容和框架。教育起源于劳动和分工，是人的认识和实践发展到一定的阶段所产生的对人的思想文化成果传播和发展的现象，所形成的一个独立的社会实践领域，而"分工只是从物质劳动和精神劳动分离的时候起才真正成为分工。"① 这意味教育所产生的这一分工现状必然同阶级的产生及其固化相适应。而真正的教育，应当是人的教育，这里的人不仅仅指的是一个个的个体，而是一个个不同阶级背景的人，他们接受教育的机会和实质是否平等。

马克思恩格斯对教育事业的思考和阐释，主要是从封建贵族社会向资本主义社会的教育实施的过渡这一过程出发，结合唯物史观的分析理论框架，指出了其教育理论及实践的异化现象和阶级性本质，进一步对社会主义教育事业的发展提出了基本原则和目标。马克思认为，"一个阶级是社会上占统治地位的物质力量，同时也是社会上占统治地位的精神力量。"② 教育作为全部上层建筑的传播载体，必然带有阶级属性。鉴于此，马克思明确指出了教育事业的领导力量必然是无产阶级及其政党，这是使教育回归人的本质的根本前提，而发展目标就是以人这一社会历史主体为核心，促进其认识和实践水平的不断辩证发展为前提，提升人对自然界、社会、自身思维发展规律的认识和利用能力，最终实现人的全面自由发展。回应这一发展过程所具有的必然性和长期性，就要求无产阶级政党带领无产阶级不仅要彻底推翻资产阶级的国家机器，还必须掌握对教育的领导权，从而全面保障和推进无产阶级专政，促进教育事业在无产阶级政党领导下更好地发挥促进人的全面发展的作用。

二、关于人类社会教育发展目的的分析

马克思恩格斯不仅直接揭示了教育的阶级性本质，同时，还深入分析了人类社会教育发展的目的。从人类社会发展的一般规律角度，马克思指出："历史的每一阶段都遇到一定的物质结果，一定的生产力总和，人对自然以及个人之间历史地形成的关系，都遇到前一代传给后一代的大量生产力、资金和环境，尽管一方面这些生产力、资金和环境为新的一代所改变，但另一方面，它们也预先规定新的一代本身的生活条件，使它得到一定的发展和具有特殊的性质。"③ 因此，教育从根本上说，必然是根据人的社会实践水平和认识发展水平而发展的，其发展水平必不能超越一定的社会历史条件，甚至于其发展程度也受到历史条件的限

---

① 《马克思恩格斯选集》第一卷，人民出版社 2012 年版，第 162 页。
② 《马克思恩格斯选集》第一卷，人民出版社 2012 年版，第 178 页。
③ 《马克思恩格斯选集》第一卷，人民出版社 2012 年版，第 172 页。

制和制约。具体而言，一个社会的生产力状况和生产关系的性质决定了教育事业发展的现实基础和根本方向，决定了谁来办教育、谁能接受教育以及教育培养什么人的根本问题。马克思深入探索了教育所经历的现实发展和其最终目标之间的关系，其一般的、普遍存在的社会历史性现象和阶级性本质之间的关系，实现了对人类社会教育发展规律和目的的科学分析。

在《共产党宣言》中，马克思恩格斯提道："共产主义革命就是同传统的所有制关系实行最彻底的决裂，毫不奇怪，它在自己的发展进程中要同传统的观念实行最彻底的决裂。"① 这就要求无产阶级在发展自身教育事业的过程中，既要对人类社会发展过程中不合时宜的教育制度因素和思想观念因素进行科学批判，也对一些具有现实合理性和借鉴意义的教育制度和思想理论资源进行传承和发展。在资本主义教育的发展阶段，教育的社会性和个体性存在表面上的模糊和迷惑现象，资本主义教育是否真正以之所标榜的"公平""平等"等价值观念来具体实施，其存在和发展的合理性和阶段性成因何在，这都需要无产阶级政党在教育理论和实践探索中去进一步完成。正如马克思指出："共产党人的理论原理，决不是以这个或那个世界改革家所发明或发展的思想、原则为根据的。"② 马克思从无产阶级这一阶级立场和目标使命出发，对教育事业的发展提出了一般性的科学理论原则，这一点在实践中是必须牢牢坚持并得到不断发展的。马克思在对无产阶级政党实行变革资产阶级生产方式的措施中提出，共产党人要"用社会教育代替家庭教育"③ "对所有儿童实行公共的和免费的教育。取消现在这种形式的儿童的劳动工厂。把教育同物质生产结合起来"④。马克思恩格斯在对资本主义教育进行辩证分析、科学借鉴及批判的基础上，探索了如何在无产阶级政党的领导下，发展好社会主义和共产主义教育事业的问题，指明了教育要摆脱以往一切统治阶级的影响，实现其内含的真正社会属性，使教育活动同物质生产实践紧密结合，以人的认识和实践水平的提升为基础实现两者的相互促进。

马克思从青年黑格尔派转变为唯物主义者的过程，也是他将各种思想形式的起源和本质归属于社会现实的过程。在他看来，"历史不是作为'源于精神的精神'消融在'自我意识'中而告终的"，"它不是在每个时代中寻找某种范畴，而是始终站在现实历史的基础上，不是从观念出发来解释实践，而是从物质实践出发来解释各种观念形态"⑤。由此，对人的自我意识和认识水平的定位，对一

---

① 《马克思恩格斯选集》第一卷，人民出版社2012年版，第421页。
② 《马克思恩格斯选集》第一卷，人民出版社2012年版，第413页。
③ 《马克思恩格斯文集》第二卷，人民出版社2009年版，第49页。
④ 《马克思恩格斯文集》第二卷，人民出版社2009年版，第49页、53页。
⑤ 《马克思恩格斯文集》第一卷，人民出版社2009年版，第544页。

定社会思想观念的分析,从纯粹的思辨转化为现实的映射。他在对唯心主义和旧唯物主义的批判中指出:"这里所说的个人不是他们自己或别人想象中的那种个人,而是现实中的个人,也就是说,这些个人是从事活动的,进行物质生产的,因而是在一定的物质的、不受他们任意支配的界限、前提和条件下活动着的。"①马克思不仅实现了对黑格尔辩证法的批判和发展,也揭开了人类思想文化发展史上的迷雾和面纱,明确了思想统治的阶级性本质,一定社会历史阶段上意识形态的建设发展规律,从而指明了教育在人类社会发展历史中的本质及地位,使教育事业的发展真正让每个人都可以开始独立地思想,为寻找其思考、认识和实践的意义提供了一种科学的价值指向,对于整个人类社会发展来说具有开创性的理论价值和重要的实践指导意义。

因此,从马克思主义关于人的本质、人类社会发展规律的根本立场和宏观视野出发,教育作为一项最基本、最关键的人类社会发展活动,有着继承前人和进一步提升人的认识水平和实践能力的重要价值,因此,教育的社会性应该同人的本质的充分且自由地发挥相一致,这就要求必须摆脱教育的阶级性。从人类社会长期发展过程来看,当前在资产阶级社会,教育的社会性和阶级性同步发展,两者之间的矛盾愈加凸显,教育的异化特征愈加突出。在《共产党宣言》中,马克思恩格斯集中分析了资产阶级的教育特点,揭露了资本主义制度下教育具有的阶级属性。受教育权是资产阶级权力和地位的象征,马克思从唯物史观的角度阐述了教育作为上层建筑中的观念上层建筑,它的性质是由所处时代的经济基础来决定。所以资本主义制度下的教育,本质上隶属于资本主义私有制,"正如阶级的所有制的终止在资产者看来是生产本身的终止一样,阶级的教育的终止在他们看来就等于一切教育的终止。"②这意味着教育的阶级属性发展进入一个历史转折点,而要摆脱这种阶级属性也将迎来一个必然性与可能性并存的重要机遇期。按照马克思主义的观点,实现这种历史超越是一个长期的历史发展过程,在过渡时期必须从坚持无产阶级政党的领导和夯实经济社会发展基础这两方面入手,保障社会主义教育的阶级性和社会性朝着同一方向发展,持续推动教育事业发展向人的本质属性的回归。

三、关于教育的意识形态属性分析

教育事业的发展属于意识形态的一部分,必然以一定的经济社会条件和阶级

---

① 《马克思恩格斯选集》第一卷,人民出版社 2012 年版,第 151 页。
② 《马克思恩格斯选集》第一卷,人民出版社 2012 年版,第 417 页。

统治为基础，其物质基础和价值归属决定了教育的实际内涵和发展目标。同时，教育具有同意识形态相一致的根本属性，即相对独立性。深入把握马克思恩格斯关于教育阶级性本质的重要思想，坚持无产阶级政党对高校教育事业的领导权问题，就要充分理解马克思恩格斯关于教育的意识形态属性的唯物主义分析，也就必须从他们所处的社会历史条件和思想背景出发，从而从理论和实践层面提升对坚持无产阶级政党作为高校领导地位的理论认识与实施水平。

马克思和恩格斯所处的社会历史背景是欧洲政教合一的封建社会开始解体，资本主义以"理性""启蒙""上帝面前人人平等"等新价值观，打破了中世纪以来宗教力量的黑暗统治，新的宗教、新的社会价值观开始流行。因此，马克思在对这一巨大的思想变化所引起的社会变化进行宏观把握和辩证思考的过程中，不得不对宗教的本质，乃至宗教和整个经济社会、人类社会的关系进行了辩证思考，从而形成了历史唯物主义的新世界观和历史分析的科学方法论。马克思在《黑格尔法哲学批判》导言中指出"宗教是人的本质在幻想中的实现，因为人的本质不具有真正的现实性。"① 进而通过对宗教本质的揭露，开启了对现实的人的解放和人的本质得以实现的哲学思考。他深邃的意识到，"对天国的批判变成对尘世的批判，对宗教的批判变成对法的批判，对神学的批判变成对政治的批判。"② 于是对德国政治体制、德国国家哲学和法哲学最系统、最丰富和最终的表述：对黑格尔的唯心主义辩证法进行了批判，第一次将哲学的解放和现实的人的解放相结合，即对无产阶级的必然产生和其历史使命进行了全面科学的阐释。在《1844年经济学哲学手稿》中，马克思第一次阐释了"劳动异化"理论，实现了哲学、政治经济学和科学社会主义的贯通。在《哲学的贫困》中对蒲鲁东在经济学研究中所主张的"与上帝等质的普遍理性"规律进行了辛辣讽刺。在其唯物史观形成和全面阐释的标志性著作《德意志意识形态》中，进一步深化了对标榜德国现代哲学的施蒂纳的"唯一者"、费尔巴哈的"类本质"的批判，保留了费尔巴哈唯物主义的合理内核。在批判德国"真正的社会主义"时，阐明了社会主义的本质和实现道路，它是现实的社会运动，不是存在于头脑当中的原则，彻底地揭露了黑格尔"精神统治历史"的思辨观念在德国政治思想领域的错误影响，并实现了对其辩证法合理内核的保留。在以德意志社会为基点，以整个欧洲社会为参照的哲学和经济学、社会学思考过程中，马克思对人的本质的认识逐步深化，并逐步通向了对人类社会结构的分析和其历史发展规律的探索。他对一切社会现象、思想观念和理论体系的分析，都形成了一个根本的出发点，那就是现实的人，这是其哲学的理论基点，也是整个理论体系的最终目标所在。在对意识

---

①② 《马克思恩格斯选集》第一卷，人民出版社2012年版，第2页。

形态的历史唯物主义分析过程中，马克思指出："人的本质并不是单个人所固有的抽象物，在其现实性上，它是一切社会关系的总和。"① 在这些社会关系中，物质关系起决定性作用，进一步为关于人类社会形态结构的分析奠定了基础。因此，在认识论基础上，为进行科学的、历史的思想理论分析和社会历史分析确立了根本的世界观和方法论，同时通过揭示教育的意识形态属性，也为无产阶级及其政党进行自身和人类解放事业提供了科学理论基础和实践指引。

坚持无产阶级政党对高校的领导地位，根本来源于无产阶级的历史使命，也根源于无产阶级政党自身的先进性。高等教育事业作为社会实践活动的重要部分，它的建设发展离不开一定社会经济基础，决定了其必然受一定社会意识形态的影响和控制。但另外它作为思想文化传播、交流和创新的场所，其必然在以一定的主流意识形态为核心的同时，受到更加复杂的、多种形态的意识形态形式的影响。因而，在当代中国坚持党对高校的领导地位，其实质就在于保障社会主义主流意识形态在高校的核心领导地位。主导不代表唯一，而在社会主义高校长期发展过程当中，在意识形态斗争的长期性和复杂性愈加凸显的情况下，如何维护和发展这一主导地位，就要求高校能够以强大的物质基础和有效的资源分配，以科学的思想理论和以人为本的教学实施方式，落实好新时代立德树人的办学导向和根本任务，在教学实践中引领学生形成科学的世界观、人生观和价值观，增强师生群体对党的领导地位的拥护和认可度，使高校培养的人才能够助力于社会主义建设事业和实现共产主义伟大目标，这正是马克思关于意识形态分析的一般理论在当前我国高等教育事业发展中的具体应用价值所在。

综上所述，马克思恩格斯关于教育的阶级性本质、教育的目的性规律和教育的意识形态属性，深刻揭示了无产阶级政党必然要坚持对教育事业的领导。马克思恩格斯深刻指出："共产党人不是同其他工人政党相对立的特殊政党。他们没有任何同整个无产阶级的利益不同的利益。"② "共产党人并没有发明社会对教育的作用；他们仅仅是要改变这种作用的性质，要使教育摆脱统治阶级的影响。"③ 坚持无产阶级政党对教育的事业的领导符合人类社会发展规律，代表了广大无产阶级的利益，符合教育的本质性要求，也符合教育的目的性规律，同时还符合教育的意识形态属性。这些重要的思想为我们在新时代中国特色社会主义发展进程中，坚持党对高等教育的事业领导和完善高校党的领导体制机制提供了深层的根本性的理论支撑。

---

① 《马克思恩格斯选集》第一卷，人民出版社 2012 年版，第 135 页。
② 《马克思恩格斯选集》第一卷，人民出版社 2012 年版，第 413 页。
③ 《马克思恩格斯选集》第一卷，人民出版社 2012 年版，第 418 页。

第二节　列宁关于加强党对教育领导的相关重要思想

列宁是继马克思和恩格斯之后的一位伟大的马克思主义者，在坚持马克思主义基本原理与俄国实际情况相结合的过程中进一步发展了马克思主义，同时结合新的实际情况，也进一步丰富发展了马克思恩格斯关于教育的阶级性本质等相关理论，尤其是在将社会主义从理论到实践的转换过程中，直接提出并高度重视加强党对教育的领导，以及论述了社会主义教育事业也要坚持无产阶级政党领导。资本主义进入帝国主义发展阶段，俄国作为一个刚刚从资本主义国家最薄弱的链条上成功解放出来的国家，在确立无产阶级专政和建设发展社会主义事业的过程中，所要面临的意识形态领域的斗争愈加复杂，需要在全新的国内外环境中，重新定位自身，就尽一切可能维护无产阶级政党在社会各个领域中的领导权。尤其在俄国十月革命后，列宁对无产阶级政党如何实现社会主义各项事业的建设提出了一些重要原则，对在实现由资本主义向社会主义过渡时期中的一些客观问题进行了辩证思考，尤其是涉及无产阶级政党对教育的领导，列宁关于开展教育领导过程中党的领导体制及制度构建、领导权威和领导战略策略、领导纪律的建立和执行等相关论述，对我们在新时代中国特色社会主义事业发展进程中探究高校党的领导体制机制，具有重要的理论指导价值。

一、无产阶级政党要加强对教育的领导

俄国十月革命胜利之后，列宁根据实际情况，特别注重无产阶级政党对教育的领导，并从不同的层面强调了无产阶级政党对教育的领导。无产阶级政党要加强对教育的领导，首先体现在无产阶级政党要注重对政治教育领导。列宁曾明确提出在社会主义建设过程中，"我们要重视承认党的领导作用问题"。[①] 1920 年 4 月，列宁在《共产主义运动中的"左派"幼稚病》一书中，着重论述了俄国革命成功之后，无产阶级革命政党的战略和策略问题，阐明了领袖、政党、阶级、群众间的相互关系及党的纪律、斗争原则、策略、形式等问题，指明了无产阶级政党必须善于掌握一切斗争形式，善于把原则的坚定性和策略的灵活性结合起来，对于坚决维护政党纪律，积极灵活地开展党的宣传工作和政治教育工作有重

---

① 《列宁选集》第四卷，人民出版社 2012 年版，第 304 页。

要的方法指导意义。①

列宁认为开展政治教育是维护无产阶级专政的必要条件。无产阶级政党开展政治教育工作是一个同现实实践紧密联系的过程，其效果取决于教育宣传同现实实践的一致性和同一性，列宁将宣传教育作为维护无产阶级专政，动员人民群众参与斗争建设实践的重要措施，从而对开展党自身的建设的必要性，进行宣传教育的方向和目标提出了具体要求和实践方向。他认为无产阶级政党的党性是其独特优势和鲜明特征，这一点不同于资产阶级政党所主张的以选举为导向的非党性、随意性。要提升党性的价值，使之愈加鲜明有力，这就要求加强党自身的监督。列宁指出："当党愈来愈公开进行活动的时候，可能而且应该最广泛地实行这种监督和领导，不仅受党的上层的监督和领导，而且要受党的下层，受全体加入党的有组织的工人的监督和领导。"② 因此，以党的建设和斗争实践相统一为基础，完善坚持无产阶级政党的领导同开展宣传教育工作是同向发展、辩证统一的。在这种意义上看，无产阶级政党领导好政治教育工作，也应该讲加强对包括高校在内的学校政治教育的领导并尽力完善党领导高校的体制机制。

无产阶级政党要加强对教育的领导，其次体现在无产阶级政党要注重对社会教育领导。列宁在全俄社会教育第一次代表大会上作的题为《关于用自由平等口号欺骗人民》的讲话以及为出版这篇讲话写的序言，透彻分析和回答了当时机会主义者对布尔什维克攻击最激烈的一些重要理论、政治问题，如革命和战争的关系，对帝国主义的两种性质不同的妥协，对待民主、自由、平等的态度，民主与无产阶级专政的关系，并提出"苏维埃政权正是由于它公开地讲一切服从于无产阶级专政，苏维埃政权是新类型的国家组织，它才博得了全世界工人的同情。这种新的国家组织的产生是极其困难的，因为要战胜起瓦解作用的小资产阶级的散漫性是一件极其困难的事情，这比镇压地主暴徒或资本家暴徒困难千万倍，但这对于建立没有剥削的新组织来说，又有益千万倍。当无产阶级的组织解决了这个任务的时候，社会主义就会获得最终胜利了。社会教育和学校教育的全部活动都应该服从于这个目的。"③ 可见，无产阶级政党要做好社会教育工作，揭穿关于用自由平等口号欺骗人民，最根本的因素就是增强党加强社会教育工作并服务于苏维埃国家的发展任务，从而吸收和动员民众投入社会主义革命建设事业当中，使他们在接受教育的过程中明确政治立场，坚定实践方向，将正确观念融入现实工作和生活实践中，为社会主义革命与建设贡献思想智慧和人才力量。高校也是

---

① 参见《列宁选集》第四卷，人民出版社2012年版，第132~211页。
② 《列宁选集》第一卷，人民出版社2012年版，第678页。
③ 《列宁选集》第一卷，人民出版社2012年版，第832~833页。

社会的重要组成部分，加强无产阶级政党对社会教育的领导，其实也一定程度上蕴含无产阶级政党要领导和做好高校工作，加强党对高校的思想宣传工作。

无产阶级政党要加强对教育领导，最后体现在无产阶级政党要注重对学校教育领导。列宁在全俄省、县国民教育局政治教育委员会工作会议第三次会议上的讲话中指出："在资产阶级社会里，这种思想一贯占着统治地位。所谓教育'不问政治'，教育'不讲政治'，都是资产阶级的伪善说法，无非是对99%受教会控制和私有制等等压迫的群众的欺骗。现在还在统治着一切资产阶级国家的资产阶级，正是这样欺骗群众的。"① "教育工作者和教员过去受的是资产阶级的偏见和习惯的教育，是敌视无产阶级的教育，他们同无产阶级没有任何联系。现在我们要培养出一支新的教育大军，它应该同党和党的思想保持紧密联系，贯彻党的精神，它应该把工人群众团结在自己的周围，以共产主义的精神教育他们，使他们关心共产党员所做的事情。"② 同时，列宁强调指出："我们应该吸收数十万有用的人才来为共产主义教育服务。"③ 换言之，教育任务是无产阶级专政的一个重要任务，学校教育不能不问政治，教育不能脱离政治，党和教育工作者的基本任务是培养和教育劳动群众，使他们克服旧制度遗留下来的旧习惯、旧风气、旧思想，政治教育的目的是培养真正的共产主义者；要建立一支同党和党的思想保持紧密联系、能贯彻党的精神的新的教育大军；无产阶级政党领导下学习进行整个共产主义宣传归根到底要落实为培养真正的共产主义者。列宁的如上这些观点有利于深化理解无产阶级政党对包括学校教育在内的领导，同时也有利于我们深刻理解为什么要完善坚持高校党的领导体制机制等深层次的基本问题。

二、无产阶级政党要加强对青年的教育

列宁不仅提出了要加强无产阶级政党对教育的领导，同时，还提出了无产阶级政党要加强对青年教育。1920年10月，列宁在《青年团的任务》一文中针对青年教育问题，回答了学习什么和怎样学习的问题，并指出关键在于："应该使培养、教育和训练现代青年的全部事业，成为培养青年的共产主义道德的事业。"④ 这就意味着无产阶级政党领导下的社会主义高校建设要在继承之前教育思想和实践的基础上，进行取其精华、去其糟粕的创新发展工作，通过进行认真

---

① 《列宁选集》第四卷，人民出版社2012年版，第302页。
② 《列宁选集》第四卷，人民出版社2012年版，第305页。
③ 《列宁选集》第四卷，人民出版社2012年版，第306页。
④ 《列宁全集》第三十九卷，人民出版社1986年版，第302～303页。

比较和科学分析，彰显无产阶级政党的领导优势，进一步展示社会主义高校建设的新发展模式和新面貌。

社会主义高校承担着培养一代代青年、教育一代代青年参与到社会主义和共产主义建设事业当中去的重大使命责任，因此必须坚持党对高校的领导，从政治、思想、组织上来保障高校育人育才的方向不偏，使社会主义和共产主义事业后继有人。在强调社会主义高校及其思想文化教育工作同资本主义存在本质区别的问题上，列宁在《党的组织和党的出版物》中指出："出版物应当成为党的出版物。与资产阶级的习气相反，与资产阶级企业主的即商人的报刊相反，与资产阶级写作上的名位主义和个人主义、老爷式的无政府主义和唯利是图相反，社会主义无产阶级应当提出党的出版物的原则，发展这个原则，并且尽可能以完备和完整的形式实现这个原则。"① 在这里，列宁明确了党的领导地位的重要价值在于，从根本上批判资产阶级的逐利性，以及在个人平等面纱之下的阶级垄断和统治的本质，而坚持党的集中统一领导，旨在维护和发展最广大人民群众的根本利益，为实现真正的社会公平和人人平等提供政治保障和价值引领。坚持党对社会主义高校的领导，是确保教育公平和以人民为中心的教育事业得以发展的根本保障所在，这一点也是无产阶级专政的本质要求。而在现实发展实际中，人民群众的教育需求和发展需求是多元的、易变的。因此，在坚持党的领导下，推进以人民为中心的教育事业的发展是一个具体的实践发展过程，需要不断地完善和发展党的领导，探索符合国情和人民群众需求的制度机制。但是，无产阶级实现无条件的集中和极严格的纪律，是战胜资产阶级的基本条件之一。因此，完善和发展党对高校的领导，必须在党的领导下这一根本前提下开展，从而确保改革建设统筹全局，把稳方向、落实到位。

列宁就无产阶级政党针对如何处理旧教育，实现其改革发展的问题，提出要加强对青年的思想教育，更好地助力青年的成长成才。列宁立足现实提出了科学辩证的方法路线，在论及国民教育时列宁明确指出："把1917年十月革命时开始的事业进行到底，即把学校由资产阶级的阶级统治工具变为摧毁这种统治和完全消灭社会阶级划分的工具。"② 实际上在巴黎公社失败后，马克思曾深刻地总结了其经验教训，认为工人阶级不能简单地掌握现成的国家机器，而必须彻底打碎"旧的国家机器"。列宁进一步在社会主义建设实践中阐释了这一斗争原则，革命阶级应当打碎旧有国家机器，"利用新的机器来指挥、管理"，而不是"利用旧的国家机器"，③ 在这个过程中不可避免地采取暴力激进的革命方式，但如果说

---

① 《列宁选集》第一卷，人民出版社2012年版，第663页。
② 《列宁选集》第三卷，人民出版社2012年版，第725页。
③ 《列宁选集》第三卷，人民出版社2012年版，第215~216页。

"要一下子、普遍地、彻底地取消官吏"在实践中不太现实,那么,打碎旧的官吏机器,并建立新的官吏机器,在此基础上"逐步取消任何官吏",这是能够实现的,"是跟无产阶级当前的直接任务。"① 在高校中如何实现党的领导,重要的是善于领导教师群众,使他们在自身所接受的资产阶级文化知识技能的基础上,以无产阶级革命思想理论改造和鼓动,以共产主义理想信念宣传、启发他们,激发他们的兴趣,逐渐战胜旧的资产阶级偏见,从而帮助群众战胜旧秩序,使其能够积极参与为共产主义教育服务的伟大事业。

列宁在提出无产阶级政党要加强对青年教育的基础上,以及在对推翻资本主义的斗争进行现实观照的基础上,充分认识到学校担负着人才培养和宣传共产主义思想的重要责任。在思想文化这一条重要的战线上,无产阶级政党必须高度重视高校在舆论阵地建设中的重要战略地位。

第一,高校要树立党的领导权威。相对于高等教育在意识形态领域所承担的重要战略作用来说,建立党的领导权威不仅是合理的,而且是必要的。但要明确党的领导权威不是单向度的,自发的,而是来源于科学的方针政策、来源于自身肌体的坚定有力、来源于人民群众的认可和拥护。列宁指出:"我们应当从本阶级队伍中征集自己的管理人员。我们要运用全部国家机构,使学校、社会教育、实际训练都在共产党员领导之下为无产者、为工人、为劳动农民服务。"② 苏维埃教育要从根本上与资产阶级教育相区别,要能真正反映无产阶级的利益和观点,要真正坚持马克思主义的世界观和方法论,而只有工人阶级的政党,才能在政治上领导无产阶级同资产阶级及各种传统恶习做斗争。

第二,高校要进行对党的革命意识和理想信念的灌输。在开展无产阶级政党的思想政治教育工作中,列宁对"政治"做了科学的阐释。他认为,严格的党性是阶级斗争高度发展的伴随现象和产物。无产阶级的政治不仅是阶级斗争,更多是立足现实的建设和发展任务。在同资产阶级斗争对立的形势下,无产阶级把党性原则作为鲜明旗帜,强调思想教育的党性,就是要进行革命意识和理想信念的灌输,正因为事实证明,这种思想意识和观念不会从无产阶级具体斗争实践中自发的产生,而需要科学的理论武器来指导,所以这种政治性就具有了独特的价值意义。但这种政治性不是空洞的、虚幻的,在开展思想政治教育实践中,要把教育群众同国家经济生活的建设联系起来,将斗争的中心由阶级的政治转变为经济的政治,从而发挥思想文化战线的基础性、决定性、战略性价值。

---

① 《列宁专题文集论马克思主义》,人民出版社 2009 年版,第 221 页。
② 《列宁全集》第三十八卷,人民出版社 2017 年版,第 290 页。

第三，高校要深化对学术"自由"和大学"自治"的批判。列宁直接指出，并辛辣地讽刺道："资产阶级个人主义者先生们，我们应当告诉你们，你们那些关于绝对自由的言论不过是一种伪善而已。在以金钱势力为基础的社会中……不可能有实际的和真正的'自由'。"① 指明了资本主义"绝对自由"的背后是资本的自由、资产者的自由。在思想领域也是一样的，所谓教育不问政治，教育不讲政治，都是资产阶级的伪善说法。大学自治也是资本逻辑的多维演化而已。列宁进一步指出："对于社会主义无产阶级，写作事业不能是个人或集团的赚钱工具，而且根本不能是与无产阶级总的事业无关的个人事业。无党性的写作者滚开！超人的写作者滚开！"② 同写作和出版事业一致，教育事业应当成为整个无产阶级事业的一部分，成为有组织的、有计划的、统一的党的工作的一个组成部分。因此，党在高校的领导体制和思想政治教育工作的原则方向是不可动摇的。高等教育事业在国家经济社会、意识形态建设等领域的战略地位愈加突出的情况下，回顾列宁关于无产阶级政党开展思想文化教育工作的相关论述，具有深刻的思想理论价值和实践指导意义。

第四，高校必须明确自身政治立场，明确党性原则和方向，这是其办学发展的使命要求。当前思想文化领域的斗争愈加激烈，面对国外和平演变势力和国内思想舆论的复杂形势绝对不可大意，正如列宁所指出的，"为了进行公开而广泛的阶级斗争，必须发展严格的党性。"③ 这是无产阶级政权的生命线，也是真正维护好发展人民群众利益的根本保障所在。

综上所述，列宁将马克思主义基本原理与俄国实际相结合，创造性地发展了马克思恩格斯关于教育的阶级性本质等有关理论，在进行社会主义革命与建设过程中始终高度重视无产阶级政党对教育的领导，尤其是特别注重无产阶级政党对青年的教育。高校是整个教育事业的重要组成部分，也是青年人才汇聚的地方。所以深入学习领会列宁关于无产阶级政党要加强对教育领导和青年教育的重要思想，有利于我们结合新时代中国特色社会主义事业发展实际，更加坚定坚持党对高校的领导，更加自觉完善坚持高校党的领导体制机制。正是在这种意义上，可以说，列宁关于无产阶级政党要加强对教育领导与青年教育的相关理论是新时代我国坚持完善高校党的领导体制机制的重要理论基础。

---

① 《列宁选集》第一卷，人民出版社2012年版，第666页。
② 《列宁选集》第一卷，人民出版社2012年版，第667页。
③ 《列宁全集》第十二卷，人民出版社2017年版，第123页。

第三节　中国共产党人关于高校党的领导的重要论述

在中国共产党百年来的发展历程中，我国始终坚持把马克思主义基本原理与中国实际相互结合，继承和发展了马克思列宁主义，形成了毛泽东思想、邓小平理论、"三个代表"重要思想、科学发展观和习近平新时代中国特色社会主义思想，同时也从更加具体的意义上，进一步发展了马克思恩格斯关于教育的阶级性本质等有关理论，以及列宁关于无产阶级政党加强对教育领导的重要思想，形成了中国共产党人关于加强高校党的领导相关重要思想。这些重要论述为我们坚持党对高校的领导以及不断完善高校党的领导体制机制提供了更为直接的思想理论基础。鉴于此，我们将结合以下几个方面进行梳理。

一、党的领导决定着高校的发展方向

早在新民主主义革命时期，毛泽东同志就确立了党对高等教育的领导地位，他在抗日军政大学成立三周年纪念大会的讲话中指出："抗大的教育方针是：坚定正确的政治方向。"[①]　延安时期创办的陕北公学也直接把"教育为持久抗战服务，为党的政治路线服务"作为主要办学目标，并开创性地实施了党领导下的校长负责制。继承党在革命战争时期建设陕北公学、抗日军政大学的基本经验，新中国成立后党关于社会主义教育事业的发展定位就是要为社会主义建设事业服务，立足一穷二白的国情实际和严峻的国际环境，巩固无产阶级政权，发展无产阶级的、人民大众的教育。针对长期战乱，人民群众中文盲数量较多的情况，这一时期教育事业的发展主要是从扫盲开始的，对在战乱中遭到破坏的高等教育事业主要采取接管、改造、利用的方式，为这些高校恢复正常的办学秩序提供保障。同时，为服务于农业、轻工业和重工业的发展，服务于经济建设和国防建设，建立了一批党领导下的高校，体现了党领导人民改造旧教育、发展新教育的需要，体现了这一时期发展教育一要普及、二要提高的基本原则。但由于新的政权刚刚确立，教育资源也较为有限，人才的选拔主要以群众推荐的方式进行，不可避免地受到阶级成分和群众认知偏差的影响，高等教育的人才选拔制度还没有得到科学构建。

---

① 《毛泽东文集》第二卷，人民出版社 1993 年版，第 188 页。

随着世界从革命与战争时期进入和平与发展时期，为了赶上第三次科技革命和世界先进水平，邓小平提出必须从科技和教育着手，使教育更好地服务于社会主义市场经济改革和对外开放的需要。这一时期高等教育开始与国际接轨，拓宽了社会主义教育事业的发展视野，为党领导下的社会主义高等教育和优质人才深化同世界的交流提供了广阔平台。在科教兴国战略的要求下，着眼于推进现代化建设，提出面向 21 世纪，重点建设 100 所左右的高等学校和一批重点学科的建设工程，为高等教育事业的大规模发展提供了崭新历史机遇。正如邓小平同志所言："不抓科学、教育，四个现代化就没有希望，就成为一句空话。"[1] 这一时期党对高等教育事业发展进行的实践探索，指明了社会主义高等教育的长期发展目标所在，同时也更加明确了高等教育要全面服务于社会主义现代化建设事业总体布局的实践指向，进一步阐明了教育要服务于社会主义现代化建设事业的科学内涵，为之后中国特色社会主义高等教育的发展奠定了基本方向和制度基础。江泽民进一步指出："以培养学生的创新精神和实践能力为重点，努力造就有理想、有道德、有文化、有纪律的，德育、智育、体育、美育等全面发展的社会主义事业建设者和接班人。"[2] 胡锦涛同志提出了以人为本、实施素质教育的人才培养观，他在党的十七大报告中指出："培养德智体美全面发展的社会主义建设者和接班人。"[3] 习近平同志在党的十九大报告中指出，要落实立德树人根本任务，"培养德智体美全面发展的社会主义建设者和接班人。"[4] 可见，高校要在党的领导下培养党和国家事业发展需要的人才。

二、党的领导决定着高校的根本目标

教育要服务于社会主义事业，要着眼于培养社会主义建设者和接班人这一核心目标，就要从人这一最大的实际出发。包括在人才培养过程中，用什么样的方法教育人、对不同知识背景、阶级立场的人进行改造和教育的问题。因此，学校教育是最为关键的，其决定了党所培养的人才是否能成为社会主义事业的建设者和接班人。新中国成立初期，毛泽东估计到知识分子中的绝大多数是好的，是为社会主义服务或者愿意为社会主义服务的。因此，将知识分子纳入工人阶级当中，同时也利用劳动教育的方式积极地改造知识分子的思想。尽管后期出现了反右扩大化的错误倾向，造成了"文化大革命"，对知识分子地位和其思想改造问题，

---

[1] 《邓小平文选》第二卷，人民出版社 1994 年版，第 68 页。
[2] 《江泽民文选》第二卷，人民出版社 2006 年版，第 332 页。
[3] 《胡锦涛文选》第二卷，人民出版社 2016 年版，第 642 页。
[4] 《习近平谈治国理政》第三卷，外文出版社 2020 年版，第 36 页。

高等教育的正常运转秩序造成了严重不良影响，但从客观层面来讲也为在高校当中开展思想政治教育工作、对知识分子管理工作形成科学判断提供了历史借鉴。

"文化大革命"结束后，邓小平对毛泽东关于教育工作的基本要求和实践工作进行了客观总结。邓小平指出："对全国教育战线十七年的工作怎样估计？我看，主导方面是红线，应该肯定十七年中，绝大多数知识分子，不管是科学工作者还是教育工作者，在毛泽东思想的光辉照耀下，在党的正确领导下，辛勤劳动，努力工作，取得了很大成绩。"① 这体现了科学的历史分析方法在教育领域的具体运用。在评价思想教育工作的历史功过得失的时候，要考虑到人这一现实问题，人的思想要不断发展，要在新的历史条件下不断解放，就要对思想教育工作开展的历史情况进行一个客观的、辩证的、发展性把握，这样才能更好地坚定培养社会主义建设者和接班人的根本目标，进一步做好思想政治教育工作。确立党委的领导地位是一种本然，但持续完成对知识分子的尊重和改造是一个实然的过程和要求，要使知识分子明确自身由谁培养、为谁服务的根本问题。对知识分子除了精神上的鼓励，还要采取其他一些鼓励措施，包括改善他们的物质生活待遇。党始终坚持教育事业要培养社会主义建设者和接班人的根本目标，不断完善思想政治教育工作体系，提升对知识分子进行吸收管理的工作质量，为高等教育事业践行目标使命奠定了扎实工作框架。党的十八大以来，习近平总书记强调："高等教育是一个国家发展水平和发展潜力的重要标志。今天，党和国家事业发展对高等教育的需要，对科学知识和优秀人才的需要，比以往任何时候都更为迫切。"② 同时，要"培养德智体美劳全面发展的社会主义建设者和接班人"。③ 同时更提出了坚持教育为人民服务、为中国共产党治国理政服务、为巩固和发展中国特色社会主义制度服务、为改革开放和社会主义现代化建设服务的根本目标要求。围绕着培养社会主义建设者和接班人的核心目标，我们党系统回答了"培养什么人、怎样培养人、为谁培养人"这一教育的根本问题，并推行了一系列的改革措施，确保立德树人根本任务的贯彻落实。党的领导决定高校的根本目标，要着眼于培养社会主义建设者和接班人这一核心目标。

三、党的领导决定着高校的发展趋势

在党的正确领导下，高校明确了高等教育的发展方向和人才培养的根本目

---

① 《邓小平文选》第二卷，人民出版社1994年版，第49页。
② 习近平：《在北京大学师生座谈会上的讲话》，人民出版社2018年版，第4页。
③ 《习近平在全国教育大会上强调：坚持中国特色社会主义教育发展道路　培养德智体美劳全面发展的社会主义建设者和接班人》，载于《人民日报》2018年9月11日，第1版。

标，就是要依靠制度来执行和落实，否则就容易出现偏差和混乱。吸取"文化大革命"时期党的一元化领导造成的危害，党中央明确了要在不断健全相关制度的基础上，适应新形势新要求以进一步完善党的领导，才能更好地坚持党的领导地位。邓小平曾经指出："领导制度、组织制度问题更带有根本性、全局性、稳定性和长期性，关系到党和国家是否改变颜色。"① 这一重要论断同样适用于我国高校的建设发展，坚持党委领导是建设中国特色社会主义高校的鲜明特征和本质优势，直接体现了高校的办学理念和政治立场及方向，能够起到根本保障和立足基石的作用。教育的发展水平决定了一个国家、一个民族的人民群众的精神面貌，展示了一个国家的战略发展潜力和根本发展方向，因此，坚持党委领导的核心地位是必然的，但邓小平同时重视完善和改进党的领导的问题，强调完善党对高校的领导制度建设，针对制度建设、人才队伍建设和干部选用等问题进行了具体原则的指导，旨在使党的领导全方位地渗入高校建设发展和教学科研管理的各个环节，在实现其合理定位的基础上最大化其优势力量的发挥。

坚持党对高校的领导，就要依靠科学合理的制度来实现。在"文化大革命"结束后主要对教育战线进行了拨乱反正，明确党对教育事业的领导和管理主要体现在办学方向、根本方针等方面，以政治领导、思想领导和组织领导的形式得以实现。因此，推进教育事业管理的制度化发展，关键就是要完善党的政治领导、思想领导和组织领导的方式方法、体制机制，为高校建设发展把稳总方向，促进社会主义高校学制、教师职称评审、奖惩制度、科研人员流动管理等工作的正常有序运转，促进高校基层党组织发挥科研教学的先锋引领作用，促进党领导下的不同类别高校建设都能严格遵循立德树人的根本任务和根本原则，为社会主义高等教育事业发展注入活力和动力。

坚持党对高校的领导，就要高度重视教育领导体制上的选人用人制度化问题。制度始终是要靠人来执行的，因此，制度执行的效力需要以高素质严要求的领导团队为关键，才能得到扎实落实。改革开放初期，邓小平在教育部门的调整工作中认为第一位的是配好领导班子的问题，并强调指出："一个单位有三个人要选得好。党委统一领导，书记很重要，一定要选好，这是第一个人。第二个是领导科研或教学的人，要内行，至少是接近内行或者比较接近内行的外行。还有一个管后勤的，应当是勤勤恳恳、扎扎实实、甘当无名英雄的人"。② 这一观点从对教育事业领导体制的客观实际出发，可以说，将党对教育事业的领导问题由政治层面进一步落实到管理层面，对党对高校的全面领导权进行了明确定位和职

---

① 《邓小平文选》第二卷，人民出版社1994年版，第333页。
② 《邓小平文选》第二卷，人民出版社1994年版，第53页。

能区分，规定了从职位出发选人，以实力和能力素质选人用人的制度安排，对高校领导体制来说是一次全新的改革。

  坚持党对高校的领导，其核心问题在于改进党的领导，善于发挥党的领导，从而才能加强党的领导地位和领导权威。因此，坚持和发挥党的领导，必然首先要从党自身做起，提升党的制度建设水平，提高党制定高校发展的政策方针、参与相关管理制度建设的科学化、民主化水平。在谈到加强党的领导，整顿党的作风问题上，邓小平指出："要反对宗派主义，也就是反对派性，增强党性，是很重要的一条。"① 高校管理规模较大，且师生思想活跃，因此，如何拒绝派性滋生，全面强化党性，首先就要从高校领导班子做起。邓小平对党和国家现行制度中存在的官僚主义，权力过分集中，家长制和特权现象进行了深刻反思，并强调指出："当前制度问题不解决，思想作风问题也解决不了。"② 因此，坚持党的领导地位，增强党性的问题，要通过制度这一有力载体来落实，通过制度的不断构建、完善，使党的领导得到科学合理的定位，党的领导优势和领导权威得以充分彰显。在制度的规定下，"各级党委要真正实行集体领导和个人分工负责相结合的制度。"③ 各级领导机关要管好该管的事，不该管的事要通过分工负责制下放给下属部门和单位来执行，明确各职能部门的权限和领导个人的职责，完善奖惩激励和淘汰机制。同时以制度规定严格党内民主生活、落实集体领导方式，发扬民主集中制的优良传统，将其转化为高校党组织生活和党政协商议事的基本制度规则，避免高校领导层和管理层出现个人主义、推诿扯皮和机构臃肿、人浮于事的现象。坚持党对高校的领导，其核心问题在于改进党的领导，善于发挥党的领导，从而才能加强党的领导地位和领导权威。习近平总书记在全国教育大会上明确指出："加强党对教育工作的全面领导，是办好教育的根本保证。"④ 同时，针对我国高等教育的发展趋势，习近平总书记也强调："我国必须走自己的高等教育发展道路，扎实办好中国特色社会主义高校。"⑤ 历史与实践证明，中国高等教育发展道路能否展现中国特色，其关键在于是否坚持党的领导，并在实践工作中改进党的领导。质言之，党的领导是引领中国特色社会主义教育事业不断前进的重要方向保障，是办好中国特色、世界水平的现代教育的根本政治保证。

---

  ① 《邓小平文选》第二卷，人民出版社1994年版，第13页。
  ② 《邓小平文选》第二卷，人民出版社1994年版，第328页。
  ③ 《邓小平文选》第二卷，人民出版社1994年版，第341页。
  ④ 习近平：《坚持中国特色社会主义教育发展道路　培养德智体美劳全面发展的社会主义建设者和接班人》，载于《人民日报》2018年9月11日。
  ⑤ 《习近平在全国高校思想政治工作会议上强调：把思想政治工作贯穿教育教学全过程，开创我国高等教育事业发展新局面》，载于《人民日报》2016年12月9日，第1版。

四、党的领导决定着高校的内部治理体系

　　由于教育战线的集中统一领导和各高校自主独立性之间关系的问题，在高校领导体制的探索发展过程中，在不同阶段曾实行了不同的体制机制，可以看出，一直以来，我们党都十分重视教育战线在各高校的自主独立性地位。针对"文化大革命"造成的高校思想混乱、党委权威一时未能得到科学明确和树立的情况，邓小平着重对教育战线党委的工作方式进行了分析，针对"文化大革命"时期"左"的过度一元化领导和"文化大革命"结束后右的保守型领导方式进行认真审视，为理顺教育战线的集中统一领导和各高校自主独立性之间关系的问题指明了新思路。教育部门要从实际出发，从各高校的具体实际出发，制定合理的、一定程度上可以是有限的、但管用的政策制度和发展建议，各高校党委要服从教育部门的领导，在总的发展指导建议和政策要求的指导下，明确其本质内涵和方向所在，从而在具体发展实践中科学地执行和落实相关政策制度要求。江泽民也高度重视高校的领导体制改革，并强调指出："实行党委领导下的校长负责制的高等院校，党委要对重大问题进行讨论并作出决定，同时保证行政领导充分行使职权。"[①] 可以说，改革开放以来，在深刻吸取历史经验教训，独立自主地进行制度试验和探索、逐渐确立科学理论原则的基础上，中国特色社会主义高等教育发展道路得以形成和不断发展。

　　党的十八大以来，以习近平同志为核心的党中央对统筹和深入推进"双一流"建设做出了前瞻性谋划和战略性部署，明确提出我国将在本世纪中叶基本建成高等教育强国。习近平总书记指出："高等教育经历了量的快速扩张，质的提升矛盾越来越突出"[②]　"走内涵式发展道路是我国高等教育发展的必由之路"[③]。为此，习近平总书记强调："加强党的领导和党的建设，加强思想政治工作体系建设，是形成高水平人才培养体系的重要内容。要坚持党对高校的领导，坚持社会主义办学方向，把我们的特色和优势有效转化为培养社会主义建设者和接班人的能力。"[④] 在现代化发展目标指引下，高等教育进入有组织、有规划的发展阶段，并且能够更大范围、更高质量地服务于国家和人民，能够逐渐与国际接轨，这是其取得的历史性成就，也是其领导体制机制进入正常运行轨道，其制度改革取得巨大成功的实践印证。在面向世界、面向未来、面向现代化的教育事业发展方向

---

① 《江泽民文选》第一卷，人民出版社 2006 年版，第 371 页。
② 《习近平谈治国理政》第三卷，外文出版社 2020 年版，第 247 页。
③ 习近平：《在北京大学师生座谈会上的讲话》，人民出版社 2018 年版，第 4 页。
④ 习近平：《在北京大学师生座谈会上的讲话》，人民出版社 2018 年版，第 10 页。

指引下，我国高等教育进入了争创具有世界先进水平的一流大学的发展时期。随着高等教育规模的快速扩张、网络信息化的快速普及，高校之间对教育资源的竞争、自身人才培养的质量、学生思想政治工作的开展等新问题，又在新的时代背景下考验着党领导下的高校的治理发展能力和水平。

进入新时代，在党的领导下，高校的建设发展进入了提质创新阶段，一方面是教育事业自身发展的客观现状所要求的；另一方面是整个现代化建设事业的发展大局所要求的。高校治理对制度建设的要求更高，要在现有的制度体系基础上进行守正创新，守正的本质就是坚持党委领导下的校长负责制，创新的关键问题就是以合规律、合目的、合规范的制度力量减小经济现代化与教育现代化的张力，以人的现代化为核心实现高等教育的内涵式发展，使高等教育进一步彰显其服务并引领现代化建设全局的地位和功能。当前高校内部行政化力量对学术资源的配置起决定性作用，由于经济活动的深入，易产生学术资源的垄断、学术圈和教育的腐败、学术研究的功利性倾向和浮躁风气，还有就是党委和校长领导班子的官僚化、个人主义化。这就首要要求强化党要管党，全面从严治党的制度建设能力，严格执行对行政性力量的制度约束，强化人员管理惩戒制度、经费使用和职称评级和监督考核制度，增强党的领导体制下资源分配评价制度的科学化水平，减少制度漏洞，保障制度实施效率，使党委领导高校建设改革的制度性优势充分体现出来。

综上所述，在中国共产党百年来的发展历程中和新中国成立以来的国家发展过程中，党和国家领导人围绕高校的一系列基本问题，都从不同角度深刻地回答了要坚持党对高校的领导。也就是说，在新时代中国特色社会主义事业发展进程中，坚持党对高校的领导以及完善坚持高校党的领导体制机制，不仅可以从马克思恩格斯和列宁有关论述探寻其相关理论基础，同时还可以从党和国家领导人关于加强高校党的领导相关重要思想中夯实其理论基础。中国共产党对高等教育事业的认识和实践探索是一个具有阶段性、历史性特点的长期过程，同时也始终贯穿其中的就是坚持党对高校的领导以及完善坚持高校党的领导体制机制。从总体上看，在革命、建设和改革不同历史时期，党和国家领导人多次从不同层面论述了党对高校领导的相关内容，强调了坚持党对高校领导的重要性，并始终从直接或间接意义上强调党的领导决定高校的发展方向、根本目标及发展趋势，进而形成了我国高等教育的基本格局和制度体系。

第四章

高校党的领导体制机制的历史考察

毛泽东曾指出:"今天的中国是历史的中国的一个发展;我们是马克思主义的历史主义者,我们不应当割断历史。"① 也诚如雅思贝尔斯所指出的 "如果我们放弃历史,那么对历史每一次超越就都成了幻觉"。② 新时代高校党的领导体制机制建设并非无源之水,实际上源远流长。中国共产党在领导革命、建设、改革的百年历史过程中,尤其是新中国成立以来的发展进程中,党和国家始终在历史发展进程中积极探索高校党的领导体制机制,形成具有内在关联的历史发展规程并积累了丰富的历史经验,同时对新时代坚持完善高校党的领导体制机制也有现实的启示价值。高校党的领导体制机制是高等教育治理制度的基本架构,是党对高校领导制度的具体内化,高校的发展状况往往受制于它的领导体制机制,而中国共产党为了完善高校的领导体制机制,围绕着高校党的领导体制机制进行了一系列变革创新并取得了宝贵的经验。这为新时代完善高校党的领导体制机制奠定了坚实基础,对推进新时代高校党领导的体制机制建设与完善具有一定的借鉴意义与启发价值。

第一节 高校党的领导体制机制的历史演进

在中国共产党百年来的发展历程中和新中国成立以来的国家发展过程中,高

---

① 《毛泽东选集》第二卷,人民出版社2009年版,第533页。
② 卡尔·雅思贝尔斯著,魏楚雄等译:《历史的起源与目标》,华夏出版社1989年版,第317页。

校党的领导体制机制经历了从初步探索、逐步形成到加强与完善等一系列的历史演进过程。在大革命时期,中国共产党与国民党合作创办并领导上海大学的初步尝试,在抗日战争和解放战争期间,中国共产党独自在根据地和解放区创办中国人民抗日军政大学、陕北公学、延安大学、鲁迅艺术学院、华北联合大学等红色高等院校,初步形成了一整套领导高等院校的体制机制。回顾高校党的领导体制机制的历史发展脉络,在不同时期,我国高校党的领导体制经历了多次嬗变,有不同的表现形式,并体现出差异鲜明的特征特点。

一、高校党的领导体制机制的早期经验积累（1921～1949年）

  1919年爆发的五四运动,是一场最早由北京大学青年学生组织,市民、工商人士等各个阶层广泛参与的爱国运动,它的爆发孕育了中国共产党的诞生,并领导中国人民进行反对帝国主义、封建主义的斗争,从此中国的面貌焕然一新。自1921年中国共产党成立伊始,在高校中党就非常重视开展建党活动,注重吸收和团结广大进步师生,重视党员发展工作。高校汇聚了广大的优秀青年,他们思想进步,较早接触和学习马克思主义,在党的指引和带领下,应然成为最早一批党的事业的发起者和支持者。在追随党的过程中,广大师生锤炼了党性、磨炼了意志,充分发挥党员的先锋模范作用,不断推动党组织的不断壮大。可以说,高校是中国共产党的诞生地和策源地。

  1921～1937年,中国经历两次国内革命战争,民族危机不断加深,北洋军阀和国民党反动派破坏镇压程度加剧,在当时历史背景下,中国共产党与各大高校师生的联系更加紧密。自建党之初,中国共产党"就始终代表广大青年、赢得广大青年、依靠广大青年"[①]。1921年,中国共产党第一次全国代表大会召开,参加大会的13位代表中平均年龄也仅为28岁,湖北代表刘仁静年仅19岁。这无疑是一场"青年人的会议",而正是这些中国青年,改变了整个中国的面貌。自此以后,无数进步青年主动接受党的崇高理想和目标的引领,毅然决然地投身到党的建设事业中。在这一阶段,中国共产党十分重视马克思主义在高校师生群体中的传播,积极吸纳党员,不断壮大党组织力量。因此,我们党在残酷的外部环境下并没有被扼杀于摇篮,反而促进了党和高校的紧密联系。

  1937～1949年,中国共产党历经了抗日战争和解放战争,党从幼稚走向成熟,由弱小走向强大。党不断发展壮大,逐渐开始关注和关心高等教育的发展,

---

  ① 《胡锦涛文选》第三卷,人民出版社2016年版,第543页。

重视后备人才和军事干部的培养。据资料统计，仅在延安一地，我们党新建或扩建新型大学 10 余所。① 党中央高级领导任学校校长、教育长、政治部主任，毛泽东同志兼任过教育委员会主席。当时，根据地的高等学校主要的任务是培养军事和政治干部，为革命时期培养和输送有用之才。这一时期，高校十分重视党建工作，党员数量迅速增加，党在高校中建立了牢固的基层组织，高校领导权牢牢掌握在党的手里。

新中国成立以前，党为了自身发展，在革命战争年代相继开办了一系列高等学校如华北人民革命大学、华东人民革命大学等，将政治理论政策设置为主课程，通过集中性短期培训，快速地培养了一批党的领导干部，其目标就是培养党的革命事业接班人。高等学校培养的人才输送到党的建设事业中，高校基层党组织在上级党组织的领导下开展一系列活动，推动党的自身发展和学校发展，也帮助党积累了创办高等学校的丰富经验。但从严格意义上说，早期中国共产党人创办的"大学"并不是现代意义上的大学，无论是在师资、招录，还是学制、培养模式，乃至课程设置方面，都和西方大学相去甚远。但是这类学校扎根于中国社会，具有深厚的文化底蕴和坚固的群众基础，更为重要的是，中国共产党在建立发展这类学校的过程中积累了对高等学校的领导经验和教育经验，并影响了新中国成立后对于高等教育的领导方式和办学方针。② 以下三所代表性学校就是新中国成立前中国共产党对高校领导体制机制的最早雏形。

1. 湖南自修大学

1921 年 8 月，毛泽东在湖南长沙创办的湖南自修大学是中国共产党对无产阶级大学教育模式的第一个探索。《湖南自修大学组织大纲》提出了湖南自修大学的办学宗旨、组织架构、规章制度、办学内容、办学方式等内容。在第二章"校董会"部分，明确规定学校设有校董会，校董会由十五名校董组成，由学社社员推举。校董会负责经费支持，校董会召开须有半数以上校董列席。校董会推举一人为"驻校校董"，负责处理学校事务。学校设有数名名誉校董，名誉校董由对大学捐款 5 000 元以上者或对赞助学校有重大功绩者或国内外大学校长担任。校董会聘请学长一人，负责指导学生自修，考查学生成绩，同时，如有必要设有专业指导员，辅助学长完成指导和考察工作。学校还设有书记一人，负责办理文书、社交、设备等事务，设有会计一人，负责掌管经费使用，设有图书馆主任一人，负责管理图书馆，设有实验室主任一人，负责管理实验室。"在驻校董（校长）、学长、办事员和学友之间，完全是一种平等的关系，学校职员同时也是同

---

① 参见王春明：《毛泽东与延安各级各类干部学校》，载于《党史文汇》2013 年第 7 期。
② 张晓清：《高等学校党政领导体制研究》，天津人民出版社 2015 年版，第 30 页。

窗学友，这种机构设置极大地调动了学院的主动性和积极性，也发挥了个人研究特长和才能，因此被称为学校民主管理的典范。"① 著名教育学家蔡元培称之为"合吾国书院与西洋研究所之长而活用之"，"其诸可以为各省新设大学之模范"②，这种模式对后来解放区高等学校模式和新中国成立后高等教育发展模式产生了较深的影响，之后的农民运动讲习所、红军大学、抗日军政大学都沿袭了湖南自修大学的基本做法，上海大学、黄埔军校也借鉴了湖南自修大学的教学方式③。1922 年 7 月，在中国共产党第二次全国代表大会发表的宣言中就提出了"改良教育制度，实行教育普及的革命教育"④ 的规定，这是党在文化教育领域提出的奋斗目标。

2. 苏维埃大学

创办于 1933 年 8 月的苏维埃大学是中央苏区的最高学府，奠定了解放战争时期中国共产党领导大学的基本模式。1933 年 8 月中央人民委员会第 48 次会议决定开办苏维埃大学。苏维埃大学以"造就苏维埃建设的各项高级干部"为最高使命，要求培养的干部既要具备政治觉悟，也要具备一定的专业知识和技巧。学校设立大学管理委员会，以领导全校工作。校长为管理委员会的当然主任，学生设立"学生公社"，由全体学生大会选举干事会来领导。与湖南自修大学相比，苏维埃大学更加明确了其为党和为红色苏维埃政权培养干部的办学目标，而且其专业设置同苏区中央人民委员会下属各个职能机关密切对号挂钩，直接为政府职能部门输送既有较高阶级斗争觉悟，又有一定水平的各种专业干部。这一点对后来的中国共产党领导下的高等教育模式产生了深远的影响⑤。

3. 延安大学

延安大学是中国共产党在抗日战争时期，为培养革命干部而开办的一所综合性大学。在 1941 年 9 月，陕北公学、中国女子大学和泽东青年干部学校等合并而成延安大学，直属中央文委领导，后又合并了鲁迅艺术学院、自然科学院和行政学院，是新中国成立前中国共产党领导的一所规模较大的综合性大学。相比之同一时期我们党创办的 40 多所各类高等学校，延安大学能同时兼顾干部培训和专科教育，在当时也实属少见。

由于抗日战争之前中国共产党创立高校的主要任务就是为中国共产党培养各种干部，因此，学校的自治权没有条件也不可能实现，因而学校内部并没有完整

---

① 张晓清：《高等学校党政领导体制研究》，天津人民出版社 2015 年版，第 31 页。
② 高叔平：《蔡元培合集》第四卷，中华书局 1984 年版，第 247 页。
③ 张晓清：《高等学校党政领导体制研究》，天津人民出版社 2015 年版，第 31～32 页。
④ 《中国共产党第二次全国代表大会宣言》，引自中央档案馆：《中共中央文件选集》第 1 册（1921～1925），中共中央党校出版社 1989 年版，第 101～114 页。
⑤ 张晓清：《高等学校党政领导体制研究》，天津人民出版社 2015 年版，第 32 页。

的组织体系，学校接受上级党委、边区高等教育委员会或军队领导。在高等教育发展相对来说比较成熟的后期（抗日战争和解放战争时期），高校内部的组织管理体系也相对完善和成熟。抗战时期，一般高校内部都实行校务委员会下的校长负责制，下设政治部、教务部（或训练部）、总务部、秘书处等，各部之下分设若干科室分别进行管理。解放战争时期，学校的领导体制仍然执行民主集中制基础上的校长负责制，并对行政体制作出相对正规化的调整，比如严格按照比例设置行政、教学人员的岗位，明确个人职责；充实教学岗位的人数比例；实行教导合一体制，将思想政治教育与教学工作结合起来，等等。①

纵观中国新民主主义革命的各个阶段，特别是土地革命、抗日战争、解放战争这三个时期，与现代高等教育相比，中国共产党领导下的早期高等教育是一种特殊形式的高等教育。在这一时期，教育为革命政治和政治斗争服务是这一阶段教育的最主要的特点，大学机构的办学方针、教育内容、组织架构、教学方式等，都紧紧围绕着革命斗争这个主题，以满足革命斗争的需要为首要目标，并以此来调整教育模式和教学方式。在格局不平衡的状态下，各种社会资源向政治集中从而使教育成为政治的手段是不可避免的。因此，在中国共产党创立后的相当长一段时期内，通过创办建设高等学校，作为政治教育的主要场所、宣传革命思想的主要阵地、培养革命人才的主要摇篮的中心，这也是顺理成章的②。总的来说，新中国成立前中国共产党领导的高校体制主要实行校长负责制或校长为首的委员会制。从政治理念上看，这种校长负责制或校长为首的委员会制推行了"以政统教"，教育的政治性、阶级性、工具性是其主要特点。③

新中国成立前中国共产党对高等教育和高等学校的领导方式和教育经验，不仅成为新中国成立后指导改造旧时代高等教育的主要依据，也对后来我国高等教育的领导模式和办学方针产生了重大的影响。其中，既有积极的一面，如加强党对高等教育的领导、促进理论和实践相结合、开展正规教育与短期培训相结合的多种教学方式等，这些都为促进高等教育对我国社会主义建设事业服务起到了积极的保障作用。但不可否认，中国共产党早期由于特殊环境下的影响，加之对高等教育的建设工作缺乏相对成熟的经验，使得其建设模式不尽完善。例如，在高等教育招生中过分强调政治素质的作用等，这实际上与高等教育本身的规律存在一定的脱节，不利于高等教育的正常发展。因此，我们应该认识到，政策的制定与实施都具有很强的时效性，如果忽视了这一点，一味照搬当时当地的成功经验，既违反党在革命时期确立的灵活机动的高等教育发展政策，也违背党的实事

---

① 董宝良：《中国近现代高等教育史》，华中科技大学出版社2007年版，第244～245页。
② 张晓清：《高等学校党政领导体制研究》，天津人民出版社2015年版，第37～38页。
③ 张晓清：《高等学校党政领导体制研究》，天津人民出版社2015年版，第44页。

求是原则，在实践中就会碰壁。这个教训在新中国成立后的高等教育发展史上是相当深刻的。这也是高校党的领导体制机制研究要追溯中国共产党早期高等教育历史的一个重要原因①。总之，高等学府既是指导中国革命的马克思主义"火种"策源地，又是党培养人、造就人的摇篮，党积极参加高校各项活动，参与教育事业建设，指导高校工作，为党的革命事业培养了大批有用人才。党在高校的基层组织吸收和接纳广大进步师生成为党员，推进了党员队伍的不断壮大。这一时期，党组织战斗堡垒作用得到了充分发挥，党积累了宝贵的办学经验，为新中国成立后接管全国旧式大学提供了可供参考的借鉴经验。

二、高校党的领导体制机制的初步探索（1949~1966年）

1949年10月，中华人民共和国成立，中国高等教育从此翻开了崭新的一页。1956年，社会主义制度在中国正式确立，我国成为真正意义上的社会主义国家，同年9月，中国共产党第八次全国代表大会正式召开，大会正确分析了国内主要矛盾的变化，提出了党的基本任务转到社会主义建设上。至此，中国各高校进入了全新的发展阶段。具体来说，在1949~1956年高校先后确立了"校务委员会""校长负责制"的领导体制。在实施过程中因"校长负责制"的弊端频现，高校开始探索以加强党的领导为目的的体制机制建设，尝试了以高校党委为核心的体制机制。

1. 过渡性质的校务委员会制（1949~1950年）

新中国成立后，为了恢复和发展教育事业，为国家培养大量建设人才，中国共产党建立了集中统一的教育管理体制，接管和改造各级各类学校。这一时期的高等学校延续了新中国成立前的校务委员会制（或校长负责制），由调整人员组成的校务委员会主持校务，这是一种过渡性质的领导体制②。1948年初，中共中央制定城市接管工作的各项政策，提出了"各按系统、自上而下、原封不动、先接后分"③的方针。根据这个总方针，中共中央宣传部于1948年6月20日发出《关于保护和改革新收复区学校教育的方针给中原局宣传部的指示》，1948年7月3日中共中央发出了《关于争取和改造知识分子及对新区学校教育的指示》。这些文件明确提出接管新区学校教育的方针原则是：第一，保护一切公私立学校及各类文化教育机关，凡在这些机关供职的人员，均可照常供职，一律受到保

---

① 张晓清：《高等学校党政领导体制研究》，天津人民出版社2015年版，第37~38页。
② 张晓清：《高等学校党政领导体制研究》，天津人民出版社2015年版，第46页。
③ 薄一波：《若干重大决策与事件的回顾》上卷，人民出版社1997年版，第8页。

护，不受侵犯。第二，对原有学校维持其存在的同时，逐步加以必要的和可能的改良，即在开始时只做可以做到的事，其余则一概照旧。第三，在学校教职员工中，只去掉极少数反动分子，对其余人员一概争取继续工作。根据这些原则，中国共产党对新解放区的学校进行了接管和改造[①]。新中国成立前，旧式中国高校大多实行校长负责制或校务委员会制。党在接管和改造各高校的过程中，一般由当地军管会组建由师生员工代表组成校务委员会，推行民主管理，公开了学校中的共产党组织，建立了新民主主义青年团。一般来说，校务委员会的决议需要由军代表签署后才能生效，保证党在高校的领导权。

1949年10月，中华人民共和国成立后，中国共产党从一个领导局部根据地的革命党转型成为在全国范围内掌握政权的执政党，成为整个国家的领导核心。"我们的党不只在上层，在各方面领导着我们的国家和各种事业；而且在下层，在各种工厂中、矿山中、农村中、机关和学校中、部队的连队中密切地联系着广大的人民群众"[②]。1949年，中国人民政治协商会议通过了《中国人民政治协商会议共同纲领》（以下简称《共同纲领》），对于我国教育的性质和任务，它规定："中华人民共和国的文化教育为新民主主义的，即民族的、科学的、大众的文化教育。人民政府的文化教育工作，应以提高人民文化水平，培养国家建设人才，肃清封建的、买办的、法西斯主义的思想，发展为人民服务的思想为主要任务。"关于我国教育的教育方法，它规定："中华人民共和国的教育方法为理论与实际一致。人民政府应有计划有步骤地改革旧的教育制度、教育内容和教育法"，应"有计划有步骤地实行普及教育，加强中等教育和高等教育，注重技术教育，加强劳动者的业余教育和在职干部教育，给青年知识分子和旧知识分子以革命的政治教育，以应革命工作和国家建设工作的广泛需要"[③]。《共同纲领》中关于教育政策的规定，指明了教育工作的方向，有力地促进了共和国社会主义改造与经济建设以及教育本身的改革和发展。

中华人民共和国的成立既宣告了中国共产党带领全国各族人民取得了新民主主义革命的胜利，也标志着中国真正成为独立自主的国家。面对如何巩固新生政权，尽快恢复发展教育事业的紧迫要求，这一时期，中国共产党集中接管了数量众多的各级各类旧式学校，短时间内要求完成接管清算工作：一是通过加强思想政治教育清除封建的、买办的、法西斯主义的腐朽思想影响，提高人民大众的道德水准。二是有计划、有步骤地改造旧教育、建设新教育。在这两个基本任务的

---

① 张晓清：《高等学校党政领导体制研究》，天津人民出版社2015年版，第51~52页。
② 《建国以来重要文献选编》（第二册），中央文献出版社1992年版，第148页。
③ 《中国人民政治协商会议共同纲领》，引自《建党以来重要文献选编（1921-1949）》第26册，中央文献出版社2011年版，第759页。

目标引领下，中国共产党根据新中国成立前在教育实践领域所取得的经验和教训，很快制定了接管方案，通过建立集中统一的教育管理体制，确保党对各级各类学校的有效领导。这一时期，高校管理体制延续了新中国成立前的校务委员会制（或校长负责制），由调整之后的校务委员会主持工作。可见，这一时期，中国共产党刚刚取得政权，高校工作百废待兴，将高校工作的领导权掌握在党和人民政府手中，是党在执政后对于高等教育建设的最初尝试。中国共产党力图克服旧教育的种种弊端，通过建立党委领导的体制机制发挥作用，但由于当时高校的党组织只建立了党总支，尚未建立党委，因此并无足够时间和精力对高校进行全方位改造。在当时，大多数高校的领导机构是新中国成立前所形成的行政机构，虽然这一机构带有明显过渡性质，但这一制度帮助各级各类旧式高校顺利度过了政权交替的动荡期。总体来说，这一时期，中国共产党在高等教育领域的思考和部署是积极有效的。同时，也暴露出民主有余、集中不足的弊端。在完成接管任务后，校务委员会制就陆续被更替了。

2. 苏联模式的校长负责制（1950~1956年）

中华人民共和国成立初期，百废待兴、一穷二白，政权不稳、经济陷入困顿，中国共产党面临的主要问题和重大考验是继续完成民主革命任务，并为经济建设服务。在此情况下，中国共产党提出了"向苏联学习"的号召。在全面"向苏联学习"的号召下，教育事业也毫不例外，此后一系列学习苏联教育经验的活动在全国高教系统展开，由此开启了一条中国高等教育"全盘苏化"的道路，"校长负责制"便是学习苏联高校管理模式的一个重要体现。建国初期，由于当时政治和经济建设的需要，在高校中主要实行的是党委领导下的校长分工负责制，这一体制规定，高校领导以党委为核心实行统一领导，学校建立基层党组织和工会、共青团等组织，党、政、工、团以及相应的高校行政工作统一由党委讨论和决定，并按照各自的分工开展工作。校长遇紧急事务可以先行处理，事后再向党委汇报。校长向党委负责，基层单位的行政负责人向同级党总支或党组织负责，一切重大事项必须由学校党委决定。这一领导体制的实施，有效巩固了党对高校的领导，并且在不断地发展和完善中，形成了党在高校的核心地位，保证了我国高校沿着党所要求的发展方向不断前进。但是，这一领导体制也在实践中暴露出它的弱点，突出表现为由于校长的职责是服从党委的决议，自身主动性得不到充分发挥。因此，在我国高校事业步入正轨而迅速发展的时候，其适应社会发展需求的功能并没有得到充分体现，高校领导体制的改进已势在必行。[①]

1950年6月，教育部在北京召开第一次全国高等教育会议，毛泽东、周恩来

---

① 杜玉银：《高校党建理论研究与实践探索》，云南大学出版社2008年版，第76~77页。

等出席此次会议。会议的中心议题主要围绕改造旧式高等教育的方针以及确立新中国高等教育的方针。经过与会人员的充分研讨，会议通过了《高等学校暂行规程》。同年8月，教育部正式发布《高等学校暂行规程》明确："大学及专门学院采取校（院）长负责制"，对外"代表学校"，对内"领导全校（院）一切教学、研究及行政事宜"。① 这是中华人民共和国成立后首次提出高等学校的领导体制为校长负责制，明确校（院）长领导是高校工作的总负责人，由人民政府任命，对人民政府负责。随后，以北京大学江隆基、清华大学蒋南翔等为代表的一大批又红又专的教育界人士被任命为校长。同时，各高校根据党中央指示精神，通过夜校、学习班、专题会等各种形式组织教职员工进行政治理论学习和革命实践活动，为建立一支又红又专的教师队伍进行有益探索和实践。

当时，党正处于新中国成立的初期，在教育事业中并无成熟经验和做法可以借鉴。高校中党组织仅在政治上起核心引领作用，党员人数并不多，学校党委尚未建立健全。这一时期，为了加强党对高校的领导，中央人民政府通过任命了一大批学术水平较高、党性较强的知名人士担任校长一职，目的是通过校长的政治素养影响大学的政治方向。1953年5月，中共中央政治局在毛泽东主持下开会讨论教育工作，决定从中央一级党政机关抽调1 000名高级、中级党员干部派往大学和中等学校担任校长。概而言之，这一时期，高校还没有强有力的党组织保障，主要通过任命校长的方式贯彻执行党中央的路线方针。总体来看，苏联模式的校长负责制的实行有其历史必然性，在当时的历史环境下，中国的发展和建设需要大量人才，高校顺应时代的要求，努力转型，为各行各业输送了大量紧缺的人才，保证了第一个五年计划的顺利完成。然而，此时高校的培养目标由"通才教育"转变为"专才教育"，凸显了教育的工具理性色彩，同时"校长负责制"造成权力集中在校长一人手里，校长的能力结构、性格特点、素质修养对高校领导体制的有效运行具有决定作用。校长在行使权力时缺少党组织的监管，因此，在实践层面上，这一制度运行所暴露出的问题也越发凸显。

3. "党领导一切"口号下的校务委员会负责制（1956~1966年）

1956年，随着社会主义改造完成，党进一步加强了对国家事务的全面领导，高校中党委的领导地位也越发凸显。1956~1966年，党领导全国各族人民开始了全面建设社会主义。这一时期，党的指导思想出现了"左"倾的错误，在反右派的斗争中，对阶级斗争的形势做了严重的误判，导致了反右派斗争严重扩大化。1958年"大跃进"运动也出现了严重的失误，1959年反右倾斗争在政治和经济

---

① 参见李剑萍：《中国现代教育问题史论——中国教育现代化诸矛盾范畴研究（修订本）》，人民出版社2011年版，第207页。

上都造成了严重的后果。20世纪60年代初,党中央为克服"大跃进"所造成的严重困难,为恢复和发展国民经济提出了"调整、巩固、充实、提高"的方针,"八字方针"的实行,使得国民经济基本恢复到正常水平。这10年时间,党在建设社会主义的道路上曲折前进,高等教育领域也同样如此。

1958年9月,中共中央、国务院全面总结新中国成立以来教育领域的成绩和经验,在肯定成绩的同时,又明确了教育任务的下一步目标。为保证各项工作的开展,明确规定一切学校都要接受党委领导,并指出"在一切高等学校中,应当实行学校党委领导下的校务委员会负责制。"① 这一时期,高校的党委基本上处于学校工作的核心领导地位,校务委员会在党委的领导下负责行政工作,然而中央文件中虽然明确党委和校务委员会的职能归属,但是未明确规定两者之间的职责边界。在"党领导一切"的理念下,党政不分的现象也越来越严重,在工作中出现以党代政、党政不分,党委包揽行政事务等问题突出,严重制约了高校的健康发展。

1961年9月15日,中共中央批准《教育部直属高等学校暂行工作条例(草案)》,其中明确规定了高等教育的基本任务、教育方针和有关政策,即"实行党委领导下的以校长为首的校务委员会负责制,充分发挥校长、校务委员会和各级行政组织的作用"②。这一时期,高校领导体制是党委领导下的以校长为首的校务委员会制,保障了学校各项工作有序开展,同时强化了校长的行政职责。可见,这一时期党对高校的领导直接有效,高校体制内部党政分工较为明确,在突出党委领导的同时,强化了校长职责,突出解决了实践中以党代政、党政不分的问题。这一制度保证了校长的行政领导职权不落空的同时,也要求校长既要向党委负责,也要向校务委员会负责,校长行使权力也受到相应的约束。总体来看,1961~1965年是国民经济调整、恢复与发展时期,党在教育方面也凸显出积极调整的良好态势。1956~1965年这10年,尽管学校的领导体制有所变化,但党委始终处于领导地位,是全校统一的领导核心。

三、高校党的领导体制机制的曲折发展(1966~1976年)

1966~1976年"文化大革命"时期,高校党的领导制度名存实亡,因为"高校是'文化大革命'的首发地和重灾区,在这十年间,高校党组织一度瘫

---

① 《中共中央文件选集(1949年10月—1966年5月)》(第二十九册),人民出版社2013年版,第36页。
② 《建国以来重要文献选编》(第十四册),中央文献出版社1997年版,第579页。

痪"①，即使 1971 年 4 月出台了《全国教育工作会议纪要》，规定了"学校实行党的一元化领导"，但也着重强调了"充分发挥工宣队的政治作用；革命委员会是权力机构"。② 在具体运行过程中，党的领导权被弱化，而工宣队和革命委员会成为真正的领导者。"文化大革命"的发生直接导致高校党的领导权被剥夺，这给党和国家带来严重的灾难，在"文化大革命"期间，高校的发展几乎处于停滞状态。

当"文化大革命"爆发后，高校首当其冲，师生放下书本"停课闹革命"，开展"斗、批、改"等极"左"的错误性活动，党和国家的教育方针政策则被肆意歪曲和误读，高校正常秩序受到致命的冲击，工宣传队取代了党的领导，学校各级党组织被冲垮，干部队伍和教师队伍受到严重摧残。但需要澄清的是，无论是"革命群众造反派"还是后来的"革命委员会"领导，实行的都是"一元化"领导，这一领导体制排除了校长的行政权力，学校的一切事务和决定都由党委的主要领导党委书记来决定。这种高度集中的体制貌似"革命"，但实质是以极偏激的方式动摇了党对高校的领导，严重损害了高校的发展，挫伤了广大师生员工的积极性。在以"阶级斗争为纲"的错误路线指导下，高校的发展失去了活力，教育水平和质量不断下降，不断拉大了我国高校与世界发展的距离。这种"以党代政""党政合一"的畸形领导体制压制了民主，助长了个人专断和官僚主义，使得高校的建设和发展蒙受了严重损失。③ 具体来说，1966 年 5 月 7 日，毛泽东指出："学制要缩短，教育要革命。"④ 在毛泽东看来，高校中资产阶级掌权情况越发严重。事实上，毛泽东做出这个判断，与当时社会层面存在的资本主义消极思想有密切关系，提出"教育要革命"也是为了在高校进行整风，消除错误意识与不良思潮。但也是由于这个判断的产生，各高校出现了"全面夺权"现象，局势愈演愈烈。1968 年 8 月，面对高校极度混乱的状况，中共中央、国务院、中央军委、中央文革联合发布《关于派工人宣传队进学校的通知》，学校的领导权和管理权先后被"红卫兵代表大会""革命委员会""军宣队""工宣队"等接管，从表面看，领导权还掌握在党的手中，但实际上，各高校在"文化大革命"的冲击下，领导权的掌握已转移到群众组织"专权"的手里，党委领导被抛弃。"文化大革命"时期造成了不可估量的损失，阻碍了高等教育事业的健康发展，对党的正确路线与各项方针产生了不良影响，否定甚至破坏了党委的集体领导和群众基础，最终使高等教育蒙受了重大损失。回顾这一历史阶段，这是一

---

① 顾海良、罗永宽：《高校党的领导体制建设研究》，中国文史出版社 2011 年版，第 36 页。
② 史华楠、王日春：《党委领导下的校长负责制的演进、实践及其完善》，载于《扬州大学学报（高教研究版）》2004 年第 2 期。
③ 杜玉银：《高校党建理论研究与实践探索》，云南大学出版社 2008 年版，第 77 页。
④ 《毛泽东思想年编：1921—1975》，中央文献出版社 2011 年版，第 942 页。

次在极"左"理论指导下,以阶级斗争为纲的全国性运动,高校各级党组织处于瘫痪状态,培养多年的干部队伍被冲散,大批教师蒙冤,无政府主义和自由主义泛滥,学生无心学习,十年动荡对高等教育事业的发展产生了严重的负面影响,时至今日,我们仍要引以为戒。

四、高校党的领导体制机制的继续探索和实践(1976~2012年)

"文化大革命"结束后,教育界开始拨乱反正。特别是改革开放的前20年,我国取得了翻天覆地的变化,以邓小平同志为核心的党的第二代中央领导集体,开启中国特色社会主义建设,开创了社会主义现代化建设的新局面。以江泽民同志为核心的党的第三代中央领导集体,在社会主义现代化建设实践中大胆创新,在实践中深化了对马克思主义和社会主义的发展。进入21世纪,以胡锦涛同志为总书记的党中央,高举中国特色社会主义伟大旗帜,不断深化改革开放,继续推进着中国特色社会主义建设。时代的发展也昭示着高校党的领导体制机制的相应调整和完善。

1. 党政分开在高校的试点(1978~1989年)

粉碎"四人帮"之后,中国高校进入新的发展时期,1978年10月教育部发出《全国重点高等学校暂行工作条例》(试行草案),此条例规定了在重点高等学校试行的适用范围,对于其他普通高校也基本适用。此条例是在1961年颁发的《教育部直属高等学校暂行工作条例(草案)》(以下简称"高教六十条")基础上修改而成的,修改的主要内容为将原来规定的"党委领导下的以校长为首的校务委员会制"修改为"党委领导下的校长分工负责制",同时规定了院系的领导体制。1980年12月,中共中央组织部、教育部党组发布的《关于加强高等学校领导班子建设的意见》提出:"领导班子中,党政干部要明确分工"。这一时期,党中央强调了高校中党委的领导地位,赋予了校长更多的自主权。但由于工作中党委在高校的权力和分工还不够明确,以党代政的现象依然存在。

1985年5月,中共中央会议通过了教育改革文件《中共中央关于教育体制改革的决定》,文件认为当前高等教育管理体制暴露出的突出弊端是党对高校管得过多,学校缺少办学自主权。为解决这一问题,当前高等教育体制改革的关键便是扩大高校的办学自主性,"学校逐步实行校长负责制,有条件的学校要设立由校长主持的、人数不多的、有威信的校务委员会,作为审议机构。"① 在这一

---

① 《十二大以来重要文献选编》(中),人民出版社1986年版,第736页。

时期，校长负责制开始实行，教育体制改革逐步推进。1987年党的十三大报告明确提出，党政不分、以党代政问题还没有从根本上解决。为了解决高校存在的突出问题，高校领导体制的改革方向聚焦于对校长负责制的探索，党组织的功能也逐步转变为保证监督职能。以上是党在新的历史阶段，对如何实现高校领导的初步实践成果。20世纪80年代末，社会上掀起了一股资产阶级自由化思潮，高校部分学生受到这股不良社会思潮的影响。在这种背景下，1989年颁布的《中共中央关于加强党的建设的通知》指出，"高等院校实行党委领导下的校长负责制……无论实行何种领导体制，党委都是学校的政治核心。"① 至此，党中央领导集体出于稳定和发展的需要，旗帜鲜明地表达了党在意识形态领域中的地位和作用，不再强调党政分开，高校领导体制和机制的改革方向转向了改革党的领导方式和执政方式。

"文化大革命"结束以后，党中央通过各种措施拨乱反正，恢复了高校的政策秩序。随着"以经济建设为中心"的党的基本路线的确立，高校在社会主义建设中的作用越来越突出，社会主义改革开放的实践要求高校的领导体制必须改进。为了适应现代高校发展的需要，我国开始在部分高校实行"校长负责制"，这一领导体制的实施在一定程度上加强了校长的权力，充分注重了校长在高校领导中的地位，强化了高校的行政效率和业务水准，有效地推动了高校的发展。但随着改革开放的不断深化，高校思想政治工作的重要性、复杂性日趋凸显出来，尤其是1989年的政治风波的出现，预示了党必须进一步高度重视和加强对高校的领导，必须面对国内外的发展形势，深化改革高校的领导体制。②

2. 重新恢复党委领导下的校长负责制（1989~2012年）

1989年过后，全党、全国对这场政治风波的成因进行了一系列深刻的反思。"要整好我们的党"③，全党、全国上下都深刻认识到党管方向的重要性，高校各项事业的领导权必须牢牢掌握在党的手中，只有这样才能保证高校是社会主义高校。基于这样的认识，党中央相继出台了一系列方针政策，加强党对高校的领导和建设，使得党对高校的政治核心地位得以重新恢复和确认。

随着我国社会主义市场经济体制的建立，高校的建设和发展进入了一个新的阶段，在总结我国高校多年的发展经验和借鉴国际上先进高校管理体制基础上，继1996年中共中央印发《中国共产党普通高等学校基层工作组织条例》规定了高等学校实行党委领导下的校长负责制之后，1998年8月29日，这一领导体制又正式载入了《中华人民共和国高等教育法》，并于1999年1月1日正式执行。

---

① 《十三大以来重要文献选编》（中），人民出版社1991年版，第596页。
② 杜玉银：《高校党建理论研究与实践探索》，云南大学出版社2008年版，第77~78页。
③ 《邓小平文选》第三卷，人民出版社1993年版，第313页。

至今，这一领导体制还在实践中不断改进和完善，它是我党和我国高校广大师生员工几代人五十多年艰难探索和智慧的结晶，也是代表人民意志和具有法律效力的、具有中国特色社会主义的高等院校领导体制。①

1990年7月，随着"东欧剧变"负面影响的蔓延，为抵制和平演变，贯彻并加强党的建设的中央精神，总结高校党建工作的经验教训，中共中央组织部、中共中央宣传部和中共国家教委党组在京召开高校党的建设工作会议，再次明确要求："高等学校实行党委领导下的校长负责制"②。坚持高校党委的领导地位不可动摇，确保高校领导权掌握在忠于马克思主义的人的手中。1998年《中华人民共和国高等教育法》首次以法律形式对高校党的领导体制进行了规范，指出"国家举办的高等学校实行中国共产党高等学校基层委员会领导下的校长负责制。"③ 高校党委接受上级党组织统一领导，依照党章和有关规定开展工作，校长独立负责地行使职权。这一阶段，党重视改革、发展和稳定之间的关系，高校党委作用发挥主要体现在，贯彻了党中央的基本方针，注重提高党委统揽全局的能力，贯彻执行"三重一大"，重大决定必须经党委（常委）集体讨论作出。这一规定目的在于提高工作的质量和效益，深化高校办学管理体制改革。2007年，部分高等学校试行建立"党政联席会议制度"，在制度层面保证集体议事、集体决策，是加强党的领导，协调党政关系的有益尝试。《教育规划纲要》中规定："公办高等学校要完善坚持党委领导下的校长负责制。"④ 可见，党政工作职能的界定更加清晰，不过，《教育规划纲要》中只是明确了公办高校的管理体制，但是没有明确对民办高校的具体要求。

随着我国社会主义市场经济体制的确立，特别是改革开放以后，民办高等教育同样获得了长足的发展。党如何在民办高校中确立领导地位成为随着时代发展而必须面对的问题。从官方的民办学校统计数据来看，民办高等教育已经成为我国高等教育的有力支撑。民办高校的办学经费主要来自学生的学费，这一点明确区别于公办学校，国家通过颁发办学许可证的方式，加强了对民办高校的监督和管理。民办学校的办学资金来源于社会，因此学校的管理体制为"董事会领导下的校长负责制"。在实践工作中，民办高校董事会掌握财权人权物权，拥有绝对的话语权，相比之下，党委的作用发挥则较为边缘化。2006年发布的《关于加强民办高校党的建设工作的若干意见》再次强调，民办高校和公办高校一致，党组织都要在学校中发挥政治核心作用。文件明确规定，中国高校不论公办还是民

---

① 杜玉银：《高校党建理论研究与实践探索》，云南大学出版社2008年版，第78页。
② 《十四大以来重要文献选编》（上），人民出版社1996年版，第863页。
③ 《中华人民共和国法律汇编（1998）》，人民出版社1999年版，第66页。
④ 《国家中长期教育改革和发展规划纲要（2010—2020年）》，人民出版社2010年版，第42页。

办必须置身于党的领导之下。除此之外，为进一步加强民办高校党建工作，有些省份民办高校的党委书记由当地省委在职领导干部兼任，通过党委书记的精心选任，为学校自身发展和学校机构改革保驾护航。

总体来看，这一时期，党对高校的领导加强是有一个历史变化过程的，出于对时局和高等教育任务的判断，党深刻认识到，在高校这一重要阵地要牢牢守住政治底线，体现在体制机制方面，党对高校的领导在逐渐加强。

五、高校党的领导体制机制的丰富与完善（2012 年至今）

进入新时代，党对高等教育提出了新的期待和要求。2012 年，习近平在高校党建会议上指出："高校党的建设要紧紧围绕培养中国特色社会主义事业合格建设者和可靠接班人这个核心任务。"① 2015 年 1 月印发的《关于进一步加强和改进新形势下高校宣传思想工作的意见》中又指出："加强高校意识形态阵地建设，……事关全面贯彻党的教育方针，事关中国特色社会主义事业后继有人。"② 党中央明确了教育改革的根本任务，为保持高等教育快速稳健发展，党委领导下的校长负责制将在较长时间内保持稳定。2017 年 2 月，《关于加强和改进新形势下高校思想政治工作的意见》提出要"完善高校党的领导体制，完善坚持普通高校党委领导下的校长负责制"③。同年 6 月，中共中央政治局召开会议，审议《关于巡视 31 所中管高校党委情况的专题报告》，会议强调，高校党委要落实管党治党、办学治校主体责任。明确大学校长兼任学校党委副书记，展示了党对高校的领导和对思想政治工作重视。2018 年 9 月 10 日，习近平在全国教育大会上发表重要讲话，"培养什么人，是教育的首要问题。"④ 这一重要讲话为高等学校党的领导体制机制明确了前进方向和奋斗目标。同时，新修订的《中国共产党普通高等学校基层组织工作条例》发布，该条例从组织设置、主要职责、党的纪律检查工作、党员队伍建设、干部人才工作、思想政治工作、对党团组织的领导和保障等多个方面就普通高校的基层组织工作进行了全方位阐释与说明⑤，为强化以习近平新时代中国特色社会主义思想为指导，坚持以党章为根本依据，贯彻落

---

① 《十七大以来重要文献选编》（下），中央文献出版社 2013 年版，第 689 页。
② 《中办、国办印发〈意见〉要求：进一步加强和改进新形势下高校宣传思想工作》，载于《光明日报》2015 年 1 月 20 日，第 1 版。
③ 《中共中央国务院印发〈关于加强和改进新形势下高校思想政治工作的意见〉》，载于《人民日报》2017 年 2 月 28 日，第 1 版。
④ 《习近平在全国教育大会上强调：坚持中国特色社会主义教育发展道路　培养德智体美劳全面发展的社会主义建设者和接班人》，载于《人民日报》2018 年 9 月 11 日，第 1 版。
⑤ 参见《中国共产党普通高等学校基层组织工作条例》，人民出版社 2021 年版。

实新时代党的建设总要求和新时代党的组织路线,对高校基层党组织工作做出全面规范,为全面加强新时代高校党的建设提供了基本遵循,也是党的十八大以来,高校党的建设实践探索和制度建设的重要成果。

党的十八大以来,党中央对高等教育的发展高度重视。这一时期,党中央全面加强对高校的领导,通过党委的领导职责,确定党委的领导核心地位。可以说,党的十八大以来,以习近平同志为核心的党中央,高度重视高校党的建设和领导体制机制的完善,做出一系列重大部署,推动高校党的建设取得了重大进展和明显成效。加强新时代高校党的领导体制机制建设,必须坚持以习近平新时代中国特色社会主义思想为指导,坚持和加强党对高校的领导,全面贯彻党的教育方针,坚持教育为人民服务、为中国共产党治国理政服务、为巩固和发展中国特色社会主义制度服务、为改革开放和社会主义现代化建设服务,坚守为党育人、为国育才,培养德智体美劳全面发展的社会主义建设者和接班人。同时,高校基层党组织是党在高校全部工作和战斗力的基础。坚持和加强党对高校的全面领导体制机制的建设,必须夯实高校党建工作基础,增强基层党组织的创造力凝聚力、战斗力。要坚持抓基层强基础,强化院(系)党组织政治功能,全面加强师生党支部建设,推动师生党员把党员身份亮出来,把先进标尺立起来,把先锋形象树起来,全面增强高校基层党组织的生机活力。

由上可知,党的十八大以来,以习近平同志为核心的党中央在新形势下对高校党的领导体制机制的完善提出了全局性和系统性的要求。诚然,高校党的领导体制机制问题涉及众多内容,包括学校与政府、学校与社会、学校与大众之间的关系和定位;包括高校内部治理结构、院系党政联席会议制度的内部因素,以及外部因素与高校领导体制机制之间的关系。然而,应对当今世界之大变局,国际竞争日益激烈,科学技术突飞猛进,国家竞争实力更多地体现为科技力量的竞争,归根到底是国家间高素质人才的竞争问题,要彻底解决好这一根本问题,就要从完善高校党的领导体制机制入手,着重从全局性和系统性把握高校党的领导体制机制及其基本职能。

第二节 高校党的领导体制机制的基本经验

探索回溯高校党的领导体制机制的发展历程,总结并提炼高校党的领导体制机制的历史经验,从历史经验教训中汲取智慧、掌握规律,这是梳理高校党的领导体制机制历史演进过程的落脚点与出发点,以此来进一步完善高校党的领导体制机制，更好更快地推动高校的发展，加快构建以新时代党的领导体制机制运行为核心的办学治校体系。

一、始终坚持马克思主义在高校意识形态领域的指导地位

高校的领导体制机制的发展历程中形成的一条根本性经验就是：要始终坚持马克思主义在高校意识形态领域的指导地位。这已经成为我国高校党的领导体制机制的一条根本制度。党的十九届四中全会通过的《中共中央关于坚持和完善中国特色社会主义制度、推进国家治理体系和治理能力现代化若干重大问题的决定》也明确提出，要坚持马克思主义在意识形态领域指导地位的根本制度[①]，并将其列为社会主义先进文化制度建设的首要内容。马克思主义在意识形态领域指导地位这一根本制度，在我们国家制度架构中属于总的指导思想类制度。指导思想具有唯一性、根本性，坚持马克思主义在中国特色社会主义制度体系中的指导地位，绝对不能乱，不能多元化。中国共产党是马克思主义政党，从建党伊始，我们便高举马克思主义大旗，在革命、建设和改革的历程中，我们党始终重视思想建党，从根本上说，就是要牢固树立共产主义理想信念。中国共产党是执政党，是中国各项事业的领导核心，马克思主义是中国共产党的忠实信仰，也是我们国家一切事业和各项工作的指导思想。当今社会是全球化、信息化、网络化的时代，时代的迅猛发展给高校的育人工作提出了新要求和新挑战。高校肩负育人的重要使命，而这里又历来是意识形态争夺的前沿阵地，广大师生思想活跃又易受各种思潮的影响和侵蚀。历史经验一再说明，高校工作必须坚持马克思主义指导，这是由中国的世情、国情、党情所决定的。现实中，一旦忽视或淡化了对马克思主义的坚持，就会导致高校师生对马列主义和社会主义信念的动摇，后果不堪设想。1989年资产阶级自由化思潮的极度泛滥导致了政治风波发生，这为我们坚定理想信念与坚持党的领导敲响警钟。

习近平总书记指出："意识形态决定文化的前进方向和发展道路。"[②] 意识形态是一个社会最核心的政治资源，站在新的历史起点上，高校更是要自觉承担起做好意识形态工作的战略任务。高校党委牢牢把握好主流意识形态，旗帜鲜明地始终同党中央保持高度一致。当前高等教育快速发展，随着教育改革的深入推进，高等教育开始走向国际化和办学主体多元化，高校内部结构也发生了深刻变

---

① 《中国共产党第十九届中央委员会第四次全体会议文件汇编》，人民出版社2019年版，第43页。
② 习近平：《决胜全面建成小康社会夺取新时代中国特色社会主义伟大胜利——在中国共产党第十九次全国代表大会上的报告》，人民出版社2017年版，第41页。

化，如何应对来自西方敌对势力的"西化""分化"战略，如何在高校中坚持马克思主义的主体地位，是高校工作亟待解决的重大问题。20世纪以来中国取得了历史性成就，这一切成绩都是在探索马克思主义中国化和中国特色社会主义的历程进程中取得的，这一切的关键在党的领导。高校作为社会有机体的重要组成部分，要紧紧依靠党，永远跟党走，这是中国高校的历史必然选择。坚持马克思主义在高校的指导地位，特别要把握好实事求是原则。实事求是是马克思主义的精髓，也是高校工作的出发点和灵魂。只有遵循客观实际，一切从实际出发，高校才能坚持用马克思主义指导高校工作。在高校育人工作中，引导大学生强化历史意识，认真学习世界历史、中国历史和社会主义发展史，深刻认识中华民族选择社会主义的历史必然性和价值合理性。强化大学生的责任意识，强调大学生在实践中了解中国、读懂中国，有理想、有担当，自觉承担起中华民族伟大复兴的时代责任。要强化党管宣传、党管意识形态，牢牢掌握意识形态工作的领导权主动权。要进一步明确各级领导干部的意识形态工作责任，坚决守好"责任田"，健全完善意识形态督促考核机制和责任追究机制，强化问责刚性以及"硬约束"。对导致意识形态领域出现不良后果的，严肃追究相关责任人的责任。在实际工作生活中，意识形态的问题主要表现在政治原则、思想认识、学术观点等方面上，要坚持立破并举，旗帜鲜明坚持真理、立场坚定批驳谬误，正确区分政治原则问题、思想认识问题、学术观点问题。我们要切实提升对政治原则、思想认识、学术观点的区分能力和辨识水平，旗帜鲜明地反对和抵制各种错误观点。

二、始终坚持和加强党对高校的全面领导

始终坚持和加强党对高校的全面领导，是高校领导体制机制发展历程中所形成的一条核心性经验。"一个政党领导教育的方式，一方面反映了政党的发展阶段和发展水平、所处的社会背景和自身需求，另一方面也反映了政党对于教育事业的认识。"[①] 归纳高校领导体制的变革规律，我们清晰地认识到，"党在高校领导地位的确立，也经历了一个不断斗争和渐进的过程，由不敢领导到敢于领导，由只领导政治思想工作，到全面领导学校工作。"[②] 只有加强和坚持党对高校的核心领导，高校的发展才会不断推进。一旦放松了党对高校的政治领导，高校的发展就会陷入停顿或倒退。历史一再证明，尽管每个时期党的中心任务、领导方式、领导内容有所不同，但是都丝毫不能动摇党在高校的领导核心地位。"党政

---

① 张晓清：《高等学校党政领导体制研究》，天津人民出版社2015年版，第168页。
② 王建国：《新中国高等学校党建理论和实践研究》，北京交通大学出版社2011年版，第165页。

军民学，东西南北中，党是领导一切的"①，强调"党领导一切"由来已久，高等学校贯彻这一要求必须实实在在地落实到办学的全过程，这是办好教育的根本保证。全面回顾新中国成立以来高等教育的发展史和教育领域正反两方面经验，带给我们最深刻的启示便是坚持党对高校的全面领导，事关高等教育发展与改革的关键。"关于高校党的领导，从地位和作用上看，党是高校的领导核心……在总结长期实践经验的基础上逐步确立了党委领导下的校长负责制。"② 党是高校的领导核心，必须坚持用马列主义、毛泽东思想和中国特色社会主义理论体系教育和武装广大师生，这是中国高等教育办学方向的根本保证。

新中国成立后，中国共产党总结了高等教育的经验以及在"以苏为师"基础上，明确了党在高校中的政治核心地位，顺利接管和改造了数量庞大的旧式大学。此后的十年，高校尽管经历了几种领导体制机制的变化，但是党在高校的政治核心地位没有改变，这一时期，高校充分调动各级各类教职员工积极性，使广大师生自觉投入到高校建设和发展中，努力为国家和社会培养一大批人才。1966～1976年，"文化大革命"十年动荡，否定和削弱了党对高校的领导，出现了群众组织代替了党的领导的局面，国家教育事业遭到巨大冲击，人数众多的校长、教授和科研人员受到不公正待遇，中国高等教育的发展几近停滞甚至倒退。1978年，党的十一届三中全会以来，教育领域"拨乱反正"，党对高校的政治领导重新恢复和加强，教育事业稳步前进，虽然经历了1989年的政治风波，使党对高校的领导地位受到严重挑战，但随着党加强自身建设以及党对高校领导机制的及时调整，使得高校顺利度过了此次政治动荡。由此可见，高校领导体制的发展与变化，体现了党对高校领导的探索和调整。从制度特点来看，单一的校长负责制具有决策果断、沟通便捷、效率提高的特点，但是这一制度高度依赖于校长自身的综合素养和个人能力，极易发生决策失误的后果，容易造成以政代党，淡化党的领导的局面。因此，发挥集体领导和个人负责的优势，将两者有机结合，有利于加强党对高校的领导。

三、坚持完善党委领导下的校长负责制

坚持并完善党委领导下的校长负责制，是高校领导体制机制发展历程中形成的一条关键性经验。党委领导下的校长负责制是党和国家把马克思主义党建理论与我国高教事业实践相结合的产物，是当前国家积极探索高校内部领导体制机制

---

① 《中国共产党第十九届中央委员会第三次全体会议文件汇编》，人民出版社2018年版，第47页。
② 顾海良、罗永宽：《高校党的领导体制建设研究》，中国文史出版社2013年版，第12页。

的科学经验总结，也是党和国家发展社会主义高等教育事业、办好社会主义大学的重要举措。党委领导下的校长负责制几经调整最后以法律的形式确立，高等教育实行党委领导下的校长负责制，是通过新中国成立以后高等教育正反方面的历史经验和教训得出来的正确结论。我国建设现代大学制度的努力未曾停止过，其间曾经学习和借鉴欧美国家现代大学制度，模仿和借鉴苏联现代大学制度，实践证明，现代大学制度必须与国情结合才会有生命力。① 中国特色现代大学制度植根于中国特有的土壤，是经过逐渐探索、改进、内生演化形成的，我国是社会主义国家，高等教育的发展也必须始终坚持社会主义办学方向，高校置于党委的领导下符合我国国情，具有中国特色，是扎根中国大地办大学的根本保障，校长置于党委领导下开展工作，充分调动了行政领导的工作积极性，因此，党委领导下的校长负责制，既体现了党的民主集中原则和集体领导原则，又符合现代管理科学分工负责的要求。

具体贯彻和执行党委领导下的校长负责制，会涉及八个问题和四对关系。八个问题：即党委领导什么？领导到什么程度？领导谁？怎么领导？校长负责什么？校长负责到什么程度？校长对谁负责？校长怎么负责？而四对关系：即书记与党委的关系、书记与校长的关系、校长与党委的关系、党委会和校长办公会的关系。因此，必须站在战略的高度上来认识和理解"党委领导"和"校长负责"两者的关系。从结构上来看，两者相互配合、相互支撑，形成不可分割的有机整体。高校领导体制机制改革创新的历史和实践已表明，单一的校长负责制虽然具有决策迅速、指挥畅通、工作效率高等特点，但由于受到个人能力、做事风格等个人因素的限制，极易引发决策失误，容易产生以政代党，淡化党的领导的弊端。单一的党委领导制，能够充分发扬民主，集思广益，可以很好避免个人独断专行，减少决策失误，但又容易造成权力分散、效率低下等弊端。因此，完善坚持党委领导下的校长负责制，关键要处理好三对关系：党委与行政的关系、个人与集体的关系、书记与校长的关系。这三对关系是党委领导下的校长负责制有效运行的关键因素，其中党委与行政的关系是制度有效运行的核心环节，个人与集体的关系主要反映在民主集中制的落实情况，书记与校长是高校领导班子的核心人物。因此，高校领导体制的作用发挥取决于对三对关系的正确处理，只有处理得当，才能坚持社会主义办学方向，全面实现高等教育的培养目标。

完善高校党的领导体制机制，就要把党委领导下的校长负责制作为高校的根本领导体制。在坚持党委领导下的校长负责制的历史与实践过程中，由于我国教

---

① 别敦荣：《我国建设现代大学制度的实践探索与时代使命》，载于《高等工程教育研究》2017年第5期。

育事业相对于其他资本主义国家来说起步较晚，因此首要面临的是学习和借鉴的任务，实现与国际接轨，弥补过去由于政局动荡和战争造成的教育体制不健全、学科发展系统化水平不足、研究程度不深入的问题。同时，由于社会制度差异所决定的教育性质的不同，教育开放和发展过程中的学习借鉴并不是全部地照搬照抄，学科建设可以借鉴框架，相关研究也必不可少地需要大量引用参考，人才培养方案也可以借鉴合理的规划及制度，但在这个过程中，我们一定要警惕和避免容易出现的方向偏离、立场动摇和思想迷惑等问题。

党委领导下的校长负责制是在科学总结我国高等教育正反两个方面经验教训的基础上，经过反复探索与实践而形成的高校基本领导体制。坚持党委领导下的校长负责制在过去一段时期高校建设历史过程中起到了根本保障作用。尽管仍旧存在一些不足，但从高等教育事业的大局来看，这不仅是必要的，而且已成为中国特色社会主义教育事业的鲜明特征和制度优势所在。新时代继续推进高等教育事业的新跨越、新发展，意味着在新的历史时代条件下，高等教育事业的整体布局已经基本形成，学科建设的基本框架已经明确，相关研究也已经逐步健全和深入，人才培养的相关制度基本确立，高校的人才培养规模和层次大幅提升，继续凸显和发展中国特色社会主义高等教育的特色和优势具有了坚实的经济社会基础和有利的国际环境。与此同时，我国也出现了精英教育和教育资源紧张两者并行发展的局面，教育所承担的社会期望值增加，高等教育的社会附加值也随之大幅增加。因此，我国高等教育要实现可持续发展，不仅要提升整体质量，还要调整发展布局和结构，在解决高校建设面临的现实问题基础上，持续挖掘新的发展潜力，来实现自身的新发展，这都需要坚定党的领导，发挥党统筹全局、协调各方的作用。在满足人民群众对于美好生活需要的价值目标引领下，增强高等教育的整体适应能力和积极变革发展能力，在有效回应社会民生期待中，增强党对高校的领导权威，增强党对高校的领导能力。通过建立更加公平开放、高质量的人才选拔和培养体系，增强高校的社会舆论引领力，增强高校对社会阶层流动的包容能力，避免走向西方资本主义制度下的精英教育的老路。

因此，完善高校党的领导体制机制，完善坚持党委领导下的校长负责制，要继续以党委领导为核心，从高校服务于人民、服务于经济社会建设的根本立场和大局出发，总结并进一步明确我国高等教育事业的发展方向及其独特优势，改革现存的一些不合理、过时的制度形式，为解决出现的一些新问题、新挑战建立和完善相关制度机制，以纠正高校建设发展中的错误倾向，维护党对我国高等教育事业的坚强领导地位。进而在新时代党的科学教育发展理念和发展方向的领导下，形成克服自身发展困难、内外治理矛盾的新动能，坚守自身特色发展道路，为国家建设事业的发展，更好地满足人民群众的利益提供积极有效的公共管理和服务制度。

完善高校党的领导体制机制，就是要把党委领导下的校长负责制作为高校的根本领导体制。高校党委领导下的校长负责制作为高校的根本领导体制，其建设发展是一项攸关中国大学现代化和国际化建设的重要问题。我国高校现今已经形成了较大的发展规模，其管理秩序也愈加开放，具备了一定的现代化发展基础。同时对于全国范围内的高校建设发展的现状来说，需要适应不同的区域经济发展条件，科学规划不同的人才发展定位和制定不同的培养方案，因此完善党委领导下的校长负责制就极为重要。当前国家正处于社会主义现代化强国建设和实现中华民族伟大复兴的关键历史时期，实现这一伟大的历史性跨越，需要更加精准着力地培养各行各业的理论创新和实践创新人才，切实发挥各类高校在自身发展、科研创新和人才培养方面的自主积极性，从而更好地助力国家战略实施，更好地维护社会秩序和促进社会发展，更好地满足人民群众新的发展需求，维护人民群众的根本利益。在高校治理现代化的发展要求下，进一步深化对党委领导下的校长负责制的理论和实践研究，促进高校内部党政议事管理、决策沟通、实施监督和指导工作的顺利开展，进一步理顺党政分工的理论和实践关系，使党政部门在治理过程中能够做到以国家战略发展的大局为重，在存有不同意见时做到求同存异，形成制度化的实施办法，减少高校发展规划和管理实施中的个人化、专断化倾向，使高校建设能够形成将长远规划和现实部署相结合的优质方案和发展路径，呈现中国特色社会主义高校建设发展的连续性、科学性的优势及特征，保证正确战略决策的延续性和执行力度，形成党政部门之间的现代化治理水平和服务战略发展的实践合力。

完善坚持高校党的领导体制机制，就要深入实施党委领导下的校长负责制，在价值引领和制度建设实践上，进一步理顺并明确高校党政关系。就国际范围内高校的管理治理机制来说，有董事会和理事会、校务委员会领导下的校长负责制，这些领导体制都采取决策与实施分工负责的机制，属于高校现代化治理的共同特征和发展趋势，这同党政分工的内在逻辑是根本一致的，只不过代表的阶级利益不同。学术研究不能脱离政治，更不可能脱离阶级。因此，完善高校党的领导体制机制，坚持党委领导下的校长负责制，是符合世界范围内高等教育的发展趋势，适应我国国情和现代化发展目标，有效维护和发展人民群众根本利益的制度机制。

改革开放以来，在推进党和国家领导制度机制改革的长期过程中，党政分工的问题一直是理论和实践研究的重点课题。经历实践探索和制度的建设完善，党政分工的辩证思考已经成为国家各级领导体制的核心，已经成为党和人民普遍的共识。党政分工既不是党政分开，也不意味着党政不分，而是使两者有机统一于中国特色的高等学校现代管理体制之中，坚持党委领导、校长负责、教授治学、民主管理的方针原则，实现集体领导、分工负责和多元主体参与的有机结合。坚持党委的领导，其本质就是坚持贯彻落实党的民主集中制。民主集中制是党的领导方式、领导体制和工作机制，也是党领导各主体开展高校治理工作的基本组织原则和决策机制。要在总结历史经验教训的基础上，在坚持党委领导下的校长负责制基础上，建立健全决策权、执行权、监督权既相互制约又相互协调的权力结构和运行机制，全过程保障高校党委的领导地位，确保党的决策科学正确。立足于国的同时立足于校，维护大学的求知求真本质，在增强问题意识和时代精神的基础上，助力于回答好人民群众的利益需求问题、国内的改革建设问题以及人类社会的发展问题。相对于党委的领导，校长的职责更多的是管理层面的，在教学、科研、行政、人事、后勤、对外交流等方面实行集体领导、分工负责的领导方式，同时在分管的基础上，对重大事项和重大情况及时向党委汇报或做报告，做到有情有理地开展相关决策和实施工作。

总的说来，完善高校党的领导体制机制，加强党委领导下的校长负责制，要完善坚定维护高校党委权威和集中统一领导的各项制度，健全党的民主集中制、全面领导制度和纪律检查制度，完善高校党员代表大会制度，更好地实现"中国特色"和"现代大学制度"的深度融通，彰显中国特色现代大学制度的适应性和协调性。不论实行哪种领导体制，都要正确处理党、政、群之间的关系。① 当前我国仍处于社会主义初级阶段，而党委领导作用的发挥更为关键。完善高校党的领导体制机制，深化党委领导下的校长负责制的实施，有利于增强问题意识，在现阶段面临的国际国内发展形势下，直面和回应党政领导各自为政，个人主义突出的问题，或是官僚主义下成员过度依赖集体、领导决策，消极不作为，搞圈子和派系斗争的现象，等等，可以说，这些最终都会降低党委领导下的校长负责制的实施效果，使高校建设发展陷入停滞或者造成更大的外部危害。因此，完善高校党的领导体制机制，深入实施党委领导下的校长负责制，有利于从价值引领和制度建设实践上进一步理顺并明确高校党政关系，保障其实施程序健全有效，这对于高校建设乃至国家长远发展和战略安全都至关重要。

由上可见，高校作为党领导的中国特色社会主义事业的重要组成部分，具有培养知识型、创新型人才的重要职能，是为社会主义建设事业输出大批高质量的劳动力的重要机构。改革开放以来，高等教育经历了长期反复的探索，高校党的领导体制机制，确立了以党委领导下的校长负责制作为高校主要领导制度，推动高校治理体系建设进入了新阶段。在过去很长一段时间里，高校的稳定持续发展

---

① 顾海良、罗永宽：《高校党的领导体制建设研究》，中国文史出版社2011年版，第57页。

为中国特色社会主义经济、政治、文化、社会、生态等事业方面培养了大量的、各行各业、各种类型的人才,有力促进了国家经济社会的迅速发展,同时教育也在一定程度上加速了社会阶层的流动,促进了人口的城市化变迁。当前随着中国特色社会主义进入新时代,人民日益增长的美好生活需要和不平衡不充分的发展之间的矛盾成为社会主要矛盾。这意味着高等教育需要调整过去的规模化扩张发展路线,需要促进教育资源的公平合理分配,需要进一步完善过去较为简单的人才培养和就业指导体系,需要改革创新内部管理机制。在国家治理现代化发展的目标要求和时代背景下,高校治理的现代化发展也就成为必然。高校确实也面临着许多新的问题,其承担的社会阶层融合能力更加受到社会公众的关注,在人民群众对教育的焦虑和期待情绪日益上升的情况下,高校教育教学的质量问题日益成为高校生存发展的重心,就业多元化的社会趋势也加剧了高校发展定位的不确定性和市场化泛滥的现象,高校的管理规模日益庞大,对相关制度机制的制定和执行亟待加强,所以在当前高等教育发展的新阶段上,必然要求完善高校党的领导体制机制。

四、完善和加强民办高校党的领导体制机制

完善和加强民办高校党的领导体制机制,是高校的领导体制机制的发展历程中形成的一条重要性经验。改革开放以来,我国高等教育取得了长足的发展,除公办院校之外,民办高校已经成为我国高等教育事业的重要组成部分,其数量和规模已占到当前高校总量的1/4,并担负着与公办高校"立德树人"同样的使命,为经济建设和社会发展培养了大批人才。民办高校既有中国高等教育体系中的共同规律,又有各级各类民办高校的现实特点。目前,民办高校的领导机构是学校的董事会,学校党委对学校的改革和发展并无实际的领导权和决策权,这是党建工作遇到的最大障碍。然而,在建设教育强国的进程中,党对高校的领导必然包括党对民办高校的领导,这是题中应有之义。因此在党对高校的领导中,应明确党委在民办高校中的作用并形成科学有效的工作模式。在民办高校中,党委必须发挥政治核心的作用,通过思想引领、政治保障、组织建设、联系群众等手段着力解决好新时代党委在民办高校基层党组织弱化、虚化和边缘化的问题。

完善民办高校党的领导体制机制改革必须完善其党内法规制度。体制和制度是紧密联系的。只有将成熟的改革经验制度化、法律化,才能确保改革开放的果实丰硕圆满,才能守住我们已经取得的成果。改革开放以来,党内法规制度建设一直伴随着党的领导体制机制改革。邓小平同志在《党和国家领导制度的改革》中指出:"制度好可以使坏人无法任意横行,制度不好可以使好人无法充分做好

事，甚至会走向反面。"① 他站在攸关党和国家社会根本制度的高度上，告诫全党制度问题的重要性。以党的十二大、十三大党章的修改，开启了党内制度建设的征程。党的十五大确定依法治国，党的制度建设逐步成为国家法治建设的重要组成部分。新时代，我国在加强党内法规制度建设方面取得了一系列重大进展，出台了《中国共产党党内监督条例》《中国共产党纪律处分条例》等一系列重要文件。认真统计现行党内条例，绝大多数是改革开放后制定和修订的，这是改革和完善党的领导的体制机制的经验总结。

第三节 高校党的领导体制机制的现实启示

高校党的领导体制机制的建设与完善过程，为新时代推动高校党的领导体制机制建设积累了宝贵的经验，同时也为我们进一步加强党对高校的全面领导提供了现实启示。教育强则国家强，教育兴则民族兴，自党建立以来，党就始终把对教育的领导放在重要位置。党的十八大以来，以习近平同志为核心的党中央始终高度重视教育、人才培养的问题，多次在重要时间节点及重要场合强调人才培养、发展教育与国家兴亡、民族复兴的辩证关系。习近平总书记在党的十九大报告中强调："建设教育强国是中华民族伟大复兴的基础工程，必须把教育事业放在优先位置。"② 2018年5月，习近平总书记在与北京大学师生座谈会上强调："高等教育是一个国家发展水平和发展潜力的重要标志。……走内涵式发展道路是我国高等教育发展的必由之路。"③ 由此可见，推动高等教育的发展、培育优秀人才，始终是党领导高校的重要目标。透过高校党的领导体制机制的历史演进与基本经验，对新时代推进高校党的领导体制机制建设提供以下启示。

一、必须坚定不移地以党建促进立德树人根本任务的落实

透过高校党的领导体制机制的历史演进与基本经验，我们能得出的第一点启示就是必须坚定不移地以党建落实立德树人根本任务。党的领导是我国高等教育繁荣发展的根本经验。百年来，党领导高等教育创立与发展，始终与国家共命

---

① 《邓小平文选》第二卷，人民出版社1994年版，第333页。
② 习近平：《决胜全面建成小康社会 夺取新时代中国特色社会主义伟大胜利——在中国共产党第十九次全国代表大会上的报告》，人民出版社2017年版，第45页。
③ 习近平：《在北京大学师生座谈会上的讲话》，人民出版社2018年版，第4页。

运、与时代同脉搏、与人民共相依。我国有独特的历史、独特的文化、独特的国情，决定了我国必须走自己的高等教育发展道路，扎实办好中国特色社会主义高校。① 教育事关国家发展与民族未来，高校要确保党的领导在高校全面发挥作用，必须坚持把正确政治方向贯穿办学育人全过程，始终坚持高质量党建促发展，把党对高校的领导落实到推动内涵建设和引领支撑学校建设中，以高质量党建将立德树人根本任务落细落实，培养德智体美劳全面发展的社会主义合格建设者和可靠接班人。任何一所一流大学都必须扎根中国大地，都必须回答培养什么样的人，如何培养人，为谁培养人的问题。高校必须明确自身的目标使命，深化教育领域改革，努力创建世界一流大学。

党的十八大以来，党中央将教育摆在突出的位置，以改革创新精神加强党的建设，坚持党要管党、全面从严治党，将我们党的政治优势以及组织优势转化为学校的发展优势，强调高校"立德树人"根本要求，抓住了人才培养问题的本质和核心，突出了"德"在人的全面发展中的突出地位，并特别强调了道德发展与人的自由全面发展的辩证关系。在人才培养过程中，智育出问题是出"次品"，德育出问题出的是危险品。能力强，思想品德出问题，危害更大。我们必须要保证多出"合格品"，多出"优质品"，少出"次品"，不出"危险品"。习近平总书记强调："人才培养一定是育人和育才相统一的过程，而育人是本。人无德不立，育人的根本在于立德，这是人才培养的辩证法。"② 办好中国特色社会主义高校，要突出"社会主义"性质，巩固马克思主义在高校的指导地位，在教育教学环节帮助广大学生树立崇高理想。在学生中开展社会主义核心价值观教育，为他们的一生成长奠定良好的思想基础。加强人文关怀和心理疏导，培育理性平和的健康心态，培育优良校风学风，学生成长就有了好气候、好生态，高校发展就会风清气正、和谐健康。

立德树人是高校根本任务，我国高校是党领导下的社会主义高校，培养什么样的人，如何培养人，为谁培养人这一根本问题是党对高校全面领导的具体体现。不同的历史、文化、国情决定了中国高等教育特殊的发展路径，中国高等教育要始终与党和国家的发展同向同行，引导学生做到"四个正确认识"。在世界发展大势中，认识和把握中国特色社会主义的历史必然性，坚持立德树人，"五育并举"培养社会主义建设者和接班人。当今世界，经济全球化、政治多极化、文化多元化造成各种社会思潮相互激荡，高校学生首当其冲受到各种社会思潮的侵蚀，深刻影响了大学生的思想观念、价值取向和行为习惯。面对这一严峻的现

---

① 习近平：《论党的宣传思想工作》，中央文献出版社 2020 年版，第 275~276 页。
② 习近平：《在北京大学师生座谈会上的讲话》，载于《人民日报》2018 年 5 月 3 日。

实挑战，高校要在党的领导下旗帜鲜明地和各种不良思潮作斗争，坚持马克思主义指导，"因事而化、因时而进、因势而新"，遵循学生的成长规律，把握思想政治教育的工作规律，利用好课堂教学这一主渠道，协同好"思政课程"与"课程思政"的关系，将社会主义核心价值体系融入教育的全过程，积极应对新的形势变化，充分利用新兴媒体，以文化人以文育人，紧紧围绕全面提高人才培养能力这一核心观点，助力早日实现中华民族伟大复兴的中国梦。因此，我们必须坚定不移地以党建落实立德树人根本任务。

二、不断加强校院两级领导体制和干部队伍建设

透过高校党的领导体制机制的历史演进与基本经验，我们得出的第二点启示就是不断加强校院两级领导体制和干部队伍建设。"政治路线确定之后，干部就是决定的因素。"① 在实际工作中，各高校党委始终坚持把建设高素质领导班子和干部队伍作为高校的关键工作。加强高校领导班子建设，确保高校领导权掌握在信仰马克思主义的人的手中，是坚持党对教育事业领导的关键问题。中央多次提出，高校主要领导干部应当成为社会主义政治家。高校领导班子应该选派政治上坚定，具有较高马克思主义理论水平，能够坚定地贯彻执行党的路线方针政策，善于做思想政治工作，熟悉高等教育规律，具有团结协作的领导集体。党组织在选配高校领导班子时，要把政治思想标准放在第一位，提拔、重用马克思主义的坚定信仰者和忠实践行者。同时，加强领导班子的思想作风建设，通过有计划、有步骤地进行培训和在职学习，系统地研读一些马列、毛泽东著作，建设学习型领导集体，研究现实问题，在理论与实际的结合上，提高认识和解决实际问题的能力，提高执行党的路线方针政策的自觉性，加强工作中的原则性、创造性。坚持和不断完善党委中心组学习制度，用中国特色社会主义理论体系武装头脑、推动工作。实行民主集中制，加强集体领导，减少决策失误，实现学校决策的科学化和民主化。只有坚持党对高校的全面领导，教育事业才能健康发展。

高校中二级单位党委（党总支）是党在高校管理中的一线部门，是学院各项工作的领导核心，也是发挥党委领导下校长负责制基本作用的基层单位。进一步发挥院系党委（党总支）的政治核心作用，就是不断强化二级单位党委（党总支）政治责任，增强"四个意识"，健全院（系）集体领导，形成党政分工合作、协调运行的工作机制。这一要求，同样适用于全国各民办高校、中外合作办学机构。高校二级单位党委（党总支）要紧紧围绕学院中心工作，加强党的建设

---

① 《毛泽东选集》第二卷，人民出版社1991年版，第526页。

和思想政治工作。学院党委与行政班子要密切配合，选好配强党支部书记，强化骨干队伍建设。教职工党支部书记要做到"政治、学术双带头"，学生党支部书记要做到"五好五带头"。学院用好的制度和好的作风吸引人，把真正能干事的人员放在合适的岗位上，推行公开选拔、竞争上岗、任前公示、任职试用等，使学院干部的政治素质、理论素质、业务水平不断提高。也就是说，我们既要不断加强校级领导体制和干部队伍建设，也要加强院系领导体制和干部队伍建设。

三、必须以改革创新的精神加强高校党的领导体制机制建设

透过高校党的领导体制机制的历史演进与基本经验，我们能得出的第三点启示就是必须以改革创新的精神加强高校党的领导体制机制建设。"政治方向是党生存发展第一位的问题，事关党的前途命运和事业兴衰成败。"[①] 高校党委牢牢把握正确的政治方向，就是要引领高校师生坚持共产主义远大理想和中国特色社会主义共同理想，就是要引领高校师生向"两个一百年"奋斗目标的第二个百年奋斗目标前进，坚持以党的基本理论为指导，践行好党的基本路线与基本方略。邓小平指出："学校应该永远把坚定正确的政治方向放在第一位"[②]，以此确保党牢牢把握高校发展的政治方向、坚定正确的政治立场。为此，高校要认真贯彻落实党的教育方针，确保高校发展战略与党中央的教育战略的一致性，夯实高校以坚定正确政治方向为目的的前沿阵地；增强高校师生员工"四个意识""四个自信"，补足理想信念之"钙"；高校党委要从大局出发，做好选贤任能工作，为高校源源不断地培育本领高强、政治过硬的优秀人才，以此确保党始终牢牢把握着高校发展的正确的政治方向。

习近平总书记指出："党和人民事业发展到什么阶段，党的建设就要推进到什么阶段。这是加强党的建设必须把握的基本规律。"[③] 因此，高校发展到什么阶段，党的建设也需要推进到什么阶段，这是高校稳定、快速发展的根本保障。高校党的建设历程表明，实现新时代的伟大事业、推进新时代的伟大工程，必须加强高校党的建设。据此，第一，创新高校党建工作管理平台。在具体操作过程中，高校党委要积极加强高校党的建设工作，体现管党治党的主人翁角色，遵循"三严三实"的要求，在教师党员队伍中、大学生党员队伍中建设强而有力的党支部，提升党员队伍的人格魅力，扩大教师党员和学生党员的个人

---

① 《习近平在中共中央政治局第六次集体学习时强调：把党的政治建设作为党的根本性建设 为党不断从胜利走向胜利提供重要保证》，载于《人民日报》2018年7月1日，第1版。
② 《邓小平文选》第二卷，人民出版社1994年版，第104页。
③ 习近平：《在庆祝中国共产党成立95周年大会上的讲话》，人民出版社2016年版，第22页。

影响力,通过党员的个人影响力增强党支部的整体影响力和管理功能,提升党员群体综合素质与党建工作的能力。第二,高校党委要强化自身的角色和使命担当,在全面领导高校的过程中党委要有战略高度,"要强化院(系)党的领导,发挥院(系)党委(党总支)的政治核心作用,履行政治责任,保证监督党的路线方针政策及上级党组织决定的贯彻执行"①,还要紧紧围绕党的领导能力建设这条主线,确保党牢牢把握高校的政治发展方向。第三,要建立常态化的政治学习工作模式。在高校党员的日常生活工作中,通过组织高校全体党员听党课、学党章和参与党的组织活动等方式,使他们在参与党的组织活动和学习党的相关知识体系中,强化对党的认识,提升他们的党性修养,坚定他们的政治立场,使其同党中央保持高度一致。所以,要不断提高高校党建质量,确保党的领导在高校全面发挥作用。党的领导在高校能不能有效实现,取决于高校党的组织体系健不健全、党的建设抓得好不好。要健全高校党委领导下的校长负责制,强化党委领导的核心作用,切实履行管党治党、办学治校主体责任。加快构建学校党委、院系党组织、基层党支部、党员"四位一体"的组织体系,形成党的领导纵到底、横到边、全覆盖的工作格局。积极实施高校党组织"对标争先"建设计划,做好示范高校、标杆院系和样板支部的创建工作,落实高校教师党支部书记"双带头人"的培育工程,提升党支部建设标准化、规范化水平。加强民办高校、中外合作办学机构党的建设,确保党的工作在高校系统全覆盖。

总而言之,通过梳理和回顾党对高校领导体制机制的变迁过程,并对演变的历程做出全面反思,使我们站在新的历史起点上时,能够准确把握教育发展规律,厘清高校领导体制机制各要素间的内在关联,只有这样才能把握好中国高等教育发展方向,推进高等教育治理体系和治理能力现代化的进程。例如,我们回顾党对高校领导体制机制的演变历程就可以看出,党对高校的领导既有成功的经验也有失败的教训;从制度演变过程中可以看出,党的自身建设的历程深刻影响着高校领导体制机制的变迁,其演变历史体现着党执政理念的发展以及完善过程。新中国成立后,高等学校领导体制机制历经几次大变化,实行过八种运行体制,其中个别体制实行时间非常短,仅为过渡性质。高校领导体制种类之多,改变之快,在高等教育发展史上并不多见。究其原因,中国高等教育的领导体制机制是中国政治环境的"晴雨表"。就是说,高校党的领导体制机制的改变,很多情况下并非出自学校自身发展的需要,而是根据中央政府或是教育主管部门不同

---

① 《中共中央、国务院印发关于加强和改进新形势下高校思想政治工作的意见》,载于《人民日报》2017年2月28日,第1版。

时期的政治需要进行改革。换句话说，高校领导体制机制的变化不是由内而外的内驱动力完成，而是一个由外而内的外部动力驱使。因此，回望高等教育的发展历程，总结党对高校领导机制体制改革和创新的基本经验，对新时代如何完善坚持高校党的领导体制机制，具有极其重要的现实意义。

第五章

新时代高校党的领导体制机制的现实境遇

审视新时代高校党的领导体制机制的现实境遇就是将高校党的领导置于实际生活的时空范畴,对于当前高校党的领导的体制机制建设现状进行整体性素描,即系统思考高校党的领导体制机制建设与完善是在怎样的现实背景下开展的,有着怎样的现实机遇,又面临怎样的现实挑战,这是新时代高校党的领导体制机制必须要回应的现实问题。正如社会认识论所指出的:"人们对于历史和未来的关注,都是从自己所生活的那个社会现实出发并最终要回归到现实。"① 因此,在充分把握高校党的领导体制机制的相关概念、价值意蕴、理论基础和历史发展的基础上,我们还应该对高校党的领导体制机制的现实境遇进行深入分析。深入分析高校党的领导体制机制的现实背景,有利于我们探寻高校党的领导体制机制建设的时代方位,有利于充分把握高校党的领导体制机制的实际情况,同时也能够清醒认识高校党的领导体制机制面临的机遇与挑战,进而更加自觉地认识到高校党的领导体制机制的新任务新要求。

第一节 新时代高校党的领导体制机制的现实背景

"事因于世,而备适于事。"任何一项社会实践活动的展开,都会受到一定社

---

① 欧阳康:《社会认识论导论:探索人类社会的自我认识之谜》,北京师范大学出版社2017年版,第376页。

会背景的影响。新时代高校党的领导体制机制也是在特定的时空场域中生成和运行的。从历史的维度看，党对高校的领导也正是在适应时代变化发展的过程中逐渐加强和完善的。中国是社会主义制度的国家，这一属性内在决定了"我们的高校是党领导下的高校，是中国特色社会主义高校"①，这一旗帜鲜明的定论，表明了我国的教育事业是人民的教育事业，办好中国特色社会主义大学，直接关系我国社会主义现代化事业的兴衰成败。从总体上看，当前高校党的领导体制机制面临加强党对高校全面领导的时代要求，面临着培养民族复兴人才的时代诉求，面临着全面深化改革的时代任务。

一、高校党的领导体制机制面临着加强党对高校领导的现实要求

坚持无产阶级政党的领导，是科学社会主义的基本原则，也是我国社会主义初级阶段基本路线的核心要求。随着中国特色社会主义进入新时代，习近平总书记指出："中国共产党的领导是中国特色社会主义最本质的特征是中国特色社会主义制度的最大优势。"② 习近平总书记从历史实践和制度发展的视角，进一步明确了在各项建设发展事业中坚持党的领导地位的重要价值。同当前社会主义建设发展面临的国际国内环境相适应，同我国高等教育事业的历史进程和实际情况相一致，必然要求将坚持无产阶级政党的领导作为社会主义高等教育事业发展的鲜明旗帜，并通过贯彻落实到高校的发展规划和人才培养当中，形成系统化、规范化的制度体制机制，实现价值理性和工具理性在这一问题上的有机统一。这样才能有效维护党的全面领导地位，保障高等教育始终为社会主义建设事业提供源源不断的高质量后备人才队伍，保障社会主义教育事业迸发出符合时代潮流和人类社会共同利益的创新创造智慧和科技文化成果。因此，从理论和实践上来说，坚持并完善高校党的领导体制机制也是完善坚持党的全面领导的必然要求。

完善高校党的领导体制机制是确保党对高校的领导地位的制度基础。坚持党对高校的领导地位，根源于党的全面领导地位的历史确立和现实发展，同时也是无产阶级政党自身建设和发展社会主义事业的本质要求所在。习近平总书记指出："党政军民学，东西南北中，党是领导一切的。"③ 高校作为社会主义意识形

---

① 习近平：《把思想政治工作贯穿教育教学全过程 开创我国高等教育事业发展新局面》，载于《人民日报》2016年12月9日第1版。
② 《习近平著作选读》第二卷，人民出版社2023年版，第222页。
③ 习近平：《决胜全面建成小康社会夺取新时代中国特色社会主义伟大胜利——在中国共产党第十九次全国代表大会上的报告》，人民出版社2017年版，第20页。

态工作的前沿阵地，作为培养社会主义建设者和接班人的重要战略场所，同时也是党充分履行为中国人民谋幸福、为中华民族谋复兴的初心使命的社会管理实践活动的重要依托。因此，坚持党对高校的领导不仅在价值层面上是必要的，并且在实践中是必须要得到坚定巩固和严格执行的。完善坚持高校党的领导体制机制作为高校管理和领导体制的价值规定和实践路径，是无产阶级政党对社会主义教育事业领导的本质要求，也是经历长期高校管理实践探索和历史经验教训的产物。当前，加强党对高校的领导，其关键就在于坚定维护完善坚持高校党的领导体制机制，并在国家战略规划和自身管理发展实践的基础上，不断健全完善其具体制度内涵和实施路径。可以说，完善坚持高校党的领导体制机制这一领导和管理体制落实的情况，决定了党对高校领导的实际权威和效力。

坚持党对高校的领导，还需要从高校建设发展的现实情况出发。在长期的探索发展过程中，对于完善坚持高校党的领导体制机制的具体履行和实施情况不一，且出现了过度行政化、党的领导地位不突出、党委领导和校长负责的边界不明晰、高校师生的思想道德素质表现不时会受到社会公众的质疑，或者与国家价值导向相违背等现实问题。因此，以完善坚持高校党的领导体制机制为核心，牢固坚持高校党委的全面领导地位，不断提高党的领导的科学化、制度化水平，对于高校在克服自身和外部的重大挑战方面具有根本保障作用。尤其是在当前严峻的国际国内舆论环境的压力下，紧紧坚持党对高校的领导，进一步做好思想政治工作和党建工作，对增强高校整体的思想凝聚力和社会感召力具有重要价值意义。在长期发展过程中，高校具备了健全的学科体系和完善的管理方案，但在双一流的发展目标和高校治理现代化的制度要求下，仍需在此基础上进一步提升自身的改革发展能力，不断创新完善高校科研体制和人才培养及管理制度。在此过程中，完善坚持高校党的领导体制机制能够起到根本带动和榜样示范作用。在党委领导下，从国家和人民群众的根本利益出发，通过同校长等领导班子集体协商来制定科学的科研评价和人才培养制度。积极转变在自身发展中过分注重头衔和资金的发展理念，将提升教学质量和促进人文管理放在首位，打造和增强高校品牌效应，着力实现立德树人的根本任务。增强思想政治理论工作的感染力和吸引力，不仅要选取和宣传优秀典型，更重要的是形成优良的群体氛围，使思想政治教育工作者和教师之间能够经常性地、平等地进行交流讨论。

加强党对高校全面领导，不仅是推进教育大国向教育强国飞跃的必然要求，也是对社会主义意识形态建设新形势的必要回应。历史和人民选择了中国共产党，坚持无产阶级政党在教育事业中的领导地位是科学社会主义的基本要求。现实已经证明：在党的领导下，中国特色社会主义教育事业取得了显著的历史性成就。但基于我国仍处于并将长期处于社会主义初级阶段的基本国情，以完善坚持高校党的领导体制机制为现实载体，有利于进一步推进社会主义高校建设的价值性和实践性相统一，进而有利于落实和凸显党在高校中的全面领导地位，不断完善和充实中国特色社会主义高等教育发展道路的科学内涵。所以，从这个意义上讲，完善坚持高校领导体制实际上也是加强党对高校全面领导的时代要求。

加强党对高校全面领导的时代要求，客观上要求高校党的领导和党建工作要一体扎实推进，进一步坚持和完善高校党的领导体制机制。顺应全面从严治党向纵深推进的常态化发展趋势，遵照社会主义意识形态建设的整体性布局安排，贯彻落实完善坚持高校党的领导体制机制，不仅要求从根本上确立党的领导地位，而且意味着必然要求完善党的领导体制机制、维护党的领导权威、发展党的战略策略、增强党的领导能力、落实党的优良工作作风等。因此，坚持党对高校的全面领导，必然要求完善党对高校的全面领导，两者相辅相成，互为辩证作用。加强各级党委的自身建设水平，以之为核心提升高校整体的党建工作质量和党组织运转效率，同时必然要求党在各项具体的领导工作中，同各级基层党组织进行积极协商互动，充分调动其工作积极性，提升其开展自身建设的"四个意识"，增强基层党组织的向心力和组织凝聚力，以之为重要枢纽来更好地维护党的领导地位，凸显党的领导的实际效能。

完善坚持高校党的领导体制机制作为高等教育内部的一种管理模式，也体现着社会性和人民性有机统一的特征。高校党委是教育的人民性的象征和保障，决定着教育事业的发展方向，起到管长远、管根本的作用，因而要坚持党委的领导地位丝毫不可动摇。校长负责制是教育实现社会性延伸的现实需要，展示着一定阶段上的教育发展道路和发展模式，是社会主义教育事业的核心载体和关键枢纽。新时代进一步彰显社会主义高等教育的优势，必然要求以完善坚持高校党的领导体制机制为根本，增强教育的公平性、普惠性的同时，适应新形势下国际人才竞争日益激烈的背景和国内经济社会转型时期对创新型人才的战略需要，以落实立德树人为根本任务，致力于实现"双一流"高校建设目标，培养符合时代要求和人民群众根本利益的社会主义建设者和接班人。

更好地坚持完善高校党的领导体制机制，尤其要处理好加强党的领导和促进党的建设两者间的辩证关系。坚持党的领导不是搞"一刀切"和"一言堂"，党委和校长之间的领导与被领导关系是在决策和实施这一具体过程中体现的，应当是民主和集中的有机结合。首先，必须要提升党委自身的领导能力，通过完善党组织建设以及议事决策程序的制度改革，增强党在提出发展建议意见方面的科学性。其次，积极开放地促进多层次的民主协商和沟通协调，避免出现个人主义和权威主义下的家长式决策，使得决策在最大程度上凝聚智慧，形成实施合力。最后，要强化决策实施的引领示范和指导帮扶。党委的领导作用是全过程的，要做好动员组织工作，加强监督基础上的惩罚激励机制，保障决策的实施顺利开展，从而夯实自身领导地位和领导效果实现的基础。

研究并促进完善坚持高校党的领导体制机制健康有效运转，有利于从党的领导和党的建设两个方面，强化发挥党的责任和使命意识，不断促进高校党建工作更好地服务于其治理现代化发展的大局，保障高校更好地履行培养时代新人的根本任务，我国教育事业取得突破性成就，彰显特色优势，为国家富强和民族复兴、人民幸福做出基础性、关键性贡献。

此外，坚持党的领导，也必须不断改善党的领导，让党的领导更加适应实践、时代和人民的要求。研究完善坚持高校党的领导体制机制，既是现实高校治理形势发展的迫切要求，也是对社会和人民期待的积极回应使然。针对当前高校党建和党的领导工作来说，更重要的是一种高校党组织生态的改变。习近平总书记指出："完善坚持党的领导的体制机制，提高党把方向、谋大局、定政策、促改革的能力和定力，坚决扭转一些地方和部门存在的党的领导弱化、党的建设缺失现象，确保全党在思想上政治上行动上同党中央保持高度一致。"① 所以，从上述意义上讲，完善坚持高校领导体制价值面临加强党对高校全面领导的时代要求。梳理完善坚持高校党的领导体制机制出现的异化现象及成因，有利于促进高校党委领导和党组织建设工作有机统一，更好地落实和完善坚持高校党的领导体制机制，从而更好地增强两者共同服务于高校育人中心工作的实践合力。

二、高校党的领导体制机制面临培养民族复兴人才的时代诉求

习近平总书记指出："我国有独特的历史、独特的文化、独特的国情，决定了我国必须走自己的高等教育发展道路，扎实办好中国特色社会主义高校。我国高等教育发展方向要同我国发展的现实目标和未来方向紧密联系在一起，为人民服务，为中国共产党治国理政服务，为巩固和发展中国特色社会主义制度服务，为改革开放和社会主义现代化建设服务。"② 如何更好地发挥完善坚持高校党的领导体制机制在人才培养中的地位作用，这对于发展社会主义教育这一长期复杂的社会实践活动来说具有根本指导意义和重要时代价值。中国特色社会主义进入新时代，中华民族正迎来从站起来、富起来到强起来的伟大飞跃。实现中国梦是

---

① 《习近平谈治国理政》第三卷，外文出版社 2020 年版，第 86 页。
② 《习近平在全国高校思想政治工作会议上强调：把思想政治工作贯穿教育教学全过程 开创我国高等教育事业发展新局面》，载于《人民日报》2016 年 12 月 9 日，第 1 版。

前无古人的崭新事业,新时代需要新的人才,新事业需要新的人才。这种新的人才,就是担当民族复兴大任的时代新人。对此,要想从根本上保障新时代高校的社会主义办学方向,完善坚持高校党的领导体制机制就要积极肩负好培养民族复兴人才的时代诉求,坚持中国特色社会主义教育发展道路,促进社会主义意识形态建设事业的发展;办好中国特色社会主义大学,彰显社会主义教育的显著优势,促我国高等教育事业实现新的跨越式发展,完成从教育大国向教育强国的历史性飞跃。

完善坚持高校党的领导体制机制面临培养民族复兴人才的时代诉求,决定了新时代高校必须坚持和发展中国特色社会主义教育发展道路。培养担当民族复兴大任的时代新人,关乎党的事业承前启后、后继有人,关乎全面提升公民文明素质和社会文明程度,关乎实现中国梦、强国梦。一定的社会具有一定的政治,因而其主流价值观必然同现实的政治实践相适应。正如习近平总书记所指出的:"古今中外,每个国家都是按照自己的政治要求来培养人的,世界一流大学都是在服务自己国家发展中成长起来的。"① 中国共产党是无产阶级的先锋队,也是中国人民和中华民族的先锋队。坚持中国特色社会主义教育发展道路,就意味着要从民族复兴的历史视野、人民群众根本需求的具体时代内涵,以及无产阶级政党的领导权建设方面来理解其本质,坚定立场方向并深入完善社会主义教育制度建设,充分保障和发挥党的领导地位及优势。坚持党对高校的政治领导,就要使教育服务于无产阶级的领导,以实现人的全面自由发展作为本质和目标要求,从而服务于社会主义教育事业的发展。立足新时代,习近平总书记指出:"中国共产党人的初心和使命,就是为中国人民谋幸福,为中华民族谋复兴。"② 坚持党对高校的政治领导,首要是从现实实践发展的角度来明确在当前阶段,深刻回答"培养什么人、怎样培养人、为谁培养人"的根本问题。坚持党对高校的政治领导,就是要全面贯彻党的教育方针,以立德树人为根本,确立正确的办学方向,培养助力民族复兴的时代新人,以及始终坚持为人民群众服务的社会主义建设者和接班人。

因此,完善坚持高校党的领导体制机制面临培养民族复兴人才的时代诉求,决定了完善坚持高校党的领导体制机制是当前中国特色社会主义教育发展道路的关键之举,有利于从价值方向、制度建设和管理全局等方面牢牢把握住了党的全面领导地位,并且顺应我国社会主义建设的实际发展水平,促进教育事业发展的创新活力和积极性充分迸发。要实现建设具有中国特色、世界水平的高等教育目

---

① 习近平:《在北京大学师生座谈会上的讲话》,人民出版社2018年版,第6页。
② 《习近平谈治国理政》第三卷,外文出版社2020年版,第1页。

标和完成培养担当民族复兴大任的时代新人的目标诉求，就必须遵循完善坚持高校党的领导体制机制，在把方向的同时放开手，促进中国特色社会主义教育更好地服务于中华民族伟大复兴的实现，建设中国特色社会主义伟大事业的征程以及人类命运共同体的伟大构想。教育实践不仅是一种管理和教学活动，更是一个价值体系和话语体系不断创新和建构的过程，毋宁说，后者才是教育的本源和教育可持续发展的根本动因。在我国迈入教育大国且教育交流日益开放的今天，必须着力强化自身教育实践的话语权建设，避免高校师生出现崇洋媚外、西方中心主义的心理趋向和科研模式，避免人才发展的扭曲和流失。从一定程度上讲，高等教育领域几乎囊括了从政治话语、学术话语、大众话语乃至国际话语的所有话语层次，因此加强高校思想政治教育对于话语的形成和话语权的构建具有重要意义，这一工作必须以党委为总抓手，协调全局，落实重点，为国家战略实施和经济社会发展提供优质可靠的人才力量，引导青年以辛勤的汗水、默默地耕耘成就非凡业绩、创造美好生活，做走在时代前列的奋进者、开拓者、奉献者。

完善坚持高校党的领导体制机制面临培养民族复兴人才的时代诉求，决定了教育是国之大计，党之大计，也是民生大计，从民生和国家发展利益相结合的立场出发，深入研究和探索完善坚持高校党的领导体制机制，在保障党的全面领导地位的基础上，以培养担当民族复兴大任时代新人为中心，为高校改革发展起到引领方向和为改革创新提供根本保障的作用。中国特色社会主义教育事业坚持以人民为中心，为社会公众提供普惠式的、相对公平的教育资源，树立实现人的全面自由发展目标的长远眼光来进行教育教学工作，因而在现阶段高等教育逐渐普及化、教育资源竞争日益激烈的情况下，完善坚持高校党的领导体制机制能够保证教育资源的合理配置和公平竞争，优先帮扶和奖励获取额外教育资源机会相对较少的学生群体，促进社会阶层的有序顺畅流动，同时扩大优质教育资源的覆盖面和内涵质量，规范教育相关的市场活动秩序，维护党在从教育到社会领域的科学领导地位和权威影响力，践行社会主义国家的人才培养战略，在社会主义教育事业的方向和发展道路之间寻求现实立足点，从而更好践行和探索社会主义高校治理发展道路，为中国特色社会主义现代化事业培养更多合格的建设者和可靠的接班人。对此，要在党委领导统揽下动员全社会积极参与，把培养时代新人工作同各领域的行政管理、行业管理和社会治理结合起来，加强党政机关、各群团组织之间的沟通配合，形成齐抓共管、各方协同、多方共育的培养合力。把培养时代新人工作融入基层党组织建设和精神文明建设中，融入部队教育训练中，融入城乡居民自治中，融入人们生产生活和工作学习中，推动时代新人培养工作成为社会群体意识和人们自觉行动。使教育能够让学生更加满意的同时，具有长期可持续的内涵式发展动力，在使教育成果惠及人民群众的同时不断促进党的建设，强化党的领导地位和领导优势，从而为落实"四个全面"战略布局、为实现中国梦夯实基础，完善坚持高校党的领导体制机制要以培养担当民族复兴大任的时代新人为根本指向。

三、高校党的领导体制机制面临全面深化改革的现实任务

进入新时代以来，完善坚持高校党的领导体制机制不仅面临加强党对高校领导的现实要求和培养民族复兴人才的时代诉求，同时还面临全面深化改革的现实任务。习近平总书记指出："改革开放是一项长期的、艰巨的、繁重的事业，必须一代又一代人接力干下去。"① 全面深化改革是党中央在新时代做出的重大决策部署，如何将全面深化改革贯彻落实到高校之中，贯彻到加强和改善高校党的领导体制机制之中，是高等教育领域面临的重要时代课题。高校作为社会主义教育体系中的顶尖部分，具有培养知识型、创新型人才的重要职能，是为社会主义建设事业输出大批高质量才人的重要机构。改革开放以来，高等教育经历长期反复的探索，确立了以完善坚持高校党的领导体制机制作为高校主要领导制度，推动高校治理体系建设进入了新阶段。在过去很长一段时间里，高校的稳定持续发展为中国特色社会主义经济、政治、文化、社会、生态等方面的建设事业培养了大量的、各行各业、各种类型的人才，有力促进了国家经济社会的迅速发展，同时教育也在一定程度上加速了社会阶层的流动，促进了人口的城市化变迁。

当前，随着中国特色社会主义进入新时代，人民日益增长的美好生活需要和不平衡不充分的发展之间的矛盾成为社会主要矛盾。这意味着，高等教育需要调整过去的规模化扩张发展路线，需要促进教育资源的公平合理分配，需要进一步完善过去较为简单的人才培养和就业指导体系，需要全面深化改革和改革创新内部管理机制。在深入贯彻全面深化改革和国家治理现代化发展的目标要求和时代背景下，高校治理的现代化发展也就成为必然。观照现实，高校也面临着许多新的问题，其承担的社会阶层融合能力更加受到社会公众的关注，在人民群众对教育的焦虑和期待情绪日益上升的情况下，高校教育教学的质量问题日益成为高校生存发展的重心，就业多元化的社会趋势也加剧了高校发展定位的不确定性和市场化泛滥的现象，高校的管理规模日益庞大，对相关制度机制的制定和执行亟待加强。在当前高等教育发展的新阶段上，面临全面深化改革的时代任务，客观要求以完善坚持高校党的领导体制机制为核心，推进高校治理实现现代化发展。

以完善坚持高校党的领导体制机制为视角，客观要求回应高等教育在治理现

---

① 《习近平谈治国理政》第一卷，外文出版社2022年版，第67页。

代化发展背景下的新问题、新趋势，并发挥其核心引领和关键示范作用。在新时代背景下，完善坚持高校党的领导体制机制，有利于进一步完善党政分工的高校治理制度机制，保障教育事业实现内涵式发展，把规模化扩张控制在合理限度内，实现教育的社会功能最大化、最优化；有利于提升高校办学治校的法治化水平，在党委和校长的沟通合作下，制定完善并严格执行、监督相关制度机制，严格规范教学管理和教学风气，避免教育出现过度功利化和庸俗主义倾向；有利于增强高校服务和引领现代化建设的能力，实现对社会发展的调节能力和对国家战略的适应能力同步提升，为社会主义现代化建设事业培养人才，积蓄社会凝聚力。

  与此同时，置于国家治理体系和治理能力现代化的语境中，高校党的领导体制机制建设也具有深远的意义。习近平总书记指出："推进国家治理体系和治理能力现代化，就是要适应时代变化，既改革不适应实践发展要求的体制机制、法律法规，又不断建构新的体制机制、法律法规，使各方面制度更加科学、更加完善，实现党、国家、社会各项事务治理制度化、规范化、程序化。"① 完善坚持高校党的领导体制机制，是我国高校治理体系发展的核心内容，也是治理能力现代化发展的必然要求，同时还是坚持中国特色社会主义高校建设发展道路的鲜明特征和根本保障。随着当前中国高校进入调结构、提质量的新发展阶段，理顺党委领导和校长负责制的关系，也是推动高校实现正确发展定位和制定科学发展规划的关键所在。例如，完善坚持高校党的领导体制机制，高校党委起到全局性的引领和规划作用，校长领导班子则起到组织实施的作用，两者要实现通力合作，就要首先彼此尊重，从对方的客观实际出发，不要固守己见，或者对对方抱有成见，要从高校建设的大局出发，积极履行自身职责，构建集体领导、民主集中、个别酝酿、会议决定的决策制度程序，实现高校领导体制的坚定有力，管理体制的科学有效，从而在治理体系建设和治理能力发展上取得一致性成就。

  完善坚持高校党的领导体制机制是高校领导及管理体制现代化发展的统领性制度，从健全和完善坚持高校党的领导体制机制入手，对高校党组织建设的现代化发展及高校思想政治教育工作进行系统规划，在此基础上保障高校各项教学、管理、评价工作能够更好地满足师生需求，引领并组织师生在党委领导下积极开展教学科研活动，同时强化高校的各项服务职能定位，增强师生的自主发展能力，为现代化建设事业培养更多的创新人才。全面深化改革要求高校要把建立和完善高校党的领导体制机制摆在突出位置，按照"党委领导、校长负责、教授治学、民主管理"的原则，推进中国特色现代大学制度建设。在这一制度体系中，

---

① 《习近平谈治国理政》第一卷，外文出版社2022年版，第92页。

大学章程具有"龙头"的统领作用，上承国家法律法规，符合改革大方向，下启学校各种规章制度，作为"总纲领"，是大学面向社会依法自主办学的根本准则。通过制定大学章程，确立学校的办学理念、发展定位和战略，完善内部治理结构和运行机制，明晰学校、学院以及师生的责任、权利与义务等。章程要"落地"，配套制度也要跟上。全面梳理、健全完善教学管理、人才培养、学科建设、学生管理等方面的制度，通过一系列建章立制，形成相互衔接、较为完备的制度体系。可见，完善坚持高校党的领导体制机制是深入推进高校各个领域全面深化改革的必然要求，有利于进一步健全和打通高校领导和管理体制实施中存在的监督不足和隐形阻碍等问题，从而推进高校治理现代化进一步发展。因此，坚持完善高校党的领导体制机制，有利于发挥高校党委与行政共同发挥好在决定人才培养的方向和发展目标上的实际主导权，正如方向和道路的关系：方向决定道路，道路延展方向，两者在实践发展中互相促进，相辅相成。

　　深化关于完善坚持高校党的领导体制机制的相关理论和实践研究，有利于明确高校在治理现代化发展格局中的战略定位，进一步分析高校领导体制发展的合理性和现代化特征，并就不足和问题提出改进意见，使党在高校的领导地位和领导能力进一步法治化、制度化，更好地融入和引领高校治理现代化发展的新格局。在高校日益以学术交流为主要活动的治理局势下，处理好学术和政治的关系，理顺学术和政治话语的关系，对于增强高校服务社会主义现代化建设的整体意识和发展能力来说具有重要意义。随着中国特色社会主义建设实践的发展，进一步全面深化改革，实现治理体系和治理能力的现代化，就要从制度体制和实施效果两方面综合考量并不断交互完善，一方面保障制度有效落地，另一方面促进具体实施过程对制度建设的及时反馈整合，达到程序现代化和结果现代化的双重效果，真正赋予实践活动以规范性和有序性，避免出现"脱序"和"失序"状态。① 对于我国高校在党委领导和校长分工负责下开展学术研究工作，要明确其现实合理性，从而坚定自身发展道路，同时正视自身的优势与不足，加强高校党建工作，克服官僚主义和形式主义等不良风气，保障高校学术研究能够在明确原则立场的基础上，深入开展重大战略领域的理论阐释和实践应用工作，增强高校学术研究的国家政策影响力和社会整合能力，增强人民群众对高校的满意度和亲近度，为思想理论创新和科学技术研究赢得动力和宝贵价值资源，促进社会主义高校长期可持续发展。旗帜鲜明地坚持高校党委领导，改革、完善其领导方式和校长分工负责制度，使之更好地服务于国家经济转型升级，更有底气和力量来应

---

① 黄建军：《中国国家治理体系和治理能力现代化的制度逻辑》，载于《马克思主义研究》2020年第8期。

对外来的挑战和风险，这是当前我国高等教育发展的正道和目标所在。

由上可知，在全面深化改革的时代背景下，推进高校全面深化改革和治理体系现代化，既符合深入贯彻全面深化改革的现实客观任务，同时也具有更加鲜明和具体的发展要求：党委和校长都要明确自身的责任分工，在发展规划、校园管理和人才培养方面形成一定制度性共识的基础上，通过在实践中完善具体制度措施，保证协商过程和结果公平公正，保证监督落实相关制度扎实有力，进一步促进不同的管理主体，以使各类校园生活主体能够彼此交换意见、实现有效沟通，形成对于制度的公信力，运用好制度、法治的协调和保障作用，在完善坚持高校治理制度体系中，提升高校治理能力和发展建设水平。从这种意义上看，完善坚持高校党的领导体制机制不仅面临加强党对高校领导的客观要求和培养民族复兴人才的时代诉求，同时，还面临全面深化改革的现实任务。

第二节　新时代高校党的领导体制机制的现实机遇

新时代坚持和完善高校党的领导体制机制不仅面临特定的现实背景，同时，透过现实背景还可以深层发现其中的现实机遇。当前我们要全面、充分地把握进一步完善高校党的领导体制机制的现实机遇，积极利用机遇所提供的客观条件，以便更好地推进体制机制的坚持和完善工作的开展。当前，坚持完善党的领导体制机制面临的机遇是多方面的：比如，从最大的方面看，中国特色社会主义进入新时代本身就是最大的时代机遇，因为中国特色社会主义进入新时代标志党和国家事业发展取得重大历史性成就，标志着党领导下中国特色社会主义事业迎来了光明前景。当然，我们这里所说的现实机遇主要是与高校党的领导体制机制有本质性关联的机遇。在这方面看，目前面临的最大的机遇就是新时代我们深入推进党的建设新的伟大工程，高度重视党的建设为坚持和完善党的领导体制机制提供了现实机遇。

早在 1939 年 10 月，毛泽东同志在《〈共产党人〉发刊词》中开创性地把工程范畴引入党的建设之中，创造性地提出要把党的建设作为一项伟大工程来抓。他指出："为了中国革命的胜利，迫切地需要建设这样一个党，建设这样一个党的主观客观条件也已经大体具备，这件伟大的工程也正在进行之中。"① 随后，以邓小平同志为主要代表的中国共产党人在改革开放的浪潮中继续推进党的建设

---

① 《毛泽东选集》第二卷，人民出版社 1991 年版，第 602 页。

这项伟大工程。步入 21 世纪，在"三个代表"重要思想指引下，党的建设这项新的伟大工程被推进到一个崭新阶段。自党的十八大以后党的建设新的伟大工程更是被提升到了一个前所未有的战略高度，党的十九大报告明确指出，"伟大斗争、伟大工程、伟大事业、伟大梦想，紧密联系、相互贯通、相互作用，其中起决定性作用的是党的建设新的伟大工程。"① 在以习近平同志为核心的党中央坚强领导下，全面从严治党被作为全党上下的一项重中之重的工作，整党治党又开启了新的一页。高校党建是党的建设的一个重要组成部分，习近平总书记以新时代高校党建工作所处的具体方位为坐标，进一步把握高校党建工作的内核，发表了一系列重要讲话，促进高校党建事业蓬勃发展，使全面从严治党取得良好效果，赢得了广大民心，党的建设新的伟大工程开始走向了一个全新的高度。全面从严治党是为了进一步夯实党的基础、巩固党的地位、保证党的领导，这一伟大工程需要一代又一代的共产党人来持续推进。新时代高校党建以及坚持和完善高校党的领导体制机制都是在这种现实机遇的背景下展开的。

一、伟大工程赋予完善坚持高校党的领导体制机制新条件

党对高校领导是推进党的建设新的伟大工程的重要组成部分。习近平总书记强调指出："坚持教育为人民服务、为中国共产党治国理政服务、为巩固和发展中国特色社会主义制度服务、为改革开放和社会主义现代化建设服务。"② "四个服务"指明了高校教育事业发展的战略定位，也对新时代高等教育事业建设提出了鲜明方向和实践要求。党领导的教育事业始终坚持服务于人民群众的根本利益，并根据革命建设改革事业的不同战略指向进行不断调整和完善，从而更有利于服务国家建设事业和人民群众的各项发展需求。因此，中国特色社会主义教育发展道路的本质特征就在于坚持党的领导地位，其最大的发展优势也在于完善坚持党委领导下的校长负责制，进而更好地发挥党对高校建设发展的根本领导优势。习近平总书记在党的十九大报告上强调指出："中国特色社会主义进入新时代，我们党一定要有新气象新作为……必须毫不动摇坚持和完善党的领导，毫不动摇把党建设得更加坚强有力"③，习近平总书记着眼全局地把全面从严治党推

---

① 习近平：《决胜全面建成小康社会夺取新时代中国特色社会主义伟大胜利——在中国共产党第十九次全国代表大会上的报告》，人民出版社 2017 年版，第 17 页。

② 《习近平主持召开学校思想政治理论课教师座谈会强调：用新时代中国特色社会主义思想铸魂育人 贯彻党的教育方针落实立德树人根本任务》，载于《人民日报》2019 年 3 月 19 日，第 1 版。

③ 习近平：《决胜全面建成小康社会 夺取新时代中国特色社会主义伟大胜利——在中国共产党第十九次全国代表大会上的报告》，人民出版社 2017 年版，第 61 页。

向深层次的格局，这为加强党对高校的领导，为高校党建以及坚持和完善高校党的领导体制机制提供了深层助推力量，作为理论工作者，我们要顺势而为地牢牢把握住这一优势。

当前，世界之变、时代之变、历史之变正以前所未有的方式展开。尽管世界整体局势在动荡之中逐渐趋于缓和，但资本主义国家坚持对外传播资本主义思想的行径却没有停滞，许多资本主义腐朽的价值观被重新包装一番，以其他形式或者名号渗透到我国。随着改革开放的扩大深入，人们的思想多元、取向多样多变、独立意识不断增强。当经济变得更有活力的同时，社会上也不断地滋生出了拜金主义、利己主义、享乐主义等不良价值观念。伴随对外交往的深入，国际的交流日益紧密，国内高校与国外院校的合作交往也比以往任何时候都要频繁。值得一提的是，新媒体技术的迅猛发展在为我们的学习、工作和生活带来便捷的同时，也带来了海量的信息及各种充斥着负面能量的舆论。

由此可见，在日益复杂的情形下，中国的高校在办学理念、管理模式、人才培养等方面都受到了不小的影响和冲击，对于如何正确应对国内外形势的变化，如何迎接各种严峻的考验，如何化解不利的因素，如何在新时代条件下适应更高的要求，等等，这一系列亟待解决的问题仍需要通过进一步加强党对高校的领导，加快高校党的建设步伐，坚持不懈地大力探索，从而积极应对各种挑战，使当前存在的困难得到圆满解决。尤其是处在社会转型期的青年学生更加需要高校基层党组织的积极引导，使其树立正确的价值观，不为各种思潮所迷惑，切实承担起青年一代应当肩负起的责任。特别是高校中的党员师生同志，应该主动担负党章所规定的义务，充分发挥党员应有的先锋作用，增强凝聚力和影响力，使高校党的基层组织真正成为坚强有力的战斗堡垒，这些工作对高校党建工作来说无疑具有极大的现实意义。

高校党的建设工作是加强党的建设新的伟大工程的重要一环，至少应该在以下三个方面实现与党领导下的高等教育事业相互作用、相互融通、形成合力。第一，要完善高校基层党组织建设，打牢基础，夯实巩固提高基层党组织的战斗力，发挥其战斗堡垒作用；第二，要找准高校党的建设工作的着力点与发力点，使之与学校发展大局相互契合；第三，要理顺党对高校领导与高校核心职能的履行之间的关系，并厘清在融合中的具体思路与操作方法。简言之，就是要依托高校基层党组织建设，不断加强和改进高校党的建设，不断坚持和完善高校党的领导体制机制，厚植根基，真正实现党对高校的领导核心地位，推动高校跨越式内涵式发展，使高等学校党的建设与高校的办学理念、治校目标、服务宗旨、社会影响等各方面相辅相成。

坚持党对高校的领导地位，主要是指在政治领导、思想领导和组织领导方面，其优势也通过这些方面体现出来。习近平总书记指出："高校党委对学校工作实行全面领导，承担管党治党、办学治校主体责任，把方向、管大局、作决策、保落实。"① 坚持党对高校的领导，核心就是坚持马克思主义科学的世界观和方法论，以此为指导发展社会主义教育事业，并落实到对现实的人的教育实践过程中，使人获得正确的世界观、人生观和价值观，实现人和社会发展的具体的历史的统一。从历史发展中可以看出，马克思主义的传播和马克思主义中国化的发展，同中国共产党领导人民革命、建设和改革的历史实践根本一致。因此，新时代高校肩负着培养社会主义建设者和接班人、实现人的全面自由发展的目标使命，这必然要求以坚持党对高校的领导为根本保障，以坚持和完善高校党的领导体制机制为核心支撑，并在教育发展实践中充分发挥其显著优势，避免教条主义和命令主义的领导方式，而要切实融合于实践当中，使校长等行政管理人员能够自觉坚定立场和目标，避免出现相对主义和庸俗主义的管理实施状态。

二、伟大工程赋予完善坚持高校党的领导体制机制新实践

新时代党的建设格局是对全面从严治党既往探索的接续，也是对中国特色社会主义进入新时代这一宏阔视野的承启，因而继续紧密推进党的建设新的伟大工程是对党和国家各项事业砥砺前行、续写新篇的一把钥匙。"党要管党，从严治党"不是一句空喊的口号，必须严格落实到位，如果党组织涣散，党员队伍松懈，自身内部出现了问题，我们党的执政地位就会动摇乃至丧失。现在全面从严治党比以往任何时候都更严更硬，已经逐渐成为党的建设的一种自觉追求。高校党建工作要跟进这一实践、回应这一课题，高校党建工作做得严格与否，实不实在，好与不好都同党和国家社会主义现代化事业的前途命运紧密相连。只有既对不同历史阶段党的建设和发展进程进行回顾，又对新时代高校党建工作展望，才能知晓高校党建工作的价值何在、意义何在。

各所高校必然是随着社会的变迁而不断成长起来的，全面把握党的建设新的方位，就要从新时代中国特色社会主义的方略中明确党赋予的使命，通过深入的研究总结，理解党建新探索新实践新规律并坚持和完善高校党的领导体制机制。当今，经济全球化和文化多样化的进程明显加快，意识形态领域的斗争日益复杂，这给高校党的建设造成了很大的冲击和不小的考验。高校是思想碰撞和学术交流最前沿场地，纷繁复杂的社会思潮难免会影响到高校的意识形态工作。身处社会思潮的丛林之中，一些学生囿于自身的思想水平和理论素养往往会出现认同

---

① 《习近平谈治国理政》第二卷，外文出版社2017年版，第379页。

焦虑和认同模糊。① 与此同时，高校是我国培养一代年轻有为的社会主义事业接班人的高地，因此高校很容易成为西方别有用心势力进攻的目标，他们企图以西方的价值观和文化形态的渗透削弱高校马克思主义一元化的指导地位，进一步瓦解高校党组织的战斗力。尤其在新媒体环境下就更容易产生指导思想一元化与思想形态多元化的冲突，部分党员由于受到西化思想的影响，价值观发生变化甚至扭曲，禁不住境外敌对势力的利益诱惑，追求金钱和及时享乐，凭借所掌握的项目信息，不顾党和人民的切身利益，违背全心全意为人民服务的宗旨，危及国家安全，这对高校的党建工作来说是一个十分严峻的考验。另外，近年来很多高校在教学方式、人事管理、财政分配等方面进行了改革，这些改革既要适应教育体制，又要与党建工作同步进行，既要尊重教育规律，又要符合社会主义市场经济。如何统筹这些工作，齐头并进、协调发展，又是一个不小的挑战。再者，高校不断扩大招生规模，使学生人数逐年激增，这就让高校的党建工作面临着内外部的压力。加之许多教师的文化程度、独立思考能力和判断能力较之以往有很大提高，有相对自由灵活的时间和空间，这就决定了现有高校教师对党组织的依赖性有所减弱。现今涌现出的这些情况对高校党的领导和党的建设来说都需要及时调整，积极应对，适应不断变化的情形。

  习近平总书记关于新时代高校党建的重要论述是高校加强党的建设的科学指引，各高校都必须重视党的建设，提高拒腐防变和抵御风险的能力，切实做好党务工作，坚持用改革创新精神抓党建、促党建，严字当头，加强对党员特别是领导干部的管理，不断研究新情况、解决新问题。党的基层组织也要严格按照党的制度和规定办事，把好"严"字关，完善日常管理。自从巡视制度写入党章被正式确定之后，巡视工作就成为党内监督制度化的一项重要成果，党的十八大后，党中央对31所"中管"高校党委实行了巡视，此轮政治体检发挥了震慑作用，习近平主持中央政治局会议，专门审议《关于巡视31所中管高校党委情况的专题报告》，这对加强党对高校领导，维护党中央权威意义重大。高校在办学治校的同时更要管党治党，坚决捍卫党对高校的领导地位，提升党的建设科学化水平，牢牢巩固马克思主义思想阵地，壮大主流思想舆论，始终服从于社会主义现代化建设大局，培养出时代所需的合格人才。高校是一个培养人才、传播知识的重要场所，同时高校也是大学生接受爱国主义、爱社会主义、爱中国共产党教育的重要领地，加强党对高校的领导有利于培育拥护党、热爱祖国、爱戴人民的知识分子，壮大党的队伍，使新时代党的建设新的伟大工程更加宏伟壮观。而这些都为重视高校党建以及坚持和完善高校党的领导体制机制提供了新的实践支撑。

---

① 黄建军：《高校意识形态工作面临的挑战和对策》，载于《马克思主义研究》2017年第7期。

三、伟大工程赋予完善坚持高校党的领导体制机制新方向

坚持党的领导地位是本质原则，促进高校党的建设是内在要求。因此，高校在实践中必须以践行党的建设实施路径为核心，不搞标准化、同一化、行政化的党建工作模式，也不要单一地照旧开展党的建设工作，而要根据学校建设的实际需要和发展指向，在激发现有大量的、不同类型群体的党组织建设活力的基础上，通过以守正创新为原则，开展多元有效的党组织建设工作和活动，创新具体形式和内容，使高校党建工作能够适应学校管理和建设发展的需要，激发全体师生对党组织的依赖感和责任感，进而有利于维护党的领导，而且有利于推进党领导下的高校建设发展事业。新时代高校党的建设除了要以中国共产党推进党的建设的普遍规律为基本遵循，也要注意高校党建工作自身所具有的特殊性。

第一，高校党的建设围绕着"要全面贯彻党的教育方针，落实立德树人根本任务，……培养德智体美全面发展的社会主义建设者和接班人"[①]的任务展开，高校党委要增强统筹谋划的能力，增强治党治校本领，把握高等教育实际，推动学校各部门围绕领导核心，听从指挥，协调有序地展开工作，承担起相应责任。高校党委及各级党组织要按照"新时代党的建设总要求"做好各方面工作，把习近平新时代中国特色社会主义思想作为精神支柱，加强理论武装，不断深化对高校党建工作规律的认识，坚持马克思主义的观点，能够始终以清醒的头脑去应对新情况和新问题，认清为谁培养人、如何培养人、培养什么样的人。要主动树立发挥领导核心的自觉意识，做到既政治过硬，又本领高强。

第二，在新时代的征程上，高校要实现党建工作与思想政治工作的双轮并进，除深入关注和解决发展起来的问题外，尤其要增强"四个意识"，这是筑牢党的建设最根本的思想前提，是凝聚各方力量的思想根基，能有力推动党的建设新的伟大工程取得更大的发展。各高校党委必须有坚定的政治意识。具体说来就是要严格遵守党内各项纪律规矩，拥护党的领导，听党指挥，维护权威，学习贯彻习近平新时代中国特色社会主义思想主题教育，在前进的道路上不迷失方向，不为歪风邪气所惑。不论何时都始终坚定地站在党和人民的立场上，坚持以人民为中心的价值取向，落实到教育事业上就是要满足各族人民群众对办好社会主义大学和办好人民教育的期待，让学生更有获得感。

第三，各高校党委必须要有大局意识。进入21世纪新阶段，尤其是21世纪

---

① 习近平：《决胜全面建成小康社会 夺取新时代中国特色社会主义伟大胜利——在中国共产党第十九次全国代表大会上的报告》，人民出版社2017年版，第45页。

第二个十年以来，国内外形势风云变幻，不确定不稳定因素逐步增多，经济发展进入新常态，党自身的状况也在经历着深刻而巨大的变化。越是面临复杂的形势和严峻的挑战，越要增强大局意识。对于高校党委领导班子及各院系党的领导，除了要发挥政治核心作用，履行政治责任之外，还要以学校自身发展的大局为重，加强党性修养，个人服从组织，下级服从上级，在全局中谋划又自觉服从于全局。另外，就是要有鲜明的核心意识。核心就像一面鲜艳的旗帜，是事业方向的指引。党中央具有至高权威，习近平总书记指出："办好我国高等教育，必须坚持党的领导，……使高校成为坚持党的领导的坚强阵地。"[1] 因此各高校党委、各级党组织要坚定不移地跟着核心走，以令行禁止维护中央权威、脚踏实地、埋头苦干，切实把高校建设成为党领导的坚强阵地。此外也要有自觉的看齐意识。高校党委在制定各项政策，实施各种规划时，要以党中央的意志为意志，与社会主义现代化事业相对接，自觉自为地朝着党中央看齐，朝着党的各项目标看齐。党在高校的全部工作必须抓好基层打牢基础，厘清责任并落实责任，提高尽职履责的效能才能向着目标看齐。只有团结凝聚广大师生员工，在思想上达成共识，情感上真正认同，意志上高度统一，才能形成一股合力，把党的美好蓝图早日变成现实。

第四，高校必须在坚持党的领导的前提下加强党的建设。坚持党对高校的领导是一种本质必然，而加强高校党建工作是一种现实必然。坚持党对高校的领导地位，有利于发挥高校党组织建设的旗帜和堡垒作用。在当前推进全面从严治党的新形势下，高校党组织建设具有辐射带动和示范引领作用，有利于形成良好的教学管理氛围，增强学生和广大社会公众的满意度，进而对学生的就业和社会生产力的提升、社会秩序的和谐运转产生积极影响。加强高校各级党组织的党建工作，要从党委抓起，通过制定发展方针、完善制度建设、经常性和专门性相结合的实地调研、进行工作指导与帮扶等措施，提升高校整体党组织的战斗力、凝聚力和科学发展能力。高校中以大量知识分子为主体，也是发展新党员及考察师生党员的重要场所。因此，必须以坚持党的领导地位为根本保障和价值目标，以此为力推进党组织建设获得新发展、新活力。在高校坚持党的领导必然要加强党的建设。党的领导地位不是一劳永逸的，特别是在师生群体思想多元、高校发展创新日新月异的环境中，坚持党的领导地位必须不断深化自我革命，以强化和创新党组织建设实践来巩固和提升党的领导水平。勇于自我革命，从严管党治党，是我们党最鲜明的品格[2]。高校作为意识形态建设的主阵地，其思想引领作用和社

---

[1] 《习近平谈治国理政》第二卷，外文出版社2017年版，第379页。
[2] 《习近平谈治国理政》第三卷，外文出版社2020年版，第20页。

会舆论影响力日益凸显，因此必须进一步加强高校党组织建设工作水平，强化和巩固党对高校一切工作的领导，促进高等教育的内涵式、可持续发展，切实发挥党组织的先锋模范作用。因此，这些都必然要求重视高校党建以及坚持和完善高校党的领导体制机制。

第三节　新时代高校党的领导体制机制的现实挑战

机遇与挑战如同一个硬币的两面，共运而生。新时代的历史性出场为坚持和完善高校党的领导体制机制创造了新的机遇的同时，也赋予了其一定的现实性挑战。从宏观角度来看，意识形态斗争的复杂化、社会思潮的多元化、价值选择的多样化等都对坚持和完善党对高校的全面领导提出了相应的挑战，需要我们正面应对，积极作为。结合高校的发展状况以及高校发展的目标来看，当前高校党的领导体制机制面临的最大挑战是推进高校内涵式发展提出的现实挑战，即高校党的领导体制机制能否适应高校内涵式发展的客观要求。从总体上看，当前，我国高等教育的发展方向正从提高教育的规模化向重视教育的优质化，从"大"到"优"转变，推动我国高等教育迈向新的高度，实现建设"教育强国"的目标。我国高等教育承担着提高高等教育质量、提高人才培养质量、提升科学研究水平、增强社会服务能力、完善中国特色现代大学制度的目标和任务。高校教育事业作为中国特色社会主义事业的一个有机组成部分，要实现这些目标和任务，发展中国特色的高等教育，只有坚持党的领导才能确保中国高等教育发展方向不偏移、质量不降低。所以，从整体上看，高校党的领导体制机制面临推进内涵式发展的时代背景要求。从具体方面看，坚持和完善高校党的领导体制机制面临的主要现实挑战是：如何实现建设"双一流"大学的发展目标，如何完成高校全面深化改革的繁重任务，如何全面落实"立德树人"的根本任务。

一、肩负建设"双一流"大学的现实挑战

"双一流"大学建设是适应新时代教育事业发展需要的实践要求，也是新时代坚持和发展中国特色社会主义的必然要求，符合党领导一切的执政规律，符合高等教育与经济社会发展相适应的客观规律以及增强中国高等教育国际竞争力的战略规划。在中国共产党的坚强领导下，社会主义教育事业的发展必然要求凸显

其优势所在。在现实发展阶段,中国特色社会主义高等教育正处于逐渐超越西方资本主义高等教育的重要机遇期,大学的人才吸纳能力和国际交流能力极大提升,并得到广泛的国际认可。但在国家支持下快速发展起来的这部分高校不仅要成为国内一流的人才集聚场所,而且要争做世界一流的高等学府,具备更加坚实的科研基础和社会应用能力,在服务国家战略、激发人才创造力的同时产生更大的世界影响力,具备走出国门,彰显自身特色与优势的底气和自信,提升和树立社会主义高等教育的国际形象,使我国不仅能培养出国际国内的一流人才,而且具有"双一流"教学环境和制度设施,能够为源源不断的人才培养和发展工作提供扎实和持久的原动力。

2015年11月,国务院印发的《统筹推进世界一流大学和一流学科建设总体方案》中指出:"要全面贯彻党的教育方针,坚持社会主义办学方向,加强党对高校的领导,扎根中国大地,遵循教育规律,创造性地传承中华民族优秀传统文化,积极探索中国特色的世界一流大学和一流学科建设之路。"[1] 在党的十九大报告中又提出了"加快一流大学和一流学科建设、实现高等教育内涵式发展"。[2] 建设世界一流大学和一流学科与中国特色社会主义进入新时代发展的阶段性目标相契合,2018年五四青年节前夕,习近平总书记在北京大学师生座谈会上指出:"高校只有抓住培养社会主义建设者和接班人这个根本才能办好,才能办出中国特色世界一流大学。"[3] 全面加强改进党对高校的领导,抓紧抓牢办学根本,有序落实党中央统筹建设一流大学的相关部署,是实现中华民族伟大复兴中国梦,增强国家核心竞争力的重要战略组成。建设"双一流"大学与繁荣高等教育相得益彰,这个契机使得我国高等教育事业迎来了新的春天,发展的进程或许不会一帆风顺,但我们党对高校的全面领导就是克服各种艰难险阻的有力保证,因此,任何削弱党对高校全面领导的行为都会成为阻碍我国高等教育事业发展的"绊脚石"。

办好"双一流"大学的关键还在于党的坚强领导,高校党委要立足于新的客观实际,发挥领导作用,以改革促发展,有勇有谋,抓住机会,把握新时代高等教育的发展规律。通过精准定位,准确切入难点,把握前进方向,找出切实抓好党建工作的突破口,以新颖的思路做好谋划,迎接新挑战和新任务,从思想上、政治上和组织上各个方面为高等教育内涵式发展做出支撑。对此,高校党委必须按照"世界一流、中国特色"的标准,要以时不我待的要求加强对各方面的领

---

[1] 《国务院印发〈统筹推进世界一流大学和一流学科建设总体方案〉》,载于《光明日报》2015年11月6日,第5版。
[2] 《党的十九大报告·辅导读本》,人民出版社2017年版,第45页。
[3] 习近平:《在北京大学师生座谈会上的讲话》,人民出版社2018年版,第5页。

导，履行党章规定的职责，落实全面从严治党的部署。只有在党的领导下，社会主义大学才能高举中国特色社会主义伟大旗帜，秉持社会主义办学方向，贯彻好党的教育方针政策，既助力中华民族伟大复兴的中国梦，也对接"构建人类命运共同体"的伟大畅想。要实现上述教育发展的战略性目标，坚持和完善党的领导体制机制意义重大且任重道远。

高校的内涵式发展是建设"双一流"大学的前提和基础，而当前坚持和完善高校党的领导体制机制必须服务于建设"双一流"大学，在建设"双一流"大学中坚持和完善高校党的领导体制成为现实课题。坚持立足现实国情，扬优势、补短板，为新兴业态和新兴产业培养大批人才的同时，要更加注重针对现今科研管理体制弊端的改革，加大对基础学科的投入，以及对地位日益突出但过去处于边缘地位学科的重视，营造有利于提升各学科自主创新能力的教学和研究氛围，不搞大水漫灌和简单粗暴的资源和人才争夺。为适应新时期更为广阔的国际、国内竞争环境，更为激烈的资源和人才竞争，应着力提升自身的核心竞争力，不能过度盲目地采取短暂性的刺激政策和大规模的人才引进，而要根据自身实际情况，找到发展滞后的原因，制定长期发力、合理有序的资源及人才引进方案，避免将人才"标签化"，为学校院系徒增虚名，或者作为获取各种科研资源和政策帮扶的捷径。选拔人才需要公平合理，不只看表面、抓个体，而要注重对整个集体的正向引导效应，避免人才选拔失去活力、失去影响力，造成真正人才的流失，这对于教育来说是极为有害的。对人才自身来说，也应当恪尽职守，不能居功自傲，任意妄为或者消极避世，要坚持履行自身的核心职务和责任，同时积极发挥带头作用，承担各项治理发展任务的重担，在建设"双一流"大学的进程中，增强人才核心力量和积蓄人才发展潜力。综上所述，当前高校党的领导体制机制必须服务于建设"双一流"大学的时代目标。

二、推进高校全面深化改革的现实挑战

全面深化改革既给高校党建和坚持与完善党的领导体制机制提供了机遇，同时由于高校面临繁重的改革发展任务也使高校党建和坚持与完善高校党的领导体制机制面临现实挑战。深入推进高校的内涵式发展不仅要建设"双一流"，还需要全面深化改革，以此适应时代发展要求，为新时代中国特色社会主义事业发展贡献力量。目前，我国进入新发展阶段，中国特色社会主义事业显示出强大的生命力，焕发出蓬勃的生机，"五位一体"各项建设有序推进，全面深化改革正在有力进行。正如习近平总书记在党的二十大报告中总结党的十八大以来的伟大成就时所指出的："十年来……党和国家事业取得历史性成就、发生历史性变革，

推动我国迈上全面建设社会主义现代化国家新征程。"① 与此同时，我国的高等教育改革也面临着不断深化的局面。在以习近平同志为核心的党中央的坚强领导下，我国的高等教育事业由精英教育向大众教育转化，由规模扩张走向了质量提升的内涵式发展阶段，在国际上的影响力稳中有增，高等教育事业获得了很大的发展。

近年来，各大高校在如何办学治校的问题上提出了新的思路、在优化管理中取得了一定的经验，在提升学校的实力水平上也取得了一定的成绩，但改革没有完成时，仍有许多问题层出不穷，需要持续深化。纵观整个世界，可以说，我国经济社会的发展是最为突出和显著的，然而经济领域的突出成就并不意味着教育领域就取得了和经济发展同样的突出成绩，迈入新时代的一个必然结果就是人民群众对高等教育文化需求层面不一的状况愈加凸显。尽管经过多年的发展，我国高等教育事业取得了较大进步，但还存在不少短板：比如许多高校在办学结构上还有待改进，在专业设置上还存在盲目跟风，不考虑市场资源和本校实际，反而急于开设一些新专业，导致缺乏特色、后劲发展不足等问题。因此，高校特殊的社会地位和责任使命决定了高校改革有许多"硬骨头"要啃，个体的需求呈现出分层次、不同质、多样化的特征，尤其是那些涉及广大师生员工切身利益的问题更应该被谨慎对待，这些都对高校党的领导提出了更高的要求。

推进高校全面深化改革的现实挑战，需要我们完善坚持好高校党的领导体制机制，以此来完善高校教学的科研评价体制和推进高校的教学科研工作，从而为引领高校教学科研工作提供正确的政治方向，为确保高校办学的社会主义方向提供体制机制的支撑。教学科研工作是高校生存发展的关键之基，既是增强高校自身竞争力的核心，也是高校为祖国腾飞理应承担的责任。教学科研工作虽然有许许多多的切入方向，但绝不意味着可以没有正确的政治立场。无论是教学工作还是科学研究两者都需要坚持原则、把握方向，尤其是人文社会科学更是要毫不动摇地坚持马克思主义的立场，只有用马克思主义的方法论对问题进行透彻剖析，才能从根本上解决问题，得出正确的观点。党对高校的全面领导既能够保障高校全面深化改革的顺利开展，也能够保障高校始终围绕教学科研这条主线深化改革，以此来进一步完善教学科研工作的评价体系、牢牢把握教学科研工作始终坚持正确的政治方向。高校在全面深化改革的过程中始终把培养什么样的人、怎样培养人、为谁培养人作为改革的根本指向，把回报国家、服务社会、破解新时代中国特色社会主义理论问题和实践问题作为新时代全面深化改革的指向标。立足

---

① 习近平：《高举中国特色社会主义伟大旗帜 为全面建成社会主义现代化国家而团结奋斗——在中国共产党第二十次全国代表大会上的报告》，人民出版社2022年版，第6页。

新时代，我们既要推动教学科研事业与国际上的最新进展接轨，把科研成果转化为现实的生产力，又要传承文化、培养合格的社会主义事业接班人，高校的服务功能应该随着国家进步而更为强大。如果不能切实坚持党对高校的领导，没有一个坚强有力的统领核心，没有完善的领导体制机制，高校自身的发展也会有很大局限性，无法获得长足的进展，无法顺应新时代人民对教育事业、对中国特色社会主义大学的美好期望。加强高校党的领导体制机制建设是确保党的全面领导的制度保证，事实上，高校只有在体制机制上确保党的领导地位，才能拥有主心骨，进而为祖国的教育事业做出更大贡献。

推进高校全面深化改革的现实挑战要求完善坚持高校党的领导体制机制，并聚焦于高校治理现代化发展的战略目标实现，更好地服务国家战略大局和人才强国建设。高校在社会主义建设事业中具有特殊且重要的地位，不仅处于维护国家意识形态安全及话语权建设的前沿阵地，而且随着经济社会快速发展和国际范围内对人才的竞争日益激烈，高等教育所承担的经济社会发展任务和人才培养任务更加艰巨，教育已经全面覆盖到国际社会及国家、社会、个人发展的方方面面，并使之紧紧地联结在一起，成为科技创新、经济转型、社会稳定和国家战略发展的强大驱动力和坚固基石。因此，坚定走高校的内涵式发展道路，全面深化改革，完善高校党的领导体制机制，通过在国家总体发展趋向的指引下，全面并且客观地审视自身发展的全局性特点和实际情况，在抓重点、固根基、扬优势、补短板、强弱项的基础上，制定完善发展路线和资源投入、配置规划，从而同高校治理现代化发展的战略目标相适应，更好地服务国家战略大局和人才强国建设。为此，各级高校党组织都应该充分重视这些在发展过程中出现的问题，从推动高校的改革中汲取源源不竭的动力，经过改革的洗礼，把党组织自身的政治优势和组织优势发挥出来，把人心凝聚起来，通过有步骤地管理，逐一明确目标，在制定决策和实施各个环节的过程中充分做好思想政治工作，引导广大党员和师生充分认识到高校深化改革、加快发展的复杂性和艰巨性，以及加强党对高校领导必要性的认识，自觉维护起高校改革、发展、稳定的大局。

同时，高校要以习近平总书记关于教育的系列重要论述为指导，更好地推进高校的内涵式发展，从科学历史分析的视角出发站稳立场，从经济社会和高校自身现实发展需要相结合的视角出发规划路线，从维护和发展学生和教师利益出发制定相关教学管理及考评工作，联合国际、国内两个场域来强化和打造具有自身特色的发展优势和品牌效应，开拓不仅具有中国特色，而且具有世界水平的新时代高等教育发展新局面，推进高等教育实现跨越式发展，为中国特色社会主义建设事业提供广阔的世界舞台和强大的人才凝聚力。总而言之，高校走内涵式发展道路，是建设和实现"双一流"大学的前提和基础，是高校全面深化改革的目标指向，是培育高素质人才的重要保证。因此，当前高校党的领导体制机制必须深入推进高校全面深化改革。

三、全面落实"立德树人"的现实挑战

完善坚持高校党的领导体制机制必须肩负好全面落实"立德树人"的现实挑战。立德树人是中国特色社会主义高校的立身之本，同时也是教育的根本性任务，观照现实，高校落实立德树人根本任务还面临着一定的困境，主要有市场经济的利益驱动机制对高校师生价值观的冲击、信息多元化对高校传统育人模式效果的削减、高校人才培养中心意识存在淡化倾向等问题。习近平总书记指出："高校的立身之本在于立德树人。只有培养出一流人才的高校，才能够成为世界一流大学。"[1] 当前，党和国家的教育方针是以立德树人为核心，从而培养一代又一代的社会主义建设者和接班人。人无德不立，国无德不兴。个人的成长发展需要有正确的价值观作为指引，才能坚定信心并朝着正确的方向努力。在高等教育阶段，价值观和德育更加社会化和政治化，这同大学生这一时期的心理特点和成长实践需求是一致的。个人必须将自身的小我融入国家和民族的大我当中去，为自身的就业实践指引方向，制定合理的人生发展规划，才能真正实现自身的人生价值。

习近平总书记指出："古今中外，每个国家都是按照自己的政治要求来培养人的，世界一流大学都是在服务自己国家发展中成长起来的。我国社会主义教育就是要培养社会主义建设者和接班人。"[2] 在人类社会发展的现阶段，任何一种教育实践都具有政治属性，其决定了培养什么人、为谁培养人和怎样培养人的问题。因此，以实现人的全面自由发展为终极目标，始终坚持无产阶级政党领导，以发展和维护人民群众的根本利益为核心的社会主义教育事业，相对资产阶级的教育来说具有根本优势。中国共产党的初心和使命是为中国人民谋幸福，为中华民族谋复兴，这也决定了中国特色社会主义教育事业的发展方向以及人才培养的根本目的。我国高校的建设发展道路，综合继承了革命时期的遗产，在新中国成立后建立了一批服务于国家建设和人民群众生产生活需求的高校，并推动教育事业发展面向现代化、面向世界、面向未来，提出"211 工程"和"985 工程"建设，更好地满足了改革开放以来经济社会发展和对外交流中对大规模优质人才的

---

[1] 《习近平在全国高校思想政治工作会议上强调：把思想政治工作贯穿教育教学全过程 开创我国高等教育事业发展新局面》，载于《人民日报》2016 年 12 月 9 日，第 1 版。

[2] 习近平：《在北京大学师生座谈会上的讲话》，人民出版社 2018 年版，第 6 页。

需求，促进我国高等教育事业取得了阶段性成就。当前，我国高等教育事业在"双一流"和"四个服务"的发展目标指引下，必须在人才培养质量和数量上进行自我改革创新，同时，在新的国情和发展局势下要加强价值观教育和国情国史教育，为人才队伍建设和国家治理发展贡献新鲜活力，提供强大智慧支撑。

全面落实"立德树人"的现实挑战客观要求坚持和完善高校党的领导体制机制。从教育的实施和使命来看，教育是一种以实现人类物质文明和精神文明的传承和发展为根本任务的社会实践活动。在这一过程中，人是唯一的主体，代表着教育来源、实施过程、发展目标。从马克思主义的唯物史观来看，人是历史的、具体的，因此，教育也是历史的、具体的，教育存在的意义就在于不断提升人的认识和实践水平，使人在物质和精神上得到解放，实现人的全面自由的发展。马克思指出："物质生活的生产方式制约着整个社会生活、政治生活和精神生活的过程。"① 教育的发展离不开社会生产力水平的提升，同时教育通过人这一中介又极大地反作用于社会生产力的发展方向。其中，人这一主体的能动性作用在多大程度上有利于社会生产力发展，更重要的是有利于促进人自身的发展，这才是教育的本质和使命追求。

无产阶级专政下的社会主义教育是将教育的社会性和人民性有机结合的一种阶段性实施形式。改革开放四十多年来，人们的生活水平明显提高，物质生产极大的丰富，人们的需求基本得到了满足，但对充实的精神生活更加无比向往，对高质量的高等教育更为期待，对精神境界有更高的追求。但一些高校的培养方案不能满足学生高质量、多样化、个性化的服务需求；校与校之间尤其与国外知名大学或科研机构的合作机会较少；优质的高等教育资源投入力度不足、分配不均等。人民群众对接受更高质量的高等教育的精神文化需要从本质上看是社会主义促进人的全面发展的内在要求，是社会主义优越性的重要体现。因而，要弥补发展的短板，尽可能地满足这种日益增长的需求，就必须加强党对高校的领导，在党的坚强领导下科学制定各种规划，动态调整发展方案，科学地完善相应的体制机制，壮大办学实力，走一条可持续发展之路，尽可能做好协调统筹，提供优质高效的教育服务以满足人民群众的美好向往。

全面落实"立德树人"的现实挑战客观要求坚持和完善高校党的领导体制机制，要求把坚定人才培养的政治方向作为根本指向。高校肩负着培养数以万计高素质人才的历史任务，通过培养一批又一批的人才，源源不断地为建设社会主义现代化添砖加瓦。当前我国的高等教育领域仍然交织隐藏着许多不稳定、不和谐的因素，在各种文化思潮相互激荡碰撞的背景下，坚持党对高校的领导，加强高

---

① 《马克思恩格斯选集》第二卷，人民出版社2012年版，第2页。

校党建工作显得刻不容缓。高校是培养人才的摇篮，在校大学生又是特殊的群体，这些大学生在接受新鲜事物方面能力较强，往往才思敏捷，胆大心细，创造力十足。但与此同时，处在这个年龄段的学生也有自身成长过程中固有的弱点，比如身心还不够成熟、容易激动、感情用事，对复杂问题和敏感问题缺乏判断能力，难以做出完整准确的分析。还有一部分学生，其政治立场容易受到错误思想观点和网络虚假信息的影响而摇摆不定。

为了促使青年大学生尽快成长为全面发展的时代新人，坚定政治理想信念，摒弃精致利己主义，懂得奉献社会、回报祖国，高校党建工作就不能有任何半点马虎。高校各级党组织要充分发挥战斗堡垒的作用，广大党员同志要保持和发展先进性，为高校实现任务使命提供组织保证和思想保证。因此，高校要沿着社会主义的办学方向，坚决捍卫党的领导地位，牢牢把握意识形态领域的话语权，始终确保主流意识形态的统领地位和主导地位，维护高校的意识形态安全，在构建和谐稳定的校园环境中让党组织不断发挥关键作用。唯有如此，青年大学生群体才能团结凝聚在党的周围，为祖国的现代化事业贡献出应有的力量和作用，成为社会主义现代化建设的生力军。

从深层看，加强党对高校的领导以及坚持和完善高校党的领导体制机制是培养社会主义建设者和接班人的根本保证。习近平总书记曾在北京大学师生座谈会上强调指出："大学是立德树人、培养人才的地方。"① 这一重要论述深刻阐明了"立德树人"是新时代高等教育的中心环节。高校肩负着培养人才的重要使命，但是，高校应该把立德树人作为人才培养的中心环节。在人才的各项素质中，"德"应该是第一位的。我们通常所说的"德"一般是品德、公德、美德、道德。其中，品德是人才的灵魂，关系着人才的政治方向、政治立场。人与人之间思想境界上的差别，就会导致行为方式上的差别，从而造成行为结果的巨大反差。培养社会主义建设者和接班人，是我国各级各类学校的共同使命。高校只有始终将自身置于党的领导下，才能坚定办学方向不偏移，才能为我国培养出社会主义合格的建设者和可靠的接班人。

当前，在推进社会主义建设事业面临的国内外多元挑战下，高校作为培养人才、塑造灵魂的场所，优先开展好思想政治教育工作极端重要。因此，党委要以习近平新时代中国特色社会主义思想为指导，与时代同步伐，以人民为中心，全面动员号召领导班子、师生群体开展理论学习和实践教育，团结各民主党派和社会群体做好统战工作，在回应师生疑惑、关注师生价值期许的同时，积极引领广大师生真正学懂、弄通、深入贯彻习近平新时代中国特色社会主义思想。并在此

---

① 习近平：《在北京大学师生座谈会上的讲话》，载于《光明日报》2018年5月3日，第2版。

基础上，转变教育办学理念，深入开展价值观和人文教育，着力引导师生树立正确的历史观、民族观、国家观、文化观，使之成为一个不仅掌握知识技能，更有利于社会和国家的人。

可以看出，出于对高校人才培养的根本任务和长期建设发展的战略考虑，研究和完善党委领导下的校长负责制，能够为更扎实、更有针对性地提升办学质量和培养人才提供有效的实现形式和发展路径，有利于发挥党对高校建设发展的根本领导优势。立德树人是新时代教育事业发展的根本任务所在，高等教育作为学科创新、知识创造、劳动力培养、意识形态建设的重要阵地，必须首先部署和落实好立德树人的相关工作，推进政治教育和品德塑造、知识技能教育深入融合，从而强化党对高校的思想领导，创新和发展无产阶级政党的科学思想理论体系，加强高校意识形态阵地建设，构建中国特色哲学社会科学，不断开辟21世纪马克思主义发展新境界，创造有利于中国人民和中华民族、有利于世界的精神文明财富。其次，坚持和完善高校党的领导体制机制，增强党领导高等教育的社会影响力和自身话语权建设，以凝聚更广泛的力量投入中国特色社会主义教育实践的发展中，更好地履行立德树人的教育发展理念和根本任务。

由上可知，高校落实立德树人的根本任务，提升高校的人才培养质量和人才队伍建设水平，需要全面夯实高校党的领导体制机制，通过健全的体制机制来激发人才自身蕴藏的潜能和发展自身的积极性，以及服务大局的本领和责任意识。人才是国内和国际社会中最为宝贵的战略性资源，高校作为人才的主要集聚地和输出场所，更多更好地培养人才、用好人才是一个国家未来长远发展的基础性、关键性工程。因此，同人才强国、教育强国的发展战略一致，高等教育事业必须要提高自身战略定位，坚定维护和不断挖掘自身的人才优势，以注重人才培养为核心开展办学治校工作，在逐渐与国际社会的各优质高校对接的过程中，以人才沟通为载体和基础深化人类文明成果之间的交流互鉴。高校党委对人才队伍建设的基本方针是：必须把政治上坚定、业务上优秀、作风上过硬、广大师生认可的党员和各类人才选配到学校领导班子中，提升领导班子整体的办学治校和创新发展能力。所以，坚持和完善高校党的领导体制机制必须肩负好全面落实"立德树人"的任务挑战。

第六章

新时代高校党的领导体制机制的现状及成因

问题是时代的呼声。正如马克思恩格斯所言:"一个时代所提出的问题,和任何在内容上是正当的因而也是合理的问题,有着共同的命运:主要的困难不是答案,而是问题。"[1] 因此,新时代坚持和完善高校党的领导体制机制,不仅需要辨析相关概念、夯实理论基础、审视价值意义、梳理历史演变和把握现实境遇,还必须坚持问题意识,以问题为导向来,并深入挖掘问题背后的原因,以期增强高校党的领导体制机制建设研究的针对性和实效性。非新无以为进,非旧无以为守。任何事物的发展都不是以新非旧式的推倒重来,而是在守正基础上的创新,以期实现螺旋式的上升和波浪式的前进。对于推进高校党的领导体制机制建设而言,也必须坚持守正创新,即以现实关照为基础,综合运用多学科知识,多维度考察高校党的领导体制机制的现状,揭示高校党的领导体制机制存在的问题与成因,在此基础上谋求高校党的领导体制价值建设的进一步发展。因此,本章将从当前取得的重要成效、存在的问题与成因分析三个维度进行深入探究。

第一节 新时代高校党的领导体制机制取得的重要成效

高校是党领导下的高校,是坚持党的领导的坚强阵地。高校党的领导居于高

---

[1] 《马克思恩格斯全集》第四十卷,人民出版社1982年版,第289页。

校领导的核心地位，高校党的领导体制机制是我国高校办学治校的核心体制机制，影响甚至决定着我国高校的运行效能与发展质量。新中国成立以来，高校党的领导体制机制发生了重要变革，取得了一系列改革成效。充分梳理当前高校党的领导体制机制取得的重要成效是深入把握高校党的领导体制机制现状的本质诉求与应有之义。纵观高校党的领导体制机制的建设和改革发展历程，可以发现，当前高校在探索党的领导模式、发挥党的领导优势与强化党的领导地位等过程中，基本明确了高校党的领导内容，愈加优化了高校党的领导格局，越发完善了高校党的领导体制机制，循序渐进地把"党的领导"这一最大制度优势转变成社会主义高校的办学优势和治校优势。

一、高校党的领导内容基本明确

高校党的领导体制机制是以明确高校党的领导内容为前提的，高校党的领导内容是否明确直接决定或影响高校党的领导体制机制现状。高校是中国共产党的"摇篮"和"策源地"，在高校中建设、发展党的组织已经成为中国共产主义运动的一大特点。中国共产党自成立早期就高度重视高校的领导工作，尤其注重高校党的领导，以此来加强党对高校的领导。经过民主革命时期党创办和领导高等教育的探索实践和新中国成立以来高校党的领导体制机制的建设发展，高校党的领导实现了从大包大揽、全面管控向"有所为有所不为"的重大转变，主要表现在对招生就业、人才培养等内容的管控逐步放松，在办学方向指引、领导班子建设、干部人才管理等方面的领导愈发加强。换而言之，高校党的领导内容在长期的革命斗争和社会主义建设、改革的发展实践中得到了基本明确，主要表征为：对高校全局工作的领导、对高校中心工作的领导、对高校干部工作的领导。

高校党的领导主要是对高校全局工作的领导。高校兼具知识传授和价值引领的双重塑造功能，是培养担当民族复兴大任的时代新人的关键一环，也是培养社会主义建设者和接班人的坚强阵地。高校在我国社会主义现代化建设中的关键战略地位，决定了党在高校全局工作中的核心领导地位。党总揽高校工作的全局，核心在于通过政治、思想和组织领导，把好办学方向、抓好办学大事、管好高校干部，同时不包揽行政事务[①]。以把好办学方向为例，高校办学方向与办学道路实质上是指高校坚持什么样的发展道路、培养什么样的高层次人才，不可避免地具有鲜明的意识形态属性。方向决定道路和命运，办好中国特色社会主义高等教育，最重要的是要在办学道路和办学方向等相关问题上站稳政治立场，唯其如此

---

① 顾海良、罗永宽：《高校党的领导体制建设研究》，中国文史出版社2011年版，第9页。

才能确保青年大学生既能够掌握系统的知识体系，也能够初步建立起稳定的价值观系统，从而完成从自然人向社会人的转变①，落实高校为党育人、为国育才的初心使命。中国共产党在新中国成立伊始即创造性地将马克思主义的基本原理运用于对中国高等教育工作的指导实践中，借以彻底肃清了教育系统中封建的、买办的、法西斯主义的思想，摒弃了高校原有管理体制中重形式、轻实质的资本主义虚伪民主体制机制，明确了"提高人民的文化水平、培养国家建设人才、发展为人民服务的思想"等主要文化教育任务。社会主义基本制度在我国确立之后，毛泽东在《关于正确处理人民内部矛盾的问题》中将社会主义教育的目标明确为"使受教育者在德育、智育、体育几方面都得到发展，成为有社会主义觉悟的有文化的劳动者"②。在此基础上，经过《关于建国以来党的若干历史问题的决议》等党内文件的陆续出台和《中华人民共和国教育法》等法律的制定修订，以及党和国家主要领导人关于教育工作的多次重要讲话，党对高等教育的领导思想不断得到深化，逐步明确了我国高校的社会主义办学方向和"为人民服务，为中国共产党治国理政服务，为巩固和发展中国特色社会主义制度服务，为改革开放和社会主义现代化建设服务"的发展方向③。

高校党的领导是对高校中心工作的领导。立德树人是教育的根本任务。我国高校"以人才培养为中心，开展教学、科学研究和社会服务"④，回答和解决好"为谁培养人、培养什么人、怎样培养人"这一教育的根本问题。高校党的领导以围绕高校中心工作为基本遵循，着眼于科教兴国战略和人才强国战略，牢固确立人才培养在高校全部工作中的中心地位，从而使党对高校的领导服务于培养德智体美劳全面发展的社会主义合格建设者和可靠接班人⑤。因此，培养人才既是高校的中心工作，又是高校党的领导核心功能。实现人的全面发展是马克思主义的本质要求和价值目标。但人的全面发展有其时代性，在不同的历史阶段有不同的具体要求，只有与社会的发展方向和进步要求相统一，才有可能实现人的真正自由全面的解放。然而，在高校的组织发展和活动过程中，高校并不会天然地成为培养德智体美劳全面发展的社会主义建设者和接班人的主阵地。要确保我国社会主义高校真正成为"为党育人、为国育才"的场域，关键在于坚持和贯彻高校党的领导。这一点在新中国成立之初即开始得到有效贯彻，然而却在"文化大革命"期间和20世纪80年代末期的"学潮"中被严重干扰，一度偏离了社会主义

---

① 张汉静：《高校须坚持社会主义办学方向》，载于《光明日报》2016年12月22日，第11版。
② 康秀云：《坚持社会主义办学方向的三重逻辑》，载于《光明日报》2019年11月19日，第13版。
③ 《习近平在全国高校思想政治工作会议上强调：把思想政治工作贯穿教育教学全过程开创我国高等教育事业发展新局面》，载于《人民日报》2016年12月9日，第1版。
④ 《中华人民共和国高等教育法》，中国人大网，2019年1月7日。
⑤ 顾海良、罗永宽：《高校党的领导体制建设研究》，中国文史出版社2011年版，第9页。

建设者和接班人这一中心工作。究其根源在于当时我国社会主义建设模式还处于艰辛探索时期，中国共产党人对于我国的社会主义现代化建设道路尚未具备深刻的思想认识和丰富的经验积累，造成在领导高校工作时出现了一些挫折。随着改革开放的深入尤其是中国特色社会主义道路的开辟，党对高校的领导服务于高校培养德智体美劳全面发展的社会主义合格建设者和可靠接班人这一中心工作的状况也日益凸显。围绕中心工作实现党对高校的领导，逐渐成为我国高等教育发展的一条重要基本经验。

高校党的领导是对高校干部工作的领导。"政治路线确定之后，干部就是决定的因素。"① 高校干部队伍建设是坚持社会主义办学方向，落实高校立德树人根本任务的重要保障。坚持党管干部是实现高校党的领导的基本原则和重要保证，也是高校干部人事管理制度的根本指导原则。党管干部原则在高校的实施语境中是指以保障党对高校干部人事工作的领导权和对重要干部的管理权为出发点，根据党的干部工作原则选拔任用干部，并通过对干部的有效管理和监督，保证党的路线方针政策在高校的贯彻落实；② 只有坚持党管干部原则，才能确保高校领导权牢牢掌握在忠于马克思主义、忠于社会主义、忠于党和人民的人手中③。纵观历史，在高校中坚持党管干部原则是中国共产党跟随时代发展脚步而探索得出的重要组织优势和现实优良传统。早在民主革命时期，中国共产党就将大量高素质的优秀干部选派到其创办和领导的高等院校之中工作，以确保这些高校在办学治校过程中始终坚持为党的路线方针服务，从而为中国革命事业源源不断地培养了大批优秀人才，助推了中国民主革命的胜利。新中国成立后，党和政府在对全国高校进行统一规划调整的基础上，始终严把高校干部队伍建设各个环节，进一步完善高校领导干部选拔任用体制机制，一是严格选拔标准、拓宽用人视野，把政治标准放在首位，选优配强领导班子特别是书记、校长；二是统筹资源，加强各类高校之间、高校与地方之间的干部交流锻炼；三是出台高校领导干部分类管理、分类评价等实施办法，完善重点领域、关键环节的监督约束机制，推动高校干部"干事创业要充满激情、面对困难要富于创造、迎接挑战要勇于担当"④，形成了比较完备的干部管理体制。并且，针对高校各民主党派组织比较齐全、党派成员和无党派人士密集的客观实际，2015年颁布的《中国共产党统一战线工作条例（试行）》明确规定"高等学校领导班子中一般应当配备党外干部，符合

---

① 《毛泽东选集》第二卷，人民出版社1991年版，第211页。
② 顾海良、罗永宽：《高校党的领导体制建设研究》，中国文史出版社2011年版，第9页。
③ 黄建军：《新中国成立70年党对高校全面领导的历史考察与基本经验》，载于《中国高等教育》2019年第12期。
④ 冷伟青：《坚持和加强党对高校工作的全面领导》，载于《光明日报》2019年1月17日，第15版。

条件的党外干部可以担任行政正职"①，进一步拓宽了高校领导干部的选才范围、丰富了高校干部人才的来源渠道。总的来说，在高校中坚持党管干部原则既是中国共产党党内干部选拔任用体制机制的历史经验总结，也是中国共产党巩固执政权力的实践逻辑必然。

高校党的领导是对高校依法办学的领导。全面依法治国是推动我国国家治理体系与治理能力现代化的一场深刻革命。高校则是推进全面依法治国的重要场域。随着依法治国向纵深推进，依法办学、依法治校日益成为我国高校提升自身国际竞争力、实现规范化运营和现代化发展的迫切需要。在此背景下，高校党的领导要在高校工作中发挥领导优势、实现全面领导，归根结底必须在党和国家的法律法规和规章制度范围内开展工作并履行好办学治校的主体责任，保障党的领导与依法办学目标的有机统一。一方面，高校党的领导既要在《中国共产党章程》《关于新形势下党内政治生活的若干准则》《中国共产党纪律处分条例》等适用于全党的党规党法规定范围内来开展，确保高校党的领导始终坚强有力，更要在《中国共产党普通高等学校基层组织工作条例》《中共中央 国务院关于全面加强新时代大中小学劳动教育的意见》《中长期青年发展规划》等专门性党内法规规定的范围内来活动，确保党的路线方针政策在高校得到贯彻执行。另一方面，高校党的领导既要在宪法、刑法、民法、行政法等国家法律法规范围内来开展，确保高校党的领导拥有最基本的法律保障，也要在《中华人民共和国教育法》《国家中长期教育改革和发展规划纲要》《中长期青年发展规划纲要》等高等教育领域专门性法律法规规定的范围内来开展，确保党对高校的领导体现为立足中国大地办教育，切实推动高校的现代化改革和时代化发展。

高校党的领导的根本制度是党委领导下的校长负责制。我国高等教育事业发展的历史实践表明，党委领导下的校长负责制是马克思主义党建理论与我国社会主义高等教育事业紧密结合的实践产物，也是坚持党对高校的全面领导和社会主义办学方向的制度安排，既强化了高校党的领导的核心地位，又发挥了以校长为首的高校行政组织的积极作用，有利于保障党的路线方针在高校的贯彻落实和高等教育高质量发展目标的实现达成。中国共产党在不断探索完善高校领导体制以促进高等教育发展的过程中，实现了从校务委员会制到党委领导下的校长负责制的颠覆性转变，并在《中华人民共和国高等教育法》第四十一条中明确了高校校长的具体职责。在党委领导下的校长负责制中，高校党的领导的核心地位具体体现在切实按照党章党规等所规定的各项职权统一领导学校工作，把握和决定学校的办学方向和关键环节，支持校长依法独立地行使职权，推进学校各项任务的完

---

① 《中国共产党统一战线工作条例（试行）》，载于《光明日报》2015年9月23日，第1版。

成。而校长负责制则主要体现在对党委、社会和师生负责三个方面。首先，校长要对党委负责。校长在学校党委的领导下贯彻党的教育方针，组织拟订学校发展规划、教学科研措施、规章制度、人才政策等，并经党委决定后实施。其次，校长要对社会负责。社会服务是现代高校的三大职能之一，其是指高校在培养人才的基础上，向社会提供服务性的、促进社会和经济发展的活动。校长作为学校法人，通过与社会交流合作不仅加强了同社会的联系，而且也能实现学校自身的完善和发展。最后，校长作为学校的行政首长，许多关乎师生发展、成才的决策都需要校长作为执行者组织实施，因而校长还需要对师生负责。厘清高校中党委领导和校长负责两者之间的关系是贯彻执行好党委领导下的校长负责制的关键所在。在高校，党委领导和校长负责是辩证统一、不可分割的有机整体。第一，在学校党委和校长之间的关系上，党委是领导，负责方向性、根本性的重大事务；校长作为学校行政首长是被党委所领导的，负责操行性、具体性的行政事务。第二，在学校党委和校长之间的目标指向上，二者在政治方向、工作目标、根本任务等方面是一致的，都是为了在坚定社会主义办学方向的基础上为国家和社会培育社会主义事业的合格建设者和可靠接班人。第三，在学校党委和校长的工作职权上，二者肩负不同的工作职责和工作任务，不能相互取代，而是需要二者相互配合、相互支持才能充分发挥高校领导体制的优势。

二、高校党的领导格局逐步优化

高校党的领导体制机制不仅要明确高校党的领导内容，还涉及高校党的领导格局。高校党的领导体制机制是以高校党的领导格局为关键支撑的，高校党的领导格局的变化在一定程度上反映了高校党的领导体制机制的现实状况。当前，新时代高校党的领导体制机制的成效还具体表现为高校党的领导格局逐步优化。教育是中国特色社会主义事业全局中面向未来、着眼长远、提升整体竞争实力的重要组成部分。而高等教育作为最高层次的教育事业，担负着培养高级专门人才、发展科学技术文化和促进现代化建设的重大任务，对于推动中国特色社会主义事业的兴旺发达和实现中华民族伟大复兴的中国梦具有重大现实意义。新中国成立以来，中国共产党从社会主义现代化建设的实际国情出发，不断深化教育领域的综合改革，探索实行中央统一领导下的社会主义大学分级管理体制，即对我国高等学校实行中央统一领导，中央与各省、自治区、直辖市两级管理。在此基础上，逐步形成了以"中管高校—部属高校—省（自治区、直辖市）属高校—中心城市举办的高校—民办高校"为主要内容的基本领导格局，既契合我国高等教育实际情况，又调动了中央和地方各级办学的积极性，保障党和国家政策的贯彻执行。

部属高校党的领导格局逐步走向完善。部属高校一般涵括中央直管高校与其他部属高校两大类。中央直管高校即中国共产党中央委员会直接管理的高校，又称"副部级大学"（以下简称"中管高校"）。20 世纪 90 年代初，为了进一步提高劳动者素质，培养大批人才，建立适应社会主义市场经济体制和政治、科技体制改革需要的教育体制，更好地为社会主义现代化建设服务，中共中央、国务院印发《中国教育改革和发展纲要》，明确要求："高等教育要逐步形成以中央、省（自治区、直辖市）两级政府办学为主、社会各界参与办学的新格局"。① 与此同时，中共中央、国务院明确北京大学、清华大学、中国农业大学、中国人民大学、北京师范大学、北京理工大学、北京航空航天大学、哈尔滨工业大学、中国科学技术大学、北京医科大学（2000 年 4 月 3 日并入北京大学）、复旦大学、上海交通大学、西安交通大学、西北工业大学 14 所高校为中管高校。此后，中共中央和国务院又于 2000 年增列浙江大学、南开大学、天津大学、南京大学、武汉大学、四川大学、中山大学为中管高校，2003 年增列吉林大学、中南大学、厦门大学、大连理工大学、山东大学、同济大学、西北农林科技大学、华中科技大学、东南大学、重庆大学、兰州大学 11 所高校为中管高校，共 31 所。从办学层次上来看，中管高校全部为"985 工程"和"211 工程"院校，并入选"双一流"建设高校。从领导关系上来看，中管高校表面上由教育部直接领导和管理，实际上由中共中央直接领导和管理，最直接的体现为其党委书记、校长职务均为副部级，由中共中央、国务院联合任命、在中共中央组织部备案。其他部属高校又称"中央部属高校"，是指由中华人民共和国国务院组成部门及其直属机构以及党领导的人民团体在全国范围内直接管理，由中央财政划拨办学经费的高等学校，目的是在探索改革上先走一步，在提高教学、科学研究和社会服务方面发挥示范引领作用。历史上中国高等学校多隶属于国家不同的部委，各个部委举办具有自己行业特色的高校。随着国家教育领导体制改革的不断深入，除少量高校在原有隶属关系下得以保留外，大多数部属高校要么划归教育部领导和管理，要么划归所在省（自治区、直辖市）领导和管理。截至 2023 年，我国中央部属高校共 118 所。其中，教育部直属高校有 76 所，工业和信息化部直属 7 所，国家民族事务委员会直属 6 所，公安部 5 所，交通运输部 5 所，其他机关部属大多都是 1 所高校。从办学层次上来看，中央部属高校中既有入选"双一流"建设的高水平综合性大学，也有培养特定行业领域特色人才的专门大学。从领导关系上来看，中央部属高校均由其所属的党和国家机关来领导和管理。

---

① 李铁映：《社会主义现代化建设的奠基工程——认真学习、宣传和实施〈中国教育改革和发展纲要〉》，载于《人民教育》1993 年第 4 期。

地方所属高校党的领导格局获得充分展开。地方高校（主要是省属高校）可以说是我国高等教育事业发展的主力军。地方所属高校，是指隶属全国（不含港、澳、台地区）31个省、自治区、直辖市人民政府，大多数靠地方财政提供资金，由地方行政部门划拨经费的普通高等学校。省（自治区、直辖市）属高校数量庞大，是我国高校的主体组成部分，约占我国高校数量的80%。从办学层次上来看，省（自治区、直辖市）属高校既有"双一流"建设高校等普通高等院校，也有培养特定行业领域特色人才的大专层次的高职高专院校。从领导关系上来看，省（自治区、直辖市）属高校均由其所属地方党委和政府履行领导和管理职责。部分省（自治区、直辖市）属高校为了获取更多办学资源，在所属省（自治区、直辖市）人民政府支持下与教育部等国家部委"共建"，并未改变其原有隶属关系；与此相反，在高等教育改革大潮中，大量中央部属高校为了理顺领导和管理体系，被划归地方领导和管理而实行"省部共建、以省为主"的办学体制后，其领导和管理体制则发生变化，由中央部属高校转变为省属高校。为切实加强党对区域内高校的全面领导、优化高校党的领导体制机制，各省（自治区、直辖市）党委通常都会成立专司领导和管理教育的教育工作委员会，与政府系统的教育委员会（教育厅、教育局）共同领导和管理所属高校。

中心城市举办的高校体系日臻完善。在使用各级财政资金举办的公办高校中，除了省（自治区、直辖市）属高校以外，部分中心城市也举办了一些高校，如福州市人民政府举办了闽江学院、石家庄市人民政府举办了石家庄学院、平顶山市人民政府举办了平顶山学院、贵阳市人民政府举办了贵阳学院等。从办学沿革上来看，中心城市举办的高校普遍是从办学基础较差的职业院校、专科学校合并、升级而来。从办学层次上来看，中心城市举办的高校通常为普通本专科层次，少量专业具备硕士研究生层次的教育培养能力。从领导关系上来看，中心城市举办的高校通常实行"省市共建、以市为主"的办学体制，省教育行政部门履行业务指导职责，主要由作为举办方的所属市委市政府履行领导和管理职责。

民办高校党的领导格局基本形成。随着我国高等教育事业的快速发展和高等教育对社会力量的开放程度日趋扩大，民办高校的规模和质量不断壮大，在一定程度上弥补了公办高校的不足，逐渐成为助推我国高等教育改革的重要力量。民办高校主要指企业事业组织、社会团体及其他社会组织和公民个人利用非国家财政性教育经费，在国家许可情况下面向社会举办的高等学校。民办高校的兴起和发展是新时期我国改革开放的标志性成果之一。我国民办高等教育从无到有、由小到大，逐步成长为一支磅礴的力量，究其根本，在于改革开放以来，中国共产党从社会主义初级阶段的基本国情出发，支持民办高校的诞生和发展，并且大力实施倾斜政策扶持，从而使得一大批民办高校和独立学院陆续创办、迅速发展。

民办学校办学规模不断扩张，办学条件日臻完善，在一定程度上缓解了教育的供需矛盾、提高了全民素质，为中国高等教育的发展提供了丰裕化的教育资源和多元化的教育选择，为促进社会发展做出了杰出的历史贡献，成为中国发展伟大成就的重要组成部分。目前我国有民办高校700多所。从办学层次来看，民办高校的办学层次分为专科教育和本科教育。从领导关系上来看，民办高校通常由省级或市级教育行政部门履行主管部门职责。民办高校既是我国民办教育的重要组成部分，又是中国特色社会主义大学的关键组成要素，同样承担着为党育人、为国育才的初心使命。因此，坚持党的领导既是健全民办高校内部管理体制、保证民办高等教育的社会主义属性的必然要求，又是激发民办高校组织内生能力、提升育人实效的根本途径。当前，我国民办高校党的建设逐渐步入法治化进程，党中央通过颁布新法新政，对民办高校党的领导和建设做出了基本规定和具体部署，要求要把党组织建设等有关内容纳入民办高校的办学章程，明确党组织在学校法人治理结构中的地位，保证党组织在重大事项决策、监督、执行各环节有效发挥作用；各地党委和教育主管部门也将民办高校党的建设摆在了重要、突出位置，出台了多个加强地方民办高校党建工作的相关文件，开展了众多地方民办高校党建工作部署会、推进会等相关会议；民办高校党组织在此基础上，积极落实中央和地方的相关文件要求，推进了党组织成员进入学校决策层，健全了党组织参与决策的监督制度，建立了涵括教师队伍和学生队伍更为健全的党建体系，加强了上级党组织对民办高校的指导与监督。

三、高校党的领导体制机制基本稳定

高校党的领导体制机制不仅以明确高校领导内容为前提和以建构高校领导格局为关键，还直接表现在高校党的领导体制机制运行状况上。高校党的领导体制机制是党基于高校的机构设置、隶属关系、职权划分等要素和联系而制定并实施的相互影响、相互制约地调节自身运行和发展的整体功能体系和组织制度的总称，它决定着高校组织的工作机制、领导方式、治理行为、办学效果等。因此高校党的领导体制机制的运行状况是考察高校党的领导体制机制重要成效的直观反映。从当前看，高校党的领导体制机制取得的重要成效，还体现在高校党的领导体制机制基本稳定。高校党的领导是通过体制机制的合力来最终落到实处的，大体而言包含以下四个方面：一是高校党的委员会是党对高校的领导主体；二是各级教育行政主管部门按照党的意志具体领导和指导行政区域内全部高校；三是上级主管部门和共建部门直接领导和指导所属高校；四是以党委为核心的高校领导班子贯彻落实党对高校的领导。

第一,高校党的委员会是高校党的领导主体。高等教育事业是党和人民事业的重要组成部分,党中央对高校的直接指导,是党对高校的最高层次领导。新中国成立后,为了与计划经济体制下的社会主义建设实践相适应,党和国家很快确立了以中央为主集中力量办高等教育的局面,特别是在1958年"教育革命"运动中大办高校,进一步加强了党对高校的领导。1963年6月中共中央、国务院颁发的《关于加强高等学校统一领导、分级管理的决定(试行草案)》明确提出"为了加强对高等学校的领导和管理,中共中央和国务院决定对高等学校实行中央统一领导,中央和省、自治区、直辖市两级管理的制度",不过当时省(自治区、直辖市)对高校的管理主要限定在执行层面,即根据中央规定的方针政策、计划规划和规章制度等,开展对本地区内高等学校的领导工作,督促、检查其执行力度和落实效果,并对高校各方面工作提出建议[①]。改革开放以来,中央向地方放权分权成为时代潮流,1983年中共中央、国务院为了加速发展高等教育,开始适度赋予大城市、经济发展较快的中等城市和大企业高等教育举办和管理权[②];1985年中共中央要求在加强高等教育宏观管理的同时,调动各级政府办学积极性,随即根据这思路设立国家教育委员会,进一步明确了中央和地方的权责关系,省、自治区、直辖市的高等教育管理权限有所扩大[③];1993年中央与省(自治区、直辖市)两级管理、两级负责为主的高校管理体制基本定型,同时又赋予了中心城市办学自主权,为党中央和省级党委集中精力在高等教育大政方针、宏观规划和监督检查方面加强对高校的领导创造了更好的条件,实质上进一步优化了党中央和省级党委政府对高校的领导。2014年,中共中央在总结多年高等教育实践改革经验的基础上,印发了《关于坚持和完善普通高等学校党委领导下的校长负责制的实施意见》,进一步对高校党委会的设置和全委会、常委会等的议事范围、议事规则及议事决策程序提出了明确、具体的要求。经过多年努力,高校党的领导不断加强,高校党委核心地位不断强化,高校党的委员会成为法定的高校内部领导主体,在高校的治理过程中发挥着领导、决策、监督等重要作用。

第二,各级教育行政主管部门按照党的意志具体领导和指导行政区域内全部高校。国家教育行政管理部门,即中央人民政府下属的教育部、省(自治区、直辖市)人民政府下属的教育厅(局)、中心城市下属的教育局等,作为政府机

[①] 荀渊等:《从高度集中到放管结合——高等教育变革之路》,华东师范大学出版社2018年版,第46~47页。

[②] 《教育部、国家计划委员会关于加速发展高等教育的报告》,中华人民共和国国务院公报1983年第11期,第492、493页。

[③] 《中共中央关于教育体制改革的决定》,载于《师范教育》1985年第6期。

构，表面上是承担着编制高等教育的发展规划和事业计划、审核高等学校的设置、制定高等学校科学研究工作的规章制度、规定高等学校的教学计划和教学大纲的制定原则、确定高等学校的招生工作等高等教育管理职能，实质上则是肩负着按照党的意志对高等学校进行领导和指导的职责。改革开放以来，我国高等教育管理权呈现出由中央向地方分散、转移的态势。1995 年颁布的《中华人民共和国教育法》更是明确提出"国务院和地方各级人民政府形成分工有序的合作关系，共同领导和管理教育工作"①，实质上是党对高校领导权在国家教育行政管理部门之间的纵向调整。从宏观上来看，接受不同层级教育行政管理部门领导的高等院校接受相对应层次的教育行政管理部门的领导和指导，更有利于提高各级党委制定、出台与高校相关的各类政策措施的针对性和有效性，进一步优化了党对高校的领导；从微观上来看，每一所高校都能够根据自身所接受的教育行政管理部门领导，进一步明确自身办学定位，获取相应的办学资源，不断提升对党的领导的贯彻落实能力。总之，各级教育行政主管部门按照党的意志对高校进行具体领导和指导，已经成为顺利实现党对高校领导的关键枢纽。

第三，上级主管部门和共建部门直接领导和指导所属高校。从 20 世纪 50 年代开始，我国社会主义大学分别明确了各自的上级主管部门，由上级主管部门履行党对高校的直接领导和指导职责。直至 20 世纪 90 年代，党的十五大明确提出"优化教育结构，加快教育管理体制改革的步伐"之后，中央对由中央部委主管主办的高校提出了"共建、调整、合作、合并"的八字方针，大量高校被划归教育部和省、自治区、直辖市主管，很多高校的上级主管部门因此发生变更或被多部门"共建"；为了在全国范围内优化高等教育资源的配置，在支持中央部属主管主办的高校"共建、调整、合作、合并"的同时，也适度允许各省、自治区、直辖市与中央部委共建地方所属高校，很多高校在主管部门之外因此又增加了共建部门，②但党对高校的领导主要还是通过主管部门来实现，共建部门的影响并不明显。虽然经过大规模的"共建、调整、合作、合并"，使得大量中央部委主管主办的高校被划归教育部和地方所管理和领导，但我国高校主管主办部门类别

---

① 荀渊等：《从高度集中到放管结合——高等教育变革之路》，华东师范大学出版社 2018 年版，第 54 页。

② "共建"一词较早出现于我国改革开放初期的军地共建，共建内容主要是双方共同开展精神文明建设活动。20 世纪 90 年代初期，广东省首先将"共建"概念运用于高等教育改革发展领域，率先开部省共建之先河，促使原国家教委探索和试点与广东省政府共建中山大学和华南理工大学。此后，"共建"概念在高等教育改革领域被广泛使用，并被赋予特定含义。（参见李爱民、郭有成：《我国共建高校分类及其发展研究》，载于《高等工程教育研究》2017 年第 1 期，第 69 页）亦即"将部门与地方条块各自办学转变为共同办学，有的高校是以中央为主与地方共建，有的是以地方为主与中央共建，调动中央和地方的积极性，共同把高校办好"。（参见《李岚清教育访谈录》，人民教育出版社 2003 年版，第 84~85 页）

依然复杂繁多,既有教育部和中央部委(含全国性群团组织),也有省、自治区、直辖市以及中心城市的人民政府,还有省、自治区、直辖市以及中心城市的教育行政管理部门,因此党对高校的领导必须主要通过对高校主管部门的领导来实现。对于企业创办的民办高校和中外合作创办的高校而言,虽然其主管部门通常由中心城市的教育行政管理部门履行职能,但高校实际控制权仍然由举办方掌握,因此党领导民办高校必须通过加强对举办单位的政治引领来实现、对中外合作举办高校的领导则主要通过加强对中方举办者的政治引领来实现。

  第四,以党委为核心的高校领导班子贯彻落实党对高校的领导。高校领导班子是指在某一高校内部由若干领导成员按照一定的结构组成的有机整体,是团结带领干部群众和广大师生开展大学各项工作的领导集体。高校领导班子作为社会主义大学的领导者、组织者和推动者,是办好中国特色社会主义大学的核心力量,其领导水平和领导能力不仅以直接或间接的方式决定着其所在学校的发展方向、发展水平和发展质量,而且在宏观层面上影响着党和国家的方针政策,尤其是影响教育方针的贯彻和落实。因此,在我国高等教育实践中,高校党的领导主要通过对高校领导班子的领导来实现。民主革命时期创办红色高等教育后,中国共产党便开始将高等院校领导班子建设作为做好高校一切工作的"牛鼻子"来抓,不断从思想建设、组织建设、作风建设、能力建设和廉政建设等方面加强高校领导班子建设。新中国成立后,党经过对旧大学的接管、恢复和整顿,建立起了一批党领导的新大学,高校党的领导也得到进一步加强,尤其是 1958 年 9 月中共中央、国务院在《关于教育工作的指示》中明确规定"在一切高等学校中,应当实行学校党委领导下的校务委员会负责制",从而明确了党组织在高校工作中的领导核心地位,为加强党对高校的领导确立了直接着力点。经过"文化大革命"的破坏和改革开放初期的曲折发展后,1998 年 8 月通过的《中华人民共和国高等教育法》明确规定"国家举办的高等学校实行中国共产党基层委员会领导下的校长负责制",标志着我国高校以党委为核心的领导班子体制在法律层面基本定型,高校党委的领导核心作用在高校实际工作中得到进一步凸显。1999 年开始实施的《中华人民共和国高等教育法》标志着高校领导体制以强制力为保障正式确定。这不仅是党的民主集中制在高校的具体体现,也是确保高校社会主义办学方向、贯彻党的教育方针的根本保证。2010 年,中共中央印发《中国共产党普通高等学校基层组织工作条例》对高校领导体制的相关规定又进行了补充和细化:一是强调党委统一领导学校工作,并通过管理高校干部以及思政工作等发挥其领导核心作用;二是明确了这一体制的运行规则和方式,明确党委实行民主集中制,健全集体领导和个人分工负责相结合的制度;三是明晰了党委的八个主要职责。考虑到高校是党外知识分子集中的重要场所的实际情况,中共中央在

2015 年颁布的《中国共产党统一战线工作条例（试行）》中明确要求高校领导班子选配一定数量的党外干部，同时加强对党外代表人士的领导和管理，① 进一步完善了党领导高校领导班子建设的体制机制。

伴随高校党的领导体制的不断发展，与之相适应的院（系）领导管理体制也经历了一个不断发展的过程。院（系）单位的党政联席会议制度日趋完善并且得到了有效的贯彻落实。1983 年，教育部在《关于调整改革和加速发展高等教育若干问题的意见》规定实行"系主任负责制"，系主任对校（院）长负责；系党总支的主要任务是做好思想政治工作和党的建设工作。1990 年 7 月印发的《中共中央关于加强高等学校党的建设的通知》指出系党总支是全系的政治核心，此外还明确了系党总支的六个主要任务。1996 年中共中央印发的《中国共产党普通高等学校基层组织工作条例》则进一步深化了系级党总支的职能，要求系党总支要健全集体领导、党政分工合作、协调运行的工作机制，和本单位的领导班子共同做好基层工作。2007 年在《中共教育部党组关于加强普通高等学校基层党组织建设的意见》中提出，院（系）工作中的重要事项，要经过党政联席会议集体决定。2010 年，中共中央在《中国共产党普通高等学校基层组织工作条例》中正式将党政联席会议确定为高等学校院（系）级单位的工作体制和决策方式。该条例完善了院（系）级单位党组织的工作机制，从而为院（系）级单位党组织发挥作用和履行职责提供了制度保障。

一言以蔽之，当前高校党的领导体制机制取得的重要成效，不仅体现在高校党的领导内容基本明确，还体现在高校党的领导格局基本形成、高校党的领导体制机制基本稳定。尽管从表面上看，高校党的领导内容基本明确、高校党的领导格局基本形成与高校党的领导体制机制取得的成效关联性不是太大，但实际上，高校党的领导体制机制是以明确高校领导内容为前提和以构建高校领导格局为关键的。从目前取得的成效看，高校党的领导体制及运行机制经过不断演变和发展形成了高校党委领导下的校长负责制及运行机制，尤其是高校党委已经成为领导高校的坚强核心，是党在高校的最高决策组织。高校党委对高校的领导是对关乎高校改革与发展方向性、根本性问题的领导，不包揽具体事务。并且高校党委作为学校的领导核心，不仅肩负着培养社会主义事业可靠接班人的使命、担负着政治领导的责任，坚持始终围绕社会主义办学方向不动摇的原则，加强学校思想政治工作和德育工作，不断推进高校党的建设、全面落实党的路线方针政策、实现用党的指导思想武装全体师生；而且还肩负着管党治党的职责、担负着组织领导的责任，通过对学校内部组织机构负责人开展提拔、培养、考察和监督等工作，

---

① 《〈中国共产党统一战线工作条例（试行）〉发布》，载于《人民日报》2015 年 9 月 23 日第 1 版。

实现对社会主义办学方向的坚定。

第二节 新时代高校党的领导体制机制存在的主要问题

从高校党的领导体制机制建设发展历程来看，党对高校的领导自 20 世纪 80 年代末至 90 年代初以来，总体上得到不断的加强和深化，呈现出高校党的领导体制机制相对健全，工作机制运行比较良好、机制实施成效较为明显等良好态势，但同时也存在一些亟待解决的影响和制约高校党委对高校领导作用充分发挥的机制性、功能性、发展性等问题，主要体现在高校党的领导体制机制运行不规范、决策程序执行不严格、体制机制建设的创新动力不足、内部监督制度有待强化、高校意识形态安全的领导缺乏有效的应急机制、高校统一战线的领导仍需加强、民办高校党的领导体制机制还不稳固等方面。高校要真正贯彻落实好党的全面领导必须认真应对和解决高校党的领导运行机制体制存在的问题及不足，以将党的领导真正有效地贯穿高校办学治校的各个领域、教育教学的各个环节，贯彻落实党的教育方针，充分彰显党对高校的全面领导这一中国特色社会主义大学最大优势。

一、高校党的领导体制机制运行不规范

高校党委对高校的实际领导运行力有赖于良好合理的制度设计。一个好的制度能使系统内部的各个要素相互联结、相互作用，发挥最大功效，是事物前进发展的重要保障。在高校党的建设中，由于高校党委的内部民主氛围不够浓厚，各种制度安排联系不够紧密，使得一些比较好的制度无法发挥出应有的效能，在具体的实施过程中遭遇较大阻碍。还有一些制度安排由于缺乏相应的实施机制，导致执行力不强，与实践过程中产生的新情况、新问题不相容，使得制度形同虚设，运行不畅，难以发挥效力。制度安排不清晰，制度之间不配套，制度执行不给力，这些情况都严重影响了高校党的建设科学化水平。因此，高校必须从制度机制上发力，下大力气和狠功夫培植制度意识。此外，高校党委对高校领导体制的运行力不仅取决于制度本身的科学性、合理性，也离不开人为的因素。所以，培育制度意识，不断完善制度体系，树立制度信仰尤为重要。否则，没有制度规则的囿限，就无法保证各党政领导干部在制度范围内行事，而制度一旦运行不畅就会干扰高校党委内部的民主生活，破坏制度权威，致使高校党委的领导力大打

折扣。概而言之，加强高校党委对高校的领导，提高高校党委建设的科学化水平，需要加大制度层面的教育，使高校党委部门根植制度意识，自觉维护高校党委对高校的领导权威，维护制度尊严，牢固树立制度面前无特权的意识，为提高高校党的建设科学化水平提供制度保证。

在我国高等教育中，高校党的领导体制机制可分为应然和实然两类。就其应然而言，是指法规文件中有关高校党的领导体制在组织内部实践运作过程和方式的规定；就其实然而言，是指高校党委对高校的领导机制运行所体现出来的具体情况，也相对灵活。《关于坚持和完善普通高等学校党委领导下的校长负责制的实施意见》指出："党委领导下的校长负责制是一个不可分割的有机整体……建立健全党委统一领导、党政分工合作、协调运行的工作机制。"① 这一规定对高校党的领导机制的构成要素予以明确，认为高校党的领导机制主要由会议规程、议事规则、决策程序、沟通渠道等构成。由于一些高校并未结合实际对其细化，加之机制运行内在的灵活性，致使具体执行中执行者的自由裁量权颇多，出现权力运行失范化倾向，主要表现为会议召开不按期、议事规则不执行、决策程序不遵守、沟通协调不顺畅。

第一，会议召开不按期。党是中国特色社会主义事业的领导核心，党的领导通过党的代表大会及其所产生的委员会来实现，而党的代表大会代表及其所产生的委员会实行任期制，除非遭遇非常情况或特殊情况，党的代表大会不得延期召开。这是党的组织制度，也是一项会议原则，有关法规予以明确。如《中国共产党章程》规定，"党的各级代表大会代表实行任期制"；"党的全国代表大会每五年举行一次，……如无非常情况，不得延期举行"。《中华人民共和国高等教育法》规定：高校党委按照章程和有关规定，统一领导学校工作。《中国共产党普通高等学校基层组织工作条例》规定，"高校党委由党员大会或党员代表大会选举产生，每届任期5年"；"党员代表大会代表实行任期制"。该条例修订前即1996 年首次出台时规定高校党的委员会"任期四年"②。《关于坚持和完善普通高等学校党委领导下的校长负责制的实施意见》规定，"高等学校应按期召开党员大会（党员代表大会），选举产生党的委员会"。这些法规明确了党的代表大会代表与党的委员会实行任期制。高校党委是学校领导核心，党代会代表和党委会实行任期制，应该按期召开党员大会。高校党的代表大会能否如期召开，决定着新一届党委能否产生，直接影响着党的领导能力和领导水平能否与时俱进。在这

---

① 《中共中央办公厅印发〈关于坚持和完善普通高等学校党委领导下的校长负责制的实施意见〉》，载于《光明日报》2014 年 10 月 16 日，第 1 版。

② 《中共中央印发〈中国共产党普通高等学校基层组织工作条例〉》，载于《人民日报》1996 年 4 月 16 日，第 1 版。

一严肃而重大的事项上,部分高校却重视不够,校党代会召开往往一拖再拖,延期少则一两年,多的达十几年。

第二,议事规则不执行。议事规则与会议制度密不可分,党的法规往往将二者一起明确。《中国共产党普通高等学校基层组织工作条例》规定,高校党委对党员大会或党员代表大会负责并报告工作,由党员大会或党员代表大会选举产生;根据工作需要,经上级党组织批准,规模较大、党员人数较多的高校党委可设立常委会;设立常委会的党委每半年至少召开 1 次委员会全体会议,遇有重要情况可以随时召开。这些规定明确了高校党的会议制度体系,即党员大会或党代会→党委会或全委会→常委会以及设立常委会的党委会会议规则。《关于坚持和完善普通高等学校党委领导下的校长负责制的实施意见》根据其上位法《中国共产党章程》《中华人民共和国高等教育法》等,将上述规定予以细化,进一步规定:高校党委全体会议在党员大会或党代会闭会期间领导学校工作,由常委会召集党委全体会议并且确定会议议题,主要对学校全局性重大问题做出决策,听取、审议常委会、纪委的工作报告;召开全委会的前提是 2/3 以上委员到会,表决事项通过须有应到会委员的半数以上同意;常委会主持党委经常工作,主要是按照有关规定进行推荐、提名和决定任免干部,对事关全局的学校重要事项做出决定;常委会由党委书记召集并主持,议题由校领导班子成员提出、由党委书记确定。这些规定明确了高校全委会决策学校全局性重大问题、常委会决定学校重要事项,以及全委会和常委会各自的会议召集(主持)、议题确定、召开条件、表决通过的标准、列席人员等会议规则。这些规定在执行中往往出现两种现象:一是全委会领导异化为常委会领导。由于全委会与常委会所决定的事项种类相同,而且事项的重大与重要不易区分,尤其是常委会所决定的重要事项往往事关全局,加之权力本性膨胀,如果常委会权力制约不足,就会代替全委会做出决策。二是常委会集体领导异化为党委书记个人领导。由于党委书记主持党委全面工作,能够决定常委会会议议题、主持常委会讨论和表决,如果党委书记的权力膨胀而制约不足,就难以辨别常委会决定究竟代表的是党委书记个人意志还是领导班子集体意志。如果两个问题叠加,即全委会领导异化为常委会领导后,常委会集体领导又异化为党委书记个人领导,导致党委书记凌驾于党委之上,形成绝对权力,而绝对权力势必造成腐败,对党的领导和学校发展带来重大危害。基于对党的十八大以来前四年中央纪委国家监委网站(原中央纪委监察部网站)通报的 72 件高校领导严重违纪违法案例(涉及 62 所高校)的统计发现,涉及党委书记的案例有 26 件,占案件总数的 36%、占高校总数的 42%。

二、高校党的决策程序执行不坚决

当前,高校党的领导体制机制存在的问题还体现在高校党的决策程序执行不严格、不坚决。在高校党的领导体制机制运行中,高校党委做出决策,务必遵循决策原则、严守决策程序。《中国共产党普通高等学校基层组织工作条例》规定:"高校党委实行民主集中制,……党委成员应当根据集体的决定和分工,切实履行职责。"这些规定明确了高校党委决策要集体讨论、会议决定的原则。《关于坚持和完善普通高等学校党委领导下的校长负责制的实施意见》规定:"党委会议和校长办公会议(校务会议)要坚持科学决策、民主决策、依法决策,……对干部任免建议方案,在提交党委会议讨论决定前,应在党委书记、校长、分管组织工作的副书记、纪委书记等范围内进行充分酝酿。……广泛听取师生员工的意见建议。"这些规定明确了坚持依法决策、科学决策、民主决策的高校党委决策的基本原则,即明确了学校重要事项和重大问题决策的基本程序,但在实际的执行过程中效果并不理想。

由于一些高校领导缺乏法治思维,颇受"重实体、轻程序"的习惯思维影响,在决策程序等方面出现了问题。一是违反党委书记末位表态程序。会议讨论一般采取一事一议的方式,相关议题先由部门负责人报告情况,必要时由分管校领导作补充说明,然后由出席会议的正式成员发表意见、表明态度,列席人员可参与讨论,学校主要领导可就议题作说明,应最后表态。但是,结合学校实际而专门制定的主要领导末位表态这一规定,往往难以坚持。二是违反干部选拔任用程序,对试用期干部未经履职情况评估程序而予以正式任职,对调任或提拔的干部不履行免去原职务的程序,有的口头宣布任免干部却未正式发文等。三是另辟蹊径、绕道决策。有些重大决策未经党委会及其常委会讨论决定,而是以书记专题会、党政联席会议、"工作小组"取代。同时,当前高校党的领导体制机制存在的问题还体现在决策执行的沟通协调不顺畅。决策执行的沟通协调是建立健全党委统一领导、党政分工合作、协调运行的工作机制的基础性工作。对此,《关于坚持和完善普通高等学校党委领导下的校长负责制的实施意见》从以下三个方面做出了具体规定:

一是高校建立定期沟通制度,及时交流。关于教学、科研、行政管理方面的议题,党委应先听取校长意见;关于学校行政方面的重要议题,校长办公会议或校务会议应先听取党委书记意见。当议题意见不一致时暂缓上会,进一步沟通,取得共识后再上会讨论决定。

二是高校领导班子应经常沟通信息、协调工作。党政正职要发扬民主,充分听取和尊重班子成员的意见，支持他们在工作中开拓创新。领导班子成员要注意协调配合职责分工交叉的工作。

三是坚持领导干部双重组织生活会制度，注重提高组织生活质量。民主生活会要严肃、认真，开展积极健康的思想斗争，用好批评和自我批评。落实谈心谈话制度，党政正职之间、班子成员之间、党政正职与班子成员之间都要定期相互谈心，在经常相互交流思想、彼此交换意见中，把思想、作风等方面的苗头性倾向性问题消灭在萌芽状态，努力营造团结互助、和谐共事的良好氛围。

这些规定在明确高校要建立定期沟通制度的同时，规定了领导班子成员之间沟通协调的主要渠道、基本方式和具体程序。但在具体实践过程中，一些高校的沟通协调并不顺畅，主要存在以下三种问题：

第一，沟通协调不及时。党政正职本应相互信任，本着政治意识、大局观念，对学校重大问题、重要事项在会前充分交换意见，并听取领导班子其他成员意见，待取得共识后提交会议讨论。但是，这些程序、环节往往不能被完整执行，导致会上讨论分歧较大，出现议而不决、决而不行的现象。

第二，沟通协调不经常。领导班子成员之间的相互信任，往往建立在日常沟通协调的基础上。党委书记和校长不仅要支持班子成员开展工作，而且应充分发扬民主作风，经常主动地听取班子成员对学校工作的意见，吸纳合理意见、建议，以示尊重。但由于这些事项没有硬性要求和具体检查指标，党委书记和校长往往无暇顾及或是存在日常沟通协调工作不到位的现象。

第三，沟通交流不入心。沟通交流可以以专题讨论、民主交流等多种方式进行，既可以开好猛药起沉疴式的民主生活会，进行批评与自我批评，红红脸、出出汗，触动到思想根源；也可以和风细雨似的谈心谈话，党委书记与校长之间及二者与班子其他成员之间定期相互交谈，倾心交流思想、真诚交换意见，可以触动心灵深处。但这些被实践证明了的有效方式和硬性规定，往往在执行中走了调、变了味、走过场，成了形式化。

由于沟通协调不及时、不经常、不入心，导致党对高校的领导有一个由弱到强，循序渐进的成熟发展过程。事物的发展是波浪式前进和螺旋式上升的过程。只有对党对高校的领导当中出现的问题进行梳理总结，才能确定今后的前进方向；只有针对实践过程中暴露出来的薄弱环节进行解决，才能将党对高校的全面领导这一中国特色社会主义大学最大优势、最本质特征充分彰显出来。

三、高校党的领导体制机制的创新动力不足

当前，高校党的领导体制机制存在的问题不仅体现在高校党的领导体制机制

运行不规范和高校党的决策程序执行不严格，还体现在高校党的建设工作创新动力不足。当今世界正处于百年未有之大变局，世界局势加速演变，我国高校党的建设工作也面临严峻考验。尽管高校党的各部门齐抓共管，共同研讨，但在实践中仍然存在着许多不尽如人意的地方，最为突出的是高校党的建设工作机制不健全所造成的高校党的领导体制机制的创新动力不足，未能有效发挥出党建的引领作用。主要体现在以下几个方面：

一是忽视日常的理论学习。虽然各高校党委基本都已建立起了覆盖全校范围的理论学习制度，但在理论学习的过程中，个别党员同志缺乏对党的最新理论成果的深入理解，未能与时俱进地进行系统性学习，造成理论学习流于形式，无法进行认真的学习研究，从而导致学用脱节、理想信念动摇。一些兼职的党务干部将主要精力放在发展党员这项比较单一的党务工作上，头脑缺乏理论武装，存在一定程度的本领恐慌，对具体的党务理论知识一知半解，无法全面准确地认识党建工作在学校发展全局中的关键地位。在具体工作中还存在自身的理论素养并不能与新时代党的建设的高要求相适应的情况。另外党支部在党员正式入党之后，缺乏完整的、对其进行针对性和个性化的培养教育方案，这就容易导致一些青年学生党员缺乏对党员自我身份的强烈认同感和自我监督意识，在日常生活中对自己的要求不严格、随大流，没有切实按照党章的规定履行党员义务与责任，盲目与普通同学画等号，在广大同学中未起到模范带头作用。

二是对党员同志的培养教育活动形式单调、手段单一。近年来高校下大力气，通过各种活动加强了对教师党员与青年学生党员的党性教育，但在形式上仍比较单调，主要存在党建活动的载体不够丰富，方式方法不够多样等问题。高校党性教育的形式主要集中为开展大课培训、参观纪念遗址、观看红色电影、组织讲座交流等方式，内容多局限在理论学习、文件传达、听讲报告的层面，与高校的教学科研工作、学科建设、师资队伍培养、学生工作等结合的紧密度较低，参与的主体缺乏自主性，宣传方法与宣传力度也较为有限、单一，造成高校党员教育活动未能真正深入党员同志中间、开展效果不佳。同时，此类单一的教育方式也很少真正感染到非党员师生群体，部分同志对于高校党务热情程度不高、参与意愿不强烈、积极主动性较弱、表现较为被动。概而言之，党对高校发挥思想政治领导作用的形式有限，核心作用不够突出，致使高校党建工作创新动力不足。

三是主题党日开展的活动实时互动性差。高校开展主题党日活动多以传达中央文件会议精神、学习领导讲话、进行材料解读为主，被动机械的学习和单一重复的活动往往容易消耗党员同志的学习热情，达不到活动应有的学习效果，并且由于主题党日活动低活力和低吸引力的安排设置也使得其很难形成深入党员、联系党员、团结凝聚党支部的效果。当前，还有部分二级党组织在工作中缺乏主观能动性，在党建工作和党员教育上的思考不深，未能对身边的学习典型、生动案例进行深入挖掘、活动开展缺乏连贯性，造成党员学习获得感不足。此外，还有部分院系的党组织对下一级党支部的工作指导不到位，流于形式。有的党支部"推""拖"思想比较严重，部分党日活动应按时开展的能拖则拖、能推则推，使得党内民主生活中一些同志不足以进行批评和自我批评，问题和矛盾常常容易被掩盖掉。有的党支部对支部成员的管理过于宽松，不良风气往往导致党员队伍涣散，精神面貌不佳。在新的历史时代，高校党支部生活的开展在内容上应与党员思想实际、学习工作生活实践相结合，与社会热点相聚焦，不断创新新形势下支部活动的其他途径，使高校的党支部建设与教学科研相结合，别出心裁，集思广益，大力丰富组织生活，否则只会导致党组织建设落后于时代的发展。

四是党委领导下的校长负责制尚需进一步完善。高校内部的领导体制，既是高校治理的根本性制度保障，更是落实党对高校领导的有效制度保障。1978 年 10 月颁布的《全国重点高等学校暂行工作条例（试行草案）》规定高校实行党委领导下的校长分工负责制；1985 年颁布的《中共中央关于教育体制改革的决定》规定"学校逐步实行校长负责制"；1990 年发布的《中共中央关于加强高等学校党的建设的通知》规定"在今后一个相当长的时期，高等学校仍然实行党委领导下的校长负责制"；1998 年通过的《中华人民共和国高等教育法》规定"国家举办的高等学校实行中国共产党基层委员会领导下的校长负责制"，至此我国高等学校内部的领导体制才基本定型。高校内部领导和管理的体制机制在实践中的调整和变化，不可避免地对体制机制本身的落实效果造成了一定的影响。例如，有的高校党委领导核心意识还不够坚定；党委对把方向、管大局、作决策、保落实的领导职责落实不到位；支持校长在其职责范围内发挥作用的方法途径还不清晰；党委书记发挥领导作用与党委集体领导之间关系不能很好理顺；落实党委领导下的校长负责制在一定程度上还要靠党委书记和校长之间的磨合等①。站在新的历史时代和新的历史方位，我国高校必须高度重视和研究党委领导下的校长负责制在具体实践中出现的现实问题，进一步推动党委领导下的校长负责制的制度创新和制度健全。总之完善党委领导下的校长负责制是一个循序渐进的过程。首先，要克服人为干扰，对制度中不科学、不符合实际要求的地方不断地加以改进。其次，根据新形势新任务，适时调整制度中某些不符合高校自身发展的环节，建立有关机制主动适应时代发展的要求。最后，面对不断发生的情况和出现的问题，各相关职能部门要在高校党委的领导下，捋顺关系，按照制度规定在合

---

① 付岩志：《全过程全方位提升党对高校的领导力》，载于《中国领导科学》2020 年第 5 期。

理的框架内有效应对。

四、高校党的内部监督制度的执行力度相对乏力

当前，高校党的领导体制机制存在的问题还体现在高校党的领导的内部监督制度的落实强度比较乏力、亟须强化。"在不少地方和部门，党内监督被高高举起、轻轻放下，成了一句口号。党内监督缺位，必然导致党的领导弱化、党的建设缺失、全面从严治党不力。"① 党内监督是加强党的建设的、全面从严治党的重要保障，是一项环环相扣、错综复杂的系统工程，但在具体执行过程中，却存在高校专职监督人员配置较少，工作流程被简化的现象，在某种程度上就制约了监督渠道的通达性。党的十八届六中全会正式出台《中国共产党党内监督条例》，在顶层设计上构筑了拒腐防变的体制机制，党内监督的出发点和落脚点都是不断加强和改进党的领导，保持发展党的先进性，巩固党领导的核心地位。对于高校党委来说，加强党对高校的领导，也要做到把权力关进制度的笼子里。只有充分领会监督问责对于规范权力、规范党内政治生活的重要意义，才会对权力产生敬畏，实现权力运行的透明化。高校要结合校情，立足实际，自上而下把监督工作做实，除了校纪检部门的专责监督之外，机关党委、各职能部门、基层组织也要跟进日常自我监督，党员也要自觉地进行民主监督，这不仅是党员应尽义务，更是一种应该行使的权利。通过多种渠道、不同领域的监督，形成全方位覆盖的严密监督体系，打造自我完善、自我革新、自我提高的良好机制，使党的肌体不被歪风邪气、不良行为所腐蚀，始终保持高校各级党组织和党员的先进性，促使高校各项事业能够在党的领导下健康发展，朝着增强高校党的领导这一目标有序前进。

高校党内监督的重点对象是位居学校核心部门的校级领导干部。他们是学校发展的决策者和关键的推动者，处于权力中心上方位置，若是出现问题，则会对学校的发展造成不利影响。有个别高校的领导干部置社会主义法治权威于不顾，道德滑坡、滥用权力、滋生腐败，极大地影响了学校的声誉和发展。因此，高校领导干部要摆脱高高在上的架子，善于密切联系群众，倾听教工和学生的意见，摸清基层的情况，自觉接受群众监督。也可以利用互联网络的独特优势，通过新媒体技术手段实施监督，拓宽监督渠道，助推高校监督机制进一步完善。党内监督也要与党外监督结合起来，形成监督合力。民主党派应当切实履行监督职能，对学校发展建言献策，高校党委也要重视民主党派提出的意见和建议，搭建便捷

---

① 《习近平谈治国理政》第二卷，外文出版社2017年版，第185页。

通畅的交流平台和沟通渠道，以利于及时收集信息反馈结果。此外，构建高校内部的监督体系，以便对事关学校发展的重大事项、改革事宜、领导干部的任用选拔及各级领导干部思想作风、工作考评等问题进行全方位的监督，让权力在阳光下运行，净化高校的政治生态，以全面从严治党的信念真正维护高校党委的领导核心地位。

五、党对高校意识形态安全的领导缺乏有效的应急机制

当前，高校党的领导体制机制存在问题还包括党对高校意识形态安全的领导缺乏有效的应急机制。2018年9月，习近平总书记在全国教育大会上强调："加强党对教育工作的全面领导，是办好教育的根本保证。"① 高校是各种思想碰撞融合的汇集之地，一直处在意识形态领域斗争的风口浪尖。高校意识形态安全关系到我国的社会主义办学方向，关系到主流意识形态认同。加强高校意识形态安全建设是贯彻落实总体国家安全观的重要工作任务。为此，加强党对高校教育工作的全面领导尤其是意识形态工作的全面领导变得尤为必要。从2017年《十八届中央第十二轮巡视公布15所高校巡视反馈情况》的报告中就可以知悉：部分高校存在重业务轻意识形态工作的现象，这种现象主要表现为部分高校存在"四个意识"不够强，思想政治工作重视不够，在立德树人和坚持社会主义办学方向上存在差距，发挥"四个服务"作用不足；校党委领导核心作用发挥不够，落实意识形态工作责任制存在薄弱环节②。这些问题滋生的根源，主要在于我国高校的领导体制机制中缺乏对意识形态安全领导的应急机制。因此，建立高校意识形态安全应急机制，有利于及时应对影响高校意识形态安全的突发状况，有针对性地做好危机处理预案准备，将各种不稳定因素消灭在萌芽状态，还校园和谐宁静、风清气正。

针对党对高校意识形态安全的领导缺乏有效应急机制的问题，高校党委要加强落实意识形态工作责任制，推进党委领导下校长负责制的建设和完善；高校党委应该团结带领学校各部门，掌握工作的主动权，在不同时期、不同阶段广泛收集影响学校意识形态安全稳定的信息，预测可能出现的危机类型和风险程度，结成一张紧密的意识形态安全网。也就是说，高校党委要切实强化党对高校的全面领导，加快建立起一套高校意识形态安全的应急机制，高校党委与各部门之间

---

① 习近平：《坚持走中国特色社会主义教育发展道路 培养德智体美劳全面发展的社会主义建设者和接班人》，载于《人民日报》2018年9月11日，第1版。
② 《十八届中央第十二轮巡视公布15所高校巡视反馈情况》，载于《中国纪检监察报》2017年6月22日，第4版。

要切实做好信息沟通工作，发挥领导核心作用，在全面收集和掌握影响高校意识形态安全的多方信息的前提下，必要时通过召开舆情联合分析会，讨论研判影响校园团结稳定的不安全因素，根据评估结果，制定解决方案，以便尽可能将不利因素和不安风险降到最低级别，有效维持校园稳定，培育良好的教书育人环境。

六、党对高校统一战线的领导亟需加强

党对高校统一战线的领导是党对高校领导的重要组成部分，需要有完善体制机制作为保障。当前，高校党的领导体制机制存在的问题还体现在党对高校统一战线的领导亟需加强。在高校构筑一条坚实的统一战线，使党建和统战互相促进、互相带动，使双方有机结合，发挥合力、汇聚力量是加强和改进党的领导的重要方面。统一战线在党的各个时期，都发挥了举足轻重的作用，是党夺取革命胜利的重要法宝之一。历史已然证明，把多数人团结在党的周围方能克敌制胜、所向披靡，结成广泛的统一战线在任何时期都是必不可少的。

高校是党外知识分子相对聚集的地方，因而也是培养党外代表人士和开展统一战线工作的战略要地，加之高校党外知识分子拥有丰富的社会资源、广泛的社会交往和极强的建言献策能力，因此，高校统一战线具有水平起点高、影响范围大的明显优点，对于实施科教兴国战略和人才强国战略发挥着显著作用。高校统战事关学校的长久发展，也有利于在实践中坚持和完善中国共产党领导的多党合作和政治协商制度，但在高校的统一战线工作中仍然存在以下问题：一是当前在我国的高校统战工作中还没有形成一股合力，高校中部分党员干部甚至分管统战工作的领导缺乏必要的统战意识，忽视统战工作，各基层组织和职能部门对统战工作的重要性认识不足；二是高校统战工作的相关保障制度不健全，政策落实不到位。高校党委只有主动适应新形势，切实加强高校党委对统战工作的领导，采取必要的措施，积极应对呈现出来的新变化，健全相关管理机制，做好联系沟通，才能有利于团结凝聚优秀的党外人士，壮大高校统一战线，巩固和增强党组织的力量。

针对党对高校统一战线的领导亟需加强的问题，要完善高校党委的领导体制机制，切实重视对统战工作的领导。高校统战工作是党的特殊政治工作以及群众工作，是高校党的工作重要组成部分。高校党委书记、校长要高度重视统战工作；党政领导班子的其他成员要关心和支持统战工作；党委要把统战工作列入重要议事日程，要明确一位党委副书记分管统战工作，每年听取统战部门工作汇报，研究部署全校统战工作。在高校党委统一领导下，由组织部门与统战部门协

商，合理配置高校的政治资源，既要重视高校党建工作，把大批优秀知识分子发展入党，也要重视党外代表人士队伍建设。尤其要在高校党委统一领导下，使统战部门与党外代表人士所属单位共同做好对他们的培养、教育和使用工作；应与党外代表人士所属单位经常沟通，及时了解、分析并向校党委以及上级统战部门反映党外代表人士的思想动态；应协调各方力量，深入进行调查研究，发现新情况、解决新问题、总结新经验。

七、民办高校党的领导体制机制略显薄弱

当前，高校党的领导体制机制存在问题还体现在民办高校党的领导体制机制还不稳固。截至 2020 年，我国民办普通高校共 771 所（含独立学院 241 所），在校生 791.34 万人[①]，民办高校在校学生人数在全国普通高校中约占 1/4。加强民办高校党建，对于贯彻党的教育方针、推进高等教育事业发展，具有重要的现实意义。2006 年 12 月 29 日，中共中央办公厅印发的《关于加强民办学校党的建设工作的意见（试行）》提出，"要按照全面从严治党要求，坚持和加强党的领导，充分发挥民办学校党组织战斗堡垒作用和党员先锋模范作用……通过加强党的建设保障民办学校健康发展"。当前，民办学校党建工作面临一些新情况、新问题、新挑战，主要是党建与学校工作的"两张皮"倾向，表现在党对民办高校的领导体制不健全、机制不完善、内容不完整三个方面。

首先，民办高校党的领导体制不健全。一般认为，民办高校的领导体制是指民办高校普遍实行董事会领导下的校长负责制，但《中华人民共和国高等教育法》《中华人民共和国民办教育促进法》《关于加强民办学校党的建设工作的意见（试行）》《民办教育促进法实施条例》相关法规文件并没有这样的明确表述。《中华人民共和国民办教育促进法》（以下简称《民办促进法》）规定，民办学校应当设立学校理事会、董事会或者其他形式的决策机构，同时还明确了学校理事会或董事会的职权，其中第七条明确学校理事会或董事会可以决定重大事项[②]。这表明了理（董）事会在民办学校中的决策权之大，但这并不是其政治权力，也不能说明其地位等同于民办学校党组织。因为理（董）事会的重大决定需要党组织同意。此外，《民办教育促进法》规定，民办学校校长负责学校的教育教学和行政管理工作，同时也明确了校长的职权[③]。这些规定明确了民办高校的决策权力属于校理事会或者董事会，执行权力属于以校长为代表的行政机构，监督权力

[①] 教育部：《2020 年全国教育事业发展统计公报》，载于《中国教育报》2021 年 8 月 28 日，第 3 版。
[②][③] 《中华人民共和国民办教育促进法》，载于《法制日报》2002 年 12 月 30 日。

属于校监事会及教代会，决策权、执行权、监督权三者形成一个相对完整的相互制约和协调的权力运行闭环系统。加强民办高校党建工作，要融入这一民办学校管理系统中。《关于加强民办学校党的建设工作的意见（试行）》规定，"加强党对民办学校的领导"；"发挥民办学校党组织政治核心作用"；"坚持党的领导与依法治校有机统一，……保证党组织在重大事项决策、监督、执行各环节有效发挥作用"。这些规定明确了党在民办学校的领导地位，民办学校应当加强党的领导，发挥党组织的政治核心作用。但是，从民办高校的现实状况来看，现行法规文件既未明确民办高校的领导体制究竟如何表述，也未明晰高校权力结构关系。诸如，党组织与学校其他组织之间是何关系？校党委权力与学校的决策权、执行权、监督权之间是何关系？校党委书记与董事长、校长、监事长之间是何关系？领导体制不明、权力结构关系模糊，导致党对民办高校的领导体制执行困难，造成民办高校党委工作出现两种极端现象。要么畏首畏尾、缩手缩脚，工作流于形式；要么党政不分、以党代政，矛盾摩擦颇多。就两种现象而言，从整体来看，显然是前一种现象居多，不少民办高校不同程度地存在前一种现象，而后一种现象目前较为少见。

其次，党对民办高校的领导机制不完善。党对民办高校的领导体制通过相应的机制运行，来保证党组织作用的有效发挥。《关于加强民办学校党的建设工作的意见（试行）》规定，"推进党组织班子成员进入学校决策层和管理层……符合条件的专职副书记也可进入董（理）事会。党组织班子成员应按照学校章程进入行政管理层……可按照党内有关规定进入党组织班子……董（理）事会在作出决定前，要征得党组织同意……建立健全党组织与学校董（理）事会、监事会日常沟通协商制度……定期组织党员、教职工代表等听取校长工作报告以及学校重大事项情况通报。"这些规定明确了民办学校党组织参与决策和监督的工作机制。但是，从民办高校的现实状况来看，现行法规文件对这一决策和监督机制的规定过于笼统，对这一工作机制的关键环节缺失原则性规定，诸如决策机构和监督机构的会议召开、议题确定、表决通过、列席人员等会议规则尚无规定，尤其是"董（理）事会在作出决定前，要征得党组织同意"缺失原则性标准，留下了过大的执行空间，这些问题导致党对民办高校的领导机制运行参差不齐，甚至差距显著。

最后，党对民办高校领导的内容不完整。党对民办高校的领导体制通过一定机制运作所体现出来的情况，就是实然的党对民办高校的领导内容，而应然的党对民办高校的领导内容就是民办高校党组织的具体职责。《关于加强民办学校党的建设工作的意见（试行）》规定，民办学校党组织是党在民办学校中的战斗堡垒，发挥政治核心作用。主要体现在：（1）保证政治方向。宣传执行党的理论和路线方针政策，坚决反对否定和削弱党的领导。（2）凝聚师生员工。把思想政治工作贯穿学校工作各方面，统一思想、凝聚人心、化解矛盾、增进感情，激发教职工主人翁意识和工作热情。（3）推动学校发展。支持学校董（理）事会和校长依法依章行使职权、开展工作，促进学校提高教育质量、培养合格人才。（4）引领校园文化。坚持用社会主义核心价值观塑造校园文化，组织丰富多彩的文化活动，推动形成良好校风教风学风。（5）参与人事管理和服务。参与学校各类人才选拔、培养和管理工作，在教职工考评、职称评聘等方面提出意见建议。（6）加强自身建设。完善组织设置和工作机制，加强党组织班子成员和党务干部管理，领导学校工会、共青团等群团组织和教职工大会（代表大会），做好统一战线工作。上述规定明确了民办学校党组织的具体职责。但从民办高校的现实状况来看，这些职责的履行与法规文件的要求差距不小。由于党对民办高校的领导体制、机制自身及其执行中存在缺陷，落实党组织职责困难不少、问题颇多。诸如对党建重要性认识不足，党建工作基础薄弱，组织体系不健全，尤其是缺少真正懂党建、善于抓党建的专业人才[1]，党组织书记队伍不强；党组织核心作用发挥不够，执行党的教育方针不自觉，落实中央重大部署不深入，立德树人抓而不实，思想政治教育和意识形态工作薄弱；党建工作针对性、实效性不强，党的建设虚化弱化问题突出，存在重教育质量、市场开发而轻党的建设现象，党员管理松散，党内政治生活不经常、不规范，"三会一课"制度落实不严格，党组织战斗堡垒和党员先锋模范作用发挥不够；党组织参与人事管理和服务、引领校园文化、凝聚师生员工等方面工作存在较大差距。

综上所述，高校党的领导体制机制建设之所以还存在问题，从公办高校来看，主要原因是全面从严治党不力，即党委的主体责任缺失，纪委的监督责任缺位，管党治党宽、松、软。管党治党、全面从严治党既是党委的职权，也是党委的职责。高校全面从严治党不力，校党委难辞其咎。教育部原党组书记、部长陈宝生同志直言不讳，"巡视发现的问题，根本上讲是高校指挥系统出了问题"[2]，这可谓一言中的、切中要害。解铃还须系铃人，高校党委统一领导学校工作中的问题，还需要学校党委切实着力、有效解决。就民办高校而言，问题的主要原因是法规文件中有关党对民办高校领导体制机制的规定过于笼统，学校内部权力结构关系尚待明晰，一些关键环节并未做出明确规定，亟待出台相应的实施细则。

---

[1] 夏季亭：《多措并举加强民办高校党建》，载于《光明日报》2017年10月12日。
[2] 陈宝生：《深入学习贯彻巡视条例 推动教育系统全面从严治党向纵深发展》，载于《中国纪检监察报》2017年7月21日。

第三节　新时代高校党的领导体制机制问题的成因分析

高校党的领导体制机制所面临的问题是各种因素共同作用的结果,要在充分把握当前高校党的领导体制机制取得的成效和存在问题的基础上,结合当前存在的现实问题,深入分析高校党的领导体制机制面临问题的成因。成因剖析是对问题分析的进一步深化,只有把握住了问题背后的成因,才能更深刻地理解问题,以此进一步提升解决问题的针对性和实效性。因此,高校党的领导体制机制面临问题的成因剖析在高校党的领导体制机制现状分析中具有极其重要的地位。

马克思指出:"人们自己创造自己的历史,但是他们并不是随心所欲的创造,并不是在他们自己选定的条件下创造,而是在直接碰到的、既定的、从过去承继下来的条件下创造。"① 新中国成立以来,在全国各行业确立了坚持党对一切工作的领导这一根本原则,党对高校的领导也得到了正式确立。经过70多年的发展演变,党领导高校的环境发生了深刻变化。在特定的时代特征与经济社会发展阶段中,党对高校的领导,是办好人民满意的高等教育的根本政治保证。当前,党对高校领导的体制机制的建设取得了显著的成绩,与此同时党对高校领导体制机制的建设也面临着诸多问题,造成问题的原因是多方面的。具体来说,主要表现为:社会基本制度的冲突与竞争、意识形态的战略围堵、多元社会思潮交织对主流话语权的消解、网络新媒体的双刃剑效应,以及政策制度、办学资源、领导干部、政治文化等一系列现实问题,对于办好人民满意的高等教育十分不利。要进一步深化党对高校的领导,加强党领导高校的体制机制建设,必须对这些问题背后的制约因素进行深入剖析,才能收到真正加强党对高校领导的实效和形成健全的高校党的领导体制机制。

一、多元文化与意识形态渗透弱化了高校党的领导体制机制成效

当前高校党的领导体制机制面临问题的成因不仅体现为制度与文化的冲突削弱了高校党的领导体制机制的建设,还体现为多元文化与西方意识形态的交织渗透弱化了高校党的领导体制机制的成效。具体体现为以下几个方面:

---

① 《马克思恩格斯选集》第一卷,人民出版社2012年版,第669页。

第一，意识形态的战略围堵。国家治理需要有外在的硬力量作支撑，更需要内在的非强制的软力量作为保障。而意识形态领导权是软力量的重要组成部分，谁掌握了意识形态领导权，谁就掌握了国家的领导权。可以说，意识形态工作是为国家立心、为民族立魂的工作，事关党的前途命运，事关国家长治久安，事关民族凝聚力和向心力。以西方资本主义国家为主的反华敌对势力在对社会主义中国进行经济封锁、军事打击都未能奏效的情况下，自然而然地像美国前总统尼克松所指出的那样转向采取以"用缓和代替紧张、用接触代替隔离、用交流代替封锁、用'和平竞赛'代替军备竞赛、用思想渗透代替公开的颠覆鼓动、用从内部培养'能导致变革的压力'的压力集团代替外部的军事政治经济压力"为基本内容的和平演变战略。① 高校承担着人才培养的重任，是意识形态工作的重要阵地。以西方资本主义国家为主的反华敌对势力在意识形态领域对华围堵的重要突破口就是高校，核心目的在于通过软硬实力输出意识形态，在中国内部进行思想渗透，逐步从内部培养所谓的"能导致变革的压力"的压力集团。

从过程方式来看，以西方资本主义国家为主的反华敌对势力通常把高校作为宣扬所谓"普世价值"的桥头堡，积极面向社会经验不丰富却乐意标榜独立思考的高校师生进行思想渗透。中世纪的大学具有学者行会的性质，但随着现代社会政府职能的强化，无论是在早期大学为自然形成型的国家如法国、英国，还是在早期大学亦由政府创办的国家如德国、日本，政府都已经是大学制度中最关键的一个因素。然而，西方社会在基于意识形态围堵战略而对外输出影响力时却避而不谈政府在大学制度中的重要作用，反而用"普世价值""小政府、大社会""看不见的手"等幌子，罔顾各发展中国家和民族的实际情况，一方面由所谓的非政府组织（NGO）的资金及其掌握的其他社会资源鸣锣开道，精心编织并大力推广"独立办学、学术自由、教授治校"等高校治理模式；另一方面则不遗余力地丑化发展中国家对高校的领导和指导，接连不断地挑拨发展中国家对高校的干预与对高校师生的服务之间的矛盾，从而为发展中国家领导和指导高校的行为套上"紧箍咒"，使其可以轻松地在高校内部打开意识形态缺口、获得滋扰人们思想意识的立足点，很多发展中国家因此就走上了"变色"与动荡的歧路。改革开放以来，我国一些高校改革也曾将西方发达国家"售卖"的高校治理模式奉为圭臬，一些非议党的领导尤其是非议党对高校的领导的奇谈怪论也曾甚嚣尘上，使党对高校的领导遭受较大曲折，党和人民的事业遭受显著损失。

众所周知，以西方资本主义国家为主的反华敌对势力在高校豢养所谓"公共知识分子"，大搞精神殖民，其根本目的在于通过"向世界特别是社会主义国家

---

① 樊建新：《美国如何对社会主义国家进行意识形态战》，载于《红旗文稿》2005 年第 11 期。

传播西方资产阶级的意识形态、政治制度、价值观念、文化思想"①，从而攻击中国特色社会主义道路、理论、制度、文化，攻击中国共产党领导，动摇中国共产党执政的思想根基，摧毁中国人民的民族自信心和自尊心，破坏中华民族的凝聚力和向心力，最终达到维持霸权、不战而胜的目的。首先，纵观高校师生群体中暴露出的"公知"和被"精神殖民"者的活动规律可知，平时主要聚焦宗教、环保、女权、反腐败等话题宣扬所谓的民主、自由、宪政、人权等"普世价值"，为自己构筑所谓"公知"人设，大量蛊惑和笼络人心，培植反政府势力；其次通过在网络空间带头讽刺时事政治、歪曲党的历史和国家历史、侮辱英烈模范、造谣等影响舆论风向，扰乱我国的优良传统和价值观念；最后一遇风吹草动即推波助澜、添油加醋地将矛头引向党的领导和政府的治理失效，一旦时机成熟时则勾连国际势力公然跳出来反对党的领导、反对政府治理，要求对等谈判，甚至制造"国际舆论"。

西方敌对势力把滋扰我国国民思想、瓦解党的领导地位、扼杀社会主义建设、摧毁中华民族伟大复兴等政治意图"同那些有一定道理、又看似相关的命题对接，无疑是最有可能在乱中取胜的策略"②。从结果导向来看，改革开放以来确实有一些高校师生为了追求个人名利，主动配合境外敌对势力的意识形态战略围堵，堂而皇之地接受"普世价值"、宣扬所谓"普世价值"，沦为精神外国人。在党的十八大以后，已经陆续有所谓"公共知识分子"和所谓"精神美国人""精神英国人""精神日本人"从高校师生群体中暴露出来，一些高校实际上已经成为以西方资本主义国家为主的反华敌对势力对我国开展意识形态战略围堵的重灾区，因此，立足中国特色社会主义新时代的历史方位加强党对高校的领导依然任重道远。

第二，多元社会思潮交织对主流话语权的消解在一定程度上弱化了高校党的领导体制机制的建设。社会思潮多元化必然对主流话语权构成显著威胁。众所周知，意识形态的形成并发挥作用，必须要借助话语外壳，即借话语而产生，以话语的面目出现，依据话语实现自身维护、传承与发展，依靠话语来表现与传递思想价值，实现其为统治阶级辩护，教育民众，黏合社会，凝聚力量，维护社会秩序、促进经济发展等目的③。因此，意识形态领导权在某种程度上又往往表现为对主流话语权的掌握。话语权就是说话权、发言权，亦即说话和发言的资格和权力④，主流话语权则是在整个社会体系中居于主导地位、具有全局作用的话语权。

---

① 共青团中央办公厅：《全团优秀调研成果汇编》，中国青年出版社 2009 年版，第 171 页。
② 侯惠勤：《"普世价值"的理论误区和实践陷阱》，载于《马克思主义研究》2008 年第 9 期。
③ 吴荣秀：《马克思主义视阈下我国主流意识形态话语建设》，载于《学术探索》2018 年第 2 期。
④ 张国祚：《关于"话语权"的几点思考》，载于《求是》2009 年第 9 期。

人类从分散的离群索居的原始状态步入成熟社会体系之后，强大的主流话语在人类社会体系的权力格局之中一直扮演着黏合剂和向心力的关键角色，即主流话语权；而在主流话语出现边缘化危机时，社会体系则会面临分崩离析的风险挑战，在人类社会从传统迈向现代的过程中尤其如此。然而，人类社会走向现代化的过程，实质上是新的生产关系替代旧的生产关系的历史过程。从社会阶级关系上来看，当代社会的现代化过程绝不会回到简单的阶级二元对立的传统社会，而是朝着社会阶级关系更加复杂的方向不断迈进，突出表现为社会阶级界限持续模糊，同一阶级内部分层分化更加明显，不同阶级的相近阶层之间的共性远大于同一阶级之间的共性。新的社会阶级阶层的不断涌现，一方面必然打破原有的阶级阶层力量对比状况而推进社会变革，并在社会心理层面直接影响到各阶级、阶层、利益群体的感情、态度，从而在思想意识层面成为新的社会思潮发生发展的温床；[①]另一方面，必然开始围绕新的阶级阶层利益建构新的社会思潮，从而对原有的主流话语体系形成冲击，严重威胁原有主流话语的领导地位。社会思潮与阶级阶层之间并非一一对应的关系，一个阶级阶层可以有多种社会思潮，一种社会思潮也可以掌握多个阶级阶层，越是现代化的社会，思想意识层面的新陈代谢越是会呈现出多元社会思潮各自并立、相互交锋的局面，主流话语无论是在群众基础还是传播力度，无疑都会受到严重冲击和强劲挑战。总之，一切领导权的掌握必然都伴随着对主流话语权的掌握，离开了对主流话语权的掌握，领导权的根基就会遭到削弱。

做大做强主流话语权对于加强党的领导至关重要。中国特色社会主义事业的领导核心是中国共产党，而中国共产党的指导思想是马克思列宁主义，因此当代中国社会的主流话语权实质上是马克思列宁主义意识形态领导权的重要体现，是党的领导权的重要外在实现形式之一。话语权的大小强弱，主要取决于话语影响力的大小、引导力的强弱，通常来讲话语影响力越大、引导力越强，就越能主导谈什么话题，怎么谈这个话题，如何界定所谈话题的是非、真假、善恶、美丑标准，就越能掌握意识形态的主动权和主导权[②]。在很多情况下，事实的优势如果不能转化成舆论优势，仍然不能赢得人心，根源正在于没有掌握话语权。要做大做强主流话语，就必须围绕提问权、论断权、解释权和批判权等多个环节综合施策。所谓提问权是指一个政党及其领袖对于时代问题及其所涉及的重大任务的发现和追问，必须根据时代和社会的变化发展，找准时代的基本问题，并找到正确的切入口；所谓论断权是指一个政党及其领袖对于时代、时代特征、时代潮流及

[①] 林泰：《社会思潮形成发展的轨迹和传播的形式》，载于《思想教育研究》2016 年第 9 期。
[②] 张国祚：《关于"话语权"的几点思考》，载于《求是》2009 年第 9 期。

其意义所作出的回答和判断,其表达方式通常是形成独特完备的思想体系或理论纲领;所谓解释权是指一个政党及其领袖在完成重大历史任务过程中,对开展的政治动员所作的理论转换;所谓批判权是指对于敌对或错误思想观念进行排除,既不走封闭僵化的老路、也不走改旗易帜的邪路①。总之,只有始终牢牢掌握了主流话语权,才能及时正确引导舆论、引导社会心理、引导思想理论潮流,从而更好地巩固党的领导地位、坚持党对一切工作的领导。

加强党对高校的领导尤其需要巩固马克思主义在高校的主流话语地位。领导行为本质上是领导者和被领导者的互动与契合,领导者在具备领导权威和领导能力的同时,还必须帮助被领导者具备实现领导目标的相应意识和能力,才能真正强化领导行为。以国共两党在民主革命时期的表现为例,双方都意识到兵、民、财是取得革命胜利的三大关键要素,兵和财又都来源于民,最关键的是实现对民众的有效组织领导。然而,近代中国的人民群众在相当长时间内并未觉醒,这就需要先唤起民众的觉醒,中国共产党意识到了只有使民众具备"支持革命"的意识,这样对民众的组织和领导才有意义,于是选择放手发动群众;中国国民党自以为掌握了"法统",依靠政府的组织体系就可以实现对人民群众的领导,殊不知麻木愚昧的人民群众愚弄剥削于一时,一旦觉醒起来就会成为蒋家王朝的掘墓人。要实现党对高校的有效领导亦是如此,党组织本身的领导权威、领导能力十分重要,而高校自身的政治意识和围绕共同目标的实现接受党的领导的素养同样至关重要,这一点在当代中国突出表现为巩固马克思主义在高校的主流话语地位。社会体系之中的任何组织都不可能以强制性手段使社会思潮一元化②,高校作为前沿知识和思想汇聚的场所,汇聚了大量喜欢独立思考的知识分子和乐于接受新鲜事物而又鉴别能力不足的青年学子,因而更容易成为多种社会思潮潜滋暗长的温床,从而严重侵蚀和消解青年大学生对主流话语的认同③。只有始终以马克思主义为指导,从高校意识形态工作的实际出发,按照做大做强主流话语权的基本规律办事,才能以科学的指导思想有效引领高校多种社会思潮的存在与发展,并使之与社会主流思想、主流意识形态相向而行。

第三,网络新媒体的双刃剑效应。随着互联网技术的飞速进步,网络新媒体已经渗透到社会生活的方方面面,网络新媒体的崛起重塑了党领导高校的客观环境,对推进高校党的领导体制机制的建设既是机遇,又是挑战。21世纪最本质的时代特征是网络信息化,并和人们的现实生活也日益"精准"地融为

---

① 本刊记者:《牢牢掌握马克思主义话语权——访中国社会科学院马克思主义研究院侯惠勤教授》,载于《思想教育研究》2015年第8期。
② 高新民:《党的指导思想一元化与社会思潮多元化》,载于《中国青年报》2005年5月16日。
③ 倪邦文:《新时代青年马克思主义者培养论纲》,中国青年出版社2020年版,第190页。

一体①。截至 2021 年 12 月，我国网民规模达 10.32 亿，互联网普及率达到 73.0%，其中使用手机上网的人数比例达 99.7%②。无论承认与否，以手机为代表的基于移动互联网技术的新媒体终端，以其交互性、开放性、个性化、反中心性、多元化、虚拟性和隐蔽性等特点，已经深深嵌入社会生活全过程，不仅成为人们日常生活的有机组成部分，而且凭借其越来越重要的资讯资源供给角色，日益成为塑造人们共同价值观念和集体认知的重要信息来源地和思想集散地。在社会政治生活领域，网络新媒体作为一种新型的传播媒体、先进的通信工具、实用的信息总汇和活跃的社交平台③，通过赋予每一个成熟的社会个体利益表达权，从根本上颠覆了传统社会政治生态，使社会政治权力多中心化的客观趋势从此不可逆转。以网络技术高度发达、网络应用高度丰富、网络社会高度复杂的当代中国为例，网络新媒体一方面在表达利益诉求方面的功能，对以中国共产党的领导为核心的当代中国政治生态产生了深远而深刻的影响，事实上打破了党和政府构建并主导的传统利益表达模式；④ 另一方面又以政治娱乐化、去中心化的天然特点，以及必然随之而来的公权力对网络社会的监管，使得网络政治生态总体上呈现出消解既有政治权威性尤其是党的领导的显著倾向⑤。

  网络新媒体的崛起给党对高校的领导带来了严峻挑战。高校是现代社会体系的有机组成部分。随着网络技术的进步和完善，当代中国高校与中国社会一道通过努力适应网络技术带来的新变革，在各个领域实现了跨越式发展，网络技术尤其是网络新媒体在高校工作中的重要性日益凸显，把基于网络技术的网络新媒体与高校和青年大学生进行物理隔离已经完全失去了现实可行性，网络新媒体包揽青年大学生资讯和资源供给的局面日益成为高校育人工作面临的最大客观实际。然而，高校是为社会培养下一代人才的专门机构，最显著的特点就是青年大学生群体高度集中，而青年大学生正处于世界观、人生观、价值观和社会化能力形成的关键阶段，社会阅历经验缺乏且喜欢独立自主地思考问题，容易被别有用心的政治势力蛊惑利用，最需要给予正确的思想政治引领和人生引导。由于网络空间信息传播即时、自由、开放、隐秘以及监管滞后等特

---

  ① 杜智涛、张丹丹：《技术赋能与权力相变：网络政治生态的演进》，载于《北京航空航天大学学报（社会科学版）》2018 年第 1 期。
  ② 中国互联网络信息中心：《第 49 次〈中国互联网络发展状况统计报告〉发布》，中国产业经济信息网，2022 年 2 月 25 日。
  ③ 石平：《警惕网络负能量》，载于《求是》2013 年第 12 期。
  ④ 高新民：《新媒体与党的建设》，载于《理论探讨》2012 年第 6 期。
  ⑤ 余艳红：《全媒体时代的网络政治生态建设：问题及对策》，载于《当代世界与社会主义》2019 年第 4 期。

性①，各种思潮中不乏一些容易对社会造成危害的错误政治倾向相互激荡、相互渗透，严重撕裂社会的民粹主义横行无忌，各种明星轶事、绯闻八卦等严重拉低社会理性思考能力的泛娱乐化信息甚嚣尘上②，必然侵占严肃性较强、逻辑性严密的马克思主义主流话语的传播空间，消解权威机构所倡导和传播的社会主义核心价值观等主流价值理念，动摇青年大学生接受马克思主义主流话语的现实必然性，客观上起到了重塑党领导高校的现实环境的作用，实际上却对传统政治模式下党领导高校的群众基础构成了瓦解态势，严重冲击党对高校的集中统一领导。

  网络新媒体的崛起也给党对高校的领导带来了时代机遇。网络新媒体作为工具性的媒介平台③，既可以挑战传统政治权威的领导地位，又可以为政治权威巩固政治地位服务。从20世纪90年代我国与国际互联网连接以来，网络新媒体为加强和改进中国共产党的领导带来了四大时代机遇：一是扩大了党的政治影响，为更加准确、快捷、广泛地传播党的声音和举办党的活动提供了有力技术支撑；二是降低了政治参与门槛，扩大了政治参与渠道，为广大党员干部和人民群众更加快捷准确地知晓党的决定、聆听党的声音、参加党的活动提供了便利条件；三是便捷了意见反馈渠道，为中国共产党更加有效地践行群众路线，避免信息在自下而上反馈过程中的"失真"提供了技术支撑；四是强化了政治监督效果，为广大人民群众在现实政治生活中监督执政党各级领导干部提供了现实可能。

  应该说，中国共产党及其领导的中国政府对于网络技术的挑战和际遇是敏感而敏捷的④，在持续推进互联网基础设施建设的同时，通过按照互联网时代社会运行规律，推进自身转型发展的决心和行动也是一以贯之的；当代中国高校作为党领导的重要社会组织，同样在高校政治生活中按照网络运行规律推进自身政治行为的转型变革，尤其是根据党和国家推进融媒体发展的战略布局，成功在高校内部按照网络运行规律推动以讲台、图书、杂志、报纸、研讨会、论坛等为"四梁八柱"的传统高校传媒，与互联网技术实现了融合发展，巩固了高校意识形态阵地，也进一步强化了党对高校的领导。

---

  ① 李彬彬：《科学应对网络时代意识形态安全挑战》，载于《学习时报》2017年1月11日。
  ② 李黎丹：《网络意识形态引导的挑战及其应对》，载于《前线》2019年第4期。
  ③ 田海舰和黄逸超认为，互联网技术具有意识形态属性。（参见《关于互联网的意识形态属性及其论争》，载于《河南师范大学学报（哲学社会科学版）》2017年第6期，第60页）应该说，网络新媒体作为一个工具性的媒介平台，因其自身的一些特点非常适合不同社会思潮传播而成为意识形态战场而已。正如不能因为某地作过战场就说该地具有战争属性一样，我们同样不能因为网络空间是意识形态斗争的重要阵地而认为网络空间具有意识形态属性。
  ④ 高新民：《新媒体与党的建设》，载于《理论探讨》2012年第6期。

二、部分党员干部素质能力阙如延缓了体制机制完善进程

领导行为本质上是人的行为，高校党的领导体制机制的建设与完善有赖于具体的、现实的人去组织实施。各级领导干部是高校党的领导体制机制的实施主体，其能力素养直接决定着党对高校领导的最终效果。由于人的能力有大小之分，领导者的领导能力也有各自擅长的领域，要创造性地实现党对高校的领导，根本上有赖于与党领导高校有关的各级各类领导干部能够"让正确的人做正确的事"①。换言之，领导干部因素对于加强党对高校的领导，具有决定性的重要意义，必须全面深刻地把握党领导高校的干部因素，必须确保高校领导干部认同党在高校全面领导的地位。高校领导干部群体之所以被称为"关键少数"，既是因为高校领导干部手握重权，是许多重要环节的"一把手"或主要负责人，也是贯彻党的理论和路线方针政策的组织者和实施者，关系着党治国理政的能力和水平。与党领导高校有关的党委领导干部作为影响和制约党对高校领导的"关键少数"，实质上就是党在领导高校这一实践中"党"的具体化，其本身的政治素养，对于党领导高校的最终实现尤为关键。通常而言，中国共产党选拔使用的领导干部绝大多数都是忠诚、干练、担当的好干部，与党领导高校有关的领导干部往往还具备发挥领导作用所需的专业知识，能够代表党充分发挥对高校的领导作用。然而，回顾改革开放以来高校党的领导的历史实践可知，难免有这样那样的人抱着各种目的混入高校领导体制之内，这样的人在来到领导岗位之后要么利用党赋予的领导职位在领导高校的过程中牟取私利，要么始终对党的领导心怀不满而在领导高校的过程中故意曲解党的政策给党的事业造成危害，更有恶劣者勾结境外敌对势力企图使高校育人活动偏离党的领导这一正确方向，实质上都是政治上的"两面人"，教育系统中抓出来的腐败分子。20 世纪 80 年代被提拔到高校党政领导岗位的所谓自由主义知识分子，近年来暴露出自我标榜"公共知识分子"的高校领导干部，危害的是党的威信以及党对高校的领导。因此，领导干部的政治素养，是加强和完善高校党的领导体制机制必须重点关注的首要因素。高校党的领导体制机制的建设与完善，高校有关各级领导干部的决策行为的科学性、针对性、有效性，都深刻影响高校党的领导体制机制的建设成效。

高等教育不是普通的社会行当，而是在社会分工中承担着为全社会教育培养

---

① 与党领导高校有关的各级领导干部，主要是指能够实质上对党领导高校的效果产生影响的领导干部，其范围大体上而言，上至负责制定全国高等教育政策的中央层面领导干部，下至各级教育行政管理部门的一般干部，以及高校上级主管单位决定高校重大事项的领导干部，都属于此类。

各类人才这一独特功能的特殊载体。高校作为组织实施高等教育的专门性社会组织，一切办学活动必须符合高等教育办学规律，这就对党领导高校的行为提出了较高的专业要求。换言之，党要实现对高校的领导，就必须掌握高等教育规律，提升领导高校的专业水平。在中央和省级党委政府决策层面，关于高校的政策基本上由国家和省级教育行政管理部门负责制定，而国家和省级教育行政管理部门的各级领导干部长期负责指导高校工作，通常能够在高等教育政策制定过程中全面把握高等教育规律。由于一部分高校的上级主管单位是非教育行政管理部门的中央机关部属或全国性人民团体，党对这部分高校的领导很大程度上要通过领导其上级主管部门来实现，而这些上级主管部门大多数在多年前举办高校的"初心"是为做好本部门的主责主业提供人才智力支持，但必须承认这些高校上级主管部门的主责主业并非高等教育，甚至与高等教育毫无关系。因此，确保这些高校上级主管部门履行领导职责，在做出关于下属高校的决策时符合高等教育规律，体现高等教育管理的科学性、针对性、有效性尤为重要，即高校上级主管部门领导干部要懂高等教育、懂知识分子、懂专业人才，这是尤为重要的。

如果高校领导干部的水平较低，那么高校党的领导体制机制的建设水平以及完善进程也必然受到严重影响。从当前部分高校的主要领导干部来看，一是体现在党员干部队伍建设的制度化水平有待加强。不论是高校党委，还是院系的党政领导，绝大多数的领导干部都是学术和行政双肩挑，既要忙于教学科研工作，又要参与行政管理工作，难免分身乏术。而今职业分工越来越细，越来越强调专业化，这样事无巨细，难免会导致精力不足，影响教学状态，更会影响到高校党务工作的管理效率。由于缺乏具有高水平的专职管理人员，造成高校党建工作部分环节流于形式，使得党对高校领导的能力在一定程度上有所削弱。二是重大事项决策制度化有待加强。近年来各大高校虽在重大问题的决策程序上呈现出越来越规范化的趋势，通过长期努力也取得了不少成绩，推进了决策的民主科学进程，但在党务实践的探索过程中仍有不少亟待解决的问题。例如，一些高校的领导干部往往凭借一时热情、主观想象或者过往经验致使考虑问题并不充分，在前期没有调查研究的基础上拍脑袋决策，凭借一家之言而没有广泛协商论证，导致最终的决策缺乏透明度和科学性，往往在执行的过程中无法达到预期的效果。

三、部分高校党委的认知欠缺弱化了履职责任

当前，高校党的领导体制机制存在的问题还体现在部分高校党委的责任意识不强，忽视了高校党的领导体制机制的建设完善问题。"内容"本质是事物内部

所含的实质或存在的情况，具体到我国高等教育中，党对高校的领导内容可分为应然和实然两类。就其应然而言，就是法规文件中关于党通过一定机制运作所体现出的情况规定，即法规文件中有关高校党委各项职责的规定；就其实然而言，就是高校党委各项职责履行的具体情况，它是体制和机制运行的具体化。体制、机制、内容三者相互作用、相互影响，有机统一。《中华人民共和国高等教育法》规定，公办高校实行党委领导下的校长负责制，高校党委的主要职责是：坚持社会主义办学方向，执行党的路线、方针、政策，领导学校的思政和德育工作，讨论决定事关学校全局的重大事项，确保完成培养人才等各项任务。这些规定明确了高校的领导体制和高校党委的领导地位，高校党委的主要职责包括政治方向、全面领导、讨论决定三个方面。十八届中央第十二轮巡视先后公布了14所高校、15所高校的巡视反馈情况。在所巡视的29所高校中，普遍存在党委履行职责弱化倾向，具体表现主要有三种，即党委履行政治职责不到位、履行领导职责不得力、履行决定职责不规范。

第一，党委履行政治职责不到位。《关于坚持和完善普通高等学校党委领导下的校长负责制的实施意见》对高校党委的政治职责进行了具体规定，"高等学校党的委员会是学校的领导核心……决定学校重大问题……保证以人才培养为中心的各项任务完成"；"全面贯彻执行党的路线方针政策，贯彻执行党的教育方针，坚持社会主义办学方向……培养德智体美全面发展的中国特色社会主义事业合格建设者和可靠接班人"。这些规定明确了党委政治职责的内涵，主要包括执行党委领导下的校长负责制、贯彻党的路线方针政策、坚持社会主义办学方向和党的教育方针。这一职责事关学校发展方向的掌舵领航，涉及中国特色社会主义事业后继有人、持续推进的前途命运。但这一职责在现实执行过程中不理想，存在一些突出问题，十八届中央第十二轮巡视29所中管高校以后，明确指出了四种现象：

一是"四个意识"有待增强，学习领会习近平总书记系列重要讲话精神不够深入，贯彻中央决策部署不够扎实，存在表面化、形式化、走过场等现象，发挥党委领导核心作用不充分。二是党委领导下的校长负责制执行不到位、不自觉，担当精神和创新意识有待加强，领导班子民主科学决策和整体功能发挥不充分，党委领导作用发挥层层递减。三是在贯彻党的教育方针、坚持社会主义办学方向、落实中央重大部署方面均有一些差距，存在不深入、不全面、不到位等现象。四是立德树人抓而不实，存在重科研轻教学、重智育轻德育、重业务轻政治倾向，师德师风教育和对学生的教育引导不深入，发挥"四个服务"作用不足。其中，29所高校全部存在坚持"四个意识"不够强的问题，23所高校在党委领导下的校长负责制方面存在问题，11所高校在贯彻党的教育方针方面存在问题，

8 所高校在立德树人方面存在问题，四种问题依次占 29 所高校的 100%、79%、38%、28%。

第二，党委履行领导职责的能力有待提升。《关于坚持和完善普通高等学校党委领导下的校长负责制的实施意见》对高校党委的领导职责做出了具体规定：高校党委在加强自身建设的同时，领导院系等基层党组织，领导高校思政工作和德育工作，领导校纪检工作，领导校工会、共青团、学生会等群众组织和校教代会工作等。这些规定明确了党委领导职责的内涵，包括贯彻执行党的路线、方针、政策和教育方针，以及学校的思想政治德育、院系党组织、党的纪检、群众组织等方面工作。但这一职责在现实执行过程中却也存在不少问题，十八届中央第十二轮巡视 29 所中管高校中，发现主要存在六种异常现象：

一是思想政治工作有差距，对做好新形势下思想政治工作重视程度不够、措施落实不力，马克思主义在学科建设和人才培养中的指导地位弱化，思想政治工作队伍建设有待加强，思想政治教育薄弱，全过程、全方位育人不足。二是意识形态领域问题较多，意识形态工作责任制压实不够、落实不力、执行不到位，阵地意识不够强、监管存在盲区，责任追究机制不健全，政治敏锐性需要加强。三是党的建设虚化弱化问题比较突出，存在轻党建现象，不能经常地、严格地开展党内政治生活，不能有力地落实党委理论学习中心组学习、双重组织生活会、"三会一课"等制度，民主生活会质量不高，干部监督管理不到位，党建工作力度层层递减；二级学院（系）党的领导虚化，基层党支部生活不规范、不经常，党支部建设弱化。四是全面从严治党不力，"两个责任"落实不够有力，党委主体责任担当不够，对一些违规违纪问题不敢举旗亮剑，管党治党宽松软；纪委监督执纪问责不力，落实"三转"滞后，对一些违纪违规问题动真碰硬不够，执纪问责偏轻偏软，顶风违纪现象依然存在，有的高校利用学校资源牟取不当利益，有的干部利用职位权力谋取个人利益。五是中央八项规定精神的贯彻落实不够到位，用公款进行旅游、吃喝、送礼等问题仍然存在，违规滥发购物卡、劳务费、过节费等问题多有发生，会议多、办事难等"四风"问题仍然存在。六是廉洁风险防控不力，关键岗位和重点领域廉洁风险突出，校办企业缺乏监管，招生录取、物资采购、科研经费监管不严，资产管理、财务管理、后勤基建、附属医院问题较多。其中 29 所高校普遍存在党的建设和管党治党方面问题，28 所高校存在违反中央八项规定精神和"四风"问题，27 所高校存在廉洁风险问题，26 所高校存在意识形态方面问题，7 所高校存在思想政治方面问题，六种问题依次分别占 29 所高校的 100%、100%、96.6%、93.1%、89.7%、24.1%。此外，29 所高校都存在反映学校领导干部的问题，即"巡视组还收到一些涉及领导干部的问题反映，已按有关规定转中央纪委、中央组织部等有关方面处理"①。

第三，党委履行决定职责不规范。《关于坚持和完善普通高等学校党委领导下的校长负责制的实施意见》对高校党委的决定职责进行了规定：高校党委讨论决定事关学校全局的重大事项和管理制度，讨论决定校内组织机构的设计及干部安排，讨论决定学校有关人才的规划、政策、体制、机制，统筹推进人才工作创新、人才成长环境的优化和人才队伍建设；讨论决定其他有关师生员工切身利益的各种重要事项。这些规定明确了党委决定职责的基本内涵，包括学校的重大事项和基本管理制度、组织机构设置及其负责人人选、领导干部和后备干部人选、人才工作规划和重大人才政策，以及事关师生员工切身利益的重要事项。但这一职责在现实执行过程中存在一些问题，十八届中央第十二轮巡视29所中管高校中发现三种现象：一是一些学校发展理念和办学方针有偏差，重外延扩张、轻内涵提升。二是干部人事管理不规范，缺乏统筹谋划，选人用人问题突出，制度建设滞后、执行乏力，尤其在机构编制管理、干部监督、领导干部个人事项报告、经商办企业等方面问题突出。三是党管人才原则执行不到位，引进人才把关不严，选人用人不规范，存在"裙带"关系。其中，29所高校中不同程度存在党管干部、党管人才方面问题，发展理念和办学方针方面问题相对较少。

四、高校基层党委的组织力和领导力不强减弱了体制机制的运行效能

当前，高校党的领导体制机制存在的问题还体现在高校基层党委的组织力、领导力不强等，减弱了体制机制的运行效能。具体体现在以下几个方面：

第一，高校基层党组织的组织力亟待提升。习近平强调："高校基层党组织建设和党员队伍建设是高校党的建设的基础工程，团结、组织广大师生的凝聚力工程。"② 党的十九大报告进一步指出："要以提升组织力为重点，突出政治功能……加强基层党组织带头人队伍建设，扩大基层党组织覆盖面。"③ 高校党委要按照党的十九大提出的要求，贯彻落实全面从严治党，抓基层打基础，将基层党组织标准化建设和提升组织力作为抓手，充分发挥高校基层党组织在贯彻党的教育方针、服务学校中心工作、团结凝聚师生等方面的引领作用。新时代进一步

---

① 徐伯黎：《巡视晾了"家丑" 29所高校强力整改》，载于《检察日报》2017年9月5日，第5版。
② 吴晶：《习近平在第十七次全国高校党建工作会议上强调：在新的历史起点上努力开创高校党建工作新局面》，载于《光明日报》2008年12月20日，第1版。
③ 习近平：《决胜全面建成小康社会 夺取新时代中国特色社会主义伟大胜利——在中国共产党第十九次全国代表大会上的报告》，人民出版社2017年版，第65页。

加强和改进高校基层党组织，有助于提升党的内在活力。"基础不牢，地动山摇"，高校基层党组织是把师生联系起来的桥梁，对于师生党员来说，基层党组织是加强组织、学习、日常交流的基本平台，基层党组织的组织力得到巩固加强，势必会对团结凝聚广大师生、维护党委权威、改进党的建设、发展党的先进性等方面产生积极影响。因此，高校党委应按照有利于开展党内政治生活的原则，合理设置建制，根据党员人数和规模大小来确定相应的院系党支部是否需要拆分。

第二，要精心优化基层党组织的设置。高校的人员结构组成相对于其他单位来说比较复杂，除了学生和专任教师之外，还有管理人员、工勤人员、外聘人员等等，人员的组成种类较多，因此对于这样一个庞大复杂的人力系统而言，规范合理的设置有利于基层党组织能够根据自身特点创造性地开展工作，能够让各个基层党组织在高校中有效覆盖、解决支部缺位的问题。基层党支部强不强，支部书记的带头发挥作用是关键。基层党委必须要严格支部书记的选配标准，重点选拔党性强、业务优、能吃苦、肯奉献、有热情的党员做支部书记。高校也要在整个学校层面设置配备培训环节，设立相关组织活动，系统提高支部书记的水平能力，让各支部运转起来游刃有余。学校党委也要重视各基层党支部的日常工作，党委委员要联系支、联系支部书记、健全基层组织网络、指导并监督党支部工作的展开。

第三，要着力解决部分高校基层党组织生活质量不高的问题。有的支部组织生活随意性较大，主题性不够明确，缺乏规范有序的管理，导致在形式上出现或简单开会、或读自我小结等千篇一律的情况，造成党组织生活不庄重、组织生活质量无法得到应有的保证。有的党员对待组织生活不够严肃，对过组织生活的重要性认识不足。还有的党员未能有效系统学习组织生活的内容，完成相应的要求，甚至对组织生活和支部建设缺乏关心。这些情况都严重弱化了高校党委的领导和基层党组织的功能，创新组织生活和党员的教育活动迫在眉睫。高校的各基层党组织应该树立品牌意识，创设党建品牌，坚持以党支部为基本单位，以"三会一课"为基本制度，不断增强党内政治生活的政治性、时代性、原则性、战斗性，通过有组织、有目的的系统安排，力争把支部建设成为一个定位合理、目标明确、活动多样、成效显著的富于凝聚力和影响力的先进支部，着力推进基层党建的规范化和制度化。

第四，要着力打造以服务型和学习型党组织为主的高校基层党组织。基层党组织是落实党的各项工作任务的基础，搭建起了党和群众沟通的桥梁。建设服务型的基层党组织，就是要以广大的师生为本，关爱教师在工作生活中遇到的困难，关心学生在学习生活中的需要，及时了解广大师生在工作学习中遇到的问题，掌握师生的思想动态，倾听师生内心深处的声音。建设学习型基层党组织就是要推动各位党员在集体生活中形成你追我赶、人人爱学习的氛围，带动个人自觉主动学习党的最新理论，在丰富的组织生活中得到锻炼提高，逐渐让各位党员同志养成热爱学习、终身学习的习惯，能够把学到的理论与实际中遇到的问题结合起来，与所生活的时代共同进步。近年来，随着新媒体兴起，"微党课"以微信、微视频、微博等媒介为平台，以智能手机、平板电脑、互联网等媒体技术为依托，通过移动终端设备及时传递党的最新的理论成果，是一种新型的组织党员上党课的渠道。"微党课"传播力强，便捷性高，可反复学习观看，让党员足不出户就能学习了解最新动态，极大地提高了党员学习效率。

五、权力的滥用弱化了高校党的领导体制机制的功能

权力的滥用也是当前高校党的领导体制机制存在问题的重要成因。从一定角度上看，权力的滥用弱化了高校党的领导体制机制的功能。高校党的领导体制、机制、内容，三者相互作用、相互影响、有机统一。"体制"原指国家、机关、企业、事业单位等的组织制度，具体到我国高等教育中，高校党的领导体制可分为应然和实然两类。就其应然而言，就是法规文件中有关高校党的领导体现在高校组织机构的制度规定；就其实然而言，就是高校党的领导制度执行所体现出来的具体且相对固定的情况。《中华人民共和国高等教育法》明确规定：国家举办的高校实行中国共产党高等学校基层委员会领导下的校长负责制。该项规定对高校党的领导体制予以明确，党委领导下的校长负责制是党对高校领导的根本制度。但这一党对高校的领导体制在现实执行过程中却并不顺畅，一些高校不同程度地存在学校内部权力结构失衡化问题，具体表现为三种现象，即权力顶层摩擦化倾向、权力失序扩散化倾向、权力制约形式化倾向。

第一，权力顶层摩擦化倾向。公办高校实行党委领导下的校长负责制，从职责权重来看，至关重要的无疑是校党委书记和校长即党政正职，二者可谓是居于高校的权力顶层。《关于坚持和完善普通高等学校党委领导下的校长负责制的实施意见》的前两部分是"党委统一领导学校工作""校长主持学校行政工作"，二者构成高校领导体制的核心内容，其余部分都是落实核心内容的保障措施。该意见还规定，党委书记主持党委全面工作，主动协调党委与校长之间的工作关系；校长是学校的法定代表人，在学校党委领导下，全面负责教学、科研、行政管理工作。显然，执行党委领导下的校长负责制，关键工作是党委工作和行政工作，关键工作机构是党委和行政两大组织体系，关键职权岗位是主持党委工作的书记和主持行政工作的校长，最为关键的是书记、校长二者相互协调配合，这几

乎决定了高校领导体制实施的最终效果。然而在当前党对高校的领导中，有些党政关系复杂而微妙，合力不足而问题突出，尤其是党委书记与校长之间的摩擦并不鲜见，主要有三种表现，即党委领导书记化、校长负责绝对化、书记校长僵持化。

最为常见的现象是党委领导书记化，即极端的党委书记强势型。基于党的根本组织原则——民主集中制，党委实行集体领导，党内法规对其重要性、严肃性予以突出强调。2017年10月24日通过的《中国共产党章程》规定"党的各级委员会实行集体领导和个人分工负责相结合的制度""任何党员不论职务高低，都不能个人决定重大问题""不允许任何领导人实行个人专断和把个人凌驾于组织之上"。《关于新形势下党内政治生活的若干准则》强调"各级党委（党组）必须坚持集体领导制度""任何组织和个人在任何情况下都不允许以任何理由违反这项制度""凡属重大问题……不允许用其他形式取代党委及其常委会（或党组）的领导"。①《关于坚持和完善普通高等学校党委领导下的校长负责制的实施意见》要求"党委实行集体领导与个人分工负责相结合，坚持民主集中制，集体讨论决定学校重大问题和重要事项""党委会议和校长办公会议（校务会议）要坚持科学决策、民主决策、依法决策，防止个人或少数人专断和议而不决、决而不行"。这些规定明确了"党委实行集体领导"，其主要原则是"集体领导、民主集中、个别酝酿、会议决定"，领导的主要方式是"集体讨论、按少数服从多数作出决定"，关键是"坚持民主集中制"，强调了"不允许任何领导人实行个人专断"。

党委实行集体领导，防止个人或少数人专断，主持党委全面工作的党委书记是关键，党内法规对其职权范围及权力行使的程序做出了具体规定。按照《中国共产党章程》《中国共产党普通高等学校基层组织工作条例》等党内法规的有关规定，尽管主持党委全面工作，党委书记仍然只是一名普通的党委委员、一名普通的党委常委，在党委集体领导下的决策中同其他委员拥有同等的权力，并没有什么特殊的权力。但是，由于党委书记主持党委全面工作的履职需要，在执行层面的规定及实际运行过程中并非如此。《关于坚持和完善普通高等学校党委领导下的校长负责制的实施意见》对党委及党委书记的权力运行做出具体规定，在高校党员大会或党员代表大会闭会期间，校党委全体会议统一领导学校工作，并由常委会召集，议题由常委会确定；常委会会议由党委书记召集并主持，议题由党委书记确定。这些规定事实上不仅赋予党委书记主持党委全面工作中对领导班子成员的任用推荐权、业绩评价权、监督问询权等具体权力，而且赋予了党委书记个人在沟通协调、议题选择、方案提出、个别酝酿、上会确定、会议讨论、表决

---

① 《〈关于新形势下党内政治生活的若干准则〉〈中国共产党党内监督条例〉全文发布》，载于《人民日报》2016年11月3日，第1版。

提议、方式选用、决定宣布、督促检查、监督问责等方面的具体职权，几乎涉及了党委工作过程的所有关键环节，从而使得具体的党委书记岗位权力个体化，抽象的党委会集体权力操作化，同时也打开了党委书记个人决策的潘多拉魔盒。由于这些权力行使既无周详的实施细则，也未明确具体执行程序，致使党委书记在主持工作中拥有了颇多自由裁量权，为党委集体决策异化成党委书记个人决策提供了便利条件。但凡党委书记主观上有意愿，按照其意图进行决策显然不难实现，尤其在党委书记名为"班长"却实为"一把手"的场域中。只要在会前和会上等集体决策过程中的任一环节，党委书记表达甚至暗示个人决策的意向，其他党委委员、党委常委表决时，碍于情面或鉴于个人得失，通常倾向于与党委书记保持一致。正如接受深度访谈的某高校一位党委常委、副校长 C 所讲："校党委会会议决策时，大家对党委书记的意图心知肚明，表决时，基本都是按照党委书记的意图决策，因此，决策的结果是党委的意图还是党委书记的意图实际上是很难区分的。"① 厦门大学校长朱崇实一针见血地指出，"贯彻落实好党委领导下的校长负责制，其实质就是坚持民主集中制、处理好个人和集体的关系问题。"②

简而言之，尽管党内法规将监督制约权力内嵌于相应的体制、机制、制度中，一旦党委书记偏离职责规定，往往会打通党委决策过程中的各个重要关节，按照其个人意志形成决定，并迫使校长执行决定，从而实现既定的个人利益或某种意图，导致民主集中制变异、集体讨论决定异化、党委集体领导架空，造成了党委领导书记化。显而易见，滋生蔓延这一现象的原因主要是党委书记权力过于集中，前提条件是存在相关"制度设计的非周严性"③。除了最为常见的现象是党委领导书记化，还有较为常见的校长负责绝对化和较为少见的党委书记校长僵持化现象。鉴于后两种现象与第一种现象在问题的具体表现及其成因方面多有类似，故在此不作赘述。

第二，权力失序扩散化倾向。《中华人民共和国高等教育法》第四章"高等学校的组织和活动"规定了公办高校内部权力的基本构成、职责权限、逻辑结构。"中国共产党高等学校基层委员会按照中国共产党章程和有关规定，统一领导学校工作""高等学校的校长全面负责本学校的教学、科学研究和其他行政管理工作""高等学校设立学术委员会……学术规范的其他事项""高等学校通过以教师为主体的教职工代表大会等组织形式，依法保障教职工参与民主管理和监

---

① 张晓冬：《高等学校内部权力制约机制研究》，中国社会科学出版社 2016 年版，第 186 页。
② 朱崇实：《坚持党委领导下的校长负责制是建成世界一流大学的根本保障》，载于《福建日报》2016 年 8 月 31 日。
③ 孙天华：《决策系统的有效整合与降低摩擦成本的关系——对我国公立大学决策机制的分析》，载于《经济经纬》2004 年第 4 期。

督，维护教职工合法权益"①。这些规定明确了高校党委、校长、学术委员会、教职工代表大会这四种组织形式即权力主体的地位和职责，它们分别行使高校的领导权、行政权、学术权、民主权；从高校治理过程来看，可以将四种权力分为以党委为代表的决策权、以校长为代表的执行权、以学术委员会为代表的审议咨询权、以教职工代表大会为代表的民主管理和监督权；四种权力的逻辑结构，可谓是党委决策、校长执行、教授治学、民主监管，形成一个相互制约和协调的权力运行闭环系统。高校内部四种权力本应各居其位、各司其职、各尽其责，实际上却不同程度地存在各行其是、错位越位乃至权力失序现象，主要表现为行政权力党委化、学术权力行政化、民主权利边缘化。

行政权力党委化。即作为学校领导核心的党委在履行职责中越位，进入行政权力范围，事无巨细均要决策，取代部分乃至全部行政职权，将《中华人民共和国高等教育法》规定的"支持校长独立负责地行使职权"变为代替校长行使职权，造成事实上的党政不分、以党代政。这种现象主要由三种原因所致：

一是高校管理科层化。科层制最早出现在古代的中国、埃及、罗马，德国社会学家马克斯·韦伯将其理论化、系统化为一种现代管理方式。韦伯指出，科层制将普遍适用于基于法理权威的现代理性组织，是现代各类组织实现其功能的必然选择。大学作为一种以知识为载体的现代社会组织正在发生变革，知识性质由理论化、纯粹理性思辨为主转向了以社会需求为导向，知识生产由好奇心驱动的自由探索研究转向了解决问题优先的使用导向研究，知识生产模式由学术知识为主导转向多学科交叉融合。知识性质的变革和知识生产模式的变化，以及高等教育规模的扩张、功能的扩展，提供了大学采用科层制的合法性基础和现实性诉求。斯特鲁普指出，大学的规模不断扩张、组织日趋复杂、功能不断增加导致了美国高等教育的科层制，大学需要通过科层制来提高管理效率②。正是出于回应需求多元化、知识丰富化、组织复杂化、管理效率化，科层制才得以成为现代大学管理的基本方式。

二是价值取向权力化。学术界普遍认为，大学以知识为载体，尤其是高深知识与学问，处于任何时代高等教育系统的核心。伯顿·R. 克拉克认为，"广阔的知识领域是高等教育机构和系统的一个独特和主要的特征。"③ 以知识传授和知识生产为主业的教学科研人员，本应以人才培养与知识创新为主场，却深受官本

---

① 《中华人民共和国高等教育法》，法制出版社 2016 年版，第 18~19 页。
② 李立国：《为"科层制"正名：如何看待科层制在高等教育管理中的作用》，载于《探索与争鸣》2018 年第 7 期。
③ [美] 伯顿·R. 克拉克著，王承绪等译：《高等教育系统——学术组织的跨国研究》，杭州大学出版社 1994 年版，第 14 页。

位传统价值观影响，不少人以追逐权力为主攻方向。这既源于高校管理科层化环境，也源于学校资源配置过度依赖权力，而权力过于集中又制约不足。科层制以权力为中心，实行职务等级制和权力等级化，形成层级节制的权力体系，官员间的从属关系由严格的职务或任务等级序列决定。加之，"目前学校的校级党政权力集决策权、执行权与监督权于一体，控制着学校内部的人、财、物的主要配置权力，在大学内部几乎形成权力制约监督的'真空带'"①。于是，有了一定层级的党政职务，便拥有相应的权力和影响力，而这些权力和影响力蕴含着可以利用的丰富资源。权力不仅意味着身份、地位，可以支配包括学术资源在内的人、财、物等各种资源，而且也意味着各种荣誉。因为，评奖评优依据工作成绩，而各方面成绩总是首先归功于领导，论功行赏中领导优先顺理成章。在金钱、地位、荣誉等各种利益诱惑下，一些教学科研人员的价值观扭曲甚至错乱，不管自身是否适合机关工作，在稍有学术成就后便追逐权力。于是，出现一个党政副处级职位往往少则五六位多达十几位教授角逐，甚至不乏副教授挂职科级岗位等现象。

三是党政职责模糊化。由于法规文件的权限划分不够细致，在权力实施过程中也缺少必要的监督制约机制，容易使管理者在理论和实际中对党委和校长负责的含义产生模糊的认知，导致党委和行政的职责不够明确。十八届中央第十二轮巡视公布高校巡视反馈情况也明确指出，西北地区某所"985"高校"党委常委会、校务会权责不够明晰，执行党委领导下的校长负责制有偏差"②。

高校管理科层化、价值取向权力化、党政职责模糊化，三者彼此借力、加速滋长。在弥漫着角逐权力气氛的科层制中，由于党委本来就处于权力体系顶端，若党委因职责模糊而扩张权力，或者主持党委工作的书记权力膨胀，或者校长过分依赖党委决策，党委经常操作行政事务，行政权力被事无巨细的决策所涵盖，致使校长的行政权力不能独立负责地行使，就会造成党政不分、以党代政现象。这扰乱了高校权力的固有结构，势必引发连锁反应。正如有学者所指出，"从治理设计而言，校党委会是学校的最高决策权力和领导核心，应主要发挥治理权力，但实际操作中却主要扮演了管理者的角色，做了学校行政应该做的事情。而校长及行政为了获得其法律赋予的权力，在与党委会博弈的过程中却不断地挤占了本该属于学术委员会的一些权力，从而造成大学内部各类权力错位运行的现象"③。行政权力党委化引发连锁反应，致使学术权力行政化、民主权利边缘化。

---

① 张晓冬：《高等学校内部权力制约机制研究》，中国社会科学出版社 2016 年版，第 10~11 页。
② 《十八届中央第十二轮巡视公布 15 所高校巡视反馈情况》，载于《中国纪检监察报》2017 年 6 月 22 日，第 4 版。
③ 张晓冬：《高等学校内部权力制约机制研究》，中国社会科学出版社 2016 年版，第 215 页。

第三，权力制约形式化倾向。权力必须受到制约，制约必须有效，不能流于形式。不受制约的权力必然任性，总是走向绝对，绝对权力势必造成腐败。或鉴于此，《中国共产党章程》规定，不允许有任何"不接受党内外群众监督的特殊党员"，党的十九大报告也明确指出："要加强对权力运行的制约和监督，让人民监督权力，让权力在阳光下运行，把权力关进制度的笼子。"① 尽管这些规定强调加强对权力运行的制约和监督，但一些高校却仍然存在着权力制约形式化的倾向，主要表现为党内监督和外部监督乏力。

党对高校的领导，不仅通过实行党委决策与行政执行来保证党的领导落实，而且通过党内监督和外部监督来保证党的领导落实到位，有关法规对此予以明确。《关于新形势下党内政治生活的若干准则》指出"监督是权力正确运行的根本保证"；《中国共产党章程》规定每个党员都必须"接受党内外群众的监督"，尤其加强对主要领导干部的监督。《中国共产党党内监督条例》强调"党内监督的重点对象是党的领导机关和领导干部特别是主要领导干部"，并设专章明确"党内监督和外部监督相结合"。权力接受监督，监督切实有效，才能确保正确运行。高校权力的监督既有党内监督也有外部监督。党内监督主要有校党委全面监督、纪委专责监督、党的工作部门职能监督、党的基层组织日常监督、党员民主监督。党内监督的优势是统一指挥、携手合力、保障充分，即在学校党委的统一领导和全面监督下，上有纪委专门监督，下有党员民主监督，纵有各级党组织监督，横有党的各种职能部门监督，形成严密的党内监督体系。相对于党内监督的外部监督，主要有监察部门监督、审计部门监督、学术组织监督、教职工代表大会监督、民主党派基层组织监督、工会、共青团、学生会等群众组织监督，以及以理事会或董事会为代表的社会监督。外部监督的优势是相对独立、动力充足、分布广泛，这是因为外部监督属于异体监督，且大部分属于利益相关者监督。党内监督和外部监督相结合，可谓在高校中形成了全覆盖的庞大监督网络。

但是，高校这一庞大监督网络在具体实践中并没有充分发挥其应有作用，实际效果也不理想。一方面，党内监督是集运动员与裁判员于一身的同体监督，往往是对下级监督比较有效，对同级监督逊色不少，对学校领导及其负责事项的监督大打折扣，甚至视而不见、听而不闻；另一方面，外部监督组织基本上都是学校内设机构，在学校党政领导下，有些机构负责人也是由校党政领导兼任，因此并非完全意义的异体监督。外部监督主体大都属于利益相关者，往往事不关己高高挂起，力量分散。这些缺陷导致外部监督力不从心，实际效果远不及党内监

---

① 习近平：《决胜全面建成小康社会 夺取新时代中国特色社会主义伟大胜利——在中国共产党第十九次全国代表大会上的报告》，人民出版社2017年版，第67页。

督。正是由于党内监督软弱、外部监督涣散等原因，才导致监督形同虚设，权力制约流于形式。

六、资源的相对欠缺阻碍了高校党的领导体制机制完善的进程

高校建设资源在一定程度上影响到高校党的领导体制机制运行。从当前看，高校建设资源的相对欠缺阻碍了高校党的领导体制机制建设的进程。党对高校的领导与高校办学资源密切相关。高校并不是从来就有的社会组织，而是人类社会发展的近现代阶段的历史产物，归根结底在于高校自身不会直接创造经济价值，相反却需要全社会进行稳定而持久的成本投入，因此办学资源对于高校的建设发展而言具有绝对的决定性意义。鉴于我国社会主义国家党领导一切的政治体制，党的领导本身就是办学资源分配逻辑的重要体现，要加强党对高校的领导必须高度重视办学资源因素。

如果说传统意义上的高校发展逻辑是单一的学术自主，那么现代意义上的高校显然必须适应学术、社会和市场并存的发展逻辑。而现代高校要在纷繁芜杂的现代社会之中适应学术、社会和市场并存的发展逻辑，不断求取自身发展的平衡，并回应和适应外部环境的变化[1]，就必须具备充足的办学资源。新中国成立后，党领导全国各族人民全面学习苏联模式在中国开展社会主义建设，逐步确立了高度集中的计划经济体制，高等教育事业也被纳入其中，采取中央政府包办全部高等教育资源的方式，将全国高等院校的招生、培养、分配、拨款、基建全部纳入国家计划，由党和政府统筹安排。在计划经济体制下，党和政府对高等教育资源的分配使用不可避免地带有鲜明的权力秩序特点，形成按照高校所隶属的组织领导层级分配办学资源的实际状况。改革开放以来，党和政府不再垄断高校办学资源，在教育体制改革过程中逐步赋予省和中心城市高等教育管理权限，一方面允许地方大量自主创办高等教育；另一方面将原属中央部属主管主办的大量高校转交地方主管主办，以调动地方办学积极性。然而，由于在相当长的时期内办学资源，尤其是优质办学资源的短缺，各级各类高校对办学资源的激烈竞争将是一种常态[2]，地方党委政府在获得高校主管主办权之后，纷纷与中央部属搞起了"共建"，实质上瞄准的是中央部属所掌握的丰厚办学资源（包括各级财政经费、人员编制等纵向办学资源和学术课题、成果评奖等横向发展资源），因为只有千

---

[1] 张俊宗：《坚持和完善中国特色现代大学制度》，载于《光明日报》2017年12月26日，第15版。
[2] 房喻：《高水平大学建设中的办学资源管理》，载于《中国高等教育研究》2009年第5期。

方百计获取充足的办学资源，才能真正将中央赋予的领导和管理高校的权力用好，否则中央划归的高校最终只能停滞不前乃至走上衰败停办的绝路。

各级财政经费、人员编制等纵向办学资源是党对高校领导的重要物质基础。对高等教育的学术考察，办学经费是必须重点关注的问题，高水平大学建设必须要有高额且稳定的经费投入，这已经被世界各国高等教育的历史和现状所证明[①]。民国时期中国社会四分五裂，经济发展严重滞后，中央政府能够拨付给大学的高等教育经费严重不足，对社会的管控程度也较低，甚至放任西方势力在中国创办多所教会大学，以致大多数高校与中央政府长期离心离德。新中国将高等教育纳入计划经济体制后，高等教育领域资源配置开始与党和政府掌控的政治权力秩序呈现出高度相关性，高校能够接受更高层级的党委领导则意味着能够获得更加丰富的办学资源；如果没有财政经费、人员编制等纵向办学资源的长期稳定投入，则高校基本建设、组织体系都无法实现稳定发展，必然对实现党在高校的领导造成重大影响和制约。

在当代中国，虽然高校办学的经费来源已经实现多元化，如财政拨款、事业收入、非同级财政拨款、投资收益、捐赠收入、租金收入等各显神通，但来自各级党委政府的财政拨款依然是最重要的经费来源。根据教育部网站发布的《全国高等学校名单（截至2022年5月31日）》，全国共有普通高校2 759所，其中70%以上是公办高校。根据各高校公布的年度决算数据，一半以上的公办高校总收入的50%以上来自党和政府掌管的各级财政拨款。因此，经费问题自然在高校落实党的领导方面扮演着不可替代的独特作用。从党和政府的角度来讲，社会主义国家的宝贵财政经费和人员编制只能用于建设社会主义的高等院校，因此必须加强党对高校的领导，确保其社会主义办学方向；从高校的角度来讲，坚持党的领导能够增强高校的办学实力、拓展高校的办学空间，最终建设高水平社会主义高校。鉴于中国内部办学资源的稀缺性、有限性，改革开放以来中国高校在改革进程中积极拓展与西方发达国家高校尤其是各类基金会的关系，从西方国家获得了大量办学资源。忆昔抚今，改革开放初期由于高等教育办学资源的严重短缺而接受外国资金援助是正常不过的一件事，然而天下没有免费的午餐，外国资金背后的政治意图也不能不引起反思。加拿大安大略教育研究所教授露丝·海霍在指出改革开放后的高等教育改革时，就将部属院校、东部地区高校、地方及内地院校之间对于国外资金和援助的竞争与争夺，作为中国所进行的高等教育改革"顺理成章地受到西方学院模式影响"的论据之一[②]。

---

① 周云：《高校办学经费重点在于真正用于办学》，载于《羊城晚报》2019年8月12日。
② ［加］露丝·海霍著，吴慧萍译：《中国的大学和西方学院模式》，载于《上海高教研究》1991年第3期。

学术课题、成果评奖、人才评选等横向发展资源是实现党对高校领导的有效方式。党对高校的领导归根结底要落实到对人的领导上，而高校负责开展教学、科研两大主要业务从而完成立德树人根本任务的人员群体主要是教师群体。高校教师群体具有知识储备丰富、思想独立性强的群体性特征，要实现党对高校教师群体的实质领导，并非单纯通过高校党政管理体系的运作就能实现，最行之有效的办法是通过研究主题的设定、成果标准和人才标准的确立来实现对高校教师群体的引领和引导，使高校教师群体自觉按照党指明的方向来开展工作。目前，我国通行的做法是通过学术课题、成果评奖、人才选拔体系等方面实现党对高校教师群体的实质领导。学术课题申请方面，以社会科学研究领域为例，全国最大规模的学术科研课题是国家社会科学基金项目，由党和国家意识形态主管机构——中央宣传部领导和管理的全国哲学社会科学工作办公室负责招标和管理，各省、自治区、直辖市和新疆生产建设兵团哲学社会科学规划办公室及全军哲学社会科学规划办公室，以及中央党校科研部、中国社会科学院科研局、教育部社会科学司，受全国社科规划办委托，协助做好本地区本系统国家社科基金项目申请和管理工作；各省区市哲学社会科学工作办公室则在各自区域内发布社会科学基金项目；此外还有教育部发布的人文社会科学研究项目、民政部发布的民政政策理论研究课题、司法部发布的法治建设与法学理论研究部级科研项目、共青团中央发布的"青少年发展研究"课题、中国法学会发布的法学研究课题等专业领域课题；高等教育教学改革项目、教师团队项目也与科研项目一样开展招标评审，不过仅在教育部和省级教育行政管理部门开展。成果评奖和人才选拔（含教学名师、师德标兵等）也是大体如此，首先在高校内部按照不同的指标比例申报；其次按照指标报送，成果评奖通常由对应的科学界联合会来举办，各类人才选拔则通常由中央组织部或中央宣传部或相应教育行政部门举办。科研课题在招标公告中通常都公布选题指南，并在评审环节和结题环节对项目标书和研究成果进行严格的意识形态审核，评奖活动和人才选拔更是严把意识形态关，确保了入围高校教师能够按照党的意识形态要求开展符合身份的活动，从而将党对高校教师群体的领导真正落到了实处。

党的建设方向与高等教育的教育任务存在目标上的内在一致性，两者的落脚点都是为人民服务，为社会主义现代化服务。然而，高等教育在落实办学主体责任、理顺政府、学校、社会三者的关系以及深化教育领域办学自主权等方面还存在诸多问题。2017年2月，经中央批准，十八届中央第十二轮巡视对北京大学、清华大学、北京师范大学等29所中管高校党委开展专项巡视。巡视中的问题主要集中在："四个意识"不够强，执行党委领导下的校长负责制不到位，党委领导作用发挥不够，落实意识形态工作责任制不够有力，基层党组织建设薄弱等。

分析原因不难得出，改革开放后，高等教育领域取得长足发展，成绩取得的背后也暴露出存在的问题，高校党委在落实意识形态工作中的责任意识不够强，工作中不同程度地削弱了高校党组织建设，不同程度地制约了党的路线方针政策的贯彻落实。有学者指出，中管高校整改内容主要集中于加强党的领导方面，说明高校中解决问题的关键还是要从加强党的领导上破题。坚持党的领导是方向问题，不能有丝毫动摇；改善党对高校的领导，就是要坚持党委领导下的校长负责制，发挥党在高校中的领导作用，师生员工在高校治理中的主体作用。党对高校的领导有一个由弱到强，循序渐进的成熟发展过程。事物发展不会一蹴而就，只有针对高校党的领导当中出现的问题进行梳理总结，才会取得更大进步，尤其是实践过程中那些暴露出来的薄弱环节，才是今后应积极改正的方向和前进的动力，越是有薄弱的环节就越是要巩固完善。

由上可知，当前高校党的领导体制机制存在问题的成因是多方面的，可以从不同维度进行深入分析。主要包括制度与文化的冲突削弱了高校党的领导体制机制的完善功能，多元文化与西方意识形态交织渗透弱化了体制机制的完善成效，高校部分党员干部综合素养的有限性延缓了体制机制的完善进程，部分高校党委的责任意识不强，也忽视了高校党的领导体制机制的建设与完善问题，高校基层党委的组织力、领导力不强减弱了体制机制的运行效能，权力的滥用弱化了高校党的领导体制机制的功能，高校建设资源的相对欠缺也阻碍了高校党的领导体制机制建设的进程等。因此，在新的历史起点上，坚持和完善高校党的领导体制机制必须采取多维措施，既要从基本原则与宏观思路上推进高校党的领导体制机制建设与完善，也要采取能够推进高校党的领导体制机制建设的针对性对策建议。

第七章

新时代高校党的领导体制机制的基本原则与要求

新时代完善高校党的领导体制机制，不仅要从一般的层面把握高校党的领导体制机制的相关概念、理论基础、价值意蕴、历史演变、现实境遇、存在的问题与成因，更为重要的是聚焦于实际中如何进一步完善高校党的领导体制机制。完善高校党的领导体制机制是一个系统工程，既涉及基本原则与要求层面，也涉及宏观思路与方略，还涉及针对性的对策建议。因此，需要采取逐步分析的逻辑分析模式，从不同的层面和角度进行逐步全面分析。原则是主观见之于客观的东西，是想问题办事情的遵循，所以完善高校党的领导体制机制必须首先探寻其基本原则。而要想深入把握其原则，还必须充分把握内在关键环节，以关键环节研究推动对原则研究的深化。同时，在充分把握了基本原则与关键环节的基础上，又必须审视其内在要求。只有遵循科学的基本原则、内在环节与要求，才能更好推进高校党的领导体制机制的完善。可见，深入探究完善高校党的领导体制机制的基本原则与要求对深化高校党的领导体制机制研究具有重要的理论意义，同时也对助推高校党的领导体制机制完善具有重要实践意义。对此，拟将从基本原则、关键环节与根本要求三重维度来深入分析新时代完善高校党的领导体制机制的基本原则与要求。

第一节　新时代高校党的领导体制机制的基本原则

新时代加强党对高校的全面领导，必须充分把握完善高校党的领导体制机制的基本原则。按照什么样的原则来设计和安排党领导高校的体制机制，是新时代党实现对高校的领导必须首要明确的基本前提，也是确保党对高校领导行之有效的内在要求。新时代党对高校的领导，在价值取向上必须坚持以人民为中心的首要原则，在政策导向上必须坚持服务中心工作的根本原则；在制度约束上必须坚持依法依规的关键原则；在内容方式上必须坚持总揽全局的根本原则。

一、在价值取向上，坚持以人民为中心的首要原则

教育是民族振兴、社会进步的重要基石，是功在当代、利在千秋的德政工程。"中国共产党所做的一切，就是为中国人民谋幸福、为中华民族谋复兴、为人类谋和平与发展"[①]。中国共产党对于高校工作的领导，就是为了办好让人民满意的高等教育，推动人民群众实现更高层次的全面发展，从而为中国特色社会主义事业培养合格建设者和可靠接班人，为实现中华民族伟大复兴的中国梦提供人才和智力支持。新时代中国特色社会主义事业进入新的发展阶段，对高等教育的需要、对科学知识和优秀人才的需要比以往任何时候都更为迫切，从而对人民素质能力全面发展的期盼和需求比以往任何时候都更加强烈。主动回应人民群众对高校工作的期待，把人民接受优质高等教育的诉求放在最高位置，用办学治校的实际行动让人民最大限度地享受高等教育成果，就是党领导高校的体制机制必须坚持以人民为中心的首要原则的核心要义。

第一，坚持以人民为中心的首要原则必须充分体现高等教育发展的人民立场。高校党的领导体制机制必须坚持以人民为中心的首要原则，要把人民立场贯穿于党的领导全过程、各环节，充分反映广大人民群众的意愿和利益需求，为实现人民美好生活发展高等教育事业。不断完善高校党的领导体制机制要把人民根本利益作为根本出发点，站稳人民立场。高校党员干部必须始终践行党的根本宗旨，把高等教育事业作为全心为人民服务的事业，同人民群众建立最密切的联

---

① 习近平：《携手建设更加美好的世界——在中国共产党与世界政党高层对话会上的主旨讲话》，载于《人民日报》2017 年 12 月 2 日，第 2 版。

系。党的各项高等教育方针和政策要切合人民性原则，实现深入人民、凝聚人心、号召群众，真正为人民群众所接受和拥护。发展高等教育是党和国家的事业，也是人民和民族的事业，高校党的领导要面向社会实际，引领广大高校工作者担负起发展高等教育的伟大使命，服务人民、服务实践创新。

人民群众是兴校办学、发展教育的主要力量和实践主体，是高校党的领导体制建设面对的根本对象，要树立起以人民为中心的基本导向，要加强高校各级党组织、全体党员对人民性的理解，坚持以全体人民的根本利益为高校教育工作的原则遵循。坚持高等教育发展的人民性要求，就要坚决反对有损人民利益的教育行为，高校党员干部要率先垂范，推进高校全面建设进程，提高警惕性，维护师生利益，与不法分子和违法违纪行为做斗争。坚持以人民为中心的首要原则，高校党的领导体制机制就要彰显人民性要求，体现中国特色社会主义的教育特征，通过引领高校改善办学条件、提升高等教育品质、优化教育资源配置等，推进人民教育事业的发展。因此，不断完善高校党的领导体制机制就要把人民根本利益作为根本出发点，始终坚守人民立场。

第二，坚持以人民为中心的首要原则必须办好让人民满意的高等教育。高校党的领导体制机制坚持以人民为中心的首要原则，就要以办好人民满意的高等教育为根本要求。高等教育事业是为党育人、为国育才的事业，关乎万千家庭的切身利益，高校党的领导体制机制只有坚持以人民为中心的首要原则，才能始终将人民放在至上高度，在具体工作中落实人民满意教育。"今天，党和国家事业发展对高等教育的需要，对科学知识和优秀人才的需要，比以往任何时候都更为迫切"[①]，高等教育是重大的民生工程，在党的领导下，我国高等教育历经了由弱到强的发展过程，取得了重大发展成就，目前已建设起规模强大、体系严密的高等教育体系，越来越多的学生可以接受高质量教育，高等教育资源毛入学率逐年提升，大批受过高等教育的优秀人才源源不断地投入基础科学研究中，增强了国家创新发展实力。高校党的领导体制机制设计要着眼于"双一流"建设目标，调动高校内部发展活力，服务国家现代化建设，调整不合时宜的教育评价导向，让人民接受一流水平的高等教育。在新时代背景下，党对高校工作的领导要继续坚持以人民为中心的基本原则，明确教育评价标准在人民，调动全社会可用教育资源，凝聚各方社会力量，办人民满意的高等教育，满足人民群众对教育发展的新期待。为了人民根本利益，党领导高等教育事业发展，着力解决在高等教育领域中的难题，让广大群众享受更高的幸福感、获得感和安全感，持续推进民生工程建设，不断以内涵式发展要求提升高校办学水平，不断地增进民生福祉。

---

① 习近平：《在北京大学师生座谈会上的讲话》，人民出版社2018年版，第4页。

第三，坚持以人民为中心的首要原则就要不断推进人的全面发展。高校党的领导体制机制坚持以人民为中心的首要原则，通过引领高等教育实践来调动人的积极性和创造性，不断开阔人的视野、更新人的观念、拓新人的实践、活跃人的思维，这将为人的全面发展开辟道路，提供更多的物质支持和精神条件。高等教育是以高校学生为教育对象而开展的教育实践活动，高校学生接受高等教育过程，是个人得到塑造和培养的过程，是更好地追求人的全面发展的过程。人的全面发展是一个阶段性的提升过程，依托主客观支持条件的发展而变化，高等教育党的领导活动要不断地为实现人的全面发展创造有利条件，不断发现新情况，针对性地解决新问题。习近平总书记指出："我们的教育要培养德智体美全面发展的社会主义建设者和接班人"①，这是新时代人的全面发展的具体所指，为人才培养提供了目标要求和价值趋向。高校党的领导体制机制坚持以人民为中心的首要原则，就要引领高等教育培育出切合新时代人的全面发展要求的各类人才，把学生思想政治教育与人才培养相结合，创新各种各样的教育方式，发挥学生主体性，尊重学生个体差异，把握教育评价指标的全面性。党领导中国特色世界一流大学建设，就要将马克思主义关于人的全面发展思想与我国教育实际相结合，培养国家建设需要的全面发展的各级各类人才。

第四，坚持以人民为中心的首要原则必须落实以人为本、以生为本的办学治校理念。高校党的领导体制机制坚持以人民为中心的首要原则，要求落实以人为本、以生为本的理念要求，把握社会主义高校办学规律和高等教育发展规律，努力把高校学生培养成民族复兴大业需要的社会栋梁。高校兴校办学关键任务是培养人才，特别是要培养创新型拔尖人才和具有复合能力的基础学科人才。新时代党领导高校工作，要为学生成长建设与人才培养搭建平台，发现学生特长和优势，出台具体的人才培养计划，注重启发学生思维能力，创新教育教学方法，提高学生独立思考、发现问题和解决问题的能力。坚持以人为本、以生为本，要为学生培养创设适宜的教育环境，鼓励高校教育追求真理、追求卓越，在"双一流"建设目标的驱动下焕发蓬勃的生机和活力。坚持和践行以人为本、以生为本，是以人民为中心的首要原则的内在要求，就是要充分肯定人的主观能动性，肯定学生价值，尊重学生个性发展要求，充分信任学生潜能和智慧，把学生成长和发展放在重要位置，激发学生的主动性和积极性。高校党的领导要转变传统教育理念和管理模式，以立德树人为根本任务要求，做到深入人、尊重人、理解人，在以人为本、以生为本的基本共识基础上，把握学生学习和发展规律，贴近学生思想、生活和学习实际情况，通过构建长效性的实践机制，积极为高校学生

---

① 习近平：《在北京大学师生座谈会上的讲话》，人民出版社2018年版，第4页。

成人成才服务。

二、在政策导向上，坚持服务中心工作的基本原则

高校建设水平是国家创新能力和发展潜力的基本标识，高校党的领导体制机制，绝不是纯粹就高等教育谈高等教育、就高校工作谈高校工作，更不是放任高校在行业领域的圈子里自娱自洽，而是要时刻将高校工作置于党和国家事业全局中去衡量、规划和设计，置于经济社会发展的时代潮流中去砥砺和检验。加强党对高校的领导体制建设，必须坚持服务中心工作的根本原则，确保高校按照党的需要提供人才智力支持。

第一，坚持服务中心工作的基本原则，就要坚持"四个服务"的发展要求。习近平总书记强调："我国高等教育发展方向要同我国发展的现实目标和未来方向紧密联系在一起，为人民服务，为中国共产党治国理政服务，为巩固和发展中国特色社会主义制度服务，为改革开放和社会主义现代化建设服务"①。新时代坚持和完善高校党的领导体制机制，坚持服务中心工作的基本原则，具体来说就是要确保高校办学坚持"四个服务"的具体要求。高校党的领导体制机制要立足社会主义的本质属性，保障人民当家作主，明确为人民服务的使命感和责任感，发展人民教育事业。推进高校建设是党的治国理政的重要部署，同时也将推动党的治国理政进程。新时代高等教育的改革发展要坚持正确的政治方向，保证高校党的领导核心地位，助力党的路线方针政策落实，广大高校要成为党领导下的坚强教育阵地。党对高校领导的制度体系是党的领导制度体系的具体呈现，要不断巩固和建设党的领导制度，推动中国特色社会主义制度创新。党和国家事业是通过改革开放和社会主义现代化建设而实现的，在党的全面领导下，广大高校要积极为当前社会主义现代化建设服务，推进全面改革开放进程，担负起为经济社会进步培养人才、输送人才的重任，推进科教兴国的战略实施。

第二，坚持服务中心工作的基本原则就要以是否适应社会发展需要为衡量高校教育质量的基本标尺。新时代坚持和完善高校党的领导体制机制，坚持服务中心工作的基本原则，要求党引领高校提升教育质量，更好地适应社会发展需要。如果党领导的高校不关心党所推动的经济社会发展，不能够按照党所推动的经济社会发展需要来开展人才培养和科学研究工作，那么高校就严重脱离了社会发展需要，培养的人才、研究的学问，社会发展不需要，社会需要的人才和科学技术

---

① 《习近平在全国高校思想政治工作会议上强调把思想政治工作贯穿教育教学全过程 开创我国高等教育事业发展新局面》，载于《人民日报》2016年12月9日，第1版。

又培养或研究不出来，基本上沦为晚清社会的旧式私塾、书院、学堂，对党的事业、对人民的全面发展有害无益。高校教育质量要通过推进高校育人方式、教师队伍建设、高等教育改革、创设良好育人环境等来实现，要求开创出一条内涵式的高等教育发展道路。新时代，高校要培养德智体美劳全面发展的时代新人，高校体制机制改革要为人的全面发展创造良好条件，形成立德树人的教育教学体系，培养高校学生适应新时代要求的关键能力。党要引领建设一支高素质、专业化高校教师队伍，为提升高等教育质量、发展一流水平现代教育提供有力的师资支持，塑造良好的师德师风，为党和国家培养出更多高素质的人才。党要引领高校改革进程，从顶层设计上做出总体定位，结合部属高校、地方高校等的特殊发展实际出台教育政策文件，深化高等教育评价改革，加强教育督导和质量监测。党要为提升高校教育质量创设良好的育人环境，提高办学经费投入，营造良好的制度环境，加强国际交流，创设良好的学生学习环境，衡量高等教育的质量如何要以社会实践来检验。提高高等教育质量是新时代经济社会发展的迫切要求，只有高质量的内涵式发展，才能推动教育强国建设，适应现代化强国建设的需要。

第三，坚持服务中心工作的基本原则就要坚持高等教育要助力民族复兴伟业。习近平总书记指出："坚持把服务中华民族伟大复兴作为教育的重要使命"①，高校党的领导体制机制必须坚持服务中心工作的基本原则，新时代高等教育的责任和使命就是要服务中华民族伟大复兴。从党和国家事业全局来看，高等教育工作是党和国家事业中具有特殊功能和意义的组成部分，承担着通过教学科研活动为全社会提供人才和智力支持的独特使命。站在全党的高度来看，党对高校的领导就是要确保高校工作能够按照党指出的方向、提出的路线来开展，就是要确保高校对党所领导的经济社会发展全局的关注，从而能够围绕党在当时阶段的中心工作来开展人才培养和科学研究工作。党的自身建设和领导工作都体现了为中华民族谋复兴的战略使命，高校党的领导体制机制建设就是要引领高等教育的现代化发展，坚持为中华民族伟大复兴服务。高校党的领导体制机制坚持服务中心工作的基本原则，就是抓住了高等教育发展面临的主要矛盾和中心问题，推动中华民族伟大复兴的历史进程。中华民族伟大复兴是涵盖全方位、全领域的复兴，必然要求高等教育领域的蓬勃发展，推进实现"双一流"建设目标，全面提升全民族综合素质。高校党委要引领教育工作为经济社会发展服务，解决高等教育发展面临的诸多问题和困难，不断提高高等教育普及化程度，改善民生条件，催生新的经济增长点，与经济社会发展实现良性互动。

---

① 《习近平在全国教育大会上强调坚持中国特色社会主义教育发展道路培养德智体美劳全面发展的社会主义建设者和接班人》，载于《人民日报》2018年9月11日，第1版。

第四，坚持服务中心工作的基本原则就要发挥高等教育对经济社会发展的带动作用。经济建设是党和国家的中心工作，高校党的领导体制机制坚持服务中心工作的基本原则，要增强高等教育对经济社会发展的带动作用和服务能力。广大高校要为党和国家经济建设提供动力支持，凝聚高等教育发展合力，积极推进"五位一体"总体布局和"四个全面"战略布局。改革开放后，党中央坚持以经济建设为中心，逐渐积累了发展优势，创造出经济发展奇迹，但是也存在着"片面追求速度规模、发展方式粗放""发展不平衡、不协调、不可持续"① 等突出问题。问题越突出，就越需要组织动员社会各层面力量来集中解决。党要领导广大高校积极参与到社会主义经济建设中来，通过把握经济发展脉搏，造就可靠、可用的劳动者队伍，在重要领域和关键行业给予一流水平人才支持，发挥各类创新团队的经济社会贡献作用，提供人力资源和人才资源保障，不断去攻克新时代经济发展面临的突出问题。广大高校要积极响应新发展理念要求，明确新时代经济建设对发展质量、效率和动力的要求，与各类人才缺口相对接，适应创新、绿色、协调等新经济形态来盘活各类社会资源，激发社会全局的发展动力，为推动经济发展模式创新做出主动贡献。党要引领广大高校积极响应中国特色现代企业制度的发展要求，着力培育高水平高竞争力人才，为国家创新驱动发展战略、建设世界科技强国、发展现代产业体系、壮大实体经济提供人才支持和后备力量，全面提升高等教育对拉动经济建设的长效作用。党要领导各类高校发展与国家区域协调发展战略结合起来，结合本地区隶属经济区域实际情况来制定总体教育计划，坚持学生教育培养的高质量和高标准，为拉动区域经济增长做出更多贡献。尤其在相对落后的革命老区、民族边疆地区、自然生存条件差的地区等，党要更加支持和引领高校办学，结合其他各类支持性政策，带动落后地区的经济进步。党要领导广大高校支持乡村振兴战略，加强农业生产科技研究，支持农村现代化建设，为新时代乡村振兴输送一支合格的"三农"工作队伍。

三、在制度约束上，坚持依法依规的关键原则

中国特色社会主义最本质特征是中国共产党的领导，中国特色社会主义制度的最大优势也是中国共产党的领导，习近平新时代中国特色社会主义思想的一个重要内容，就是明确提出中国共产党是最高政治领导力量。② 作为当代中国最高政治领导力量，中国共产党的一切政治领导实践绝非领导权威的任意行使，而是

---

① 《中共中央关于党的百年奋斗重大成就和历史经验的决议》，人民出版社 2021 年版，第 34 页。
② 《习近平新时代中国特色社会主义思想基本问题》，中共中央党校出版社 2020 年版，第 86 页。

执行党章党规确定的民主原则和程序、在宪法法律和党章党规范围内开展的依法依规行为。① 高校党的领导体制机制必须把依法依规作为关键原则，依靠社会主义法治，明确党对高校的领导职责，发挥法治对实现和巩固党的领导的能动作用，提升高校基层党组织建设的规范化和制度化，不断提升高校依法治校水平。

第一，坚持依法依规的关键原则就是要使高校党的领导体制机制依靠社会主义法治。"党的领导和社会主义法治是一致的，社会主义法治必须坚持党的领导，党的领导必须依靠社会主义法治"②。新时代高校党的领导体制机制坚持依法依规的关键原则，是全面推进依法治国的必然之举，只有依据宪法法律和党内法规，才能在高等教育发展中始终坚持党的领导，明确党对高校的领导职责和使命，坚持党的政治领导，领导广大高校体制机制建设，把党的领导深入地贯彻到高校立校办学的全过程、各方面。我国宪法总纲中明确指出："中国共产党领导是中国特色社会主义最本质的特征"③。2021 年修订的《中国共产党普通高等学校基层组织工作条例》强调："坚持和加强党对普通高等学校的全面领导。"④ 这些法律法规内容指明了坚持和完善高校党的领导体制机制的应有之义，也为加强党对高校的领导提供了根本法理基础。新时代背景下，如何加强党对高校领导、发挥党委领导核心作用、创新党的领导方式方法、领导高校治理现代化进程等问题，都要从相关法律法规制度中找到解决路径。党领导高校的体制机制坚持依法依规的关键原则，就是不仅要按照对普通公民的要求标准，将党对高校的领导置于宪法法律的约束之下，而且要按照党规党纪对党员的要求，将各级党组织和党员领导干部对高校的领导置于党章党规党纪的约束之下，确保党对高校的领导能够科学运行、公开透明运行，在党对高校的领导实践中最大限度地发挥宪法法律和党章党规的制度威力。党的十八大以来，关于党的领导体制机制建设取得了显著制度成果，以党章为根本遵循，提升制度治党水平，一系列党内法规制度密集出台，实施党的建设制度改革，规范基层党组织建设，也加强了对广大党员干部的监督。

第二，坚持依法依规的关键原则就是要发挥法治对实现和巩固党的领导的积极能动作用。"全面推进依法治国，要有利于加强和改善党的领导，有利于巩固党的执政地位、完成党的执政使命，决不是要削弱党的领导"⑤。新时代坚持和完善高校党的领导体制机制必须坚持依法依规的关键原则，是顺应全面依法治国

---

① 《关于新形势下党内政治生活的若干准则　中国共产党党内监督条例》，人民出版社 2016 年版，第 25、36 页。
② 《中共中央关于全面推进依法治国若干重大问题的决定》，人民出版社 2014 年版，第 5 页。
③ 《中华人民共和国宪法》，人民出版社 2018 年版，第 8 页。
④ 《中国共产党普通高等学校基层组织工作条例》，人民出版社 2021 年版，第 3 页。
⑤ 《十八大以来重要文献选编》（中），中央文献出版社 2016 年版，第 183 页。

基本战略的内在要求，充分发挥法治对于加强党对高校全面领导的积极能动作用。通过倡行和实施法治，高校各项工作体现党的领导意志，确立党的领导权，强化核心领导地位，贯彻落实党的教育方针和各项政策部署。高校党的领导体制机制坚持依法依规的关键原则，要求以法治的方式来领导高校办学，将法治理念、思维和原则落实到高校各项工作中去。党要引领高校加强法治宣传，推动法治理念深入人心，指导办学和管理活动。教育主管部门及广大高校要确立依法治校的理念，将自己纳入法律制度的约束之下。党委班子及成员要带头学习法律知识，强化法治思维，坚持依法决策，严于律己，在自觉维护中央权威、维护党的团结、遵循组织程序等方面，为师生参与依法治校树立榜样，将法治宣传转化为学校发展的自觉追求和工作常态。党的领导工作要严格依照国家法律和学校章程来进行，做到依法办事，高校党委要不断健全学校法治机构和治理结构，围绕关系学校发展的重大政策和法律问题形成决议，组织实施依法治校的各项工作。还要充分发挥教师在依法治校中的主导作用，树立法律面前人人平等理念，在领导活动中依法维护教师权益，发挥学生在依法治校中的主体作用，依法保护学生的受教育权。总的来说，坚持依法依规的关键原则，就要以法治的形式为高校党委及领导干部指明工作方向、明确工作权限、规范执政行为，保障党的领导核心作用得到最为充分的发挥。

第三，坚持依法依规的关键原则就是要提高高校基层党组织建设的规范化和制度化。高校基层党组织是整个学校的领导核心和政治核心，高校党的领导体制机制坚持依法依规的关键原则，对于不断提高组织建设的规范化和制度化、坚持和加强党对高校工作的全面领导，具有十分重要的意义。党的十八大后，党中央树立起大抓基层的鲜明导向，推进各领域基层党组织建设，充分发挥广大基层组织在落实重大战略、重大工作中的战斗堡垒作用。提高高校基层党组织建设质量，要求始终坚持依法依规原则，加强组织制度建设。党中央通过印发《关于坚持和完善普通高等学校党委领导下的校长负责制的实施意见》《关于加强和改进新形势下高校思想政治工作的意见》《关于进一步明确部署高校党建工作责任的通知》《中国共产党普通高等学校基层组织工作条例》《中共中央　国务院关于加强基层治理体系和治理能力现代化建设的意见》等文件，对于健全党委领导下的校长负责制、党政议事决策，加强高校思想政治工作，构建职责清晰、规范有序、运行高效的高校党建工作格局做出了具体部署。中央相关部门召开全国高校党建工作会议、主管高校党的建设工作座谈会、部署高校党的建设和思想政治工作座谈会，制定高校基层党组织建设重点任务，加强院系党组织和师生党支部建设，压实党建责任，修订党委常委会、校长办公会和院系党委会、党政联席会议议事规则，强化了制度权威和制度意识，领导广大高校领导干部严格依照制度规定行使权力、履行职责,把党中央要求和党的组织法规具体化,提高高校基层党组织建设的规范化和制度化。

第四,坚持依法依规的关键原则就是要不断提升高校依法治校水平。新时代高校党的领导体制机制必须坚持依法依规的关键原则,要求广大高校在党的统一领导下,不断提升依法治校、依法治教和依法办学水平。随着高等教育规模不断扩大,我国高等教育不断提升大众化普及程度,广大高校表现出多领域、多层次的发展诉求,高校改革和治理亟须法律法规制度支持,进而能够依法处理各类利益群体之间的利益关系。因而,新时代高校党的领导体制机制要根据全面依法治国要求,积极应对高等教育法治建设所面临的现实挑战,引领高校各项工作进入到法律规范的框架之内,以法治化方式推动高校改革发展。党要引领广大高校依据国家高等教育法律制度体系立校办学,加强对学校各项具体工作的组织领导。各级党委及相关教育部门、相关国家机关党委(党组)要把高校依法治校办学作为重要工作内容,加强对各级各类高校的巡视监督,教育工作领导小组切实履行起工作职责,增强对高校党建工作和具体办学事务的督导力度,加强对高校党委及领导班子成员的监督。广大高校要以高等教育法律、法规和规章为总依据,制定和施行学校章程,在学位制度、领导职责、学校治理等方面出台相应具体规定,形成学校依法治教的制度体系。党的领导要确立和保障高校的独立法人地位和法人权利,明确行政部门与高等学校之间的基本法律关系,依法维护高等学校的办学自主权。党要全方位保障高校学生与教师的合法权益,不断完善高校教师聘任制度,促进教师专业成长,依法维护教师在科学研究、学术表达、文化活动等方面的权利,也要依法维护学生基本权利,加强学生社团管理,支持他们依照法律和各自章程开展工作,形成全员全过程全方位育人的良好氛围和工作机制。高校党委在研究和决定学校工作中的重大方针和政策问题上,履行党章等规定的各项职责,把握学校发展方向,决定学校重大问题,监督重大决议执行。高校校长是党委决定的执行者,必须发挥好行政领导作用,依法独立负责地开展工作,把依法治校工作贯彻落实到各个具体领域和环节。

四、在内容方式上,坚持党总揽全局的根本原则

党的十九大报告指出:"提高党把方向、谋大局、定政策、促改革的能力和定力,确保党始终总揽全局、协调各方。"① 新时代高校党的领导体制机制要深

---

① 习近平:《决胜全面建成小康社会 夺取新时代中国特色社会主义伟大胜利——在中国共产党第十九次全国代表大会上的报告》,人民出版社2017年版,第20~21页。

入落实党的全面领导要求,就要坚持总揽全局和协调各方的根本原则,加强各级党组织对高等教育事业的全面领导,充分发挥高校党委在办学治校整体工作中的领导核心作用,切实履行起"把方向、谋大局、定政策、促改革"的领导责任,在具体落实中形成高校党委总揽全局的工作运行机制,适应高校治理现代化的发展要求,提高高校党的领导的全面性和系统性。

第一,坚持党总揽全局的根本原则就是要充分发挥高校党委总揽全局、协调各方的领导核心作用。总揽全局是党的领导体制机制设计的一项基本原则,要求从党中央到基层的各级党委在同级组织中发挥领导核心作用,在事关根本、全局和关键问题上加强党的组织力和领导力,管好大政方针,提高领导工作的制度化和规范化。在各级党委的全方位领导下,各国家机关和社会组织服从党的政治、思想和组织领导,承担相应工作,依法履行各自职权,独立负责地完成部门任务安排。高校党的领导体制要体现中国特色社会主义高校办学的根本特征,在顶层设计上确保高校党委总揽全局,明确高校党委在党建工作和办学治校上的主体责任,并统筹协调各方面工作,把党委领导工作渗透在各部门具体业务中,引领高校各项事业改革发展的总方向。高校党委要领导学校发展思路、办学方向和改革突破点,起到全局性、根本性和长远性的重大作用,探索增进党组织政治功能的着力点,在学校政治原则问题和其他重大问题上做出正确战略决策,确保党对高校一切工作的领导。坚持总揽全局的根本原则,首要的是抓牢党对高校的领导权,确保高校成为党全面领导下的坚强阵地,同时要发挥协调各方的领导功能,明确领导一切绝非决定一切,而是要从体制机制上保障各部门各司其职、互为支持、凝聚合力。只有协调好各方面关系,尤其是协调好党委与各方面的关系,才能保证切实有效的总揽全局,特别是要确保党的领导与高校科研、教育和社会服务等具体领域工作相融合,党建工作和党委领导工作要引领校长行政、专家治学、师资建设和学校管理等,组织各方面、各部门有条不紊地协调运行。党的领导要把分散的、条块的具体业务工作统一起来,引领学校整体事业健康发展,凝聚各方合力,避免相互牵扯、相互抵触的被动局面,协同推动高校工作。

第二,坚持党总揽全局的根本原则就是要适应高校治理现代化的发展要求。新时代高校党的领导体制机制必须坚持总揽全局的根本原则,是广大高校走向治理现代化的必然要求。为推进高校治理现代化进程,党委领导要贯穿高校办学工作始终,总揽高校治理的各方面、各环节和总过程,引领校长工作、行政工作、学术治理和学生管理等,协调校内行政权、治学权和管理权。通过总揽全局的领导体制,高校党委要善于发现学校治理体系建设的突出挑战,着力化解高校治理现代化面临的各类矛盾,从大局出发,针对现实问题,加快构建现代大学制度。为实现高校治理现代化,要不断健全高校内部治理结构,将党的总揽全局、协调各方的领导体制与高校内部治理体系有机融合起来,探索建立起党委统一领导下的多元参与治理模式,适应现代大学制度要求。高校内部存在着多类利益群体和多样利益诉求,高校党委对全部办学活动实施统一而全面的领导,要协调高校内部多元主体矛盾,使各方面建议和主张能够及时地表达出来,体现多元民主性,保障教育领导者、管理者、教师、学生等都能表达利益诉求。要改进传统管理模式与教育现代治理要求不相适应的内容,提高决策过程和各类信息的公开度,营造民主参与氛围,防止因部门权力过大而导致的官僚做派和专断行为,防止损害学校发展利益的擅自做主行为。高校要建立党委总揽全局的领导体制,提升党的领导工作覆盖面,出台正当、合规、高效的体制规则,为高校民主管理和学术治理提供制度支持,不断地完善高校治理体系,保障高校办学的生机活力。高校党委要重视对学术治理的政治领导和组织领导,引领教授治学的正确政治方向,围绕学校科研学术建立起各类组织机构,在其中推荐党的领导干部积极参与,吸收更高比例的教授代表进入到党委领导班子中,提升学术治理水平。

第三,坚持党总揽全局的根本原则就是要保证高校党的领导的全面性和系统性。2021年修订的《中国共产党普通高等学校基层组织工作条例》指出:"高校党的委员会全面领导学校工作,支持校长按照《中华人民共和国高等教育法》的规定积极主动、独立负责地开展工作,保证教学、科研、行政管理等各项任务的完成。"① 高校党的领导体制机制坚持总揽全局的根本原则,有助于高校党委全面领导学校工作、切实提升领导的全面性和系统性。全面性要求实现党的组织全覆盖、党的领导全覆盖,党对基层影响力纵到底、横到边,党的主张和任务要求在广大基层得到切实落实。党的领导要做到覆盖"全局"、顾及"四方",要在政治、思想和组织领导层面上实现对高校工作的全面领导,通过提升高校基层党组织建设质量,不断改进党的领导,引领高校思想政治工作,把高校各项工作落到实处,全力确保党在教育方面的决策部署得到全面贯彻,为办学治校全过程、各环节提供组织保障。要不断形成党对高校全面领导的制度共识,明晰高校党委、高校纪委、院(系)级单位党组织、教职工和学生党支部等各自的职责内容,各部门之间加强联系对接和工作联合,全面加强党对高校的领导。高校党的领导体制机制坚持总揽全局的根本原则,要体现党的领导的系统性,通过建立、健全党的组织体系提升党的领导的有效性和全面性。部属高校、地方高校及广大民办高校要坚持上级党委(党组)及相关部门的领导,由教育工作领导小组牵头,推动党的组织、宣传、纪检等部门机关系统联动的领导机制,形成行政系统、群团单位、学术组织、师生队伍共同参与的系统工作格局。从学校内部来

---

① 《中国共产党普通高等学校基层组织工作条例》,人民出版社2021年版,第4~5页。

看，高校党委要着眼全局，从党委领导班子建设、院系层级党组织建设和基层党支部建设上继续发力，从总体上建强党的基层组织堡垒，通过强化组织体系来推进党的领导工作，系统推进党的体制机制创新。

第四，坚持党总揽全局的根本原则就是要形成高校党委总揽全局的工作机制。2014年出台的《关于坚持和完善普通高等学校党委领导下的校长负责制的实施意见》指出："党委领导下的校长负责制是一个不可分割的有机整体，必须坚持党委的领导核心地位，保证校长依法行使职权，建立健全党委统一领导、党政分工合作、协调运行的工作机制。"① 高校党的领导体制机制坚持总揽全局的根本原则，要着眼于党的领导工作中面临的实际问题，在实践要求和重点举措上形成党委总揽全局和协调各方的工作机制。高校党的领导工作成效最终要落实在学校办学的基础工作上，体现在具体细枝末节上，只有解决好这些关乎大局的小细节，才能保证大局总揽。习近平总书记指出："院（系）党组织要在院（系）重大办学问题上把好政治关，保证党的路线方针政策及上级党组织决定的贯彻执行，把坚持正确办学方向的要求贯彻到院（系）工作中"②，这为形成高校党委总揽全局的工作机制指明了方向。高校院系党组织要积极做好教学、科研、管理等多方面工作，全面统筹本单位内的全部工作，完成组织执行过程，实施有效的监督，加强对院系内部的组织动员，维护本院系师生员工切身发展利益。党支部是党委总揽全局的基层组织单位，要完成党员教育、管理、服务和监督等日常工作任务，要发挥好教职工党员和学生党员的模范带动作用，密切联系广大师生，落实党的各项教育工作要求。

需要指出的是，在高校坚持和加强党的领导是一项涉及面广、多方因素复杂的系统性工程，基本原则关系高校党的领导体制机制建设的性质与方向，坚持以人民为中心、服务中心工作、依法依规、总揽全局的四项原则要求，提升了高校党的领导工作的科学性与有效性，有效落实党的具体领导举措。党的十八大以来，以习近平同志为核心的党中央对基层党组织建设提出了新的更高要求，对高等教育事业高度重视，强调要加强党对高校工作的全面领导，保证高校坚持社会主义办学方向，使高校成为坚持党的领导的坚强阵地，实现立德树人根本任务。广大高校肩负着为党育人、为国育才的使命，必须坚持以习近平新时代中国特色社会主义思想为指导，必须不断坚持和加强党的全面领导的自觉性，坚持完善党的领导体制机制的基本原则，自觉承担起管党治党、全面从严治党、办学治校的主体责任，推动高校党的全面领导从严落实。

---

① 《关于坚持和完善普通高等学校党委领导下的校长负责制的实施意见》，人民出版社2014年版，第8页。

② 习近平：《论坚持党对一切工作的领导》，中央文献出版社2019年版，第165~166页。

第二节　新时代高校党的领导体制机制的关键环节

在充分把握新时代高校党的领导体制机制基本原则的基础上，还应该深入分析新时代高校党的领导体制机制的关键环节。按照时代发展要求健全完善党领导高校的体制机制，是新时代党领导高校的必然要求。新中国成立初期，党对高校的领导作为一项根本政治原则得到确立，与之相匹配的体制机制也得到初步建立，在当时的时代条件下实现了党对高校的有效领导。改革开放以来，党领导高校的体制机制在适应当时的时代条件和经济社会发展需要的基础上得到了重新确立。党的十八大以来，党和国家事业取得历史性成就、发生历史性变革，推动中国特色社会主义事业进入新时代；进入"十四五"时期，我国乘势而上开启全面建设社会主义现代化国家新征程，进入了新发展阶段。加强党对高校的领导，构建更加有效的新时代党领导高校的体制机制，必须根据新的时代条件、形势任务和实践要求，从党中央的政策制度供给、党的教育工作委员会与教育行政部门有机融合、高校主管单位党委（党组）班子领导所属高校的能力，以及高校对上级主管单位党委的请示报告制度等方面把握关键环节。

一、党中央对高等教育的政策制度供给强化和优化问题

政策和制度作为公共管理领域的两大"基础设施"，是高校实现有效治理不可或缺的公共产品，对于实现党对高校的全面领导具有重大支撑作用。从"责""权""利"对等的角度来讲，党对高校的全面领导必然要求党中央承担起为高校工作提供政策制度供给的重大使命。随着我国社会主要矛盾向人民日益增长的美好生活需要和不平衡不充分的发展之间的矛盾转化，人民群众对于高等教育的需求在广度、层次和质量上不断爆发出新取向、呈现出新特点。党中央层面持续优化对高校的政策制度供给，就是要高度契合、精准匹配和精确对接人民群众对高等教育的新需求，确保高等教育领域的政策制度供给能够最大化地契合高校治理体系和治理能力现代化的现实需要。由于党中央肩负着总揽全局、协调各方的领导核心作用，不可能专门领导和研究高等教育工作，2018年3月党中央印发的《深化党和国家机构改革方案》着眼于加强教育领域党的建设，做好学校思想政治工作，落实立德树人根本任务，深化教育改革，加快教育现代化，办好人民满意的教育，明确组建中央教育工作领导小组作为党中央决策议事协调机构，核心

职责是研究提出并组织实施在教育领域坚持党的领导、加强党的建设方针政策，研究部署教育领域思想政治、意识形态工作，审议国家教育发展战略、中长期规划、教育重大政策和体制改革方案，协调解决教育工作重大问题等，① 事实上对党中央强化和优化在高等教育领域的政策制度供给做出了制度安排。

二、党的教育工作委员会与同级教育行政部门的职能划分与融合问题

虽然在党的中央委员会之下没有单独组建专司教育的教育工作委员会，但各省（自治区、直辖市）党委之下都单独设置了专司教育的教育工作委员会，通常与同级教育行政部门合署办公。目前，全国高校体系中，除119所中央部门直属的高校外，其余高校都由各省（自治区、直辖市）的党委教育工作委员会、教育行政部门、重要城市的党委教育工作委员会和教育行政部门直接领导或指导。从对高校的领导或指导分工上来看，党委的教育工作委员会主要集中于高校党的建设、新闻宣传、意识形态、思想政治、统一战线、干部队伍、人才评选等领域，教育行政部门的职责主要是在管辖地区贯彻执行党和政府有关教育的方针、政策及法律法规，对高校的领导和指导主要集中于招生、培养、教学、科研等业务领域和教育行政工作领域。从对高校的领导或指导方式上来看，党委的教育工作委员会实际上是代表党的委员会来领导和指导高校相关工作，教育行政部门对高校的领导或指导则是法律赋予的基本职责。随着现代化程度的加深，社会关系的复杂程度呈现出几何级的增长，价值观念、思想政治、意识形态问题在高校工作中的地位与日俱增，且日益向高校招生、培养、教学、科研等主要业务领域渗透，成为制约高校业务工作效果的重要领域和关键环节。要在新时代实现党对高校工作的有效领导和指导，党的教育工作委员会与同级教育行政部门必须在职能划分基础上更好地实现彼此职能的交叉与融合，才能真正将党对新时代高校的领导落到实处。

三、高校主管单位党委（党组）班子对所属高校的领导能力问题

健全和完善新时代党领导高校的体制机制，必须高度重视高校上级党委班子

---

① 《中共中央印发〈深化党和国家机构改革方案〉》，载于《人民日报》2018年3月22日，第1版。

对高校的领导能力建设。改革开放以来，随着高校办学自主权的逐步放开，当代中国高校的办学主体——高校上级主管单位日益多元，除各级教育行政部门和省区市人民政府外，既有党政群团机关，也有科研院所，甚至还有国有企业和民营企业。应该说，各级教育主管部门作为专门从事教育行政管理的机构，在对高校的领导方面不存在专业能力上的短板；省区市人民政府主管的高校通常会委托同级教育行政部门代管，也不存在专业能力上的问题；举办了高校的党政群团机关、科研院所、国有企业和民营企业，各自都有与教育工作差别极大的"主责主业"，举办和管理高校只是其"主责主业"之外的一项普通工作，在领导班子成员更迭、体制机制不畅等原因的影响下，极易造成高校上级主管单位的党委班子对高等教育规律和高校办学规律理解不深、掌握不透、运用不够的问题，有的高校主管单位个别领导人员甚至对于高校教师为何要放寒暑假、授课是高校教师的本职工作为何还要按课时领取讲课费等基本问题存在疑虑，甚至存在将上级主管单位的管理模式简单运用于所属高校等错误想法。高校主管单位的党委班子，要把对所属高校的领导摆在重要位置，形成制度化关心和研究高校重要工作的机制，同时要加强对高等教育规律和高校办学规律的研究、掌握和运用，持续提升对所属高校的领导能力，才能真正将党对高校的领导落到实处。

四、高校党委班子贯彻落实请示报告制度的问题

请示报告制度是中国共产党从民主革命时期就建立并执行至今的一项重要制度，是从根本上保证党中央权威和集中统一领导的重要制度安排。① 改革开放以来，在"党政分开"的大背景下，部分高校上级主管单位党委班子对于所属高校的工作重视不够、研究不多，搞选择性出席，对于大事、要事、难事搞以拖待变、听之任之，对于出名、出镜的礼仪性事务搞趋之若鹜，久而久之所属高校的党委班子向上级主管单位党委班子请示汇报的工作内容也逐步减少，一定程度上影响了党对高校的领导效果。习近平总书记指出："各方面党组织应该对党委负责、向党委报告工作。有的同志习惯于把分管工作当成自己的禁脔，觉得既然分管就没有必要报告了，也不希望其他人来过问，有的甚至不愿意党委过问，不然就是党政不分了。这种想法是不正确的。"② 2019年2月，中共中央印发《中国共产党重大事项请示报告条例》，明确"党组织请示报告工作一般应当以组织名

---

① 《习近平新时代中国特色社会主义思想基本问题》，中共中央党校出版社2020年版，第99页。
② 《习近平关于社会主义政治建设论述摘编》，中央文献出版社2017年版，第27页。

义进行，向负有领导或者监督指导职责的上级党组织请示报告"①，明确研究涉及全局的重大事项或做出重大决定要及时向党中央请示报告、执行党中央重要决定的情况要专题报告,②进一步完善了党内请示报告制度，也为完善高校党委班子履行向上级主管单位党委请示报告工作制度提供了根本遵循。高校党委要自觉对标党领导高校的政治要求，把履职尽责和请示报告结合起来，做到该向上级主管单位党委班子请示的坚决请示、该向上级主管单位党委班子报告的坚决报告，既努力确保党中央重大决策部署和重要指示精神在高校得到贯彻落实，又自觉将高校各项工作置于党的领导之下，成为党的高等教育事业的有机组成部分。可见，高校党委班子要认真落实对上级主管单位党委（党组）的请示报告制度也是新时代完善高校党的领导体制机制不可忽视的关键环节。

第三节 新时代高校党的领导体制机制的根本要求

在充分把握新时代完善高校党的领导体制机制的基本原则与关键环节的基础上，还应该充分把握新时代完善高校党的领导体制机制的根本要求。毛泽东讲道："政治路线确定之后，干部就是决定的因素。"③ 这里所说的"干部"，是指各级领导干部。④ 在高等教育领域，新时代党领导高校的体制机制确定之后，必须要有大批能够运用这一体制机制贯彻落实党对高校的领导这一重大政治任务的领导干部，这样才能完成党赋予的政治使命。所以新时代党要管党、全面从严治党，对于社会主义教育战线来说，要把高校党委建成制度完善、体制健全、运转有效、作用突出的坚强领导核心，形成党委统一领导、党政分工协作的良好局面，加强干部队伍建设应该是新时代完善高校党的领导体制机制的根本要求，必须落实新时代完善高校党的领导体制机制的干部队伍要求，才能办好中国特色社会主义高校。在这种意义上，从整体上看，新时代完善高校党的领导体制机制的根本要求是加强干部队伍建设。探索构建更加有效的新时代党领导高校的体制机制、建立党领导高校所需要的干部队伍，必须从领导干部选拔配备、能力素质提升、领导方式优化、领导成效评估等方面加以明确。

---

① 《中共中央印发〈中国共产党重大事项请示报告条例〉》，载于《光明日报》2019年3月1日，第1版。
② 中共中央宣传部：《习近平新时代中国特色社会主义思想学习纲要》，人民出版社2019年版，第76页。
③ 《毛泽东选集》第二卷，人民出版社1991年版，第526页。
④ 梁柱：《干部问题是治国理政的关键问题》，载于《红旗文稿》2016年第4期。

一、领导干部配备

领导干部选拔配备是党领导高校能否有效实现的基础性决定因素。人员是构成组织体系的基石，优秀的党员干部则是构成党的组织的骨干力量，是实现党的领导的关键结构性力量。中国共产党领导革命、建设、改革，走过了百年风雨历程，取得了一系列伟大成就，其中最为重要的经验之一是根据形势和事业的需要及时制定并执行正确的组织路线，将最优秀的人才发展到党内并让其在工作历练中脱颖而出，将其选拔配备到适合的领导岗位，以保证党的组织能够蓬勃发展、党的事业能够顺利推进。① 高等教育系统选什么人用什么人，既是党的干部工作标准和要求的体现，又是高等教育领域政治生态和社会风气的晴雨表，直接关系到党对高校领导的实现，长远来看甚至关系高等教育事业的兴衰成败以及党和国家事业的发展未来。新中国成立以来，高等教育事业在党的领导下落实党的教育方针过程中所取得的办学兴校成就，最根本的一条经验就是抓好干部的选拔配备工作，选准配强与贯彻落实党对高校的领导任务相关的党委（党组）班子。干部选拔配备，关键在"选"和"配"。与贯彻落实党对高校的领导任务相关的党委（党组）班子有三类，第一类是党委教育工委和教育行政部门的领导班子，第二类是高校上级主管主办单位的领导班子，第三类是高校党委班子。选准配强与贯彻落实党对高校的领导任务相关的党委（党组）班子，要针对上述三类班子系统开展。对于党委教育工委和教育行政部门领导班子成员的选配，在遵循同级党的领导干部选任程序和标准的同时，还必须突出对教育规律掌握和运用能力的考察，尤其是对于党委教育工委和教育行政部门"一把手"的选配，更应突出对领导干部人选掌握和运用教育规律能力的考察。由于中国共产党在干部选配上坚持"五湖四海"原则，党委教育工委和教育行政部门"一把手"的选配，更要有计划地将教育系统内部具备相应资质的优秀领导干部选配到教育系统之外的综合性领导岗位接受锻炼、培养和检验，使之具备担任党委教育工委和教育行政部门"一把手"的能力。对于高校上级主管主办单位的领导班子成员的选配，由于相当一部分高校的上级主管主办单位的主责主业，与高等教育行业差别很大，如果要求高校上级主管主办单位的领导班子成员的选配要体现对高等教育规律熟悉程度和把握能力显然不具有现实可行性，只能在选任后通过其他途径提高其高等教育领导和管理能力。对于高校党委班子的选配，完全可以且必须突出对高等教育规律掌握和运用能力的考察，确保高校领导班子能够真正贯彻落实党对高校的领导。

---

① 赵兵：《贯彻落实好新时代党的组织路线》，载于《人民日报》2020年7月14日，第5版。

二、能力素质提升

能力素质提升是党对高校的领导能否有效实现的关键性保障因素。能力素质是领导干部履职尽责、干事创业的基石。从能力素质的构成来看，大体上可以分为三个部分：一是基础性能力，它包括知识（基础知识、专业知识和实务知识）和技能技巧；二是业务能力，包括解决问题的能力（具体表现为理解力、判断力、决断力）、解决问题中与人交往的能力（表达力、交涉力、协调力）、创造事物的能力（应用力、规划力、开发力）以及领导能力（指导力、监督力、统率力）；三是素质能力，包括体力素质、智力素质和性格个性。这表明，领导能力事实上是诸种能力中的一种，尽管它与其他能力有关。① 事实上，能力素质（胜任力）的冰山模型可能会给领导能力的构成以更好的解释："冰山模型"把能力素质划分为水面以上和水面以下两部分。水面以上部分（也就是外在的、看得见、容易了解和测量的部分）的内容包括知识和技能，水面以下部分（也就是人的内在的、难以测量的部分）的内容包括社会角色、自我概念、特质和动机，与水面以上部分不同，水面以下部分比较难通过外界的影响而加以改变，但对人的行为和表现却起着关键性的作用。之所以如此，在于一个人的深层次部分的想法、动机、价值、激情、个性决定了在多大程度上他会去获取知识和技能，并在多大程度上去运用知识和发挥能力。② 肩负着领导高校的政治使命的党组织，都是由一定数量的党员领导干部组成的，他们的能力素质既从根本上制约着党对高校领导的实现，也从根本上保证了党对高校的领导能够有效实现，因此必须把与党领导高校有关的党员领导干部履职尽责的能力素质作为基础工程抓好。能力素质是一个动态概念，必须随着时代条件的进步、形势任务的变化和岗位身份的调整，从激励和学习两个方面及时提升与党领导高校有关的党员领导干部履职尽责的能力素质。从激励角度来看，做成一件事需要两个条件，即能力和激情，根据冰山模型，激情（即价值观、特质、动机等）是属于冰山下的潜在的能力，而这方面的能力并不是仅仅通过培训可以获得的，需要建构一个使激情、需求和动机得以激发的激励机制。③ 对于与党领导高校有关的党员领导干部而言，通过完善的岗位变动机制和奖惩制度以及良好的物质激励和精神激励机制，可以塑造对贯彻落实党对高校领导这一政治使命的深层次事业动机和价值观，有利于形成强

---

① 罗锐初等：《人力资源管理：哈佛商学院MBA教程系列》，红旗出版社1997年版，第92页。转引自竺乾威：《国家治理现代化与领导能力提升》，载于《理论探讨》2016年第6期。

②③ 竺乾威：《国家治理现代化与领导能力提升》，载于《理论探讨》2016年第6期。

化和提升履职尽责能力素质的强大内在动力。从学习角度来看，根据高等教育事业和高等院校管理的实际需要不断丰富和更新学习内容，围绕能力素质设计并采用有针对性、多样性和实用性的学习方法，有利于帮助与党领导高校有关的党员领导干部提升工作热情、补充业务经验短板、更新专业领导能力，不断提高其在高校办学治校实践中管全局、抓大事、破藩篱①的能力。

三、领导方式优化

领导方式优化是党对高校的领导能否有效实现的重要支撑因素。"任何高效出色的落实，都是讲求方法的落实。领导方式是否科学，能不能合理高效地用于指导实践"②，直接关系领导成效。能否实现党对高校的有效领导，取决于与之相关的领导干部有无科学正确的领导方式。领导方式本质上是领导理念的具体化，树立什么样的领导理念必然确立相应的领导方式，如以人民为中心的领导理念在高等教育系统牢固确立，则把高校工作当作自己的事业、以干事创业的心态和方式去推行教育政策的领导方式就会多起来，而以"权力"为中心的"官本位"领导理念在高等教育系统盛行，则把高校当作下级、以行政命令手段推行教育政策的领导方式就会司空见惯，把高等教育事业和高等院校工作中的分管、联系某方面工作演变为掌握了领导权的领导者个人的自留地。当前阶段，在教育行政部门和高校上级主管单位对高校的领导过程中，违背高校组织自身规律的盲目"模仿"和机械照搬等领导方式依然在一定范围内存在，根源在于相关领导干部缺乏高等教育"专业性"治理理论的指导，机械地照搬和套用企业、政府等其他组织的管理模式去开展高校治理。③ 新时代在领导方式上对党领导高校的核心要求是实现党对高校的全面领导。有些人一强调党的全面领导就认为是要回到极"左"的领导方式，就是决策随意、用权任性，这是对党的全面领导的极大误解；还有些人一强调党的全面领导就把"领导"与"管理"混为一谈，认为是"眉毛胡子一把抓"。④ 当今世界是一个开放的、快速发展的世界，世界各国都被卷入现代化发展的潮流中，任何国家、任何政治力量都必须面对这一新趋势，⑤ 中国共产党也不例外。党对高校的全面领导，不是党组织出面对高校进行包办包

---

①② 肖志远、郭凡良：《增强党的领导能力是协调推进"四个全面"的根本保证》，载于《中国党政干部论坛》2015 年第 6 期。

③ 杨光钦：《大学治理理念及领导方式的系统集成改革》，载于《中国高教研究》2020 年第 6 期。

④ 张志明：《不断完善党的领导方式和执政方式——澄清对党的全面领导的几种误识》，载于《北京日报》2019 年 2 月 18 日，第 9 版。

⑤ 中共天津市委党校党建研究所课题组：《国家治理现代化与改革完善党的领导方式、执政方式》，载于《中共天津市委党校学报》2016 年第 1 期。

揽,甚至把高校办成党校乃至上级党委的一个部门,而是要更好地领导高校办好"人民满意的高等教育"。党对高校的全面领导,对教育行政部门、党委的教育工作委员会以及高校上级主管单位党委(组)的科学领导和科学决策提出了更高的要求,即要求其对高校的领导全面体现以人民为中心的领导理念,把高校作为人民的事业而不是工作中的下级乃至累赘去实施领导行为,从而在对高校的领导过程中贯彻执行群众路线、调查研究等具体方式方法,达到重塑适应新时代要求的党领导高校的新方式的目标。

四、领导成效评估

领导成效评估是党对高校的领导能否有效实现的重要引导因素。领导成效评估是对党领导高校的实践所产生的客观效果的衡量和判断。党对高校的领导,是有目的、有意识、有组织、有计划的政治行动,要加强和改进党对高校的领导,必须对党领导高校的实践活动进行系统评估,找到制约党领导高校实践效果的问题所在。党领导高校的实践成效好,是从党的方针政策和组织体系到党员领导干部再到领导高校的体制机制形成合力的结果,说明这些方面都不存在问题;反之,党领导高校的实践成效差则需要从党的方针政策和组织体系到党员领导干部再到领导高校的体制机制等方面深入分析查找具体原因。通常情况下,党领导高校的方针政策经过了严密的逻辑论证,实施党对高校领导的党组织也经过了系统的实践检验,不可能出现明显的系统性问题。在党的干部选拔配备机制和党员领导干部能力素质提升机制不存在问题的情况下,与党领导高校相关的党员领导干部在干事创业的激情或者能力上才不会存在问题。建构一套行之有效的领导成效评估制度,就是对党领导高校的现实实践进行具体分析评估,找到真正制约党导高校成效的原因。要对党领导高校的成效进行科学评估,必须综合考虑评估对象、评估内容、评估主体、评估方法、评估结果等因素,构建一套行之有效的领导成效评估制度。从评估对象上来看,不仅要对高校这一被领导对象进行评估,更要对"党"这个领导者进行评估,将党中央、教育行政部门、党委教育工委、高校上级主管单位党委(组)纳入评估范围。从评估内容上来看,既要注重围绕对党的大政方针的贯彻落实等"看得见"的情况设置评估指标,更要注重围绕立德树人、思政育人等"看不见"的情况设置评估指标。从评估主体上来看,中央教育工作领导小组最有资格和能力就党对高校的领导实践开展系统评估,教育行政部门、党委教育工委、高校上级主管单位党委(组)、高校等被评估对象可以分别作为评估主体开展各自职权范围内的工作评估,高校或科研机构所属的高等教育研究机构等社会力量可以就党对高校的领导实践开展自主评估。从评估方法上看，既要采取问卷调查等客观定量分析，也要采取走访、座谈等主观定性分析，尽可能反映党对高校领导实践的实际状况。从评估结果上来看，必须确保评估结果的真实性和准确性，既可以为党中央制定高等教育政策提供科学依据，又能为贯彻落实党对高校的领导任务的相关党委（党组）班子提升能力确立鲜明导向。

  由上可知，高校党的领导体制机制建设与完善要把建设高素质的领导班子作为重点，持续提升领导干部的思想政治素养和办学治校能力。从整体看，新时代完善高校党的领导体制机制的根本要求是加强干部队伍建设，有必要从领导干部选拔配备、能力素质提升、领导方式优化、领导成效评估等方面进行具体明确，以便建好建强党领导高校的干部队伍。改革开放40多年来，党一以贯之地重视高校领导班子的建设与改革，以社会主义政治家和教育家的目标持续提升领导班子素养、优化领导班子结构、增强领导班子胜任力。建设现代化高校，关键在党。确保马克思主义在高校意识形态领域的指导地位、调整利益和优化分配的体制、激发活力和引领创新的体制、化解矛盾和消除纠纷的体制等，都需要培养和造就一批高素质的高校领导队伍。高校领导班子是全面推进高校发展的核心力量，其思想政治素养和办学治校能力的提升至关重要，要始终作为高校党的建设的重点任务常抓不懈。要坚持领导班子建设与高校创新发展有机结合，在推进落实党的领导体制机制建设中，促进高校加快构建高水平人才培养体系，实现高校在新时代的高质量发展。

第八章

新时代高校党的领导体制机制的宏观理路与方略

坚持和完善高校党的领导体制机制不仅要充分把握新时代高校党的领导体制机制的基本原则、关键环节与根本要求，同时，在此基础上，还应该进一步从宏观视角探究新时代高校党的领导体制机制的理路与方略。宏观的理路与方略是对基本原则、关键环节与根本要求的进一步深化研究，也是新时代完善高校党的领导体制机制的必然要求。新时代完善高校党的领导体制机制需要理清宏观的理路与方略，以便更好地推进新时代高校党的领导体制机制的完善。新时代完善高校党的领导体制机制的宏观理路与方略研究，在整个高校党的领导体制机制研究中属于宏观对策层面，不仅对深化高校党的领导体制机制研究具有重要理论价值，同时也对新时代完善高校党的领导体制机制具有重要实践参考价值。对此，将从提高认识、强化领导、完善机制、理顺关系、注重效能五重维度对新时代完善高校党的领导体制机制的宏观理路与方略进行深入系统研究。

第一节 提高认识，高度重视高校党的领导体制机制建设

新时代完善高校党的领导体制机制从宏观进路上看，首先必须提高认识，从思想认识上高度重视高校党的领导体制机制建设。高校党的领导体制机制是关系我国高校建设和发展的核心问题。加强和完善党对教育工作的全面领导，是办好

我国教育事业的根本保证。党的十八大以来，以习近平同志为核心的党中央对教育尤其是高等教育高度重视，为了确保党在高校领导地位的实现，先后召开了全国高校思想政治工作会议、全国教育大会、学校思想政治理论课教师座谈会等一系列会议，着重阐述了加强党对高校教育工作全面领导的系列问题。为了正确认识和理解高校党的领导体制机制建设，要从思想意识上高度重视党对高校全面领导的深远意义；要在实践中坚持和完善高校党的领导体制机制的制度化建设；更要注重效能，充分发挥高校党的领导体制机制的制度优势；在坚持和完善党对高校全面领导的制度体系中，落实好为党育人、为国育才的时代使命。党的领导是我国教育事业发展的最大政治优势。回顾历史发现，凡是党对高校领导高度重视和坚强有力时，高等教育事业就会取得快速发展；凡是党对高校领导认识不够和软弱乏力时，高等教育事业成效甚微甚至会陷入混乱状态。"办好一所学校同搞好一个地方是一样的，关键在于领导班子。"① 党的十八大以来，习近平总书记反复强调"加强党的领导是做好教育工作的根本保证"②，要坚持党对高等教育事业的全面领导。2014 年，在总结高校实行党委领导下的校长负责制 20 余年经验的基础上，中共中央办公厅印发《关于坚持和完善普通高等学校党委领导下的校长负责制的实施意见》，进一步明确了党委统一领导高校工作、校长主持学校行政工作，并对健全党委与行政议事决策制度、加强组织领导等方面做了具体规定。③ 这对于提高党对高校全面领导重要性的认识，使高等教育领域成为坚持党的领导的坚强阵地具有显著作用。具体来说，可以从以下几个方面提高党对高校领导的认识和对高校党的领导体制机制建设的重视。

一、从办好社会主义大学的理论高度强化认识

我国的教育事业是党领导下的社会主义教育事业。只有坚持党对高校的全面领导，才能有效确保高等教育事业发展的正确方向，才能坚定地走好中国特色社会主义教育发展之路。党委领导下的校长负责制是中国共产党对高校领导的根本制度，是党的民主集中制在我国高校的具体体现，更是办好社会主义大学的根本保障。毛泽东多次强调，要加强党对教育事业的领导，明确教育必须为无产阶级政治服务；邓小平也进一步指出"学校应该永远把坚定正确的政治方向放在第一

---

① 《习近平总书记教育重要论述讲义》，高等教育出版社 2020 年版，第 19 页。
② 《习近平总书记教育重要论述讲义》，高等教育出版社 2020 年版，第 8 页。
③ 《中组部、教育部负责人就〈关于坚持和完善普通高等学校党委领导下的校长负责制的实施意见〉答记者问》，载于《光明日报》2014 年 10 月 17 日，第 11 版。

位"①,坚持社会主义办学方向。党的十三届四中全会以来,我国高校之所以能够长期稳定发展,这与坚持和完善高校党的领导体制机制建设紧密相连。党委领导下的校长负责制是实现党对高校领导的制度保障,其既发挥了党委的领导核心优势,又保证了校长的依法执行权力;既有利于保证党的路线方针政策在高校的顺利贯彻落实,又有利于切实提升办学治校能力和水平。新时代,坚持和改进党对高校的领导体制机制建设得到了极大丰富和发展;着力推进高校党的领导体制机制建设的规范化、制度化、科学化水平,是办好社会主义大学的本质要求。

第一,要充分认识到规范化推进高校党的领导体制机制建设完善的重要性。坚持和改进高校党的领导体制机制建设,是适应新时代高校党的建设的迫切需要。我国的高校是以马克思主义为指导,坚定贯彻党的教育方针的社会主义高校。我国高等教育的发展要始终坚持"为人民服务,为中国共产党治国理政服务,为巩固和发展中国特色社会主义制度服务,为改革开放和社会主义现代化建设服务"②。实践中,要实现党在高校总揽全局、协调各方的领导核心作用,要落实好"四个服务",就要推进高校党的领导体制机制建设走向规范化,要用党内法规和条例厘清职权与职责,促进党委民主决策、科学决策和依法决策。党的十八大以来,党中央出台了一系列规范性文件和党内法规,用党内法规制度凸显"坚持和加强党的全面领导";2019 年修订的《中国共产党党内法规制定条例》明确规定党内法规是规范"党的领导和党的建设活动"的专门规章制度;从而保证了党的领导活动的制度化和规范化,确保党总揽全局、协调各方落实、落细、落到位。伴随着社会主义现代化的发展,我国高等教育发展日益现代化、国际化、规范化,大学的办学理念、发展思路、专业设置、管理体制等需要紧跟新时代的发展步伐。相应地,党对高校的领导体制、领导方式、运行机制等也要因时而变。实践中,党组织充分发挥领导作用的制度规范不够清晰明确,将会影响坚持和加强党的全面领导的实际运行效果。如何厘清和规范新时代高校党委领导与校长负责的关系,探索高校规范的领导体制和运行机制?如何推进高校党的领导体制机制改革,实现党委权力和行政权力之间的规范平衡,构建新时代中国特色社会主义大学领导体制?如何加强高校领导班子和基层党组织建设,提高党对高校的领导效能?等等,这些都是需要与时俱进地探讨、研究和规范的,必须引起高度重视。要在深化党对高校的全面领导中,推进高校治理体系和治理能力现代化。党的十九届四中全会公布的《中共中央关于坚持和完善中国特色社会主义制度、推进国家治理体系和治理能力现代化若干重大问题的决定》明确阐释了党的

---

① 《邓小平文选》第二卷,人民出版社 1994 年版,第 104 页。
② 《习近平在全国高校思想政治工作会议上强调:把思想政治工作贯穿教育教学全过程 开创我国高等教育事业发展新局面》,载于《人民日报》2016 年 12 月 9 日,第 1 版。

领导制度体系，即"不忘初心、牢记使命的制度，坚持维护党中央权威和集中统一领导的各项制度，党的全面领导制度，为人民执政、靠人民执政各项制度，提高党的执政能力和执政水平制度，全面从严治党制度。"这六个方面的制度规范的对象是全党，自然包括高校党的领导在内。无论是党的领导地位的总体性要求和宣示性规范，还是具体领导关系的细化要求和具体规范，都主要是通过党内法规制度予以落实的。为了进一步加强党对高校的全面领导、改进和完善高校内部治理结构，从制度层面予以有效规范和推进，中共中央办公厅印发了《2019—2023年全国党政领导班子建设规划纲要》；部分省份出台了关于有效贯彻执行高校党委领导下校长负责制的若干意见；部分高校相继出台了坚决贯彻和落实党委领导下校长负责制的具体实施细则，有的高校还制定了院（系）党组织会议和党政联席会议的议事规则。在实践中对加强和完善党对高校的全面领导进行了实质性推进，促进了高校治理体系和治理能力的现代化。

第二，要充分认识到制度化推进高校党的领导体制机制建设完善的重要性。早在1992年邓小平就指出，"恐怕再有30年的时间，我们才会在各方面形成一整套更加成熟、更加定型的制度"①。对于这个问题，以习近平同志为核心的党中央有着清醒的认识和务实的工作态度。2014年习近平强调"摆在我们面前的一项重大历史任务，就是推动中国特色社会主义制度更加成熟更加定型，为党和国家事业发展、为人民幸福安康、为社会和谐稳定、为国家长治久安提供一整套更完备、更稳定、更管用的制度体系。"② 高校党的领导制度也要"完备、稳定、管用"，也要推动其制度化建设。2014年颁布实施的《关于坚持和完善普通高等学校党委领导下的校长负责制的实施意见》对于党委会制度和校长负责制做出了明确而具体的规定，2021年修订了《中国共产党普通高等学校基层组织工作条例》，这些制度化的规定是进一步实现高校治理体系和治理能力现代化、规范化和科学化的前提和基础。2018年《中共中央组织部中共教育部党组关于印发〈高校党建工作重点任务〉的通知》对于高校党委提出了明确而具体的要求，即高校党委要依据规范性要求，重点是"审议确定学校基本管理制度，讨论决定学校改革发展稳定以及教学、科研、行政管理中的重大事项"，充分发挥其政治上把关定向的作用。

制度建设是高校领导制度发展的根本。制度建设具有根本性、长期性、全局性，也是高校改革创新发展的根本保证。办好社会主义教育事业，必须坚持和改进党的领导，牢牢掌握党对高校的领导权。高校的改革创新有赖于制度的建设、

---

① 《邓小平文选》第三卷，人民出版社1993年版，第372页。
② 《习近平谈治国理政》第一卷，外文出版社2018年版，第104~105页。

完善和实施。改革开放40多年的实践表明，深化高校党的领导制度建设，核心是贯彻落实民主集中制；而民主集中制是高校实行党委领导下的校长负责制的根本领导制度。高校发展历史经验表明，坚持民主集中制的时期，高校党委就能充分发挥领导核心作用，高校事业也就兴旺发达；背离民主集中制之时，高校领导班子会陷入困境，高校事业发展也会遭遇挫折。可见，建立健全高校党的领导制度建设，是确保高校沿着社会主义方向发展的根本保证。党的十八大以来，我党高度重视制度建设，形成了一系列制度化的成果。主要有《关于坚持和完善普通高等学校党委领导下的校长负责制的实施意见》（2014年）、《关于进一步加强和改进新形势下高校思想政治工作的意见》（2016年）、《中共教育部党组关于加强新形势下高校教师党支部建设的意见》（2017年）、《中共教育部党组关于高校党组织"对标争先"建设计划的实施意见》（2018年）、《中共教育部党组关于高校教师党支部书记"双带头人"培育工程的实施意见》（2018年）等。这些制度化文件对于巩固和强化党对高校的全面领导，对于精准破解高校党的领导工作中的难题和问题发挥了重要作用。2019年，在党的十九届四中全会上进一步提出要"坚持和完善党的领导制度体系"。从体制机制建设方面，要与时俱进地加强高校党的领导体制机制建设，要探索在法律体系、党内法规体系和高校治理体系三个层面之间，构建起党对高校的全面领导的制度体系，把党对高校的全面领导落实到高校内部治理的各领域、各环节和各方面，将坚持党的全面领导贯穿于各大高校规范性体系建设之中。

第三，要充分认识推进高校党的领导体制机制建设完善的科学性和重要性。"领导体制是领导方式的物质载体，指的是党组织与行政和其他组织之间的机构设置和权限划分。"[①] 高校党的领导方式是否科学、规范、有效，党的领导体制和工作机制是否健全，事关高校党委的领导能力的发挥和领导水平的提升，事关高校党委领导地位的巩固和党所领导的教育事业的成败。新时代，深化高校党的领导体制的认识，持续改进和创新高校党委的领导方式，提升党委领导方式的科学化水平，有利于促进党委科学决策、依法决策、民主决策，办好人民满意的高等教育。党的十八大报告明确要求，"形势的发展、事业的开拓、人民的期待，都要求我们以改革创新精神全面推进党的建设新的伟大工程，全面提高党的建设科学化水平"[②]。高校党建是我国党的建设的重要组成部分，要带头提升其科学化水平，把抓好党建作为办学治校的基本功。高校党的领导体制机制建设代表着党建的科学化水平，要遵循高校党建的基本规律，探索、研究和实现好党的领导

---

① 黄建军：《提高高校党的组织建设科学化水平的路径探析》，载于《思想政治教育研究》2011年第5期。

② 《习近平谈治国理政》第一卷，外文出版社2018年版，第14页。

体制机制建设。

实现高校党的领导的科学化，首要的是党内法规制度建设的科学化，要进一步厘清和明确高校党委和校长的职责分工，健全和完善高校管理和决策的民主化、科学化的运行机制，适应高校党的领导体制和领导方式的现代化发展需要。实现高校党的领导的科学化，集中表现为党委决策的科学化。这就需要有一个过硬的领导班子，确保高校党委决策制定科学、程序合法、过程民主、责任明确。2014 年党中央印发的《关于坚持和完善普通高等学校党委领导下的校长负责制的实施意见》，关于党对高校的领导有了科学规范，就"为何领导""领导什么""如何领导"进行了深入具体规定，"就党委如何集体领导、校长如何主持行政工作、党政议事决策制度及党政之间的协调运行机制等关键问题作了具体规定"①，对于高校党的领导体制的科学化运行有了明确的制度化规范。新时代，要持续提高领导班子的思想政治素质和业务能力素养，要把政治坚定、业务优秀、作风过硬、师生满意的人选配到高校领导班子之中，优化高校党的领导班子结构，提升领导班子的科学化领导水平，增强领导班子贯彻民主集中制的自觉性，促进高校党的领导体制机制的科学化发展，提升办学治校的现代化水平。

二、从传承我党治党办校的优良传统的历史厚度强化认识

历史经验表明，坚持党的领导，必须切实改进党的领导。党的领导是中国教育事业不断前进的最大政治优势，坚持和改进高校党的领导体制是办好中国特色、世界水平高校的优良传统。新中国成立以来，我国高校领导体制发生了多次变革，经历了校务委员会制、校长负责制、党委领导下的校务委员会制、党委领导下的以校长为首的校务委员会制、党的一元化领导制、党委领导下的校长分工负责制、新校长负责制到党委领导下的校长负责制的发展演变。在 70 多年的发展中，我国高校党的领导体制机制几经沿革，持续进行探索与发展，最终确定为党领导下的校长负责制。这一制度是我国高校领导体制长期实践的历史选择，是具有鲜明时代特色和中国特色的高校领导体制，更是适应我国高校发展实际、符合高校领导规律的有效制度。只有坚持党对高校的全面领导，才能实现高等教育战线思想上的统一、政治上的团结、行动上的一致，才能办好中国特色社会主义教育事业。

第一，必须充分认识到党委领导是我国社会主义高校领导制度的显著特点。

---

① 黄建军：《新中国成立 70 年党对高校全面领导的历史考察与基本经验》，载于《中国高等教育》2019 年第 12 期。

党委领导下的校长负责制是把马克思主义党建理论和我国高校事业发展相结合的时代产物,是我国探索高校领导体制实践经验的科学总结,更是办好社会主义大学的根本举措。1999 年施行的《中华人民共和国高等教育法》明确规定了"中国共产党高等学校基层委员会领导下的校长负责制"是我国高等教育的基本制度。2017 年《关于巡视 31 所中管高校党委情况的专题报告》中明确强调,"从确保党和国家全局的战略高度,办好中国特色社会主义高等教育,必须旗帜鲜明坚持党对高校工作的领导权"。实践中,党对高校事业的改革、创新和发展的领导,主要是通过高校党委予以实现的;更是通过校长负责制来予以落实的。正确理解和实现党委领导核心作用,是推进和深化高校党的领导体制机制建设的首要任务。党委对高校的领导是政治领导、思想领导、组织领导的有机统一。着眼于高校党的领导体制发展实践,不难发现,坚持党的领导是社会主义高校领导体制机制建设必须首要明确的核心问题。

  党委是高校全局工作的领导核心。习近平总书记明确指出:"高校党委对学校工作实行全面领导,承担管党治党、办学治校主体责任,把方向、管大局、作决策、保落实。"① 党委对高校工作的领导要从坚持全面领导、理顺治理结构、深化制度建设、从严管党治党等方面来推进落实。党委的领导核心不仅体现在思想政治上的领导,而且体现在高校改革发展上的领导,确保高校在具体实践中能始终坚持正确的办学方向,服从和服务于党和国家重大发展战略。党委在高校的领导核心还体现在党委和行政二者之间的关系上。党委要对高校工作实行"统一领导",党委对高校全面行使领导权,负有对事关高校发展的根本性、战略性、全局性问题做出决策的重大职责。这就要积极推进高校领导制度体系建设,统筹推进高校发展的顶层设计,整合资源、凝心聚力,共谋高校改革发展大业。

  党委是高校的政治领导核心。高校党委的政治核心地位和核心作用,主要体现在对高校的思想政治领导上,党委要坚持把握政治方向、保持政治定力、防范政治风险;坚持党管意识形态、党管发展方向、党管人才队伍的工作。实践中,要强化党委对高校基层党组织的政治领导力,加强政治教育、落实政治领导,践行"两个维护",实现"四个服务",全面贯彻党的教育方针,实现以政治功能引领职责使命。同时,还要强化对学院分党委和基层党支部的战斗堡垒作用,履行好"为党育人、为国育才"的时代使命,以职责使命体现政治功能,切实维护高校政治稳定和创新发展的良好局面。党委也是完善和落实高校管理体制的领导核心。实践中,要把高校的基本制度转换为高校的管理体制,党委同样起着领导

---

  ① 《习近平在全国高校思想政治工作会议上强调:把思想政治工作贯穿教育教学全过程 开创我国高等教育事业发展新局面》,载于《人民日报》2016 年 12 月 9 日。

核心作用。新时代，推进高校治理体系和治理能力现代化的保证也在于坚持党的领导，有效激发党委的优势和活力，持续优化高校内部的治理结构、理顺高校内部的治理机制、接续提升高校内部的治理水平，从而完善中国特色现代大学制度。党委领导下的校长负责制是推进现代大学治理体系建设的关键，党委要善于调动和大力支持校长独立行使职权，理顺党委领导和校长负责二者间的关系，把党委领导和校长负责有机结合，使党委领导下的校长负责制实现有效运行，切实提升治校水平，彰显民主精神，办好社会主义性质的高校。

第二，必须充分认识到校长负责制是落实高校党的领导的关键。坚持和改进党委领导下的校长负责制，对于加强党对高校的领导，深化和落实党的领导体制与运行机制至关重要。高校领导班子要始终成为坚持社会主义办学方向、深化教育改革创新、促进高校科学发展的领导集体，就必须拥有党委这一坚强的高校核心。高校的重大发展规划、重要干部任免、重大项目建设、重要阵地建设等，都要经过党委集体研究决定。高校校长和其他行政领导班子人员都要自觉地接受党委领导、坚决地贯彻执行党委决定，办好人民满意的教育。

一是必须充分认识到校长负责制是在党委领导下的全面负责。校长既是学校最高行政首长，也是学校的法人代表，在党委领导下依法行使行政权，全面主持和独立负责行政工作；对高校的行政管理、教学工作、科研工作等"全面负责"。高校党委领导下的校长负责制是党领导我国高校的根本制度，是确保党的领导贯穿于高校办学治校全过程的有效制度。校长能否全面地、主动地、独立地从事行政管理工作和开展行政管理活动，事关党委集体决策能否落实到位、事关高校教学科研工作的正常运转，事关高校的改革创新和有序发展，因此必须保障校长在党委领导下独立负责地全面行使其行政职权。新时代，有效实施党委领导下的校长负责制，要坚持党委统一领导、党政分工负责、部门相互配合、成员各司其职，支持校长依法在职权范围内创造性地开展工作，切实推进高校治理体系和治理能力现代化。

二是必须充分认识到校长负责是落实党委领导的重要保障。校长负责是落实党委领导、执行党委决议，贯彻党委精神的重要体现。校长负责是对党委的决议负有全面实施的职责，对党委的领导负有贯彻落实的行政责任，负责运用行政手段实现高校党委决策。校长全面而独立地享有执行权，对贯彻党的教育方针，维护党委领导核心地位、维护师生根本利益，负有全面的责任。在全面坚持党的教育方针下，健全人才培养体系、完善治理结构、深化育人评价机制、推进人事制度综合改革等，保证党对高校的领导落实、落细、落到位。校长既要全面而独立地贯彻执行党委的决议，更要把贯彻执行情况及时向高校党委汇报和反馈，自觉接受高校党委的监督；构建坚决贯彻党的决定、凝聚师生合力、推动高校改革发展的坚强战斗堡垒。

三是必须充分认识到校长负责是维护高校法人权益的关键。《中华人民共和国高等教育法》第三十条明确规定"高等学校自批准设立之日取得法人资格。高等学校的校长为高等学校的法定代表人"。高校是具有法人资格的民事主体，校长是高校的法人代表，既要维护高校法人资产的所有权，又要行使高校法人资产的经营权；高校党委虽是高校的领导核心，但不具有法律赋予的法人资格，不能成为对外交流合作的民事主体。校长负责是高校行政领导班子集体负责，而非校长个人负责。作为法人代表，校长在拟定高校发展规划、管理制度、组织机构方案、人才发展规划、年度经费预算等方面具有相关的权力；作为法人代表，校长依法负责高校安全稳定、后勤保障、学生管理、招生就业、财产安全等方面工作；作为法人代表，校长具有组织教学科研、思想政治教育、对外交流合作、重大基本建设、开展社会服务等领域的职权和职责。总之，校长要在党委领导下自觉行使高校法人权利、履行高校法人义务，维护高校法人利益。

三、从教育事业改革发展的责任使命现实维度强化认识

高校党的领导体制机制建设既事关党组织的自身建设，又涉及高等教育事业的改革与发展，必须与时俱进地推进创新发展与完善。高校既要凸显文化传承、人才培养、服务社会功能，又要坚持引领青年、落实"四个服务"、巩固意识形态的主导地位。这就对高校的领导制度、领导方式和运行机制有了更高要求。高校党的领导体制机制建设需要在创新发展中得以建立健全，在提高战略思维能力和领导驾驭能力基础上，促进教育质量、学术水平和人才培养事业的创新发展。

首先，必须充分认识到高校深化和落实党的领导体制机制的完善要始终围绕"立德树人"这项根本任务展开。在坚持党对高校全面领导的根本性原则下，高校党的领导体制机制完善要始终围绕立德树人工作而展开。我国高校坚持党委领导下的校长负责制，要坚持贯彻落实党委集体领导制度，"凡属方针政策性的大事，凡属全局性的问题，凡属重要干部的推荐、任免和奖惩，都要按照集体领导、民主集中、个别酝酿、会议决定的原则，由党的委员会集体讨论作出决定"①，高校党委成员要自觉服从党委集体的决策与安排，严格落实党委决定，切实履行好各自职责，真正发挥集体决策的优势。高校党的领导体制机制建设要始终围绕"立德树人"来促进高校的改革发展，要把人才培养作为深化高校党的领导制度的根本任务。新时代，高校党的领导体制机制建设要紧紧围绕"为谁培

---

① 本书编写组：《中国共产党党员权利保障条例学习问答》，人民出版社2004年版，第214页。

养人、培养什么人、怎样培养人"而推进，要为坚持党的教育方针、完善"五育并举"的人才培养体系，为贯彻教育强国战略、培养全面发展的人提供坚强的组织保证。建立健全党的领导体制机制建设，确保党委的领导核心地位和作用，有利于党委更好地发挥领导作用，切实地承担起事关高校发展的根本性、战略性和全局性问题做出科学决策的责任。

教育是国之大计、党之大计。党的十九届五中全会提出，要着力"建设高质量教育体系"和"建成教育强国"的目标任务。深化高校党的领导体制机制建设，是建设教育强国目标的根本保证，要在习近平新时代中国特色社会主义思想指导下，使高校成为为党育人、为国育才的重要阵地。一是在坚持和改进党对高校的领导上持续发力，建设社会主义现代化教育强国。中国共产党是领导我国高等教育事业的核心力量。当前，世界百年未有之大变局正在加速演进，教育和人才的竞争日趋激烈，正确把握我国高等教育的发展方向，提升高等教育的核心竞争力，迫切需要强化和改进党对高校的领导。坚持党对高校的全面领导，要坚守中国特色、世界水平的发展定力，坚持社会主义大学的政治属性，坚持把立德树人的成效作为检验高校一切工作的根本标准，在办好人民满意的教育上持续发力。改进党对高校的全面领导，确保高校"四个服务"的发展方向，在提升办学治校水平和竞争力中深化党对高校的全面领导，在开拓创新和深化教育改革中改进党对高校的领导体制机制，以便更好地发挥高校党的领导的制度优势，早日建成社会主义现代化教育强国。二是深化完善高校党的领导体制机制要始终指向立德树人的根本任务。立德树人是我国高校的中心任务，高校党委要全面有效地落实好党的教育方针，实现推进党的领导体制机制建设与立德树人根本任务的深度融合，"要把立德树人内化到大学建设和管理各领域、各方面、各环节"①，确保我国高校发展的正确方向。这就需要高校党委统领高校工作全局，围绕立德树人的根本任务贯彻好党对高等教育发展的战略部署和上级党组织的有关决定，健全高校领导体制和运行机制，把思想政治工作摆在高校工作的重要位置，充分发挥高校学科优势和专业特色，全面推进教育教学改革发展，努力将党建工作与高校的业务工作有机结合，在提升教书育人能力和水平中持续提升党对高校的领导力，落实好立德树人的根本任务。三是深化高校党的领导体制机制完善要以党的创新理论成果武装师生头脑为重点工作。坚持和完善高校党的领导体制机制，要始终将师生的思想引领工作放在首位，始终用习近平新时代中国特色社会主义思想武装师生头脑，深化理想信念教育，强化高校学习、研究、宣传马克思主义的阵地意识和阵地作用。高校党委要全面加强新时代高校思想政治工作，坚持实事

---

① 习近平：《在北京大学师生座谈会上的讲话》，人民出版社2018年版，第7页。

求是、与时俱进的原则，防止各种非主流价值观念、不良的社会思潮渗入高校师生工作和学习生活之中。高校要引领师生深刻认识中国特色社会主义道路自信、理论自信、制度自信、文化自信及其优越性，引导师生厚植爱国主义情怀，激励更多师生为推进新时代党的伟大事业提升本领、贡献力量。

其次，必须充分认识到高校党委要以坚持抓基层工作推进党的领导制度落地生根。高校基层党组织是高校师生的政治领导核心，是高校党组织力量的集中体现，更是引领青年大学生全面发展，为高校教书育人、科学研究、服务社会锚定航向的组织保障。这就需要"充分发挥基层党组织作用，使基层党组织成为师生最贴心、最信赖的组织依靠，成为学校教书育人的坚强战斗堡垒"①。2018年9月，《中国共产党支部工作条例（试行）》发布，进一步明晰了高校党支部基层组织的职能和责任，在党支部组织设置、基本任务、工作机制等方面做出明确规定，使高校基层党组织建设有章可循，基层党组织领导科学高效。新时代，高校要始终保持基层党组织的战斗力，才能高效地完成党和国家赋予的光荣使命。

一是坚持和完善高校党的领导体制机制，高校党委要改进和完善党代会制度。全面发挥高校党的领导体制机制效能，是强化基层党组织领导工作的现实需要。完善党的领导体制与运行机制还是实现高校内部治理体系和治理能力现代化的必然要求。在2018年印发的《高校党建工作重点任务》中，提出要"规范院（系）党组织会议和党政联席会议制度"，进一步明确和强化了高校二级院（系）党组织的领导和政治功能。实践中，要拓宽党代表充分发挥作用的方式、平台和途径；进一步健全和落实关注民权、反映民意和集中民智的领导决策机制，调动党员参与高校党内事务的主动性、规范性和代表性；使党代表在更好地履职尽责中发挥好其专业优势和代表作用，共同促进高等教育事业的新发展。

二是坚持和完善高校党的领导体制机制，发挥高校基层党组织的先进作用。党在高校全部工作的开展与落实，必须尊重规律、强化功能、突出重点、拓展领域，夯实党在高校执政的组织基础，健全新时代高校党的领导体制和工作机制，全力扩大基层党组织的覆盖面，提升党在高校工作的针对性、创造性和实效性。高校基层党支部要积极"担负好直接教育党员、管理党员、监督党员和组织群众、宣传群众、凝聚群众、服务群众的职责"②，使各个基层党组织和党员队伍主动承担好凝心聚力、组织引导、教书育人等重要职责，切实发挥高校基层党组

---

① 教育部课题组：《深入学习习近平关于教育的重要论述》，人民出版社2019年版，第7页。
② 《习近平谈治国理政》第三卷，外文出版社2020年版，第51页。

织在落实立德树人、推进教育改革、加强队伍建设等方面的领导核心作用。全面发挥高校党的领导体制机制效能,要坚持抓基层,发挥高校基层党组织的先进作用,要从强化高校基层党的组织体系、制度体系入手,使其组织优势有效地转化为业务优势,促进立德树人根本任务的有效实现。还要完善院(系)基层党组织体制及其制度建设,尤其是要厘清院(系)内部治理关系,厘清和规范好党委书记与院长之间的关系,规范和处理好高校基层党组织会议、党政联席会议、教职工代表大会、学术组织等的关系,构建起切实可行的制度性安排。基层党组织要有效发挥其把关定向的作用,基层党组织更要制定好制度清单、任务清单和责任清单,厘清和明确党组织责任主体、责任范围、工作重点、工作内容和工作程序等;构建好同级党组织横向协同机制、上下级党组织纵向落实机制,以确保高校党的领导责任到人、贯通到位。2018年5月,中共教育部党组出台了《中共教育部党组关于高校教师党支部书记"双带头人"培育工程的实施意见》,旨在发挥党支部书记的"头雁效应",引领高校基层党组织的正确发展方向,确保高校基层党组织提升组织力和增强政治领导力。实践中,既要抓好院(系)教师党支部书记"双带头人"的建设,又要发挥好基层党支部的领导作用,为其在年终考核、师德师风评议、评优评奖等工作中赋权、赋责、赋能,使其工作更有抓手,从而促进基层党的领导工作的有效开展。

  三是坚持和完善高校党的领导体制机制,要充分发挥基层党员的模范作用。党员队伍建设是组织建设的前提和保障,关乎党员队伍的整体素质,关乎党员先锋模范作用的发挥。马克思主义政党学说认为,共产党员应当属于无产阶级队伍中最先进部分,以先进思想理论为指导,由先进分子组成,就如《共产党宣言》中所述"在实践方面,共产党人是各国工人政党中最坚决的、始终起推动作用的部分;在理论方面,他们胜过其余无产阶级群众的地方在于他们了解无产阶级运动的条件、进程和一般结果"。高校是科学文化创新和人才培养的高地,高校党员队伍更要时刻保持党的先进性,主动学习和掌握马克思主义理论,开展党组织建设的有益实践。高校要充分发挥高校党员队伍的模范带头作用,齐心协力推进党的教育事业全面发展。抓好党员示范作用是关键,要使基层党员更新工作理念、转变工作方式、改进工作作风,确立学生在高校发展中的主体地位,在促进学生全面发展中建立健全基层调研制度、群众路线工作制度、抓落实的工作机制等,营造好想干事、能干事、干成事的高校发展氛围。

  最后,必须充分认识到坚持和完善高校党的领导体制机制,高校要把法治思维和法治方式贯彻落实到办学治校的全方位、各领域和全过程。依法规范高校党的领导方式及其办学治校各项活动,对于提升高校领导体制的科学化、现代化和法治化水平,充分维护高校广大师生的合法权益具有重大意义。"党的领导制度化、法治化,既是加强党的领导的应有之义,也是法治建设的重要任务。"① 新时代,高校党的领导体制机制的改进完善,有利于推动依法办学治校的全面落实,也为高校改革发展创造了良好的法治环境。在实际工作中,应当认清党的办学要求与法律法规的关系。一方面,要坚持党的全面领导,确保高校工作始终与党中央要求保持一致;另一方面,要坚持开展依法治校,建立健全高校党的领导方式的法治机制,强化法治思维和法治理念,实现坚持党的领导与依法治校的有机统一。

一是坚持和完善高校党的领导体制机制,高校要推进办学治校的法治化水平。教育部早在1999年便提出了依法治校的要求,2003年印发了《教育部关于加强依法治校工作的若干意见》、2013年出台了《全面推进依法治校实施纲要》、2016年公布了《依法治教实施纲要(2016-2020年)》,在几十年的实践中积累了办学治校的法治化经验和成果。2019年2月,中共中央办公厅、国务院办公厅发布了《加快推进教育现代化实施方案(2018-2022年)》,进一步把依法治教作为实现我国教育现代化的基本保障措施之一,明确要求"全面推进依法治教,加快完善教育法律制度体系,加快推进教育行政执法体制机制改革,建立健全教育系统法律顾问制度,加强学校法治工作,广泛深入开展青少年法治教育"②。高校党的领导体制机制建设要服从和服务于法治国家、法治政府、法治社会的建设目标。实践中,高校领导班子要带头树立依法治校的法治理念,把依法治校、依法治教工作纳入高校整体规划,切实提升领导班子和全校师生的法治意识、法治思维和法治水平。高校党委要引领广大师生把思想和行动统一到党中央关于推进全面依法治国的战略部署上,加强对高校法治工作的领导、组织和号召,确保高校各工作部门协力推进依法治校,使依法办学、依法治教、遵守校规校纪等法治理念成为领导班子和全校师生的广泛共识。高校党委和基层党组织在营造浓厚法治校园氛围中,引领高校各主体善于通过法治思维、合法方式去面对和解决学校改革发展中的矛盾和难题,提升高校治理的现代化和法治化水平。

二是坚持和完善高校党的领导体制机制,必须提升高校领导班子的法治意识和法治能力。高校领导班子的法治意识和法治能力是落实党的领导体制机制的必然要求,也是推进依法办学治校的现实需要。这就需要提升高校领导成员的法治化水平,健全高校办学治校法律法规支撑体系,健全高校党的领导制度实施和监督机制。实践中,高校领导班子要提升依法办学治校意识,既要熟知法律法规关于高校领导工作的相关内容,把法律规范内化为自身行为准则;也要建立起领导

---

① 《习近平关于全面依法治国论述摘编》,中央文献出版社2015年版,第34页。
② 《中办、国办印发〈加快推进教育现代化实施方案(2018-2022年)〉》,载于《人民日报》2019年2月24日,第1版。

干部权力运行的法治程序，依照法律和党内法规程序推进领导工作，实现领导工作流程的规范化和合法化，使高校党的领导权力的行使有章可循、有法可依、程序合法。还要健全高校领导班子依法办学治校考核机制。高校领导班子要明确作为教育工作者依法享有的权利、依法履行的义务，牢记什么应当做、什么不应当做，从而确保高校领导班子合法用权，推进高校党的领导体制机制的法治化和规范化水平。只有把依法治校情况纳入领导干部评优、考核、选拔任用等环节，才能提升其重视程度，切实提高领导班子依法办事能力，推进高校党的领导体制机制的法治化和现代化进程。

三是坚持和完善高校党的领导体制机制，必须加强对高校党的领导工作的法治监督，落实好全面从严治党主体责任。办好人民满意的高等教育，关键在党。要坚持党要管党、全面从严治党。高等教育系统要自觉成为坚持党的全面领导的坚强阵地，把全面从严治党主体责任抓牢、扛稳、做实。高校各级党组织及其负责人都是全面从严治党的责任主体，要严肃高校党内政治生活、净化高校党内政治生态，切实担负起高校党内监督的主体责任。高校党组织要严格遵循党管干部、党管人才的原则，严格贯彻落实党要管党、全面从严治党的方针，确保高校全面从严治党向纵深发展。实践中，高校既要关注师生利益诉求、拓宽师生表达平台、健全师生参与机制，从制度上深化和落实高校党的领导体制机制建设；也要持续推进和落实好监督主体和监督责任，把监督作为一种约束、一种警诫和一种关爱，使管党治党要求落到实处、见到实效。高校党组织要积极参与决策、管理和监督，党组织的政治核心作用要得到充分发挥，党委领导班子建设和党员队伍建设要步入正轨，党员的教育管理和监督工作要走向规范化、程序化和常态化。教育系统要积极贯彻党内法规制度，规范党内民主决策和民主监督；全面落实新时代全面从严治党的总体战略部署，增强监督制度的科学性、可操作性、有效性，提升党员干部选举、任命、教育和管理中的民主化和法治化水平，推动高校系统全面从严治党向纵深发展。

总而言之，必须充分认识到高校要适时改进和完善党的领导体制机制建设。在教育改革持续深化的背景下，既要坚持党对高校的全面领导，又要适时改进党对高校的全面领导。当前，我国正处于世界百年未有之大变局的加速调整期和世界经济动荡调整的关键期，社会主义市场经济体制的深化、教育强国战略的推进、全面从严治党的发展，都使党在高校的领导工作和领导胜任力方面遇到了许多新挑战、新问题，如实践中，高校坚持为党育人、为国育才的政治使命感有待加强、坚持"四个服务"意识有待提升、建设教育强国落地落实不够、把党的领导贯穿于办学治校全过程的能力不足等。要破解这一系列不完善、不充分、不平衡的难题，需要通过不断改进和完善党的领导而逐步实现。坚持党对高校的全面领导，也存在一个适时改进和完善党的领导的问题。可以说，改革开放40多年来，党对高校全面领导的历史和实践，对于新时代加强和改进党对高校的领导、改革和完善高校党的领导体制机制建设具有重大意义。高校党的领导体制机制的改革与完善，必须以坚持和改进党对高校的领导为出发点和落脚点，以适应新时代巩固我国高等教育事业社会主义性质的本质要求。这就要求要始终把坚持和改进党对高校的领导作为办好社会主义大学的根本保障，全力维护好高等教育事业改革发展稳定的大局。改进和完善高校领导体制，是促进高校改革发展和培养社会主义事业接班人的根本保证。新时代，坚持深化教育改革、全面推进教育事业发展，离不开党对高校的有效领导。高校的重大发展决策和重要人事安排，都要严格按照"集体领导、民主集中、个别酝酿、会议决定"的方式来讨论决定。党委领导下的校长负责制是高校事业发展行之有效的根本制度，必须长期坚持并不断改进与完善。高校党委既要统一领导学校各项工作的有效开展，又要全力支持校长依法独立主动地开展行政工作，实现党的路线方针政策在高校的顺利贯彻落实。改革开放四十多年来，高校党的领导体制机制的建设与改革，始终把发展作为高校的第一要务，深化教育领域综合改革，促进高等教育事业的全面发展。党的领导在我国高校中要突出发挥其制度优势，要对高校发展产生显著效应，就要主动地把制度优势转化为高校高质量发展的优势。实践中，高校党的领导体制的制度优势有待于进一步凸显，有待于从制度层面促进高校党建与高校发展相互融合、协同推进。"抓党建"与"促发展"要有机融合、一体推进，要始终围绕高校中心工作深化党的领导体制机制建设。中国特色社会主义进入新时代，高校党的领导体制机制建设要在新发展理念的指导下，以加强党的领导为教育改革创新的根本保障，加快推进教育治理体系和治理能力现代化。统筹推进领导体制、保障机制、办学模式、育人方式等改革，使高等教育更加符合教育发展规律，使传统的教育管理转向教育治理，首要的就是坚持和改进高校党的领导体制机制建设，为教育领域综合改革提供坚强的组织保障，为建设现代化强国提供可靠的人才保证。

第二节　强化领导，推进高校党的领导体制机制建设

从宏观进路与方略上坚持和完善高校党的领导体制机制，不仅要从认识上高度重视，还要强化领导，以强化领导为抓手推进高校党的领导体制机制建设。高校党的领导是坚持社会主义办学方向的根本保证，是依法治校的生动体现，是科学决策与民主管理的有机统一，符合中国特色，是一个行之有效、科学管用的高

校领导体制。如何科学地实施这一领导体制，也就成为我国办好社会主义高等学校应该深入思考和努力解决的重要问题。强化高校党的领导，推进高校党的领导体制机制建设，关键要做到以下几点。

一、在推进党领导高校一切的过程中完善

加强高校党的领导，推进高校党委领导高校的一切工作，这是确保高校快速、稳定发展的现实需要。党的十八大以来，党和国家各项事业之所以开创新局、谱写新篇，最根本的在于坚持党对一切工作的领导。"纵观改革开放以来我国高等教育的发展历程，在高校曾出现过几次比较大的思想动荡，究其原因，与党对高校的领导削弱不无关系。"① 中央在对高校的巡视过程中发现的所有问题，归根结底都是党的领导弱化、党的建设缺失、全面从严治党不力，党内政治生活不严肃、不健康造成的。尤其目前高校存在的很多问题，是因为党对高校领导没有抓紧、没有抓实、没有抓好。进入新时代，面对新矛盾，强化党对高校的领导，维护党中央权威，切实提高政治站位和政治觉悟，着力解决党的领导弱化、虚化等问题，是当前高校必须认真研究并加以解决的问题。中国特色社会主义进入新时代，党的建设也站在了一个新的历史起点上，不同于以往党建工作虚化、弱化的年代，而是进入了必须高度重视、较真硬碰、全面做强的新时代；不同于以往纪律松垮、随意摆平的年代，而是进入了巡视利剑高悬、动辄则咎，全面从严的时代；不同于以往只说不做、空口表态的年代，而是进入了必须真抓实干潮、不见成效不罢休、见到成效还要抓，全面做实的时代。为此，高校要顺应时代潮流、校准思想坐标，深刻把握新时代党的建设新要求，进一步找准高校工作的切入点、结合点、着力点，不断提高政治领导力、思想引领力、群众组织力、社会号召力，进一步完善中国特色高校领导体制和运行机制。办好中国的事情，关键在党。只有始终坚持党对一切工作的领导，才能实现全党思想上的统一、政治上的团结、行动上的一致。坚持中国共产党的领导，是新形势下推进中国特色社会主义建设与发展的根本保证。为此，高校党委要始终围绕党领导一切的工作原则，推进高校党的领导体制机制建设，确保高校党领导一切的工作局面。

二、在推进高校党的政治建设的过程中完善

强化高校党的领导首当其冲的就是要强化高校党的政治领导，强化高校党的

---

① 陈潮光：《试论中国特色高校领导体制及运行机制的建构》，载于《高教探索》2009 年第 3 期。

建设首当其冲的就是要加强高校党的政治建设。进入新时代，高校要深入贯彻习近平总书记关于加强党的政治建设的重要指示精神，立足新时代党的政治建设新要求，着力于通过政治建设，解决政治立场不坚定、政治行为不端和政治意识不强等问题，切实提高各大高校工作人员的政治信仰和政治能力，使高校政治建设能够与全党的政治建设保持一致步伐。坚定政治信仰是高校党的政治建设的首要任务，增强"四个意识"、坚定"四个自信"、做到"两个维护"，使有政治信仰的人能够做到坚定信仰，拥有明确的是非观，可以保持政治清醒。进入新时代，更需要高扬信仰旗帜、汇聚精神力量，坚定理想信念，把信仰信念刻在心里、融入灵魂，在大是大非面前旗帜鲜明，在各种诱惑面前坚守底线，站稳政治立场，抵御各种诱惑，不忘初心、砥砺前行。为此，高校党组织必须以马克思主义科学理论武装头脑，坚持学习贯彻习近平新时代中国特色社会主义思想主题教育，推动学习教育往深里走、往心里走、往实里走，努力带头学出觉悟、学出信仰、学出担当，努力做到学深悟透、融会贯通、真信笃行，筑牢信仰之基、补足精神之钙、把稳思想之舵，以理论上的清醒确保政治上的坚定。坚决反对各种歪曲、篡改、否定马克思主义的错误思想，要自觉同党的政治路线对标对表、及时校准偏差，确保高校党组织在确定工作思路、工作部署、政策措施方面，始终沿着正确政治方向发展。高校加强党的政治建设，最基础的工作就是强化政治纪律，坚持贯彻落实党的政治路线与方针，保证其政治工作与党中央的政治工作保持一致的步伐和行动，坚决维护党中央对政治工作的权威领导；任何党员干部都必须严格遵守党的政治纪律，这也是党员干部作为安身立命的"压舱石"，把坚决做到"两个维护"作为首要政治纪律。高校党员干部要努力形成尊崇党章、遵守党纪的良好习惯，加强党性锻炼，不断提高政治觉悟和政治能力，能够及早发现诱发政治问题的苗头或敏感因素，能够对意识形态领域中存在的不良现象或错误思潮保持高度的警惕，检视自己的思想和行为，掸除思想的"灰尘"。如果"不把党的政治纪律和政治规矩当回事，不做政治上的明白人，久而久之，就会目中无人、心无敬畏，走向人民的对立面。讲政治、明方向、知分寸，是党员干部立身之本，也是全党培养自我革命勇气、增强自我净化能力、提高排毒杀菌政治免疫力的根本途径。大胆讲政治，就要立场坚定、旗帜鲜明，走正道、做正事、讲正气，敢于亮剑，同一切不讲政治的思想和行为作坚决斗争。"① 目前一些高校忽视政治、淡化政治、不讲政治的问题还比较突出。例如，有的高校对党中央重大决策部署心无敬畏、口号响亮、行动"空挡"，有令不行、有禁不止；有的高校政治上不清醒不坚定，对挑战政治底线的错误言论和不良风气听之任之，甚至在

---

① 粟用湘：《大胆讲政治　善于讲政治》，载于《人民日报》2019 年 4 月 26 日，第 12 版。

言行上违反政治纪律和政治规矩;有的高校遇事不担当不作为,空泛表态、应景造势、敷衍塞责,还故意制造一些噪声杂音,企图混淆视听。各大高校必须定期开展政治活动,提高教职工的政治觉悟和政治免疫力,避免出现不讲政治或忽视政治的情况,做到对党忠诚、为党分忧、为党尽职、并在工作实践中一以贯之。① 历史和现实证明,未来的建设与发展必将取决于党的政治建设方向,任何背离了党的政治建设方向的方针与政策,在实践中都无法发挥预期的作用。为此,高校要牢牢把握党的政治建设的统领作用,把政治建设放在首位,始终坚持把制度建设贯穿其中,着力理顺高校党委工作体制机制,实现高校党的建设制度化、规范化、科学化,进一步完善中国特色高校领导体制和运行机制,把全面从严治党的思路举措搞得更加科学、更加严密、更加有效。通过加强党的政治建设,切实把党的领导落实到各领域、各方面、各环节,确保党始终成为领导高校的主心骨、始终成为坚强的领导核心,与党中央的行动以及步调保持一致,坚定不移地推进党的政治建设。

三、在坚持党中央权威和集中统一领导的过程中完善

强化高校党的领导就是要始终坚持党中央权威和集中统一领导,高校党组织就是要坚持在党中央的领导下开展政治工作。针对当前来说,就是必须拥护以习近平同志为核心的党中央在政治工作中的核心地位。只有保证了党中央的权威性,才能提高全党乃至于全民族的凝聚力,形成磅礴的力量,战胜一切困难和险阻。高校党组织必须把"两个维护"作为首要任务,必须从行动和思想上与党中央保持高度的一致,服从党组织的一切方针和政策,坚决维护党的核心和党中央权威,同党中央保持高度一致。自觉服从党中央集中统一领导,确保党中央政令畅通、上传下达。"决不允许有令不行、有禁不止,决不允许在贯彻执行中央决策部署上打折扣、做选择、搞变通。"② 在党的政治建设过程中,必须服从党中央集中统一领导,坚持以习近平新时代中国特色社会主义思想坚定政治信仰,杜绝一切动摇政治立场的因素,跟随党的步伐和行动,保持高度的政治自觉、思想自觉、行动自觉,坚决响应党中央的号召,坚决执行党中央所下发的一切命令,党中央禁止的坚决不做。要注重增强维护意识、坚定维护行动、提高维护能力、确保维护效果。落实"两个维护",必须从自己做起,从身边事做起,从一点一滴做起。习近平总书记在党的二十大报告中强调:"坚决维护党中央权威和集中统

---

① 徐国民:《坚持不懈推进党的政治建设》,载于《中国社会科学报》2019 年 4 月 2 日。
② 双传学:《把党的政治建设摆在首位》,载于《红旗文稿》2017 年第 24 期。

一领导,把党的领导落实到党和国家事业各领域各方面各环节,使党始终成为风雨来袭时全体人民最可靠的主心骨,确保我国社会主义现代化建设正确方向,确保拥有团结奋斗的强大政治凝聚力、发展自信心,集聚起万众一心、共克时艰的磅礴力量。"① 党的政治命脉就是"两个维护",是最高的政治原则、最根本的政治要求、最重要的政治纪律和政治规矩,不是"想不想"维护、"要不要"维护的问题,而是必须旗帜鲜明地拥护、坚决有力地维护的问题,没有讨价还价的余地。如果无视"两个维护",就是心中无党、目中无纪,就会私欲恣肆、胆大妄为,既给党的事业造成损失,又让自己追悔莫及。高校必须"以高标准、严要求落实'两个维护',确保全党统一意志、统一行动、步调一致,越是形势复杂、任务艰巨,越是要听从党中央号令,始终沿着习近平总书记指引的方向前进"②。

四、在确保高校党委总揽全局、协调各方的过程中完善

强化高校党的领导,夯实高校党的领导地位,就是确保高校党委总揽高校全局、协调各方工作。坚定高校党的领导,必须充分发挥高校党委的政治核心作用,在思想上、组织上、行动上领导好立德树人工作,为立德树人、思想引领作保证,保证党的理论和路线方针政策得到正确贯彻和全面落实。高校党组织要结合自身实际,用习近平新时代中国特色社会主义思想武装头脑,坚持用战略思维谋全局,用创新思维增活力,用辩证思维解难题,用法治思维稳发展,用底线思维守边界,全面把握大局和方向,具备明确的是非观,可以根据自身的政治素养、道德修养坚定政治立场,保持政治定力,全面提高政治本领,融入新时代、担当新使命,真正把党总揽全局、协调各方落到实处。新时代要更好地确保党始终"总揽全局、协调各方",充分发挥高校党的领导核心的作用,必须首先解决如下几个问题:一是构建"总揽全局、协调各方"的领导体制。在这一领导体制中,党委居于核心地位,各方按照职能做好工作,从而形成整体合力。党委的主要职责,就是集中精力把好方向,抓好大事,出好思路,管好干部,总揽不包揽,协调不取代,实现党委对各级组织的领导,对各个工作领域的领导,保证党委决议贯彻落实到位。二是建立健全"总揽全局、协调各方"的工作机制。工作机制是决定领导体制的前提和保证。党委干部必须从大局出发考虑政治工作,只有确保其政治工作的全面性,才能有效处理好政治工作与其他工作之间的关系,

---

① 习近平:《高举中国特色社会主义伟大旗帜 为全面建设社会主义现代化国家而团结奋斗——在中国共产党第二十次全国代表大会上的报告》,人民出版社2022年版,第26~27页。
② 虞爱华:《"两个维护"是新时代共产党人的试金石》,载于《学习时报》2019年3月25日。

明确哪些是党委牵头抓的,哪些是党委推动的,哪些是党委支持的,形成分类推进的工作机制;要坚持集体领导和分工负责相结合,既更好地发挥党委的核心作用,又使班子成员都能够各负其责地开展工作,形成科学民主的决策机制。三是完善"总揽全局、协调各方"的工作制度,建立健全党委规范决策制度、党委议事制度,将有利于将党中央的工作制度贯彻落实,而一系列工作制度都需要不断研究和探索。

五、在加强党对高校的全面领导过程中完善

进入新时代,高校面临着许多前所未有的问题和挑战,特别是意识形态领域,思想政治工作暴露出了一些缺陷和短板。高校要防范和化解一些潜在的重大风险,全面提升应对复杂问题的能力,维护高校和谐稳定,就必须加强高校党的领导工作,并在加强高校党的领导过程中,完善高校党的领导体制机制。

第一,坚持和完善党委领导下的校长负责制。高校领导体制是一个有机整体,党委领导和校长负责是相互联系的动态系统。如何让一个复杂的系统实现科学、高效地运转,值得认真研究。"高校需要首先对机制体制进行创新。党委统一领导是核心、校长全面负责是关键、部门执行落实是基础、教授参与治学是保障、教职工民主参与管理是根本。党委领导重在抓大事、抓决策,要做到总揽不独揽,宏观不主观;校长负责重在抓落实、抓执行,要果断不武断,放手不撒手;教授治学重在强化学术权力,要崇尚科学而非权威,追求真理而非名利,民主管理重在多方参与,将广大师生的监督作用充分发挥出来。目前,我国各大高校党委还需要加强调查研究能力、民主作风、领导能力和沟通能力"①。为此,高校要通过创新体制机制、改进工作方式,不断完善党委领导下的校长负责制,加强党对高校工作的全面领导。强化高校党委的政治核心作用,着力提升高校党委的领导能力。要把加强党委全面领导贯穿办学育人全过程,进一步完善党委领导的责任体系和工作机制,坚持和完善高校党委的各项工作制度,使高校党委各部门能够形成齐抓共管的政治工作体系。"高校党委是学校的领导核心,依照党章等党内法规和教育法、高等教育法等法律法规的规定,履行管党治党、办学治校的主体责任,对学校工作实行全面领导,切实发挥领导核心作用,抓好学校的政治工作,重点解决学校政治工作中存在的一系列问题,履行管理学校事务的各项职责,保证以人才培养为中心的各项任务完成。高校党委必须全面领导本校的政治工作,才能凸显党在高校的核心地位,保证实现高等院校的使命,体现新时

---

① 郭大成:《高校领导体制的研究与探索》,北京理工大学出版社2014年版,第1、2、79页。

代党在高等教育领域的建设要求"①。

　　第二,高校党委要牢牢把握高校意识形态工作的领导权。在党的各项工作中,极端重要的一项就是意识形态工作,这不仅关系着我国国民的政治素养,关系着党的未来发展之路,同时与国家的政治安全也息息相关。高校是意识形态工作的前沿阵地,肩负着学习研究宣传马克思主义、弘扬社会主义核心价值观、培养社会主义合格接班人的重任。加强高校意识形态工作,是一项战略工程、固本工程、铸魂工程。因此,必须强化思想引领,认真落实意识形态工作责任制,加强意识形态工作阵地管理,牢牢把握高校意识形态工作的领导权、管理权、话语权,切实做好学校意识形态领域的各项工作,高校在人才培养、科学研究、社会服务、文化传承和国际交流合作方面,把牢办学正确方向,要旗帜鲜明、立场坚定,不断增强"四个意识"、坚定"四个自信"、做到"两个维护",必须将党委所制定的一系列意识形态工作制度贯彻落实。马克思主义是中国特色社会主义大学的鲜明底色,用马克思主义占领高校意识形态阵地,严明政治纪律,切实维护校园和谐稳定。高校是党领导下的高校,是中国特色社会主义高校,要坚持全员全过程全方位育人,把思想价值引领贯穿教育教学全过程和各环节,实现"立德树人"的根本任务。党的十八大以来的实践证明,只有牢牢把握党对高校意识形态工作的领导权,才能去除"去思想化""去价值化""去历史化""去中国化""去主流化"的错误观念,维护好国家意识形态安全。高校要守土有责、守土负责、守土尽责,在事关大是大非和政治原则问题上,增强主动性、掌握主动权、打好主动仗,帮助广大师生划清是非界限、澄清模糊认识。用习近平新时代中国特色社会主义思想武装师生头脑,在学懂弄通做实上下功夫,不断推进理论创新,高校意识形态工作是系统工程,需要各方齐心协力,同向同行。高校必须在提高政治站位、强化思想引领和层层压实责任等方面探索出实用管用的制度办法和工作措施,全面落实意识形态工作责任制。做到五个到位:一是认识要到位,二是责任要到位,三是措施要到位,四是落实要到位,五是考核和奖惩要到位。高校党委要高度重视意识形态和宣传思想工作,党委宣传部要发挥好牵头抓总作用,各相关部门、各学院要加强协调配合,抓好各项工作的落实。

　　第三,高校党委要实施好新时代立德树人的根本任务。加强党对高校的全面领导,最终目的是立德树人。"立什么德、树什么人"是立德树人工作最关注的两大问题。高校必须始终坚守为党育人的初心,"要把立德树人的成效作为检验学校一切工作的根本标准"②。2019年3月18日,习近平总书记在学校思想政治

---

　　① 曲玉梁:《坚持党的全面领导是高校依法治校的本质特征》,载于《光明日报》2019年1月7日,第5版。

　　② 习近平:《在北京大学师生座谈会上的讲话》,人民出版社2018年版,第7页。

理论课教师座谈会上指出:"思政课是落实立德树人根本任务的关键课程"①。为此,高校从自身政治工作的实际情况出发,创造性开展工作,研究新问题、攻关新难题、聚焦新课题,把立德树人内化到学校建设和管理各领域、各方面、各环节。高等教育是培养人、塑造人和发展人的大事业,必须始终坚持把立德树人作为根本任务。青少年阶段是人生的"拔节孕穗期",最需要精心引导和栽培。在这个关键时期,思想引领和价值引领极为重要,而思想政治理论课的作用不可替代。同时,要进一步健全全员育人、全过程育人、全方位育人的体制机制,帮助师生坚定政治信念,提高师生的品德修养和政治素质。古今中外,每个国家都是按照自己的政治要求来培养人的,我国高校是社会主义大学,必须要坚持社会主义大学的本质要求。在立德树人过程中,始终确保中国特色社会主义大学的正确政治方向,不折不扣贯彻落实党的教育方针和中央各项决策部署,确保高校师生与以习近平同志为核心的党中央保持高度一致。通过创新思想政治工作,引导全体师生能够充分理解并深刻地领悟社会主义核心价值观的内涵,并能够成为社会主流意识形态的传播者和践行者,注重"与学生思想实际相结合,与国家发展实践相结合,与学校专业课程相结合,回应思想困惑,……加强思政课教师培养,在引领各级各类学校思政课建设方面发挥更大作用"②。学校党委要落实办好思政课的主体责任,党委书记、校长要带头讲思政课,找到有效解决思政课建设突出问题的方案,不断增强思政课的思想性、理论性和亲和力、针对性,教育和引导广大学生把爱国情、强国志、报国行融入新时代的追梦征程之中,使其能够真正承担起复兴中华民族这一重任,逐渐成长为人们可信赖的社会主义建设者和接班人。

第四,高校党委要加强新时代的教师队伍建设。习近平总书记在党的十八大以后,先后对教师提出了"三个牢固树立"③ "四有好老师"④ "四个领路人"⑤ "四个相统一"⑥ 的希望和要求,在各地、各部门、各学校的贯彻落实下,建立起了一支可信、可敬、可靠、乐为、敢为、有为的教师队伍。习近平在学校思想政治理论课教师座谈会上强调:"办好思想政治理论课关键在教师,关键在发挥

---

① 习近平:《思政课是落实立德树人根本任务的关键课程》,人民出版社 2019 年版,第 2 页。
② 《孙春兰在北京师范大学调研时强调:推动思想政治理论课改革创新 落实高校立德树人根本任务》,载于《光明日报》2019 年 3 月 29 日,第 2 版。
③ 《习近平向全国广大教师致慰问信》,新华网,2013 年 9 月 9 日。
④ 《习近平:做党和人民满意的好老师——同北京师范大学师生代表座谈时的讲话》,中央政府门户网站,2014 年 9 月 10 日。
⑤ 《习近平在北京市八一学校考察时强调 全面贯彻落实党的教育方针 努力把我国基础教育越办越好》,中央政府门户网站,2016 年 9 月 9 日。
⑥ 《习近平在全国高校思想政治工作会议上强调:把思想政治工作贯穿教育教学全过程开创我国高等教育事业发展新局面》,载于《人民日报》2016 年 12 月 9 日,第 1 版。

教师的积极性、主动性、创造性……思政课教师，要给学生心灵埋下真善美的种子，引导学生扣好人生第一粒扣子。"① 新时代涌现出一大批最美思政课教师，他们的课堂蕴涵美，他们的学术传播美，他们的为人展示美，他们信仰坚定，让马克思主义理论在校园鲜艳绽放，深受大学生喜爱。这些最美老师能把不好讲、不讨好的思政课结合时下最新的时事、最新的理念、最新的社会现象并灵活运用马克思主义理论为学生们作出生动的解释、引导学生正确认识、理性思考。这是习近平总书记对思政课教师队伍在铸魂育人、立德树人方面的高度评价，同时他也明确提出要以"政治要强，情怀要深，思维要新，视野要广，自律要严，人格要正"② 六大标准落实思政课教师团队建设，而这六项标准也是广大教师全面提升理论素养和教学水平的努力方向。针对思想政治理论课，习近平总书记指出："要不断增强思政课的思想性、理论性和亲和力、针对性。"③ 如何让思政课具有吸引力，为此，习近平总书记提出了"八个相统一"④。这一要求是在遵循思想政治工作、教书育人以及学生成长三个规律基础上提出的，具有高度的针对性和指导意义。办好思政课，不只是老师和学校的工作，全社会都要努力。各级党委要高度重视思政课的建设与发展，从人才团队、制度体制、工作体系等各个层面出发，着力于解决思政课建设过程中存在的一系列突出问题。

要把握好习近平总书记指出的"办好思想政治理论课关键在教师"⑤ 和"办好中国的事情，关键在党"⑥ 这两句重要论述的精神实质，在工作中注重加强思政课教师队伍建设，加强党对思政课建设的领导，做到明确责任、落实任务，推动形成全校积极办好思政课、学生积极参加思政课的良好学习氛围，教师重要，就在于其工作是塑造灵魂、塑造生命、塑造人的工作。工作在教学科研一线的教育工作者，只有善于在大是大非面前保持政治清醒，心里时刻装着国家和民族，自觉弘扬主旋律，积极传递正能量，才能用堂堂正正的人格感染学生，用真理的力量感召学生，以深厚的理论功底赢得学生，更好适应时代发展对思政课教学的要求，担负起时代赋予思政课教师的重任。

为此，各高校要从以下方面抓好工作，做到五个聚焦：一是聚焦理直气壮办好思政课，这是讲政治的具体体现，不断增强办好思政课的思想自觉和行动自觉。要主动对标习近平总书记在学校思想政治理论课教师座谈会上的重要讲话精

---

① 习近平：《思政课是落实立德树人根本任务的关键课程》，人民出版社2019年版，第10~12页。
② 习近平：《思政课是落实立德树人根本任务的关键课程》，人民出版社2019年版，第12~16页。
③ 习近平：《思政课是落实立德树人根本任务的关键课程》，人民出版社2019年版，第17页。
④ 习近平：《思政课是落实立德树人根本任务的关键课程》，人民出版社2019年版，第17~23页。
⑤ 习近平：《思政课是落实立德树人根本任务的关键课程》，人民出版社2019年版，第11~12页。
⑥ 《习近平：在庆祝中国共产党成立100周年大会上的讲话》，中央政府门户网站，2021年7月15日。

神,进一步深化对"思政课是落实立德树人根本任务的关键课程"①的思想认识,紧密结合思想政治工作实际、思政课建设实际,坚定办好思政课的信心并拿出有力举措,发挥思政课在育人体系中不可替代的作用。二是聚焦习近平总书记关于思政课教师提出的六项标准"政治要强、情怀要深、思维要新、视野要广、自律要严、人格要正"②,这也是对全校全体教师的要求;三是聚焦"八个相统一"③,推进思想政治理论课的改革与创新,提高针对性、实效性、亲和力;四是聚焦增强党员教育管理的针对性和有效性,做到有高度、有力度、有温度,发挥示范引领作用;五是聚焦夯实党的政治建设是最根本的建设,进一步提高党员特别是党员干部的政治站位,并融入育人的全过程。任何教师都必须在是非面前保持清醒的头脑,拥有坚定的政治信仰。不断树牢"四个意识",坚定"四个自信",确保课堂上无"杂音"、无"噪声",用高尚的人格、端正的教研态度去感染学生,帮助学生扣好人生第一粒扣子。习近平总书记亲自主持召开学校思想政治理论课教师座谈会,充分彰显了党中央对思政课的高度重视,是对"培养什么人、怎样培养人、为谁培养人"这一根本问题的再部署再动员,为高校办好思政课提供了基本遵循,指明了前进方向。各高校要深入学习贯彻习近平总书记在学校思想政治理论课教师座谈会上的重要讲话精神,扎实办好思政课。

第五,加强党对高校学科建设的领导。党的十八大以来,中国共产党把高校学科建设作为高校内涵发展和增强国家核心竞争力的一个重要目标加以强调。国务院 2015 年印发的《统筹推进世界一流大学和一流学科建设总体方案》中明确指出"要全面贯彻党的教育方针,坚持社会主义办学方向,加强党对高校的领导"。党的十九大报告中又提出了"加快一流大学和一流学科建设、实现高等教育内涵式发展"。办好"双一流"大学,关键在于党的坚强领导,只有加强党的领导,才能保证推进世界一流大学和一流学科建设的社会主义方向。新时代加强党对高校学科建设的领导,首先要坚持以马克思主义为指导,把握学科正确发展方向。正如习近平总书记在哲学社会科学工作座谈会上指出:"在我国,不坚持以马克思主义为指导,哲学社会科学就会失去灵魂、迷失方向,最终也不能发挥应有作用。"④ 其次,要根据"双一流"大学的目标进行学科整体布局,体现中国特色。要建设好马克思主义理论学科,发挥马克思主义理论学科对高校思政课的支撑作用,提升马克思主义理论学科的引领作用。要着力构建中国特色哲学社会科学,在指导思想、学科体系、学术体系、话语体系等方面充分体现中国特

---

① 习近平:《思政课是落实立德树人根本任务的关键课程》,人民出版社 2019 年版,第 2 页。
② 习近平:《思政课是落实立德树人根本任务的关键课程》,人民出版社 2019 年版,第 12~16 页。
③ 习近平:《思政课是落实立德树人根本任务的关键课程》,人民出版社 2019 年版,第 17~23 页。
④ 习近平:《在哲学社会科学工作座谈会上的讲话》,人民出版社 2016 年版,第 9 页。

色、中国风格、中国气派。最后，要根据课程思政理念，在学科建设方面体现把思想政治工作贯穿教育教学全过程的新要求，进一步强化学科育人理念，为培养社会主义合格建设者和可靠接班人提供学科支撑。

第三节 完善机制，发挥高校党的领导体制机制优势

完善机制，发挥高校党的领导体制机制优势是新时代完善党的领导体制机制的必然要求。就是说，从宏观进路与方略上坚持和完善高校党的领导体制机制，不仅要从认识上高度重视和强化领导，还要完善机制，发挥高校党的领导体制机制优势。贯彻落实好党的部署工作，要有一套行之有效的管理机制和健全完善的制度体系。高校党的领导工作的落实状况与执行效果，说到底就是是否具备完善、高效的领导机制。进入新时代，高校要顺应党的建设和高等教育发展形势，基于系统性、创造性和有效性的统筹考虑，着力解决瓶颈难题，在运行机制上进一步探索创新途径，充分发挥机制的整体合力，推动高校党的领导机制常态化，是确保高校党的全面领导能够科学、有序和高效运行的重要保障。

一、建立科学民主的决策机制

高校党的领导的目的之一就是要形成科学民主的决策机制，而建立科学民主的决策机制是推进高校快速、稳定发展的现实要求。当前，一些高校党的各部门由于决策运行机制不够完善，决策程序不够规范，民主参与渠道不够畅通，方式不够多样，决策执行机构设置不尽合理，导致决策执行过程中经常出现职责不清、相互扯皮的现象，执行的效率低下，民主权利在很多高校并没有得到很好的保障和落实，直接影响着高校党的决策机制的有效运行。为此，必须建立科学民主的决策机制，进行科学决策、民主决策和依法决策，以保证科学性、合法性和现实性，发挥广大师生的积极性、主动性和创造性，保证党的决定得到迅速有效的贯彻执行，确保坚持党对一切工作的领导落到实处。尤其学校"一把手"在决策中所起的作用是极其重要的，这就要求学校"一把手"在决策中要带头严格执行民主集中制，决不能搞一言堂。高校主要领导的民主精神和民主作风，对科学决策、正确集中具有至关重要的作用。要发挥民主集中制的优势，要善于让决策成为班子成员意见的体现、师生智慧的凝聚，不断提高决策水平。健全议事决策机制，要完善高校党委会议决策规则，完善重大问题、重要干部任免等事项决策的规定和程序。

对党内重大事项，党委首先要做出决策，形成决议后各方按照决定坚决贯彻执行。办好一所大学，除了领导班子的科学决策外，一个关键条件是，让广大教职工积极参与学校的改革和发展。新时代要有新的运行机制，要积极推进科学化、规范化、制度化建设，建立督导工作制度，不断加强干部培训，全面增强执政本领，建立和完善思想建设、优化配置、培养选拔、管理监督、激励关爱有效机制。实现科学决策、民主决策、依法决策，使各项工作合民意、顺民心、集民力，确保学校工作健康运行。随着高校的发展，参与决策的方式、渠道如何进一步拓展，参与决策的内容层次如何进一步提升，需要在实际探索的基础上加强顶层设计。

二、完善干部的选拔任用机制

高校党政干部的领导能力和领导水平，在一定程度上影响和决定着高校的发展水平与发展高度。高校是否能者位居党政干部要职，影响着当前高校党政领导干部选拔任用机制。然而，高校党的领导干部选拔任用机制不够健全，选拔标准较为笼统，针对性不强，甚至部分高校在人才选拔过程中已经弱化了高校党的领导地位，过分以考试分数、推荐票以及任教年龄作为选拔人才的标准，并未在高校的干部选拔任用体制中体现正确的用人导向。在高校干部工作中，部分干部忽视马克思主义理论学习，缺乏明确的政治信仰，存在严重的精神空虚问题；有的干部政治站位不高，全局观念不强；有的党组织政治功能弱化，并未肩负起管党治党的责任，甚至在领导班子中存在着有政治问题的人。为此，高校要结合实际认真遵照执行 2019 年 3 月中共中央印发修订后的《党政领导干部选拔任用工作条例》，坚持把"政治标准"放在首位，坚守好这个硬条件，政治标准不过关，就不能被选拔和任用，坚决把政治要求贯穿到干部选拔任用全过程、各方面，才能选出政治性强、真诚为民、本领高强的人民公仆。高校在选拔人才时，必须重点考察干部的政治信仰，必须保证其干部坚定"四个自信"并能坚决维护党的权威。只有做到这一点，我国高校才能组建一支具备良好政治素养和道德素养的专业团队，切实提高我国高等院校的用人质量。制度的生命力在于执行，贯彻落实"坚持把政治标准放在首位"必须加强对干部政治修养和道德修养的监督与检查，各高校党组织也必须以政治标准为基础，从本校的政治工作出发构建完善的配套制度，确保其选人用人制度的科学性、高效性和合理性。

三、探索高效的沟通协调机制

党委领导下的校长负责制是一个不可分割的有机整体，高校应立足于实际情况，在领导、组织、执行、监督等方面，加强党委和政治工作的分工合作，全面贯彻落实党委领导下的校长负责制，并有效协调不同部门之间的政治工作，推动学校科学发展。高校工作涉及方方面面，随着办学自主权的逐步扩大，决策事项越来越多，需要协调的范围也越来越广，新时代对于党委如何加强和指导高校工作，习近平总书记在学校思想政治理论课教师座谈会上提出了明晰的"行动指南"。他指出："大学领导是教育者，但更应该是政治家"①，"学校党委书记、校长要带头走进课堂，带头推动思政课建设，带头联系思政课教师"②。他还强调："各地区各部门负责同志要积极到学校去讲思政课，这是对马克思主义水平的一个考验。能不能讲好思政课，也是一个领导干部政治素质、理论水平、工作作风的体现。"③ 要求各地党委书记和有关部门党组书记要多到高校走走，多同师生接触，多去高校作报告，回答师生关注的理论和现实问题；要加强同高校师生的联系，多关心、多交流、多鼓励，善交朋友、广交朋友、深交朋友，多听、真听他们的意见，这样才能准确地了解师生的思想情况和现实困惑，有针对性地研究高校工作的思路和举措。习近平总书记重要讲话具有很强的政治性、思想性和针对性，高校要自觉运用讲话精神指导工作，完善党委统一指导、党政齐抓共建、部门协调联动、院系细化实施、师生全员参与的沟通、协调工作机制。及时了解学校师生的思想动态，把握学校师生的思想脉搏，同广大师生"接地气""面对面"，努力把工作"做到家""入心田"，把学校各项工作真正落到实处，用实际行动推动高校各项工作强起来。

在沟通协调中加强协同机制建设。一是参与协同。高校党委应该按照党建工作的规律，突出领导核心地位，调动起各方力量，有计划地把各二级学院基层党组织、党校、团校、工会、马院、学工部等各部门，有重点、有步骤地组织起来，防止各部门以各自圈子为阵营。通过各部门之间详尽协商讨论，促成各环节的有效协同，可以明确任务，确定协同路线，厘清各部门在决策制定过程中和执行过程中的协同关系，防止部门脱节，彰显党建协同合力。二是制定协同。高校党委应站在全局的高度，制定统一规划，对协同的方式、内容、步骤平稳推进、不断完善，发挥出党应有的中心指挥棒的作用。三是监督协同。高校党的各部门之间的资源共享、信息通达不仅对党的各部门提高协作共事水平有很大助益，而且对构架不同部门基层党组织之间沟通的桥梁，实施党内监督有很大帮助。通过一个畅通的信息共享渠道，可以进行多方的意见交换和经验交流，有助于形成一个人人参与的运行体系，通过党建协同从而巩固党对高校的领导地位。

---

① 习近平：《思政课是落实立德树人根本任务的关键课程》，人民出版社2019年版，第25页。
② 习近平：《思政课是落实立德树人根本任务的关键课程》，人民出版社2019年版，第24页。
③ 习近平：《思政课是落实立德树人根本任务的关键课程》，人民出版社2019年版，第28页。

四、建立公平合理的考核评价机制

公平合理的考核评价机制，一方面是激发高校师生员工奋发进取的方式，另一方面是高校党委团结师生员工的有力利器。高校的根本制度是党委领导下的校长负责制，而为了确保校长负责制的科学性和民主性，必须构建公平合理的考评机制，并细化其各项内容，通过考核评价机制的贯彻落实，达到对高校党委政治工作监督与激励的目的。新时代，为进一步增强考核评价工作的科学性、直观性和公正性，各高校必须以2019年的《党政领导干部考核工作条例》为基本遵循。从以下几个方面认真贯彻落实。一是要突出考核的针对性。在新的历史方位上，对干部"干什么"提出了新的要求，相应地也要从制度层面对干部考核加以调整和完善，以适应"干考结合"的新形势。各高校要推动解决当前干部队伍和干部考核工作中存在的突出问题，必须赏罚分明，以制度化全面考核干部工作；设置科学合理的考核指标，细化考核内容，针对干部的某项具体工作进行考核；改进方法手段，全面区分干部工作的优劣之分，使其考核结果能够真实全面地将干部的实际工作情况展现出来。二是要突出考核标准。在设置考核指标和确定考核内容时，必须首先明确政治标准，在此基础之上评判干部的表现，这样才能将绩效考核的作用充分发挥出来。只有明确了领导班子和领导干部的政治原则、政治信仰，才能确保其做到"两个维护"。有机结合管理监督、激励约束、考核结果，将考核结果运用于学校的干部选拔、干部奖惩，可以对不作为或乱作为的干部产生警醒和警戒作用，同时也能够为拥有坚定政治信仰的干部给予奖励，最大限度调动各级领导班子和领导干部的积极性、主动性、创造性。三是要真抓实干，各高校要以高度的政治责任感和历史使命感，树立改革创新和勇于担当的政治导向，进一步提高干部考核工作的质量和水平，深入一线考核评价干部，多渠道、多层次、多侧面了解干部，以实际成效作为主要评价依据。考核、评价、衡量干部，离不开具体的工作成绩和日常表现。"坚持党中央倡导什么、强调什么就考核什么，把履行岗位职责、解决实际问题、创造工作实绩作为考核的基本内容和评价的基本依据"①，激励引导广大干部以更好的状态、更实的作风担当作为。建立定期通报制度，对重大措施、重要会议、重要活动等的落实情况实行定期考核并通报结果，强化工作绩效考核，树立用工作成果来引导人和鼓舞人的正确导向，形成"能上庸下"的用人机制。四是要创新考核方式，使"考的成绩"真实反映"下的功夫"。可以把平时、年度、任期等多种方式相结合，而不是运用

---

① 石羚：《以科学考核激发担当作为》，载于《人民日报》2019年4月29日，第9版。

单一考核方式，从而真实、全面、客观地反映出干部干实事情况。当前，一些学校依然存在重科研轻教学，不愿教、不乐教等现象。通过合理的教师评价制度，可以使那些真正想教、乐教的教师爱教，从而提升教师的使命感、学生的获得感。

五、形成健全完善的监督机制

权力需要监督，责任需要落实。当前，在一些高校，由于监督机制不够健全，问责机制不够有效，对高校领导干部在工作中发生重大失误、造成严重损失的现象，缺乏严格的责任追究制度与纠错机制，对于高校党政领导干部，特别是"一把手"的监督不到位。有的党员认为监督是专责机关的事，自己没必要参与；有的则认为个体监督力量弱小，人微言轻，主动监督、检举揭发会招来麻烦；有的认为学校里的建设由领导把关，重大问题由党委决策，具体工作由部门负责，党内的事情由党内各级领导说了算，政治参与意识淡薄，积极性、主动性不够。因此，对于高校党政领导干部，尤其是对党政"一把手"很难起到实质性的监督作用。为此，高校要多管齐下，开创监督工作新局面。其中一点就是注重日常监督，加强党内监督。监督重在日常，要聚焦领导干部"关键少数"，通过汇报、约谈、谈话等综合方式，加强重点领域和关键环节的日常监督。而且还要发挥政治巡视利剑作用，坚持发现问题和整改落实相结合，确保巡察工作的质量和效果。此外，要充分发挥民主监督，无论是党委领导还是校长负责都应处于民主监督之下，保障这一体制运行的科学性、有序性。高校党组织要结合自身实际，从以下几方面健全完善的监督机制：一是要建立责权对等的监督机构；二是要丰富监督的内容和方式；三是要建立有效监督的相关规章制度；四是要提高党委和校长接受监督的自觉性。

六、完善民办高校党的领导机制

依法治校是实现大学治理体系和治理能力现代化的必然要求，是高校管理走向科学化、制度化的必由之路，是全面贯彻党和国家教育方针的客观需要，更是完善现代大学制度的内在要求。民办高校因其办学模式、投融资渠道、管理机制等方面的特殊性，因而比公办高校面临着更严峻、更复杂的考验。当前部分民办高校法治意识较为薄弱，依法治校的制度与措施尚不健全，党组织工作机制不完善，存在明显的风险。为此，必须把民办高校的一切活动纳入法治轨道，严格依法治校、依规办学，从新时代加强党的全面领导的新高度，不断探索加强党对民办高校领导的新思路、新方法。

加强党在民办高校的领导地位。党的十九届四中全会指出："健全党的全面领导制度。完善党领导人大、政府、政协、监察机关、审判机关、检察机关、武装力量、人民团体、企事业单位、基层群众自治组织、社会组织等制度，健全各级党委（党组）工作制度，确保党在各种组织中发挥领导作用。"① 其中毫无疑问也包括了对我国民办高校的要求。只有加强党对民办高校的领导才能保证民办高校正确的办学方向，才能确保党的路线、方针、政策在民办高校得到全面贯彻落实，才能确保民办高校沿着正确轨道健康发展。目前民办高校主要采用董事会领导的校长负责制，与党委领导下的校长负责制存在明显区别。在新时期新形势下，民办高校中党的领导工作必须注重如下问题：第一，明确核心点。2016 年中共中央办公厅印发的《关于加强民办学校党的建设工作的意见（试行）》中明确指出："民办学校党组织是党在民办学校中的战斗堡垒，发挥政治核心作用。"主要体现在保证政治方向、凝聚师生员工、推动学校发展、引领校园文化、参与人事管理和服务、加强自身建设的各方面。第二，找到结合点。民办高校党委组织必须帮助全体党员坚定政治信仰，提高全体党员的党性修养，将学校发展和党的建设有机结合，二者相辅相成，共同促进民办高校政治工作的顺利开展，努力使党组织的政治核心作用融入教育教学各个环节之中。第三，找到切入点。民办高校党委组织需要将实际情况和党的领导工作紧密结合起来，从思想问题、教育教学问题和作风问题等实际问题出发，制定方案，开展活动，确保党组织的各项活动能够有针对性地解决民办高校存在的各项问题。第四，找准着力点。当前，民办高校工作出现了许多新情况和新问题，如自身定位模糊、政治组织属性淡化，在一定程度上弱化了党对民办高校的领导，民办高校必须紧跟党中央的路线、方针、政策，及时领会党的文件精神，并传达至师生工作、学习、生活第一线；引导师生在思想上政治上行动上同党中央保持高度一致，确保社会主义办学方向不偏移。党员干部必须树立自身的政治思想，与习近平新时代中国特色社会主义思想保持一致，及时校准偏差，确保同心、同向、同步，在任何时候任何情况下都做到政治立场不移、政治方向不偏。在民办高校的党的领导工作中，不得将民办高校和公办高校一概而论，需要从民办高校的特点以及运行机制出发，充分尊重民办高校的工作特色，开展党的领导工作。做到不越位、不缺位，将民办高校各部门的工作充分协调起来，同心同力，找准党的领导工作的位置，参与民办高校各项政治工作的决策，与民办高校各部门同舟共济，共同开创民办高校政

---

① 《中共中央关于坚持和完善中国特色社会主义制度 推进国家治理体系和治理能力现代化若干重大问题的决定》，人民出版社 2019 年版，第 7 页。

治事业的美好未来。

完善民办高校的决策机制。在我国，民办高校董事会的最高决策权是由法律所赋予的，是事关学校办学方向性的决策。2002年的《中华人民共和国民办教育促进法》第十九条规定：民办学校应当设立学校理事会、董事会或者其他形式的决策机构；第二十条又规定：学校理事会或者董事会由举办者或者其代表、校长、教职工代表等人员组成。伴随着民办高校的快速发展，民办高校的治理结构正在发生着深刻的变化，民主决策成为民办高校共同治理结构的核心价值和必然选择。2016年全国人民代表大会常务委员会关于修改《中华人民共和国民办教育促进法》的决定中在第一章增加一条，作为第九条："民办学校中的中国共产党基层组织，按照中国共产党章程的规定开展党的活动，加强党的建设。"将第十九条改为第二十条，修改为："民办学校应当设立学校理事会、董事会或者其他形式的决策机构并建立相应的监督机制。"修改后的《中华人民共和国民办教育促进法》虽然增加了党的建设内容和监督机制，但却仍未明确民办高校党的领导的体制机制问题。现今，许多民办高校已经在党组织参与办学的体制机制方面进行了一些探索，但还缺乏法治和制度层面的依据，需要根据党的十九大以来"坚持党领导一切"和"加强党的全面领导"的新要求，持续进行改革和创新。

从高校领导层面讲，在完善民主决策方面，可以进一步做好如下工作：一是要建立党委领导进入董事会的有关制度。现在许多民办高校的党委领导已经被吸收进理事会或董事会，但尚未形成制度，应从制度上对其参加比例、具体职能等进行规范，让党委领导在学校理事会或者董事会组成人员中由不明确的"等"变为不可缺少的成员。二是要完善集体决策制度。在涉及办学方向、治校重大决策等问题上，党政既要明确各自职责，又要加强协调、沟通、配合，充分讨论，实行集体决策和票决。三是在民办大学章程里应体现加强党的领导。2016年修订后的《中华人民共和国民办教育促进法》中规定："民办学校的举办者根据学校章程规定的权限和程序参与学校的办学和管理。"只有在大学章程里明确党的领导，才能使党参与民办高校的办学和管理具有依据和遵循。

健全民办高校依法办学机制。部分民办高校存在管理粗放，工作随意性大，选人用人程序不规范，人岗不适、违规破格提拔干部等问题。存在高层次人才短缺、人才流失严重等问题；同时也存在着十分突出的廉洁风险和违规违纪、个体收入差异过大、收入分配制度未能统一等问题。这些问题长期得不到解决，严重阻碍了民办高校党的领导工作的顺利开展。另外，履职不到位问题突出。民办高校必须在宪法和法律的范围内活动，坚持依法治校，不断提高领导能力和领导水平，要把法治思维和法治方式落实到办学治校的全过程，为此，民办高校必须坚持走依法办学、规范办学之路。

（1）强化法治思维。民办高校的领导干部必须学会敬畏法律和法治，懂得遵守和捍卫法律，在日常的政治工作中，依法守法。在一系列改革工作和发展工作中，能够充分运用法治思维和法治方法，通过法律手段解决矛盾，保证民办高校政治工作的平稳性、科学性，做好遵纪守法的模范，以实际行动带动全社会尊法学法守法用法。马克思主义法治思想的中国化，就要求我们必须全面贯彻落实依法治国的根本思想，并应进一步丰富法治思维，促进依法治国的发展。民办高校领导干部必须在政治工作中营造良好的法治环境，带头依法办事、遵守法律法规，切不可碰触法律红线。因此，领导干部只有在强烈的规则和程序思维指导下行使使命、履行职责，才能有效地提高依法执政本领。

（2）严格规范办学。部分民办高校在科研教学、人才引进、经费分配、职称导向、绩效考核，选人用人等方面存在问题较多，在重点领域或项目中都存在十分显著的廉政风险，巡视反馈意见整改落实不到位，报销个人费用时存在违规报销的情况，缺乏严格的管理机制。党的高校教育方针贯彻不全面，其主要原因是民办高校缺乏政治体制的改革与创新，领导班子建设滞后，党员干部的思想观念落后，为此，民办高校要遵守国家相关法律法规，严格按照教育部的要求，自觉规范招生行为，严格把关，杜绝违规违章行为，严格按照国家相关规定为学生发放资助金。对收费进行公示，充分尊重学生作为教育消费者的权益，维护学生的基本权利；要合理配备师资，严格执行教学计划，杜绝教学运行的随意性。

（3）加强办学质量监控。教育教学质量水平是民办高校生存和发展的生命线。但是，部分民办高校并未全面落实党的教育方针，在民办高校的教育教学工作中，党的教育方针缺乏中心地位，造成民办高校办学质量严重下滑；有的民办高校缺乏对高等教育特点和规律的准确把控，没有按照高等教育的相关规定引进人才，缺乏教学科研动力，导致学校的办学质量过低。为此，民办高校要全面贯彻党的教育方针，严格教学过程管理，构建多元化的教学质量监控体系，建立用人单位和社会对教学质量的监控和评价机制，保证教学质量的稳步提高。近年来，民办高校不断完善了办学的保障机制，遵循办学规律，规范办学，注重内涵建设，教学质量不断提升，毕业生就业创业能力增强，不少已经成为企业的骨干或成功创业，赢得了良好的社会声誉，实现了民办高校发展史上新的跨越。

强化民办高校的政治站位。党的十九届四中全会指出："坚持马克思主义在意识形态领域指导地位的根本制度"①。当前部分民办高校存在党的领导作用发挥不充分，政治站位不高，"四个意识"不强，落实中央有关政策部署不力，抓

---

① 《中共中央关于坚持和完善中国特色社会主义制度、推进国家治理体系和治理能力现代化若干重大问题的决定》，人民出版社2019年版，第23页。

意识形态工作责任制针对性和时效性不强，党组织发挥政治核心作用不充分，全面从严治党主体责任落实不到位，党建工作虚化、弱化、边缘化，基层党建不规范等问题。为此，民办高校要从自身实际出发，针对政治意识不强、政治立场不稳、政治能力不足、政治行为不端等突出问题强弱项补短板，强化民办高校领导干部的权力和责任思维，不断增强党的政治领导本领，把党总揽全局、协调各方的领导核心作用落到实处。要推动民办高校领导干部充分坚定政治立场，明确政治信仰，自觉在日常的政治工作中严格遵守政治纪律，树立大局意识，强化政治历练，提高政治能力，强化政治担当。也要推动民办高校领导干部自觉把讲政治融入党性锻炼全过程，善于从政治上观察和处理问题，遇事多想政治要求，办事多想政治规矩，处事多想政治影响，在大是大非面前做到坚定政治立场和政治方向，确保自身政治信仰不动摇，使自身所具备的政治能力和所担负的职责相匹配。此外，民办高校还要把党的领导贯穿一切工作的全过程，抓住基层党组织这个"神经末梢"，严肃党内政治生活，增强各级党组织的领导力、组织力、执行力，以高标准抓好落实，通过以下三个路径不折不扣把中央精神落到实处：一是要强化学习，铸魂立本。二是要突出重点，抓好五项工作，即坚定"主心骨"，加强党对民办高校的全面领导；使广大师生能够学习贯彻习近平新时代中国特色社会主义思想主题教育中的内涵以及价值；守好"主阵地"，系统推进改革创新；建强"主力军"，加强思政课教师和党员干部队伍建设；抓好"主导融合"，全力推进"课程思政"改革。三是要开展好"狠抓创新落实"主题活动，切实推动民办高校各项工作落地见效、再上新台阶。总而言之，要通过完善有关法律和制度，进一步完善党加强对民办高校领导的体制机制，克服民办高校存在的党的领导弱化、虚化、边缘化问题。

第四节　理顺关系，完善党委领导下的校长负责制

理顺关系，完善党委领导下的校长负责制，也是从宏观进路与方略上坚持和完善高校党的领导体制机制的重要举措。加强高校党的领导，推进高校党的领导体制机制建设，需要理顺高校内部党政关系、集体领导与个人分工负责的关系、思想领导与学术自由的关系。当前，部分高校内部存在分工不合理，权责不分明，目标不明确，不团结，争权夺利，各自利益和立场冲突较大，党委领导下的校长负责制执行不到位等问题，究其根源是因为高校没有理顺内部关系，从而导致部分高校内部之间出现了不和谐、闹矛盾、搞对立的现象。显然，高校内部关

系的不协调，既影响了党的政策在高校中的贯彻执行，也影响了学校的稳定和发展。因此，如何理顺高校内部关系，进一步完善高校党委领导下的校长负责制，并最大限度地发挥好党委领导下校长负责制这个根本制度优势，这是高校需要深入思考的现实问题。

一、处理好高校的党政关系

高校的党政关系就是高校党委和行政之间的关系。高校的领导核心是党委，负责方向性、全局性的重大事务，而行政职能部门则负责学校具体性、事务性工作。党委集体领导和行政职能部门之间并不是相互矛盾、相互否定的敌对关系，相反二者是一个相互联系、相互配合的有机整体。党政分工既不是党政分开，也不意味着党政不分，而是使两者有机统一于中国特色的高等学校现代管理体制之中，高校党委和行政这二者在政治方向、工作目标、根本任务等方面是一致的，他们都是为了在坚定社会主义办学方向的基础上为国家和社会培育担当民族复兴的"时代新人"。

第一，处理好高校党委与校长之间的关系，强化党政班子的协调性。党委发挥的是统一领导、总揽全局、战略谋划、协调各方的核心作用，帮助各部门各方面的工作指明努力方向；校长则重在管教学、科学研究以及行政管理等方面的具体事项，依法在党委领导下行使职权。高校党委要尊重校长的合法职权，校长也要维护党委的权威，厘清党委领导和校长负责之间的关系，科学清晰地界定党委领导和校长负责之间的权限内容、双方职责、主要功能、主体定位、各自方向等具体边界，防止二者互相扯皮或者矛盾重重，使双方在工作的对接上权责明确，更加流畅、协调自如。要强化党政班子的协调性。党政关系不协调，既影响了党的政策在高校中的贯彻执行，也影响了学校的稳定和发展，如何处理好高校党政关系，是高校必须深入思考的问题。为此，要科学合理地落实党委领导下的校长负责制。党政班子协调配合是落实党委领导下的校长负责制的重要保证，基于高校传统的评价标准，轻党建的问题在一些高校依然比较常见。在这种情形下，学校党政干部要敢担当、勇作为，自觉提高履职能力，在领导班子中，加大力度建设二级院系领导班子团队，使学校拥有坚实的基础来宣传党的政治教育方针与政策。学校党委组织也应加强对干部的红线教育和底线思维教育，在学校内部塑造良好的政治风气，转变传统落后的作风。

第二，提升党政领导干部的综合素养。党的十九大报告对干部提出了"政治过硬、本领高强"的要求。中国特色社会主义进入新时代，新时代的干部队伍要坚持事业为上、公道正派，把好干部标准落到实处，建设高素质专业化干部队伍；要突出政治标准，严把政治关、廉洁关、形象关，对政治上不合格的"一票否决"，对廉洁上有问题的坚决不用，要坚持党性锻炼和基层锻炼结合、严管和厚爱结合，培养更多优秀年轻干部。火车跑得快，全靠车头带。习近平强调，"要把我们党建设好，必须抓住'关键少数'。"① 他对领导干部提出五点要求："信念过硬、政治过硬、责任过硬、能力过硬、作风过硬。"② 这五个"过硬"，是对党的高级领导干部提出的要求，也是对全党同志的期望。

新时代下，高校领导干部相比之前承担起了更多的急、难、险、重的工作任务，唯有具备过硬的领导素质和专业能力才能更好地肩负起改革发展的重任。着力建设高素质专业化干部队伍，旗帜鲜明地选用有操守、有血性、有激情、有能力、有担当的干部。把培养政治过硬、本领高强的执政骨干队伍作为重大使命。一是必须牢固树立"四个意识"。提高干部团队的政治忠诚度，执政骨干团队的言行必须与党中央保持一致，其思想觉悟和政治觉悟必须坚定做到"两个维护"。二是坚定"四个自信"。执政骨干团队必须拥有坚定的政治信心，能够对中国特色社会主义制度保持高度的自信。三是要勇于斗争，坚持原则。任何涉及中国特色社会主义道路的原则性问题，执政骨干团队要勇于提出自己的看法，不能无动于衷，必须以现实判断标准为基础，勇敢面对政治挑衅，敢于和不良势力作斗争。四是要有敏锐的政治观察能力。执政骨干团队应当具备较高的政治能力，这就要求执政骨干团队必须拥有良好的政治定力，能够从全局出发把握政治工作的方向和大局，能够提前做好政治风险的防范工作。五是政治自律，能够在日常的工作和生活中始终遵守党的政治纪律，这是每一位执政骨干人员安身立命的基础。增强"四个意识"、坚定"四个自信"、做到"两个维护"，勇于担当，敢于斗争，坚持原则，维护党中央权威的干部队伍；领导干部要讲政德，要明大德、守公德、严私德，明大德，能够在大是大非面前坚定信念，旗帜鲜明地维护党的权威，坚强党性，不畏惧恶势力，能够坚决抵抗各类诱惑。守公德，要求干部必须恪守立党为公的理念，在日常的政治工作中全心全意为人民服务，具备良好的政治意识和宗旨意识，能够贯彻落实党中央提出的各项方针和政策，以为人民实现美好生活为奋斗目标，做到心底无私天地宽。③ 深明大德、严守公德、严明私德，是任何一位政治工作者都必须做到的政治方向和操守，三者相辅相成，切实提高领导干部的政德修养，使其能够在日常的政治工作中自警自省，学会自我反思，学会自我提升，学会自我完善，充分发挥领导干部的模范带头作用。在新形势下，带领着广大干部群众明德树德，成长为新时代合格的接班人。增强领导干

---

①② 习近平：《推进党的建设新的伟大工程要一以贯之》，载于《求是》2019 年第 19 期。
③ 《习近平参加重庆代表团审议，希望重庆广大干部群众团结一致、沉心静气》，载于《重庆日报》2018 年 3 月 11 日，第 1 版。

部在新时期新形势下的执政能力，增强集体凝聚力、创造力、战斗力，创建一支业务精、能力强、效率高、创新型的学习组织，促进高校管理现代化和专业化进程。

第三，发挥好党政"一把手"的领导作用，就是要发挥好党委"一把手"和行政"一把手"的领导作用。一是高校党政"一把手"必须做到政治坚定，使其他人也能够在高校党政"一把手"的引导下树立明确的政治观点和政治方向，高校党政"一把手"必须在政治工作中抓住前进的方向，当好把关人的角色，确保整个领导班子、整个部门在政治上发挥导向作用。高校党政"一把手"必须能够掌控整个政治工作的全局，把控整个政治工作的发展方向，具备优秀的政治品质。二是在团队建设上发挥凝聚作用。领导班子和整个部门是一个集体，学校党政"一把手"必须将整个团队凝聚起来，形成一个整体，心往一处想、劲往一处使，才能真正推进本校政治工作的顺利开展。三是在决策中要发挥主导作用。作为党政"一把手"，不仅要深谋远虑，而且要有远见卓识，要善于决策。做决策、拿主意是党政"一把手"最基本的职责，党政"一把手"在政治工作中必须具备魄力和决心，敢于力排众议，一锤定音，能够在紧要关头给出正确的想法和观点，任何优柔寡断和瞻前顾后的想法，都有可能导致政治工作陷入失败，错失发展的良机。优柔寡断的决策会对整个团队的凝聚力以及信心产生毁灭性的打击，也不利于整个团队政治工作的顺利开展。学校的党政"一把手"必须坚持贯彻党的路线方针，能够从党的纲领宗旨这一角度出发，思考学校的政治工作，并具备超强的理论素养，善于从长期规划出发，规划本校以及各部门接下来的政治工作，并能提前做好接下来政治工作的风险防范，从全局和战略的高度审时度势，拿出突破瓶颈的高招奇步。四是在工作中要发挥担当、表率作用。高校党政"一把手"只有勇于担当，才能使整个干部团队保持昂扬向上的奋斗姿态。高校党政"一把手"要有担当精神和强烈的责任感和使命感，面对困难和挫折，勇往直前，敢拼敢干，绝不推诿责任，面对风险和压力，懂得迎难而上，能豁得出去，能站得住阵脚，能给团队中的其他干部群众给予鼓励，做好示范。高校党政"一把手"的表率作用，可以使整个部门、整个团队更加团结，更有战斗力，并注重将整个团队的资源充分整合起来，注重协调团队成员，带领整个团队昂扬向前。将广大师生在政治工作中的积极性和主动性充分调动起来，以促进高校政治工作的顺利开展。高校党政"一把手"就好比乐队的总指挥，能够将乐队中的不同声音有效协调起来，从而形成完美、动听的音符，而不是各唱各调、杂乱无章。高校党政"一把手"必须善于协调团队中的不和谐分子，勇于担保，在团队建设、组织建设和事业发展进程中，高校党政"一把手"将承担不可推卸的协调责任。五是在高校治理现代化的发展要求下，进一步深化对党委领导下的校长负责制的理论和实践研究，进一步完善党政分工的高校治理制度机制，促进高校内部党政议事管理、决策沟通、实施监督和指导工作的顺利开展，进一步理顺党政分工的理论和实践关系，使党政部门在治理过程中能够做到以国家战略发展的大局为重，在存有不同意见时做到求同存异，形成制度化的实施办法，减少高校发展规划和管理实施中的个人化、专断化倾向，使高校建设能够形成将长远规划和现实部署相结合的优质方案和发展路径，呈现中国特色社会主义高校建设发展的连续性、科学性的优势及特征，保证正确战略决策的延续性和执行力，形成党政部门之间的现代化治理水平和服务战略发展的实践合力。

二、处理好集体领导与个人分工负责的关系

集体领导与个人分工负责相结合是推进高校发展、完善高校党的领导体制的需要。集体领导是民主集中制的精髓，遵循重大问题集体讨论的原则，避免社会个体独断专行，在重大事项中凝聚集体智慧，形成集体决策。个人分工负责是在集体领导的基础上的分工负责，就是以集体领导为中心的分工负责，在分工范围内深入实际、蹲点试点、敢于负责、独当一面，吸取经验教训，切实拿出可行的方案和办法，承担应该承担的责任。因此，处理好两者的关系，是形成集体领导和保证各项工作有序运行的前提和基础。

第一，高校党的集体领导是全局性领导，是对重大事项的集中领导，而个人要服从和服务于集体领导的需要。集体领导要求重大问题由党委集体讨论决定，领导班子通过民主集中制的方式讨论重大问题，贯彻执行党的重大方针、政策、任务，以及干部的任免、利益的分配等重大事项，党委讨论事先通知，坚持集体讨论、集体决定的原则，发挥集体的智慧，党委会充分讨论、慎重表决。所谓充分地讨论就是畅所欲言、各持己见，允许发表不同看法、秉持不同意见，把问题的每个细节讨论清楚，摸清每个问题的来龙去脉，为精准施策奠定基础；表决慎重就是要遵循少数服从多数的原则，缩小分歧，形成一致意见，在多数人意见一致的情况下若有个别不同意见，则需要保留意见且个人要尊重和执行集体的决策。

高校党委是高校的领导核心，从党委对高校领导的职责看，党委领导是全局性的领导而非局部性的领导，是总体性的领导而非零碎性的领导。从领导方式来看，党委领导是集体性的领导，重大决策由党委集体决定，而非个人性领导，不是由个别少数人说了算。首先，高校党的领导是全局性领导，是对重大事项的领导。从高校设置的机构而言，一般有教务处、人事处、财务处、发展规划处、招生就业处、组织部、宣传部等部门，因而党委和行政实行明确的分工是必不可少

的。但是党委发挥着"总揽全局、协调各方"的作用,这就体现了党对高校的领导是一种全局性的领导。这种全局性的领导,包括党委对学校改革、人事任免、发展规划、思想教育等方面的决断权。党委作为高校的决策层,决定着学校任何一个重大政策的结果。同时,党委还发挥着"协调四方"的作用,这也是我党的一大优势,能够统筹协调好各部门之间的关系、能够集中力量办大事。党的十三大指出,党的领导是政治领导,是重大决策的领导。党的十四大修订的党章指出,党的领导主要是政治、思想、组织的领导。党的十九大指出,提高党把方向、谋大局、定政策、促改革的能力和定力,确保党始终总揽全局、协调各方。"谋大局"就是发挥党"总揽全局"的领导核心作用,从宏观和战略层面去谋划和思考。其次,高校党的领导是集体领导。关于集体领导,马克思主义经典作家列宁在致各级党组织的信中指出,所有机关都"必须实行集体领导"[1]。可以看出,列宁已经预见集体领导的优势。毛泽东也指出"党委制是保证集体领导,防止个人包办的党的重要制度"。[2] 高校集体领导是党委制的核心,这种民主集中制作为党的领导制度,高校党委在实施这一原则的基础上,在广泛听取群众意见基础上进行集体研究后决定重大事务,有利于在事关学校重大发展问题上实现决策的科学化、规范化、民主化,以此避免重大事项中少数人或一个人独断的情况,从而充分发挥民主集中制的优势。当然,集体领导并不意味着不需要个人的分工负责,事实上集体领导和个人负责并不是相互矛盾、相互冲突的,而是有机结合的统一体。个人的分工负责需要在坚持集体领导的基础上,个人要明确分管的职责,就是说高校党委要在坚持集体领导这一原则的基础上,明确党委成员各自的任务,真正做到专事有专人,专人有专责,使其在民主集中制的基础上真正把个人分工负责制落到实处,实现集体领导与个人分工负责的有机结合。

第二,个人分工负责是落实集体领导决策,激发个人积极性,增强个人责任感和使命感的现实需要。个人分工负责要以集体领导为前提,把集体智慧付诸个别工作中。个人分工负责就是高校党委成员尽职尽责做好本职工作,体现集体领导意识,把自己分管的工作抓紧、抓实,做到心中有数,实事求是地分析,切实解决高校发展所存在的各种问题。个人分工负责是调动个体积极性,增强个体社会责任感、使命感的现实需要,要主动发表看法,认真执行党的章程。个人分工负责要始终遵循服务集体、服从集体的工作安排,发挥好个人的主观能动性,做好个人所承担的工作。个人分工负责在分工方面要注意分工的合理性,责任人要

---

[1] 《列宁全集》第三十七卷,人民出版社 2017 年版,第 41~42 页。
[2] 《毛泽东选集》第四卷,人民出版社 1991 年版,第 1340 页。

敢于负责、主动担责，防止分散主义和闹独立，个体成员要相互配合并积极支持集体工作。当然，在个人分工负责的过程中领导班子不能分工分权、包揽工作、事无巨细，这不仅会导致集体领导形同虚设，还必然影响下属的积极性。

坚持集体领导与个人分工负责相结合的方式，就是说集体领导以个人分工负责为基础，集体决定的事情由个人分工完成，不可能只有集体领导，而没有分工负责，否则集体领导就会成为无根的浮萍。在任何时候任何情况下，实行高校党的集体领导就是要明确规定师生群体所肩负的职责、使命，坚决制止借口集体领导而无人负责，严格推行集体领导决定的事情，个人要分头去办、各负其责，杜绝互相推诿、失职现象的发生。因此，处理好集体领导与个人分工的关系，防止分工不负责，防止借口集体领导推卸个人责任，防止突发事故中大小事务都由集体讨论再做决定的倾向，以免错过解决问题的最佳时期。

处理好集体领导与个人分工负责的关系，在个人分工方面，个人要有高度的事业心、责任感，确保个人能够尽职尽责完成工作，推动个人树立全局观念和大局意识，做到想问题、办事情始终从党的大局和高校的未来发展出发，防止过分抬高分工负责的重要性而影响集体部署的全局工作；在党委领导班子层面首先要建立集体讨论的议事规则，明确党委领导成员的职责，班子成员在分工负责的过程中也要尊重主要领导，不能忽视领导的核心地位。完善个人分工负责制需要领导班子内部民主得到切实的贯彻执行，如果没有党内民主，那么集体领导就是一句空话，那么个人分工负责也就得不到更加有序的运行。高校党委要始终站在高校发展的大局和人才培养的高度来思考问题、分析问题、讨论问题，把代表真理的个别意见反复讨论，并经多数人的认可后将其转化为多数人的意见。唯有如此，才是真正实现集体领导和个人分工负责的有机结合，两者的功能才能得到真正的发挥。

第三，高校的集体领导与个人分工负责是党的民主集中制在高校的运用，两者共同着力于高校的发展。坚持党委的领导，其本质就是坚持贯彻落实党的民主集中制。民主集中制是党的领导方式、领导体制和工作机制，也是党领导各主体开展高校治理工作的基本组织原则和决策机制。党的民主集中制是增强党的组织凝聚力、战斗力的有力保证，有助于推进高校教育事业的发展。集体领导与个人分工负责的结合是党的民主集中制的重要内容，是确保高校党委的决策是集体智慧的决策、是防止个人独断专行的有力保障，两者的有机结合也是高校党的重要领导形式之一。党的民主集中制明确要求，"党的各级委员会实行集体领导和个人分工负责相结合的制度。凡属方针政策性的大事，凡属全局性的问题，凡属重要干部的推荐、任免和奖惩，都要按照集体领导、民主集中、个别酝酿、会议决定的原则，由党的委员会集体讨论作出决定。党的委员会成员要根据集体的决定和分工,切实履行自己的职责;同时要关心全局工作,积极参与集体领导"①。党的民主集中制要求重大问题必须由党的委员会集体讨论,践行党内民主,如果党内民主搞不起来,真正的集中就难以开展好,党的民主集中制就难以落地。个人分工负责就是要求高校党的委员会根据集体决策履行好职责,不能因重视集体领导而压制个体的积极性,避免造成无人负责的局面;也不能因强调个人分工负责而忽视集体领导这项重大原则,以免造成独断专行、一盘散沙与个人说了算的局面,大力践行敢于负责、主动协作与善于合作的精神,抵制遇事推诿的行为,切实形成关心全局、胸怀大局、相互谅解、相互信任、团结合作、协同推进的良好局面。

集体领导与个人分工负责是推进高校发展、确保高校有序运行的重要保障。集体充分讨论是形成科学决策的基础和保障,严格的分工负责是防止责任不清、分工不明、相互推诿等问题的现实需要,而两者的有机结合才能有效落实党的教育方针政策,才能保证集体领导的落实。因为,没有个人分工,集体领导也就无从谈起,而不坚持党的集中统一领导,党的领导地位就没有保障。为此,在处理好两者的关系中,首先,要始终坚持党管干部原则。这一原则是党的建设的宝贵经验。坚持这一原则就是毫不动摇坚持党的领导,从而确保党牢牢掌握对高校干部人事工作的领导权和重要干部人事安排的决定权,既有利于加强党的领导,又保证了高校的健康发展。其次,要始终坚持以人为本的原则。人才培养是高校的重要使命,高校要树立"以人为本"的理念,想学生所想,急学生所急,在学生和教职工普遍关心的最直接最现实的利益问题上下功夫,才能获得师生的共同认可。高校党委要把这一理念贯彻到全部工作中去才能形成示范。最后,要始终坚持依法办事的原则。依法办事、依章办事是实现党委对高校的领导前提之一,任何时候都不能违背法律和规章制度的要求。

总而言之,集体领导是分工负责制形成的前提,分工负责制是集体领导的基础,集体做出的决策是个人分工负责的奋斗目标和奋斗方向,个人分工负责是集体领导意志转化为具体行动的途径,二者相互成全、共同进步,彰显了二者有机结合的优越性,体现了民主集中制的重要功能和价值,以此杜绝各种分工不负责、集体不领导等问题。处理好集体领导与个人分工负责的关系就是要实现两者的有机结合,并且两者的有机结合也是民主集中制得到最大限度发挥的重要保障,在集体领导中发挥好"班子"的作用,处理好集体与个人的关系,加强高校党的基层组织建设,保持基层党组织的先进性,发挥党的领导优势,有助于增强高校的决策水平和办事效率,是推动高校迈向世界一流大学和实现高校培育更多优秀人才的重要保障。

---

① 《中国共产党党内监督条例(试行)》,中国政府网,2005年6月27日。

三、处理好党委书记与校长的关系

高校的党委书记和校长不能简单地区分为孰大孰小、孰轻孰重,也不能将二者的关系简单粗暴地分离割裂开来,而是双方要在学校发展、培养人才、教育规划等方面同心同德,同向同行、同频共振,共同为着学校的未来携手并进。党委书记和校长是学校领导的核心成员,书记是党委系统的"班长",校长是行政系统的"班长",他们都是高校的"一把手",是同级平等的合作关系,两者各司其职、相互支持,共同执行党的教育方针政策,两者的协调情况影响着高校的建设与发展。党委书记作为高校党的"一把手"要主动担责、自觉成为校长的坚强后盾,相互尊重、主动支持校长的工作,交换意见、了解彼此的办学理念、缩小认识上的差距、形成符合高校发展的共识,携手共进、共同克服各种挑战、一起排忧解难。校长作为行政系统的"一把手",是校领导班子中最核心的成员,校长也应该主动靠近书记,认真听取书记的建议,积极主动分担书记的重任,确实摆正位置、当好角色、团结协作,在相互推进与彼此融洽的过程中处理好书记和校长的关系。书记和校长要在彼此默契、互信、互补、互通、互让中增强合作,具体来说,凡关涉高校发展的重大事项,凡提交党委会讨论的问题,书记和校长应事先沟通、提前了解,实现提前策划与布局,在彼此融洽的基础上形成协调配合的和谐关系。

高校是学术单位,党的工作对象是有思想、有个性的知识分子。党委书记作为高校的主要负责人和领导核心,要结合高校发展特点总揽人才培养、科学研究等方面的工作,要注重学校的章程建设、制度完善,引领高校发展方向,推进高校良性运行,把握高校意识形态领导权,同党中央保持高度一致,把培育可靠优秀人才作为首要任务,为学校发展掌好舵,统筹协调好高校的改革与发展。校长作为高校行政系统的"首长",要主动向书记征求意见、沟通问题,换位思考,自觉协助书记的工作,主动维护党的威信,履行好法律赋予的职责,扮演好作为党委常委重要成员及其法人代表的角色,在行政系统中带好头、做表率,增进党政班子间的协调与合作,增强党的教育方针政策的执行力,加强合作、协调的能力。书记和校长是高校党政"一把手",二者之间不是领导与被领导的关系,而是平等的个体关系,党委领导不是书记一人领导,书记支持校长工作。"书记与校长的关系,要用工作关系来驾驭个人关系;用学校全局利益来约束个人利益;用事业心、责任感来达成理解;用同志的真诚、信任来化解矛盾,淡化以谁为主的观念"①。

---

① 顾海良、罗永宽:《高校党的建设领导体制建设研究》,中国文史出版社 2012 年版,第 100~101 页。

党委书记和校长要重视理论学习，提高政治素养。加强党性修养，不断提高思想政治素质，改进工作作风，提高服务意识，营造想干事、能干事、干成事的良好氛围。因此，党委书记和校长，肩负主要责任，必须勤于学习、善于思考、勇于创造，信念坚定、思想解放、视野开阔，才能推进高校办学水平的提升，才能更好地履行好大学的根本使命。党委书记和校长只有不断向思想修养高、学术水平高、政治觉悟强、大局观念强、团结意识强的境界迈进，并在实际工作中开诚布公、坦诚交流和通力合作，合力寻找解决问题的最佳方案，努力营造团结共事的和谐氛围，才能带领学校不断发展壮大。高校必须适应新形势、面对新问题，创新理念、制度和方法，以提高教育质量为着力点，以办好人民满意的教育为目标，发挥好党委领导作用，抓好党组织和党员队伍的先进性建设，做到聚精会神抓党建，一心一意谋发展。

党委书记和校长要做到不争权、不推诿，同时又注意相互支持和配合彼此的工作。尤其党政"一把手"除了加强理论建设外，还要重视个人"德"的建设，加强党性和德性修养，既要心中有党、忧党、为党，也要明大德、守公德、严私德，形成彼此通力合作、和谐相处的局面。同时，班子成员之间也能够同心同德、团结互助，充分发挥班子工作合力，努力营造团结共事的和谐氛围。为此，首先，党委书记和校长要把方向、强意识。坚持把立德树人作为首要任务，强化思想引领，保持政治定力，提高办学治校能力，确保校园的安全稳定。同时，班子成员要不断增强"四个意识"、坚定"四个自信"、做到"两个维护"。其次，党委书记和校长要抓班子、聚合力。党委书记和校长在政治工作中必须互帮互助，通过充分的沟通与交流，在政治工作上形成共识，双方能够坦诚地交换意见，团结共事。党委书记和校长是学校政治工作的"班长"，应当带头贯彻落实民主集中制，将整个领导班子中其他成员的作用充分发挥出来，做好民主决策和科学决策，使班子成员在思想、作风、党性上受到深刻的教育。最后，党委书记和校长要抓改革、促发展。校长和党委书记必须从全局出发，根据学校的实际发展情况共谋政治工作的出路，明确学校的办学理念，提高学校政治团队的凝聚力，制定学校政治工作的战略规划、发展蓝图，齐心协力推动学校政治工作的建设与发展，坚持问题导向，持续深化改革，创新管理体制，激发办学活力。

四、处理好高校党的思想领导与学术自由的关系

党的思想领导与学术自由是辩证统一的关系，党掌握思想领导权是真正实现高校学术自由的前提、基础与重要保障。而学术自由则极大地激活了高校师生群体的理论创造力与思想表达力，为进一步丰富高校党的领导思想和夯实高校党的

领导地位奠定了坚实的理论基础。因此，处理好高校党的思想领导与学术自由的关系对于推动高校教育事业的发展，夯实高校党的领导地位，牢牢把握高校党的领导权、管理权与话语权具有重要的现实意义。

第一，高校党的思想领导是引领学术发展方向，真正实现学术自由的重要保障。高校党委掌握思想领导权是推进高校教育事业的重要环节，如果这个环节解决不好，高校党的教育事业的伟大胜利必然面临着困境。党是领导高校教育事业的核心力量，以马克思主义为理论基础的指导思想是高校党的领导思想，这也是中国共产党始终保持先进性的重要原因之所在。毛泽东指出："掌握思想领导是掌握一切领导的第一位。"① 列宁指出："任何一个代表着未来的政党的第一个任务，都是说服大多数人民相信其纲领和策略的正确。"② 邓小平也强调："我们共产党有一条，就是要把工作做好，必须先从思想上解决问题。"③ 由此可见，加强高校党的思想领导不仅对于高校稳定、快速发展具有重要的现实意义，而且对于推动高校的学术自由也具有重要的现实价值。

高校党的思想领导就是要把共产主义的崇高理想、中国特色社会主义的共同理想转化为师生群体的理想信念，把党的领导思想全面深刻地融会贯通于高校的教育方针政策中，使其成为高校发展的思想指南，成为引领师生群体共同前进的精神动力，为推动高校的学术自由奠定坚实的理论根基。而如何最大限度地发挥高校党的思想领导力？毛泽东曾在把党的政策转化为群众的行为的方法途径中特别提出，"善于把党的政策变为群众的行动，善于使我们的每一个运动，每一个斗争，不但领导干部懂得，而且广大的群众都能懂得，都能掌握，这是一项马克思列宁主义的领导艺术"④。因此，实现高校党的思想领导就是要把党的教育思想转化为师生群体的思想行为。具体来说，高校要把党的教育方针、教育政策、教育路线转化为师生群体的思想行为，引领师生群体把正确的思想观念转化为自身自觉的行为。由此可见，在实现领导思想转化为师生群体的自觉行为中，不仅为高校更好地开展学术活动奠定了思想基础，而且也在一定程度上提高了师生群体的学术素养。

高校党的思想领导是搞好党对高校全面深入领导的前提和基础，没有正确的思想领导就没有正确的思想灵魂，学术自由更会成为无根的浮萍。毛泽东指出："掌握思想教育，是团结全党进行伟大政治斗争的中心环节。如果这个任务不解

---

① 《毛泽东文集》第二卷，人民出版社 1993 年版，第 435 页。
② 《列宁全集》第三十四卷，人民出版社 1985 年版，第 154 页。
③ 《邓小平文选》第一卷，人民出版社 1994 年版，第 184 页。
④ 《毛泽东选集》第四卷，人民出版社 1991 年版，第 1319 页。

决，党的一切政治任务是不能完成的。"① 因此，高校要真正实现学术自由化发展，必须坚持党的思想领导，并以党的领导思想为行动指南，实现思想上的统一，形成价值共识。高校党的思想领导是高校党的其他工作的灵魂和基础，高校学术自由的首要前提就是要在思想上始终与党的教育理念、价值观念、方针政策等保持高度的一致性。为此，只有坚持高校党的思想领导，才会有高校其他正确的领导，社会主义事业才会走向胜利。党的思想领导的重要工作就是要从思想上启发党员群众的思想觉悟。因此，党的领导干部要认识真理，牢牢掌握思想领导这个强大武器，切实搞好政治建设和组织建设，确保高校党委是学校教学科研的骨干和核心，切实推进高校教育事业蓬勃发展。

第二，学术自由极大激活了高校理论创造力与思想表达力，这为进一步丰富高校党的领导思想和夯实高校党的领导地位奠定了坚实的理论基础。学术自由是组织机构，抑或是学术组织里的人，在追求学术真理时不受妨碍、免于某些强制的自由活动，是探讨、表达和书写思想观念的自由，即表达自由、书写自由。简单来说，学术自由是学术主体免于某些强制的学术活动的自由，学术自治的自由，即"不受妨碍地追求真理的权利"，"这一权利既适用于高等教育机构，也适用于这些机构里从事学术工作的人员"②。高校的学术自由是一个常谈常新的问题，高校的学术自由在于打造一流大学，保障学术主体拥有学术自由的权利是高校的职责所在。高校的学术自由是学术活动主体的核心使命，是教学科研工作得到有效开展的前提和基础，如果学术不自由，那么"重要的教学和研究工作不可能是真正有效的"③。由此可见，高校的学术自由对于推动高校教育事业的发展和提升高校教育的实效性具有极其重要的现实意义。

崇大德、兴文化是高校党的思想领导的重要目标，而学术自由本身就是一种德行、本身就是对文化的传承与创新，诚如斯宾诺莎（1982）所言："思想自由其本身就是一种德行，不能禁止，……更不用说这种自由对于科学和艺术是绝对必需的，因为若是一个人判断事物不能完全自由，没有拘束，则从事于科学与艺术，就不会有什么创获。"④ 爱因斯坦认为："我所理解的学术自由是，一个人有探求真理以及发表和讲授他们认为正确的东西的权利。"⑤ "假使文化史对我们有一点教训，那么，就是这样：有一个完全可由人力获得的精神进步与道德进步的

---

① 《毛泽东选集》第三卷，人民出版社1991年版，第1094页。
② 《国际教育百科全书》，贵州教育出版社1990年版，第13页。
③ ［美］菲利普·G. 阿特巴赫著，别敦荣译：《变革中的学术职业：比较的视角》，中国海洋大学出版社2006年版，第206页。
④ ［荷兰］斯宾诺莎著，温锡增译：《神学政治论》，商务印书馆1982年版，第270页。
⑤ ［美］爱因斯坦著，许良英、赵中立、张宜兰编译：《爱因斯坦文集》第三卷，商务印书馆1979年版，第323页。

最高条件,就是思想和言论的绝对自由。这种自由的建设可算是近代文化最有价值的成绩,并要认它是一个社会进步的根本条件。"① "我们若不再力主精神自由,我们就不能期待什么新的起步了。"② "既然思想自由的原则是社会进步的最高条件,那么,它就不是属于寻常利益的范围里而属于我们称为正道的更高利益的范围里,换句话说,它是人人应该认可的一种权利。"③ 恩格斯曾经说过:"文化上的每一个进步,都是迈向自由的一步。"④ 由此可见,真正的学术自由是与人类社会的基本道德准则相一致,是以人的全面发展为旨归,是以解决人类社会问题为出发点的,而这些内容本身就是高校党的思想领导的重要指标之一。

学术自由并不是没有边界的自由,不受强制并不意味着不受限制,学术自由的边界应该以遵循自然为原则,倡导社会公正为准则,以社会法律为保障,以社会公德为基本要求,即学术自由要遵循良知。"自由不仅意味着个人拥有选择的机会并承受选择的重负,而且还意味着他必须承担其行动的后果,接受对其行动的赞扬或谴责。自由与责任实不可分。"⑤ 学术自由意味着学术责任,学术主体只有赋予学术活动以责任才能真正谈学术自由,"坚信个人自由的时代,始终亦是诚信个人责任的时代。"⑥ 学术自由意味着学术诚信,如果学术诚信受到损害,那么学术自由也必然遭到破坏。如果一个学术主体追求进步和保持先进的责任意识淡漠、学术道德和学术良知受到玷污,那么学术自由也就无从谈起,学术自由也必遭破坏。学术自由的目的是保护学者在追求真理的过程中不受外界不合理因素的干扰和影响。学术自由以服务人民为依归,学术研究应符合一定的伦理,即就是要遵循基本的法律规定和道德要求,学术不能损害国家、社会和人民利益,学术要在规范的内在要求和范围之内。

学术自由的思想获得广泛传播,在于反映着善良、崇德的理念,体现了学术活动中的个人正义与权利诉求,马克思指出,人"是自由的存在物","自由自觉的活动恰恰就是人类的特性"⑦。"自由确实是人所固有的东西……没有一个人反对自由,如果有的话,最多也是反对别人的自由。可见各种自由向来就是存在的,不过有时表现为特权,有时表现为普遍权而已。"⑧ 当前,高校在追求学术

---

① [英] J. B. 伯里著,宋桂煌译:《思想自由史》,吉林人民出版社 2003 年版,第 127 页。
② [英] 约翰·穆勒著,许宝骙译:《论自由》,商务印书馆 1982 年版,第 36 页。
③ [英] J. B. 伯里著,宋桂煌译:《思想自由史》,吉林人民出版社 2003 年版,第 129 页。
④ 《马克思恩格斯选集》第三卷,人民出版社 2012 年版,第 492 页。
⑤ [英] 弗里德利希·冯·哈耶克著,邓正来译:《自由秩序原理》,生活·读书·新知三联书店 1997 年版,第 83 页。
⑥ [英] 弗里德利希·冯·哈耶克著,邓正来译:《自由秩序原理》,生活·读书·新知三联书店 1997 年版,第 84 页。
⑦ 《马克思恩格斯全集》第四十二卷,人民出版社 1979 年版,第 95 页。
⑧ 《马克思恩格斯全集》第一卷,人民出版社 1956 年版,第 63 页。

自由的过程中存在着一部分学术主体背叛学术道德和学术良知的现象,造成这种现象的因素是多方面的,其中社会的不良风气、制度的不完善、评价机制的欠妥当,尤其是急功近利的目标引领和对高效率的盲目追捧等,引发了学术主体违背学术道德和学术良知,而这就需要高校党委强化对高校的思想领导力度。

第三,高校党的思想领导与学术自由共同服务于高校教育事业的发展。马克思主义理论是党的领导思想与学术活动的指导思想。2016年5月17日,习近平总书记在哲学社会科学座谈会上指出:"坚持以马克思主义为指导,是当代中国哲学社会科学区别于其他哲学社会科学的根本标志,必须旗帜鲜明加以坚持。"①"在我国,不坚持以马克思主义为指导,哲学社会科学就会失去灵魂、迷失方向,最终也不能发挥应有作用。"②事实上,中华民族在实现救亡图存和追求伟大复兴的征程中,在没有以马克思主义为指导思想以前,近代中国的知识分子和开明之士、知识精英呈现唯西方马首是瞻的局面,把西方的制度和文化奉为救国良方的利器。然而,第一次世界大战后,尤其是巴黎和会上中国外交的失败,知识精英的世界观发生了变化,公理战胜强权的意识遭到重创,新思潮阵营内部关于社会主义和资本主义这两种制度和两条道路的争议出现分化,形成了论证资本主义优越性和论证社会主义优越性的舆论场域,开启了学术政治化的理论转向。关于选择何种道路作为国家道路的论战,关于以何种理论思想作为指导思想,表面上呈现出明显的学理性探究,实质上是事关国家前途命运的不同政治主张,从而出现了论证资本主义优越性的学术谱系和论证社会主义优越性的学术谱系。尽管这两种论战的形成体现了学术性立足于政治性之上,是对某种政治主张的学术注解,实则证明了在实现救亡图存和完成中华民族伟大复兴的历史使命中马克思主义理论的真理性与科学性。这也是高校党的领导思想和学术活动必须以马克思主义理论为指导思想的原因之所在。

高校党的思想领导和学术自由共同着力于整体利益的最大化。高校党的思想领导始终强调国家利益、集体利益和个人利益的有机结合,而学术活动的出发点也是要实现国家利益、集体利益和个人利益的最大化。马克思曾指出:"'思想'一旦离开'利益',就一定会使自己出丑。"③毛泽东指出,"马克思列宁主义的基本原则,就是要使群众认识自己的利益,并且团结起来,为自己的利益而奋斗。"④ 因此,对高校来说,要推进高校的学术自由,就要从国家利益、集体利益和个人利益的最大化中不断创造出新思想、新理念、新愿景;对于高校党的思

---

① 习近平:《在哲学社会科学工作座谈会上的讲话》,人民出版社2016年版,第8页。
② 习近平:《在哲学社会科学工作座谈会上的讲话》,人民出版社2016年版,第9页。
③ 《马克思恩格斯全集》第二卷,人民出版社1957年版,第103页。
④ 《毛泽东选集》第四卷,人民出版社1991年版,第1318页。

想领导来说，就是要引领师生群体正确认识社会发展规律，正确把握自身利益，引领师生群体处理好局部利益和全局利益，推动师生群体树立正确的利益观。

高校党的思想领导和学术自由都是为了提升高校人才培育的质量。高校党的思想领导就是要确保高校师生群体能够用科学理论、先进理念、正确纲领、共同理想来教育学生，引领学生走好时代新路，为党和国家培育更多优秀的建设者和接班人。高校党的领导思想集中表现在教育纲领、教育路线、教育方针政策等层面，这些内容也是推进高校培育更多优秀的社会主义建设者和接班人的主要内容，当然也是高校党委思想领导的核心要义。而高校的学术自由是以能够创造出更多、更好的优秀精神文化作品为根本遵循，高校的学术水平在一定程度上反映了高校发展的程度、人才培育的水平、学科发展的水平、教师的水平等，而这些内容是关涉高校的发展和人才培育的重要质量指标。由此可见，无论是高校党的思想领导，还是高校的学术自由，两者都是以推动高校的发展和提升人才培育的水平与质量为目标的。

总而言之，高校要以党委领导为核心，办好为民服务的教育事业。在理顺高校党的领导的各种关系中，不论实行哪种领导体制，都要正确处理党、政、群之间的关系①。当前，我国仍处于并将长期处于社会主义初级阶段，因此其中党委领导作用的发挥更为关键。深化党委领导下的校长负责制的实施研究，有利于增强问题意识，在现阶段面临的国际国内发展形势下，直面和回应党政领导各自为政、个人主义突出的问题，或是官僚主义下成员过度依赖集体、领导决策，消极不作为，搞圈子和派系斗争的现象，等等，可以说，这些最终都会降低党委领导下的校长负责制的实施效果，使高校建设发展陷入停滞或者造成更大的外部危害。因此，坚持和完善党委领导下的校长负责制，有利于从价值引领和制度建设实践上进一步理顺并明确高校党政关系，保障其实施程序健全有效，这对于高校建设乃至国家长远发展和战略安全都至关重要。

第五节　注重效能，加强高校党的领导体制机制执行反馈

深入探究新时代高校党的领导体制机制的宏观进路与方略，还应该注重效能，注重发挥高校党的领导体制机制执行反馈。而注重发挥高校党的领导体制机制执行反馈主要是效果反馈。"效果反馈"由"效果"和"反馈"两个核心概念

---

① 顾海良、罗永宽：《高校党的领导体制建设研究》，中国文史出版社2011年版，第57页。

构成。《辞海》(第七版)将"效果"定义为"由行为产生的有效的结果"①,将"反馈"泛指"信息返回"②。由此看来,"效果反馈"是指将行为产生的有效的结果的信息返回的过程。所谓高校党的领导体制机制效果反馈,就是指将高校党的领导体制机制的有效的结果的相关信息返回的过程。中国共产党成立以来,我国高校的领导体制机制经历了多次变化,在不同时期,高校领导体制机制有不同的表现形式并体现出不同的特点。百余年来,在政治运动和政策调整的影响下,高校的领导体制机制经历了多次演变,运行了多种体制,多种复杂的机制伴随而生。在高校体制机制的变化之中,中国共产党对高校党的领导的认识不断深化。

新时代,党中央高度重视党委领导下的校长负责制的效能,注重发挥高校党的领导体制机制效果反馈。2014 年,中共中央办公厅印发《关于坚持和完善普通高等学校党委领导下的校长负责制的实施意见》(以下简称《实施意见》),明确指出:"党委领导下的校长负责制是中国共产党对国家举办的普通高等学校领导的根本制度,是高等学校坚持社会主义办学方向的重要保证,必须毫不动摇、长期坚持并不断完善。"③ 2017 年《教育部等五部门关于深化高等教育领域简政放权放管结合优化服务改革的若干意见》出台,政府进一步向高校放权,赋予学校更大的办学自主权。在政府放权的同时,未来高等教育改革的主要方向仍然是从高校内部深挖潜力,持续完善高校内部治理结构,培育和提高自主办学能力,进一步优化和完善符合我国国情的现代大学内部治理体系。因而高校改革多年实践所取得的宝贵经验、现实上的最佳选择,就是坚持党委领导下的校长负责制,未来改革的基本思路仍然是丰富和完善"党委领导、校长负责、教授治学、民主治校"的具体实现形式。具体而言,新时代高校党的领导体制机制效果反馈主要包含以下五个方面的目标指向。

一、充分发挥高校党的政治建设统领作用

党的领导是我国各项工作的最大政治优势,党的政治建设是党的根本性建设,决定党的建设方向和成效。当前我国正处于深化改革开放和加快现代化步伐、加快全面建成社会主义现代化强国的关键阶段,这为高等教育、高校的现代化发展创造了难得的机遇,同时也出现了许多问题。在全面深化改革的进程中,党的建设和思想政治工作在推动这种变革所必需的政治保证、理论先导、思想动

---

① 辞海编辑委员会:《辞海》第七版,上海辞书出版社 2011 年版,第 4951 页。
② 辞海编辑委员会:《辞海》第七版,上海辞书出版社 2011 年版,第 1115 页。
③ 《关于坚持和完善普通高等学校党委领导下的校长负责制的实施意见》,人民出版社 2014 年版,第 1 页。

员、舆论环境、观念更新等方面起着极为重要的作用。"坚持全面从严治党，以党的政治建设为统领，把政治标准和政治要求贯穿党的思想建设、组织建设、作风建设、纪律建设以及制度建设、反腐败斗争始终。"① 新时代，坚持以党的政治建设为统领，需要做到：

一是用习近平新时代中国特色社会主义思想武装高校党员干部和师生头脑，用社会主义核心价值体系占领高校思想文化高地，不断巩固马克思主义在高校意识形态领域的指导地位，坚定社会主义办学方向。党的十八大以来，以习近平同志为核心的党中央围绕新时代坚持和发展什么样的中国特色社会主义、怎样坚持和发展中国特色社会主义这一时代课题，科学总结党和人民在新的历史条件下建设中国特色社会主义的实践经验和集体智慧，创造性地形成了习近平新时代中国特色社会主义思想，是全党和全国人民为实现中华民族伟大复兴而奋斗的行动指南。当前用习近平新时代中国特色社会主义思想武装全党头脑，特别是高校党员干部队伍的头脑是首要任务。

具体而言，(1) 要深刻理解和认识习近平新时代中国特色社会主义思想的历史地位、丰富内涵、精神实质、战略部署和实践要求，学习领悟其中蕴含的新理念新思想新观点新论断，切实做到学懂弄通做实，真学真懂真言，不断提升思想理论水平和政治政策水平。(2) 要深刻体悟习近平新时代中国特色社会主义思想的价值意蕴，既要着重学习贯穿其中的马克思主义立场、观点和方法，又要深刻领会其所体现出的政治立场、价值追求、担当意识、为民情怀、务实作风和科学方法，增强对习近平新时代中国特色社会主义思想的政治认同、思想认同、理论认同和情感认同。(3) 要广泛开展主题教育、党史学习教育、理想信念教育，教育引导高校党员干部牢记党的宗旨，坚守中国共产党人的精神支柱和政治灵魂，解决好世界观、人生观、价值观这个"总开关"问题，自觉用党的创新理论武装头脑，自觉做共产主义远大理想和中国特色社会主义共同理想的坚定信仰者、忠实实践者，自觉为实现新时代共产党人的初心和使命不懈奋斗。

二是必须坚持围绕国家和高校改革发展稳定大局，使高校党的全面领导与高等教育事业发展紧密结合、协调推进。安全稳定是高校维护正常教育教学秩序，顺利完成各项教育教学任务，构建和谐校园的保证。当前，我国高校在习近平新时代中国特色社会主义思想的指引下，正迎接着高等教育大众化、普及化的挑战，经历着办出特色、办出水平的长期要求，承担着为使我国进入创新型国家前列培养人才的重任。这就要求高校在改革中，保持稳定性大局，但是，随着我国步入经济社会转型期，社会利益关系日渐复杂，高校工作面临着许多新问题、新

---

① 《中国共产党普通高等学校基层组织工作条例》，人民出版社2021年版，第5页。

挑战，维护高校安全稳定的形势更趋复杂严峻。突出表现在五个方面：（1）涉及国际关系和少数民族的问题高度敏感，使高校安全稳定面临严峻考验。（2）意识形态领域工作趋于复杂，使学校安全稳定面临突出挑战。（3）学生安全问题纷扰不断，使高校安全稳定面临巨大压力。（4）互联网、手机等新媒体的聚集放大效应日益凸显，对高校安全稳定提出了新课题。（5）一些党员先进性意识比较薄弱，一些领导干部和领导班子用习近平新时代中国特色社会主义思想认识和分析新问题的理论水平不高，解决高校改革发展稳定问题的本领不强，工作作风不扎实。面对严峻的形势和繁重的任务，在做好高校安全稳定工作中，既要看到做好工作的有利条件，又不能盲目乐观、掉以轻心，要对当前影响学校安全稳定的各种问题做好足够的估计和充足的准备，不断增强政治敏锐性和工作责任感、使命感、紧迫感，把维稳工作放在更加突出的位置上，真抓实干，同心协力。高校党的领导体制机制是高校为了加强和改进党的领导和促进学校改革，依法自主建立起来的一套关于机构设置、资源配置权责关系考核奖惩的制度体系和行为规范。高校党的领导体制机制在高校改革和发展全局中具有关键作用，其基本框架和运行状态直接决定高校能否实现规模、结构、质量、效益的全面发展，直接影响高校能否完成历史使命。

二、完善完备党对高校全面领导的制度体系

制度带有根本性、全局性、稳定性、长期性的特征属性。完备的制度体系是教育现代化、高校教育治理的可靠保障。健全法规制度和政策体系建设是实现党对高校全面领导的重要途径和手段，应该在以宪法为核心的中国特色社会主义法律体系的基础上，以《中华人民共和国高等教育法》为指南，继续完善高校党的领导体制机制，加强高校制度建设，提高高校治理的公众参与度，加强规范性文件监督管理，建立制度规范和规范性文件清理长效机制，进一步构建系统完备、科学规范、运行有效的高校党的领导制度体系，使党对高校的全面领导的各方面制度更加成熟、更加定型、更加有效。自1990年以来，中央组织部、中央宣传部和教育部党组根据高校党建工作形势任务的发展变化，坚持以"一年一主题"的形式召开全国高校党建工作会议。各地不断创新高校党委工作机制，坚持加强党对高校的领导，健全党组织工作机制和决策方式，健全和完善高校党委领导下的校长负责制，努力把高校党委建设成为体制健全、机制完善、运转协调、作用突出的坚强领导核心，为高校党组织发挥作用和履行职责提供有力保障。

党的十八大以来，党中央先后印发了《关于坚持和完善普通高等学校党委领导下的校长负责制的实施意见》《关于加强和改进新形势下高校思想政治工作的

意见》《关于加强民办学校党的建设工作的意见（试行）》《中国共产党普通高等学校基层组织工作条例》等一系列党内法规和制度，为坚持和加强党对高校工作的全面领导打下了坚实基础。按照党中央部署，中共中央组织部、教育部等部门就加强高校党的政治建设、规范高校校、院两级党委和行政议事决策制度、明确地方党委和主管部属党委（党组）抓部属高校党建工作责任、加强民办高校和中外合作办学机构的党建等提出具体举措。各高校坚持和完善党委领导下的校长负责制，普遍修订党委常委会、校长办公会等制度，规范院系党委会和党政联席会决策制度，加强对学术组织、群团组织的政治领导和工作指导，推动党的领导纵到底、横到边、全覆盖。根据有关法律和文件精神，一般高校也结合实际情况，建立了全委会、党委常委会、校长办公会、校长办公会、书记办公会等会议制度和议事规则，对党政系统的职能定位、参加对象、决议范围、管理职责、议事程序、决议执行等方面进行明确规定，基本形成了比较规范的决策制度体系。[1]

整体上看，高校党的领导制度体系主要分为党的代表大会制度、党委集体领导和分工负责制度、党委对群团组织的领导制度三种类型。

一是党的代表大会制度。高等学校的党员代表大会制度，是高校党组织的最高权力机关，它有权讨论党内和学校的一切重大问题。学校党的委员由代表大会选举产生，在代表大会闭幕期间执行代表大会的决议，领导党的工作和学校的工作。党委要向代表大会报告工作，接受代表大会对党委工作的审查。代表大会应按期召开。根据党章规定，高校党委每届任期 3~4 年。没有特殊情况，党的代表大会不得随意延期。为保证党的代表大会的顺利召开，要制定党代会代表产生的详细规划和代表大会的议事规则。

二是党委集体领导和分工负责制。集体领导即在一切重大问题上，应由党委集体讨论而不是由个人做出决定，是党的领导方式的重要原则，是民主集中制在党的领导活动中的运用。坚持集体领导才能有效杜绝个人专断独行，最大限度地减少党委决策的失误，提高党委决策的科学性和合理性。在具体执行上，要注意：（1）要明确重大问题的范围。高校的重大问题主要包括党的路线、方针、政策的贯彻执行问题；学校的发展规划及改革方案；年度工作计划；机构设置；干部任免、调动和处分；党的建设与统战工作的重要问题；关系群众利益的重要问题；关系对工会、共青团、学生会领导的重要问题等。[2]（2）要定期召开党委会，改变过去书记、校长碰头会或其他办公会议取代党委会的问题。（3）要建立和完善党委议事规则和表决制度。委员之间一律平等，讨论问题要公开透明、畅

---

[1] 张晓清：《高等学校党政领导体制研究》，天津人民出版社 2015 年版，第 126 页。
[2] 崔惟琳：《新时期高等学校党的建设概论》，山东教育出版社 1994 年版，第 129 页。

所欲言、各抒己见，表决时实行一人一票和少数服从多数的原则。（4）集体领导与个人分工负责有效结合。党委工作要包产到户、责任到人。有效落实集体讨论的结果，有效贯彻集体做出的决议。从实践上来说，新时代高校在党的领导制度方面，进行了一系列改革尝试，取得了可喜可贺的成绩。如北京市率先制定加强高校党的政治建设、完善院系党建体制机制的政策举措。天津大学等高校出台加强领导班子建设意见，建立党委常委会重要议题磋商、书记和校长定期沟通等制度。各地注重加强民办高校党的建设，民办高校党的组织和工作覆盖面不断扩大。目前，全国20多个省份开展向民办高校选派党组织书记工作，60%以上的民办高校党组织书记为上级党组织选派。随着各项务实管用制度的接连出台，高校党的领导和党的建设制度机制不断健全，党对高校的全面领导不断加强。[①]

三是党委对群团组织的领导制度。高校党组织要加强对工会、共青团、学生会等群团组织的领导，充分发挥群团组织在学校改革发展稳定中的积极作用，团结一切力量，调动一切因素，扩大党建工作的群众基础和工作覆盖面。（1）加强教代会、工会工作。建立健全教代会制度，认真履行教代会职责，发挥好教职工在学校民主管理、民主监督中的作用。建立健全工会组织，落实好办公人员、经费和场所，在维护教职工合法权益，开展教书育人、管理育人、服务育人，以及有利于教职工自我教育和身心健康等方面发挥应有的作用。（2）坚持党建带团建。坚持党建带团建的原则和工作方针，将共青团工作纳入学校党委议事日程和党建工作总体规划，加强对共青团工作的领导，充分发挥共青团团结教育青年和党的助手作用。（3）支持学生会独立开展工作。重视学生会工作，支持学生会紧密围绕学校教育教学的中心任务，在引导学生努力学习、开展学术交流、参加文体活动、促进健康成长等方面发挥积极作用。

三、持续提升高校党委和领导班子质量

必须紧抓高校党委组织建设，打好基础，抓好党组织和党员领导班子队伍建设，充分发挥党组织的战斗堡垒和党员先锋模范作用。高校党委作为人才培养、科学研究和社会服务的领导核心，肩负着贯彻党中央路线方针政策、把握高校发展主动脉、培养社会主义接班人的重要政治责任。高校党委是中国共产党在高校建设的基层组织单位，是高校改革发展的领导核心，是推进党的全面领导的行动主体。高校党委对加强党对高校的全面领导发挥着不可替代的作用。党对高校的

---

① 新华社记者：《坚守为党育人为国育才——党的十八大以来高校党的建设和思想政治工作综述》，载于《中国教育报》2021年6月26日，第1版。

全面领导要求高校党委的组织建设不断提升规范化、制度化、科学化水平。一是发挥高校党委的政治核心和战斗堡垒作用。高校为贯彻执行党的路线方针政策，推进高校体制机制改革，需要依据党建要求、学科结构、团队组织、党员队伍、人员结构等，不断优化党组织设置，明确组织工作，创新活动形式。二是加强高校党委的先进性建设。把政治素质高、业务水平高的同志配备到高校党委关键岗位中去。三是创新高校党委党建形式，开展各种形式的组织生活。党委民主是党内最直接、最有形的教育活动，是思想建党的主要载体。高校要积极推进党组织党建工作方法的创新与变革。如，党委书记下沉基层、党委书记讲思政课、党委其他成员加强实践锻炼等，也可以采取设置特色课题或特色项目、强化党委领导班子成员的理论水平等形式。四是注重高校党委领导班子与行政领导班子的分工合作问题。

高校党委与行政部门的组织建设关系到高校党委是否能够履行政治责任、发挥政治使命和落实政治任务。高校党委实行民主集中制，健全集体领导和个人分工负责相结合的制度。党委主要负责统筹全局、协调各方、谋大局、抓大事、办实事，以委员会为制度框架的党委领导体制，又可以充分发挥集体的智慧和民主的力量，有效地降低决策风险和决策失误。做好高校党委组织建设的关键环节是抓好高校党政领导班子队伍建设。高校能否按照中央的要求推进改革并完成既定的目标任务，关键要靠党委，要靠一个强有力的党委班子。一所大学的成功在很大程度上取决于领导者的智慧和能力。有学者借助经验事实来说明领导者之于高校发展的重要作用，"哈佛成就了哈佛大学，哈伯成就了芝加哥大学，蔡元培成就了北京大学，张伯苓成就了南开大学，朱九思成就了华中科技大学等。可以看出，大学成功的决定性因素之一是强有力的引导核心的特征和组成，其中最关键的是领导能力，而不是个人的领袖能力。"①

社会主义办学性质的大学，需要培养符合社会主义办学要求的领导能力。一是高度重视高校党政领导班子的思想政治理论建设，坚持用马克思主义中国化的最新理论成果武装头脑、统一思想、指导实践。以党委理论学习中心组为载体，落实每月一次的理论学习制度、领导干部撰写年度论文制度，深入学习党的最新理论成果和党的路线方针政策，牢牢把握正确的办学方向和理论导向，在重大问题上头脑清醒、立场坚定、思想统一，使党的理论创新成果成为领导干部办学治校的重要思想基础和行动指南。② 二是坚持正确用人导向，推进干部人事制度改革。选好人、用好人、管好人是高校党建工作的关键环节，着力打造一支忠诚、

---

① 胡大白：《民办高校现代大学制度建设》，社会科学文献出版社2017年版，第103页。
② 姚小玲：《改革开放以来北京高校党建史》，人民出版社2018年版，第266页。

干净、担当的高素质专业化干部队伍是重中之重。高校党委坚持正确的用人观，积极推进干部人事制度改革，探索能上能下的用人机制，不断提升高校党政领导班子队伍整体质量。严格按照对党忠诚、勇于创新的好干部标准，选优配强高校领导干部。坚持德才兼备、以德为先、任人唯贤，坚持知事识人、依事择人的用人导向。突出做好人才培养、班子建设、精准考核、强化约束。党委领导下的校长负责制，是在高校坚持和加强党的全面领导的重要制度安排，各校普遍建立了党建三级责任制，开展了考核评估，党员先锋模范作用得到了加强。一大批年轻优秀的领导干部走上领导岗位，领导班子的结构趋向合理。三是注重高校党政领导班子作风建设和党风廉政建设。2012年11月17日，习近平总书记在十八届中共中央政治局第一次集体学习时强调："大量事实告诉我们，腐败问题越演越烈，最终必然会亡党亡国！我们要警醒啊！"① 高校党政领导班子主要负责人要率先垂范、以身作则，自觉接受同级党委和广大师生的监督，认真贯彻落实中央八项规定精神，带头反对"四风"，严禁利用职务便利和学术身份便利谋取私利从而损坏公共利益的行为。高校党政领导班子要坚决履行党风廉政建设主体责任的自觉性和主动性，高校党委负责人要旗帜鲜明地承担起本单位廉政建设的领导责任，要亲自部署、亲自领导、亲自督导，逐步凸显党风廉政建设在高校党建工作中的主体地位。通过加强干部队伍驾驭培训体系建设，坚持使用与培养并重，重视领导干部的思想政治建设、能力建设、作风建设和廉政建设，通过学习培训和岗位锻炼，不断提高干部的各项素质。加强干部的考核与监督，进一步拓宽考核渠道，通过量化考核和民主生活会、个别谈话等形式相结合，不断完善干部考核体系。四是着重处理好党委书记和校长的关系问题。

党的十八大以来，对高校党委进行了巡视的"全覆盖"是对高校党建工作进行的一次"全面政治体检"。"从巡视发现的问题看，当前民主集中制在高校党委班子实际工作中出现的共性问题在于党委班子内部沟通协调机制和决策机制出现了问题，强化了'分工负责'，而弱化了'集体领导'。"② 因此，对于高校领导班子中，要尤其关注对党委领导班子和行政领导班子关系的引导。高校党委书记主持党委全面工作，对党委工作负主要责任，校长和其他行政领导班子成员要自觉接受党委领导，贯彻执行党委决定，书记和校长都应当成为讲政治的教育家、办教育的政治家、办学治校的管理专家，将高校领导班子打造成为坚持社会主义办学方向、善于领导高校科学发展、团结奋进的坚强领导集体，不断提高高校领导干部领导科学发展的能力。坚持民主集中制就是既要充分发扬民主，又要

---

① 《习近平在十八届中共中央政治局第一次集体学习时的讲话》，共产党员网，2012年11月19日。
② 卢汉桥、郑洁：《精准反腐论》，社会科学文献出版社2018年版，第344页。

坚持必要的集中，通过民主集中制的政治过程，将集体领导和分工负责有机地结合起来，最大限度地发挥好领导班子的集体智慧，运用班子集体智慧和集体力量解决高校发展中面临的制度设计难以解决的问题。

四、有效提升思想政治工作针对性实效性

必须紧抓思想政治工作，不断加强和改进高校党的领导班子和党员队伍的思想政治意识，切实提高党的领导的针对性、实效性、吸引力和感染力。新时代加强和改进思想政治工作，是摆在全党面前的一项重大而紧迫的政治和战略任务，必须充分发挥其对高校各项事业发展的引领和保障作用。习近平指出："加强党的建设，首要任务是加强思想政治建设，关键是教育管理好党员、干部。"①"只有以提高党的执政能力为重点，尽快把我们各级干部、各方面管理者的思想政治素质、科学文化素质、工作本领都提高起来，尽快把党和国家机关、企事业单位、人民团体、社会组织等的工作能力都提高起来，国家治理体系才能更加有效运转。"② 加强思想政治工作是各级党委最重要的职责，也是高校党委最重要的职责，当然也是高校党的领导体制机制的基本要求。从党的执政地位上看，中国共产党是马克思主义政党，党的领导主要是政治领导、思想领导和组织领导。在高校也是如此，高校党的领导也主要包括政治领导、思想领导和组织领导，三者是统一的。其中，高校党的领导是根本，主要解决高校的全局性、关键性问题；高校党的组织领导服从于政治领导，是实现高校党的政治领导的组织保证；高校党的思想领导是政治领导和组织领导的基础和前提，没有党在思想上的一致性，就无法保证党在政治上和组织上的团结统一。

在高校，无论是政治领导、组织领导还是思想领导，都离不开人、机构、权责关系等高校党的领导体制的基本要素，因此，加强思想政治工作是高校党的领导体制机制的前提和基础，也是高校党的领导体制机制的目的和手段。高校党的领导体制机制的最终目标在于加强党对高校的全面领导，而高校作为社会管理治理的重要组成单位，承担着教育、管理和服务等各项具体任务。如何将高校党的领导体制机制与高校具体任务有机统一、协调推进，需要加强思想政治工作目标统筹。

一是注重国家党建目标与高校党建目标的统筹。高校作为党的基层战斗堡垒，要坚定不移执行新时代党的建设的总要求，增强政治意识和全局观念，要从

---

① 《习近平谈治国理政》第二卷，外文出版社 2017 年版，第 172 页。
② 《习近平谈治国理政》第一卷，外文出版社 2018 年版，第 105 页。

全局的角度把握"办什么样的大学、怎样办大学"这一根本问题，同时也要明确高校党的领导工作与国家发展之间的关系，从政治高度上把握"为谁培养人、培养什么样的人以及怎样培养人"这一根本问题，明确高校各项工作都具有育人属性，都要围绕立德树人这一根本任务来实施和推进，从而使高校党建目标与国家党建目标统筹起来、使高校根本任务与具体任务之间具有整体性、一致性，将根本任务贯穿于各项具体任务之中，通过各项具体任务的完成来促进根本任务的落实。

二是整体目标与部门目标的统筹。加强党对高校的全面领导，必须加强顶层设计和强化责任担当。只有加强顶层设计，才能使根本任务与各项具体任务形成一个整体，使根本任务的落实有清晰推进路径，使各项具体任务的完成有着明确的任务导向。只有强化责任担当，才能将落实根本任务作为核心目标和关键环节贯穿到各项具体任务之中，使各部门的利益服从于高校的整体利益。

三是高校党的建设目标与党的领导目标的统筹。人们常常混淆党的建设与党的领导的概念内涵，实际上，党的建设与党的领导是不同的概念，二者不可混为一谈。同时，党的建设与党的领导之间也具有内在的一致性。要把党对高校的全面领导作为核心目标贯穿于党的建设中去，但不能使党的建设成为执政党的利益最大化的手段，而要使党的建设服务于党员群体、教师群体、学生群体，满足高校各组成人员的多样化需求。

四是大力开展师德师风建设。师德师风建设是思想政治工作的主要内容。高校党政班子成员之间要积极开展以师德建设为核心的"三育人"活动，促进师德师风建设。每年举办座谈会，采取多种形式对党政班子成员进行党史校史教育和师德教育，定期邀请班子成员前往一线教学岗位，作专题报告或经验介绍，既要将自身经验传授给广大师生，也要不断"补钙"，在教学准备和教学实践中丰富理论知识和科学文化素养，提升思想政治教育实效。

五、不断提升党的领导工作机制的科学性执行力

高校党的领导工作机制是对高校党的领导体制机制的运行机制，是对高校党的领导在实践过程中的重要方面、重要环节、重要过程进行调节的科学化和方法化的规范和保证，高校党的领导体制尤其注重领导的规律性、科学性、效率性和可靠性，同时对高校党的领导体制做出补充、发展、明确和具体化，从而使党的领导活动、领导体制及其主要制度运作有了更完备、详细、清楚的指导、规范和保障。高校党委要从宏观和战略上来把握高校的工作，把方向、谋全局、盯大事，形成党委统一领导，党政分工合作、协调配合的运作机制。要不断健全党委

民主集中制，完善集体领导和个人分工负责相结合的制度。南京大学党委常务副书记杨忠认为"建立和完善以科学决策、高效执行为重点，促进高校党委和党的干部不断提升办学治校能力的制度。""要完善体现高校管党治党和办学治校规律的决策制定的制度、决策执行的制度和有效监督的制度，同时注意三者之间的平衡和制衡，使得高校各个主体的利益和各个领域的效率都能够得到支撑和促进。"[①]

在具体实践中，要想将集体领导与个人分工负责有效结合起来，要切实贯彻执行党委领导下的校长负责制。一般高校都设置了全委会、党委常委会、校长办公会、书记办公会等会议制度和议事规则。党委会负责讨论决定学校中长期重大决策，通过年度或学期党委工作报告，做出召开党代会的决定。党委常委会的主要任务包括：传达上级重要会议、重要文件精神，决定贯彻落实方案；讨论办学理念，确定办学方向和办学指导思想；决定全局性的重大工作和重大决策；审定学校的年度工作计划、总结，书记、校长代表党委、行政所做的重要报告，审定学校向上级教育主管部门的重要报告和请示；决定处级以上干部的任免及奖惩，决定后备干部队伍人选和培养方案；统筹各方面工作；审议纪律检查工作的重要安排和重大案件的处理；讨论其他需要党委常委会决定的重要事项。[②] 校长办公会则主要负责学校行政工作，包括讨论学校年度工作计划和学期工作安排、讨论各项改革实施方案和重要的经济分配政策、审定教师队伍建设计划、决定学校年度招生计划、决定校办产业的重大事项、决定学校的校历安排和重大庆典活动等。书记办公会的主要任务包括：传达上级党委的会议精神，通报工作情况和研讨事项、分析学生和教职工的基本情况和思想动态、酝酿研究需提请党委常委会讨论的问题和干部安排。从高校中的会议类型和主要任务可以看出，高校中的党委常委会和校长办公会是比较重要的会议。"简单概括来讲，校长办公会要讨论决定学校日常发展中的具体问题，涉及教学、科研、人事、财政、资产、基建等等，从理论上讲是一个执行会议；校长办公会中讨论的某些重要问题由党委常委会提出，由党委常委会审议决定，而干部任免、重大发展规划等则完全由党委常委会来决定，党委常委会是一个决策会议。"[③] 然而，在实际运行中，容易出现对这两个会议的议题归属的模糊问题，党政分工不明的状况时有发生。

在《中国共产党普通高等学校基层党组织工作条例》（2010）和《高等教育法》（1998）中虽然明确了高校党委会讨论决定学校改革发展的重要职能，但一些说法的含义仍然不甚明确，如"教学、科研、行政管理中等工作中的重大问

---

① 杨忠：《高校如何坚持和完善党的领导制度体系》，载于《光明日报》2020年4月14日，第13版。
② 张晓清：《高等学校党政领导体制研究》，天津人民出版社2015年版，第127页。
③ 张晓清：《高等学校党政领导体制研究》，天津人民出版社2015年版，第128页。

题"和"基本管理制度等重大事项"内涵不清、语意不明。《中华人民共和国高等教育法》（1998）中校长的职权定位与党委的职权定位存在着重合，这给高校领导者的实际工作带来了困扰，有些事项难以厘清是党委的还是行政的，因此在高校中，以党代政、党政不分、越位失位的现象时有发生。为了解决这一问题，中央、地方和各地高校都在进行一些有益尝试。

党的十八大以来，按照属地管理原则，坚持管班子、管业务与管党建、管思想政治工作相结合的要求，逐渐形成党委统一领导，教育工作领导小组牵头协调，纪检机关和组织、宣传、统战、教育工作等部门密切协作、齐抓共管的工作格局。中央教育工作领导小组发挥牵头抓总、谋划协调、高位推动的关键作用，每年就加强高校党建工作提出重点任务、专题研究审议、做出部署安排。中共中央组织部、教育部指导高校开展校、院系、支部三级党组织书记抓党建述职评议考核工作。① 以北京市为例，北京市委建立了一套符合北京高校实际的高校党的领导体制机制，使党的建设进一步走向规范化、制度化的轨道，先后建立了领导班子建设的各项制度、关于加强高校领导班子民主集中制的意见、关于实施《中国共产党普通高等学校组织工作条例》的办法等，推动高校基层党组织建设规范化、制度化。以北京工业大学为例，该校在党内生活和学校工作中始终坚持民主集中制原则，先后制定了《中共北京工业大学委员会议事规则》《关于校、院领导班子民主生活会制度》等政策文件，进一步完善了党委常委会、书记办公会、校长办公会的规则和制度；对于学校的重大决策，严格执行"三重一大"决策制度；学校领导班子成员集体领导、分工负责、相互理解和支持，加强沟通、团结协作。② 此外，例如，北京市教工委在每年寒假、暑假期间召开高校领导干部会，寒假主要侧重于工作的部署，暑假主要侧重在研讨交流党的工作上，每年对组织部长、宣传部长、学生部长进行一次培训，对50岁以下的年轻干部进行培训，并将举措形成了制度规定，极大地推动了高校工作的开展。这些都有利于从实际效能上不断提升党的领导工作机制的科学执行力。

由上可知，新时代完善高校党的领导体制机制的宏观理路与方略研究，在整个高校党的领导体制机制研究属于宏观对策层面，不仅对深化高校党的领导体制机制研究具有重要理论价值，同时也对新时代完善高校党的领导体制机制具有重要实践参考价值。从宏观进路与方略上看，新时代完善高校党的领导体制机制涉及诸多方面，需要从多维度发力，主要包括要提高认识，高度重视高校党的领导体制机制建设；要强化制度，推进高校党的领导体制机制的制度化；要完善机

---

① 新华社记者：《坚守为党育人为国育才——党的十八大以来高校党的建设和思想政治工作综述》，载于《中国教育报》2021年6月26日，第1版。
② 姚小玲、刘佳：《改革开放以来北京高校党建史》，人民出版社2018年版，第161页。

制,推动高校党的领导体制机制的常态化;要理顺关系,发挥党委领导下的校长负责制的体制;要注重效能,注重高校党的领导体制机制效果反馈。只有从提高认识、强化领导、完善机制、理顺关系、注重效能五重维度对新时代完善高校党的领导体制机制的宏观理路与方略进行深入系统研究,才能更好地助力新时代高校党的领导体制机制的不断完善。

第九章

新时代完善部属高校党的领导体制机制的对策建议

  深化高校党的领导体制机制研究不仅要在一般层面上提出完善坚持高校党的领导体制机制的基本原则与宏观方略，更为重要的是还要结合当前不同的高校类型的实际提出具有针对性的对策建议。部属高校是我国整个高校类型体系的重要组成部分，是指中华人民共和国国务院组成部门及其直属机构在全国范围内直属管理的一批高校。部属高校是党和国家战略部署任务的直接承载者，完善党对部属高校的领导体制机制对深化全国高校党的领导体制机制改革具有根本引领意义。2021年，十九届中央第七轮巡视对教育部和31所中央直管高校党组织开展了常规巡视。各高校将巡视情况和整改意见作为管党治校的有力抓手，进一步加强和改进党对学校的全面领导。结合部属高校党的领导体制机制存在的具体问题，找准高校体制机制建设的方向和路径，才能将党的领导优势切实转化为内部治理效能，发挥部属高校在落实立德树人根本任务、推进全面从严治党向纵深发展、服务国家重大战略需求和经济社会发展等方面的突出作用。部属高校党的领导体制机制建设，要紧密对接我国高等教育办学的实际需求，契合新时代"双一流"建设和内涵式发展的目标要求，以建设中国特色的世界一流大学为根本指向，在政治领导、部省联动、组织队伍和制度保障等方面联合发力。

第一节 加强部属高校党的政治方向领导

加强部属高校党的政治方向领导是完善部属高校党的领导体制机制的首要任务和基本要求。党的领导体制机制是教育系统得以协调运转、高效产出的最根本支撑，体制机制设计的首要功能、基本功能就在于加强教育领域党的政治领导。从十九届中央第七轮巡视整改情况来看，中管高校党组织要继续聚焦巡视反馈问题全面落实整改措施，把政治建设贯穿办学治校全过程各方面。[1] 部属高校直属于国务院各部委，直接承载着党和国家重大战略部署，是全国范围内教育事业发展的先行者和引领者，现行部属高校领导体制机制必须突出党的政治领导统领地位。广大部属高校要坚持以政治建设为统领，不断增强党组织政治功能，积极营造良好的政治生态环境。

一、全面提升部属高校党的政治建设水平

在党政中央机构的直接支持和组织领导下，部属高校党组织建设在党建经验、组织工作、党员管理等方面具有显著的优越性。部属高校党组织与中央部委党组织是直接隶属关系，是发挥党的先锋领导作用的重要阵地。一方面这是由部属高校管理体制决定的，另一方面部属高校党组织建设又为整体体制机制变革提供可靠的组织保障。相较于其他普通高校，部属高校具有显著的教育资源优势和更为广阔的发展前景，在师资队伍、学科建设、社会服务等方面有着优越条件。部属高校党建工作要成为其他普通高校的标杆引领，最为重要的就是要把政治建设置于首要地位，通过持续不断的政治建设来发展部属高校党组织的政治领导能力，强化部属高校兴校办学的政治导向。具体来说，就要把政治建设摆在部属高校党建工作首位，提升学校思想政治工作水平，在强化政治方向上下功夫，把师德师风建设工作融入部属高校党组织政治建设要求之中。

第一，把政治建设摆在部属高校党建工作首位。党的十九大报告指出："党的政治建设是党的根本性建设，决定党的建设的方向和效果。"[2] 在党建工作认

---

[1] 《十九届中央第七轮巡视整改进展情况全部公布》，载于《人民日报》2022年4月18日，第1版。
[2] 习近平：《决胜全面建成小康社会 夺取新时代中国特色社会主义伟大胜利——在中国共产党第十九次全国代表大会上的报告》，人民出版社2017年版，第62页。

识上，各级各类组织单位都要突出政治建设的根本统领地位，防止出现淡化政治、逃避政治、轻视政治的问题。部属高校党组织要形成加强政治建设的优良传统，以政治建设统领学校党建工作创新，充分发挥中央部属的主导作用，以鲜明政治要求把党建工作做实，把高校整体发展做实。部属高校要从根本上遵循党中央的教育要求，提高政治建设的自觉主动性，全面贯彻党的教育方针，使自身成长为党的领导的坚强组织堡垒，把育人工作提升到为党育人、为民服务的政治高度，把自身建设为体现社会主义鲜明政治属性的现代高校，以政治标准来衡量学校教学科研工作。部属高校党组织政治建设中的不主动、不彻底、不适应等问题在很大程度上源于理念认识的不足，这将会削弱党组织整体组织力和领导力。只有增强政治认识，才能切实把牢部属高校办学的根本政治方向，自觉将党的领导要求深入贯穿到育人育才、学校治理的全过程，从体制设计和机制运行上保证党的全面领导。部属高校要统一思想认识，始终把政治建设摆在党建工作首位，以习近平新时代中国特色社会主义思想为指导，以党章党规党纪为标尺，在政治高度上突出党的领导，在政治要求上抓住党的建设，在政治定位上聚焦全面从严治党，从理念和思路上切实做出转变，以党的政治建设引领学校高质量发展。

第二，把思想政治工作作为提升部属高校政治建设水平的主要途径。习近平总书记在全国教育大会上的讲话中明确提出：“思想政治工作是学校各项工作的生命线，各级党委、各级教育主管部门、学校党组织都必须紧紧抓在手上。"①部属高校全体党组织成员既要成为合格的教育者，又要成为合格的思想政治工作者。一方面，要自觉以新时代党的创新理论武装头脑，警惕各种落后、腐朽及反动思想的侵蚀，坚决站稳政治立场；另一方面，坚持把思想政治工作渗透到兴校办学全部过程和各个环节，积极推进思政工作与学科建设、教学科研、人才培养、社会服务等工作的深度融合。同时，部属高校领导班子和领导干部必须主动担起做好思想政治工作的重任。只有对领导干部队伍的政治信仰建设和思想政治工作水平提出更高要求，才能确保整体组织队伍思想政治层面上的先进性。

"高校思想政治工作关系高校培养什么样的人、如何培养人以及为谁培养人这个根本问题。"② 近年来，习近平总书记对于新时代如何做好高校思想政治工作做出了相应的理论阐释，分别在全国教育大会、同北师大师生代表座谈会、学校思政课教师座谈会、全国高校思想政治工作会等会议上发表了重要讲话，对全国各级各类高校完成立德树人根本教育使命提出了根本指示。部属高校作为全国高校的"排头兵"和"领头雁"，更是要切实贯彻党中央关于学校思政工作的各

---

① 《坚持中国特色社会主义教育发展道路 培养德智体美劳全面发展的社会主义建设者和接班人》，载于《人民日报》2018年9月11日，第1版。
② 《习近平谈治国理政》第二卷，外文出版社2017年版，第376页。

项部署安排,从资源支持、政策出台、过程执行和结果反馈等方面把工作落实,全面加强党对高校整体思政工作的领导。十九届中央第七轮巡视反馈指出:"要聚焦立德树人主责主业,加强思想政治工作和师德师风、校风学风建设,着力培养德智体美劳全面发展的社会主义建设者和接班人。"① 广大部属高校党组织要进一步探索思想政治工作领导体制,压实党委工作责任,推动多部门协同联动,打造好党的思想政治工作的先锋阵地。

第三,把强化政治方向作为提升部属高校政治建设水平的重大任务。坚持办学正确政治方向是新时代高校工作的根本要求。当前,高校成为意识形态斗争重要的舆论场。各种思潮和势力竞相利用高校作为阵地之一,挑战和冲击党和国家的主流意识形态。我国高校出现的一些不良现象和风气,从根本上是办学的政治方向出现了问题。高校肩负着培养实现中华民族伟大复兴和全面建设社会主义现代化强国所需的各类优秀人才的重任。因此,新时代高校必须旗帜鲜明地坚持社会主义办学方向。部属高校要找准在党和国家事业发展全局、国家教育整体布局中的位置,把办学方向同我国发展的现实目标和未来方向紧密联系在一起,围绕中心、服务大局、主动作为,为党和国家培育富有浓厚家国情怀和过硬政治素养的社会各领域人才。

在学校日常办学和管理运行中充分发挥党组织的领导核心作用,上至学校党委,下至教师、学生党支部都必须提高政治站位。部属高校党员干部要深刻把握"两个确立"的决定性意义,切实做到"两个维护"的思想自觉、政治自觉、行动自觉。同时,注重对广大师生的政治引领,在提升广大师生政治判别力、政治学习力、政治觉悟力上下足功夫,不断增进广大师生对党领导的政治认同和对学校发展的认同。此外,在发生紧急国家事务或者突发社会事件时,要引导广大师生正确看待党和政府行为,认清事件背后的政治性趋向,辨识生事者的政治企图,在大是大非面前保持清醒的头脑。尤其是在信息网络化时代,要引导广大师生提升媒介素养,对纷繁复杂信息做必要的甄别和筛选,积极选择和获取政治态度端正、价值取向向上的信息资源。

第四,把师德师风建设工作有机融入部属高校政治建设要求。党的十八大以来,在习近平总书记关于教育工作的系列重要讲话中,始终强调把师德师风建设作为提升新时代教师素质、办好人民满意教育的首要任务。师德师风建设是新时代高等学校加强教师队伍建设、提高教育教学质量的基础工程,是全面贯彻党的教育方针、培养合格人才的重大举措,是推进高等教育事业科学发展、办出中国特色世界一流大学的根本保证。部属高校在对教师的录用、管理和培养的过程中

---

① 《十九届中央第七轮巡视完成反馈》,载于《人民日报》2021年9月6日,第1版。

必须严抓师德师风建设,并且要提高师德师风考核标准,与部属高校党组织政治建设的要求相统一,尤其是要加大思想政治素质方面的考核力度。部属高校师德师风建设工作要为全国各级各类高校树立起风向标,锻造出一批积极拓新、治学严谨、富有情怀的高校从教队伍,为广大教师特别是广大青年教师提供职业发展指南。

部属高校要注重加强对学校师德师风的政治引领,充分发挥党组织和党政干部的主导作用,设置专门部门机构加强对教师队伍的职业管理,推动师德师风建设制度化、规范化和常态化。部属高校党政干部要积极关注广大教师思想动态,引导广大教师形成对待教育工作和学生成长的正确态度,切实提高广大教师的师德师风水平。所有教师的职业行为都要处在严格监控下,一旦出现违反师德师风相关要求的言行,就必须以法规法纪要求严肃处理,对侵害学生发展利益、妨害学校办学秩序的行为决不姑息。

二、不断增强部属高校党组织政治功能

党的二十大报告指出:"严密的组织体系是党的优势所在、力量所在。"[①] 党的政治领导要依托政治功能强大的党组织才能实现。现代政党都具有鲜明的政治特征与功能,政治功能主要是指党组织在日常运行和工作开展中体现出的政治职能、作用和成效。部属高校党组织要在强化理论武装中、加强党的全面领导中、落实党的决策部署中、提升能力本领中建强战斗堡垒,将党的组织优势转化为推动学校建设的强大动力,为高等教育高质量发展注入强大动能,为全面建设社会主义现代化国家提供战略性支撑。具体来说,必须积极拓展部属高校党组织政治功能,重点提高部属高校党委的政治领导水平,着力提升部属高校党组织政治能力。

第一,积极拓展部属高校党组织政治功能。党组织一般具有政治动员、组织执行、利益协调、组织保障、统筹发展等功能,其中政治功能是最本质、最核心的功能。随着形式和任务的发展变化,党组织的政治功能也在不断地演进和调整。高校党组织政治功能的发展,与国家高等教育历史发展进程紧密相连,这种内在逻辑关联在部属高校党组织政治功能的发展中体现得更为明显。革命战争年代,国家教育事业遭受侵扰和冲击,高校党组织坚持开展革命教育,激发广大师生和社会民众的革命斗争热情,鼓励他们投入革命斗争中去,坚决推翻旧世界的

---

① 习近平:《高举中国特色社会主义伟大旗帜 为全面建设社会主义现代化国家而团结奋斗——在中国共产党第二十次全国代表大会上的报告》,人民出版社2022年版,第67页。

压迫力量。在社会主义和平建设时期，高校党组织逐渐完成了政治功能的转向，由善于组织革命的党组织转变为善于开展政治动员的党组织，把广大师生和社会群众团结在党组织周围，把各方面的积极性、主动性和创造性充分调动起来，不断增强党在全社会的影响力。

在部属高校党组织建设面临新形势新任务的时代背景下，进一步拓展党组织的政治功能、强化党组织政治功能发挥，对于加强和改进新时代高校党的建设，把党的全面领导有机融入立德树人和办学治校全过程具有重要意义。部署高校必须坚持巩固党委领导下的校长负责制，不断强化院系党的领导，持续激发基层党支部建设成效，确保党中央决策部署一线贯通落地见效。部署高校各级基层党组织要全面贯彻党的教育方针，教育引导广大党员干部把握政治方向、坚定政治立场、规范政治行为、遵守政治纪律，着力发挥好基层党组织战斗堡垒作用和党员先锋模范带头作用，确保中国共产党在高校基层的执政基础坚实牢固。

第二，重点提高部属高校党委的政治领导水平。"高等学校党的委员会是学校的领导核心，履行党章等规定的各项职责，把握学校发展方向，决定学校重大问题，监督重大决议执行，支持校长依法独立负责地行使职权，保证以人才培养为中心的各项任务完成。"① 高校党委承担着管党治党、办学治校的主体责任，其领导能力和工作水平事关高校改革和发展进程。如何落实好高校党委在尽职履责中的主体责任是发挥高校党组织政治功能的关键所在，是高校领导体制建设需要聚焦的重大问题。为始终与党中央关于教育工作的重大决策部署保持高度一致，部属高校必须认真落实党委领导下的校长负责制，不断加强党委班子自身建设，充分发挥党委党群部门统筹协调和管理服务职能。

在新形势下，党建原则由"党的领导"拓展为"党的全面领导"。部属高校党委要突出组织政治功能、强化政治引领，有针对性地改善组织治理难题，进一步规范政治领导行为，全面提升党务政务工作水平，不断发挥党的政治领导优势。同时，党委"总揽全局、协调各方"，并不是"包揽一切、越俎代庖"，政治领导重在全方位、全过程的政治引领和组织保障，而不是事无巨细地指挥教育教学、科研建设、社会服务等各项学校事务。"面面俱到、事事周全"反而会破坏政治领导初衷，降低学校管理运行效率，削弱组织整体政治功能。部属高校党委要注重工作方式政治性与科学性的统一，做好内部组织调整，切实提升政治动员、组织执行和政治监督等方面的领导水平。

第三，着力提升部属高校党组织政治能力。政治能力包括政治方向定位能

---

① 《关于坚持和完善普通高等学校党委领导下的校长负责制的实施意见》，人民出版社2014年版，第1~2页。

力、科学把握政治形势能力、统筹和驾驭政治全局能力、防范各类政治风险能力等。党的执政环境越为复杂,就越需要在提升政治能力上下功夫,以更好地应对各种未知挑战与风险。这既是对党员个体的要求,也是对各级组织单位的要求。拥有过硬政治能力是形成党组织强大政治功能的前提条件,部属高校党组织必须采取更加有效的举措加强自身政治能力建设。

  部属高校党组织要着力提升自身政治引领能力。部属高校的党员队伍具备更高的政治理论水平和政治思想觉悟,拥有更强的政治动员能力和组织能力,党组织要善于发扬整体组织队伍的政治引领优势,形成自身政治建设的强大组织力量。学校相关部门要积极关注党中央创新性理论阐释和各项政策部署的出台,加强对最新政策文件的学习和吸收,结合学校发展实际情况,形成具有部属高校自身特色的政策设计,使自身办学能够及时跟上党和国家对教育事业发展提出的要求。部属高校党员、干部要增强对政治信息的敏感性,提高自身理论学习能力和理论宣讲能力,把党和国家的政治号召和各类政策文件要求用时代化、大众化的语言表达呈现给广大师生群众。

  部属高校党组织要着力提升全校师生的政治向心力和聚合力。相较于一般普通高校,部属高校师生具有更高的思想认识水平,他们的思想观念和价值判断呈现出多元化的认知偏向。部属高校党组织要发挥出自身思想政治工作优势,深入实际、深入一线、深入师生开展调查研究,全面把握师生的思想动态,重点关注政治意识薄弱、政治思想混乱和政治觉悟低下的师生个体,了解不同群体的利益诉求,形成对全体师生思想政治状况的整体认知。在此基础上,部属高校党组织要有针对性地开展思想政治工作,创新方式方法、拓展多样化的渠道,将显性教育和隐性教育相结合,有效化解师生的思想矛盾,提升整体政治向心力。部属高校党组织强化政治方向引领,不仅要在组织架构上保持完备,还要在政治认知层面达成共识,增强全体师生对党领导的政治认同。

三、营造部属高校良好政治生态

  "政治生态好,人心就顺,正气就足;政治生态不好,就会人心涣散,弊病丛生。"① 高校政治生态是高校政治生活和政治发展的集中体现,是高校党风、校风、教风和学风的综合反映。营造良好政治生态是高校推进全面从严治党向纵深发展的内在要求,也是高校推进治理体系和治理能力现代化的重要保障。新形势新任务既赋予了部署高校政治生态丰富的时代内涵,也对部署高校营造风清气

---

① 《习近平谈治国理政》第二卷,外文出版社2017年版,第167页。

正良好政治生态提出了更高要求。在党中央的统一战略部署之下，部属高校政治生态建设在思想建设、制度构建、党内生活、文化涵育等方面取得一系列阶段性成果。但必须认识到，政治风气不正、政治规矩不严、政治领导不强等问题依然存在，部属高校政治生态建设形势依然严峻。为此，部属高校必须把政治生态建设作为一项基础性、经常性工作抓细抓实。具体来说，要把良好政治生态的构建上升为全校师生的共同责任，积极发挥党内先进政治文化的引领功能，以严明政治纪律和政治规矩严肃党内政治生活。

第一，营造部属高校良好政治生态是全校师生的共同责任。政治生态由各类政治制度设置、不同倾向政治行为、特定政治文化倾向和政治意识形态等要素共同构成。社会生活中的公益组织、文体单位、各类利益代表型组织等都具有一定程度的政治影响力，同时广大人民群众的呼声要求和普遍反映在社会政治生活中也有所体现。部属高校政治生态是整体政治生态的缩影，代表全社会政治生态建设的成果。构建良好政治生态是部属高校全体党员、干部和各类党政组织单位的共同责任，是全校师生的共同责任。部属高校要以立德树人为根本任务，培养富有政治责任感的高质量人才。同时，打造一支政治立场鲜明、社会责任感强、教研能力强的师资队伍，营造学术气息浓厚、师德师风淳厚、教风学风朴实的教书育人氛围。在党委的领导下，发挥党员教师、学生党员的带头作用，积极引导全体师生参与政治生态建设，形成多元主体共同参与、各工作部门互为协作的良好局面，不断推进部属高校治理结构走向完善。另外，部属高校要推动校与校之间的良好沟通和积极合作，加强政治动员和政治工作力度，将不同学校干部队伍、党员队伍联合起来，凝聚起最广泛的组织力量统筹教育发展和政治生态建设。

第二，以党内先进政治文化引领部属高校校园文化建设。校园文化建设是政治生态建设的重要内容，也是衡量政治生态建设的重要标准。党内先进政治文化是在一定的党内政治生活中形成和发展的优秀文化，主要由优秀传统文化、革命文化、社会主义文化三部分内容构成，对党内政治生活和政治生态发挥着规范、引领和导向的作用。部属高校要以党内政治文化引领校园物质、制度和精神文化建设，在提升理论认知水平、转变思想价值观念、改进行为主体实践等层面，探索校园文化建设的实践路径。部属高校要把政治思想教育常态化，恪守文化建设的政治性本色。既要坚持不懈地推进理论学习，又要开办各类主题文化活动提升实践体验；既要提升思政课堂吸引力和渗透力，又要重视课程思政的隐性教育价值；既要从历史进程中把握规律、探求真理，又要站在时代前沿顺应潮流、开拓创新。同时，要深入挖掘党史、校史教育资源。很多部属高校在革命时期建校，与党的领导事业同根同脉，拥有丰富的校史文化资源。在新时代背景下，部属高校要铭记办学宗旨和兴校使命，以历史主动精神来推进学校改革和发展，树立起良好的社会主义大学形象。

第三，以严明政治纪律和政治规矩严肃部属高校党内政治生活。习近平总书记指出："纪律严明是加强和规范党内政治生活的内在要求和重要保证。"[①] 构建良好的高校，必须要有良好的高校党内政治生态作为保障，而构建良好的高校党内政治生态，必须以严明政治纪律和政治规矩为抓手。部属高校要抓好重点群体的纪律教育和管理。一是抓好各级领导干部这一"关键少数"，以党委政治领导力担负起党组织治理的政治责任和主体责任，用党内法规体系规范党员行为和组织生活，严格落实党的各项纪律要求，强化制度治党的刚性约束。二是抓教师这一活跃的"绝大多数"，狠抓师德师风建设，以严格的政治纪律来约束党员教师言行。政治生态建设体现了全面从严治党的要求，关键是要把制度建设贯穿于党的各项建设之中。党的十八大以来，党中央出台了一系列关于党内政治生活的规章制度，提出了党组织、党员个人履职尽责的各项要求，进一步强化党内生活的政治性和原则性，包括《中国共产党纪律处分条例》《加强党的政治建设的意见》《中国共产党重大事项请示报告条例》等。部属高校党组织要根据规章制度内容来落实党员教育管理，严格党内政治生活锻炼，严肃认真开展党内政治生活，让制度落地生效。同时，部属高校要把握好党内政治生活的时代性要求，紧跟形势变化，聚焦时代重大课题，及时回应广大师生的诉求，主动修订与学校教研和行政紧密相关的制度设置。

综上所述，坚持党对部属高校的全面领导，首要举措就是要强化部属高校党的政治领导，这是新时代部属高校党的领导体制机制建设的根本前提。部属高校要树牢兴校办学的领跑意识和高地意识，提升党组织政治建设水平，增强党组织政治功能，营造良好政治生态，为高校党的领导体制机制建设做出积极表率。

第二节　创优部属高校党的组织队伍建设

坚持和完善部属高校党的领导体制机制不仅要始终坚持党的政治方向领导、保持政治定力，还要创优部属高校党的组织队伍建设。习近平总书记在全国组织工作会议上强调："党的全面领导、党的全部工作要靠党的坚强组织体系去实现。"[②] 建设一支卓越的组织队伍是新时代坚持党对高校的全面领导、加强高校

[①] 《习近平谈治国理政》第二卷，外文出版社 2017 年版，第 181 页。
[②] 《习近平在全国组织工作会议上强调：切实贯彻落实新时代党的组织路线全党努力把党建设得更加坚强有力》，载于《人民日报》2018 年 7 月 5 日，第 1 版。

党的建设的重要基础，是办好中国特色社会主义大学的内在要求，是推进高等教育内涵式发展的基本保障。当前高校党的组织建设中还存在"松、软、散"的现象，一些高校没能提出明确的目标和方向、完整系统的工作思路和清晰的工作任务，具体工作明显存在落实不力、方法不当、创新不够等问题。从十九届中央第七轮巡视反馈情况来看，部分部属高校贯彻新时代党的组织路线不到位，领导班子建设、干部队伍建设、基层党组织建设有待加强。因此，部属高校要从党中央统一部署要求出发，结合自身办学特色和发展实际，进一步健全党的组织体系、完善党的组织方式，在党的领导班子上选优配强，在领导干部选拔、培养和委任上提升质量标准，在党员队伍建设上增强组织力、凝聚力和领导力，切实将党的组织优势转化为办学优势。总的来说，部属高校要突出党员干部队伍建设的"双一流"目标导向，强化"党管人才"对师资队伍建设的统领作用，优化基层党组织建设筑牢战斗堡垒。

一、突出党员干部队伍建设的"双一流"目标导向

推进"双一流"建设，是党中央、国务院在准确把握时代发展大变局和教育演进新格局的基础上做出的重大战略决策，即全面统筹世界一流大学建设、一流学科建设。2015年，国务院出台了《统筹推进世界一流大学和一流学科建设总体方案》，提出了"双一流"建设基本原则、总体目标、任务实施等各项要求。2017年，教育部、财政部、国家发展改革委联合印发了《统筹推进世界一流大学和一流学科建设实施办法（暂行）》，为国家高等教育改革创新和未来发展指明了方向，引领广大高校结合"双一流"建设要求，不断提升创新能力和核心竞争力，推动我国从高等教育大国走向高等教育强国。作为我国高等教育内涵式发展的推动者，部属高校在推进学校学科一流化发展、学校整体步入一流建设行列的过程中面临着更多压力与挑战，必须依靠强大的内生动力才能实现快速发展。在此过程中，顶层设计和中层执行都是关键，因此部属高校必须打造一支高水平党员干部队伍，统筹学校建设和改革任务，带领全体师生落实"双一流"建设要求，推动学校完成建设任务、争创世界一流。

第一，提高选任标准，选优配强部属高校党的领导干部。选人用人是高校政治生态的风向标，质量意识须臾不可松懈。党的领导干部是办好中国特色社会主义大学的核心力量，部属高校要从保证我国高等教育事业发展后继有人、培养一代又一代社会主义合格建设者和可靠接班人的战略高度充分认识高校领导干部选拔任用的重要性和特殊性。同时，部属高校要严格执行选人用人各项制度，坚持正确的选拔原则和用人导向，突出政治标准和政治要求，"按照社会主义政治家、

教育家标准，选好配强高校党委书记、校长，把政治过硬、品行优良、业务精通、锐意进取、敢于担当的优秀干部选配到学校领导岗位"①。此外，针对中央巡视提出的在选人用人中存在的问题，部属高校要从学校办学定位与整体情况出发，推进学校人事制度改革，选优配强领导干部，使领导干部能够担负起相应的领导责任和岗位职责，带动全体组织力量积极落实党的教育决策和部署。

部属高校要以"双一流"建设为目标驱动，优化党的干部队伍结构，把政治过硬、能力够强、素质够高的教育工作者安排在重要岗位上，树立鲜明导向促使领导干部积极担当作为、引领部门工作创优争先。部属高校要做好整体谋划，全面评估自身建设与"双一流"目标之间的差距，及时调整领导干部工作分工，对各部门党员领导干部在争创一流中的职责要求做出具体划分，并把具体任务分工落实下沉到具体领导干部职责范围。部属高校要严格落实民主推荐程序，把选任标准切实落实到干部选任全部过程中，把干部考察工作贯穿于干部选任全部程序中，对新任职人员设定一定试用时期和考核要求，抓好学校中高层领导干部班子政治能力和工作实绩的常态化考察，不断探索"双一流"建设导向下的干部队伍建设路径。

部属高校要不断完善领导干部任期制，出台相应制度文件与具体实施细则，注重任期内干部考核，对实绩优异者重点提拔任用，对绩效一般者做出转岗安排，对考核不合格人员做出退岗或者降级安排。要建立健全领导干部的正常退出与更替机制，确保能上能下、可进可出，加强干部人才的锻炼和筛选，把能力突出者放置在更加合适的岗位上，进一步强化干部队伍正向激励，充分调动领导干部的积极性。"双一流"建设是立足长远的战略目标，部属高校要坚持选和育两手抓、两手硬，在培养懂专业、会育人、善治理的优秀年轻干部上下功夫，帮助年轻干部在学校事业发展大局中成长成才，为学校高质量发展、服务中心任务提供后备力量。部属高校要进一步拓展选人视野和渠道，加强与其他高校、科研院所以及地方之间的干部交流，吸纳优秀人才进入领导班子，积极推荐优秀干部进入中央和地方党政干部队伍，以更好地满足"双一流"建设目标要求。

第二，加强干部培训，提升部属高校党员干部队伍的整体素质。干部培训工作是干部队伍建设的基础性工程，是加强党的执政能力建设和先进性建设的重要途径。在"双一流"建设背景下，部属高校面临着越来越严峻的竞争形势，这就对部属高校干部培训工作提出了更高的要求。在新的形势下，部属高校必须加强对干部队伍的教育培训，全面提升党员干部综合素质与能力，"努力实现干部队

---

① 《中国共产党普通高等学校基层组织工作条例》，人民出版社2021年版，第23页。

伍革命化、年轻化、知识化、专业化，建设忠诚干净担当的高素质专业化干部队伍"①，以适应教育治理现代化要求。部属高校要充分发挥资源优势，为党员干部队伍办好培训班，开展丰富多样的专题教育实践活动，创新干部培训途径与方法，注重培训准度、培训效度和培训精度，不断提升领导干部的工作能力和水平。一方面，部属高校要把握新时代背景下高等教育发展新形势、新要求，做好干部队伍思想理论培训，保障党员队伍及时学习和切实贯彻党中央重要讲话精神，引导干部队伍不忘初心、牢记使命，成长为优秀的社会主义教育工作者。另一方面，在"双一流"建设目标的驱动下，部属高校要对领导干部开展有针对性的专业培训，对接不同岗位实际工作需要，确保广大干部能在领导岗位上精通业务、游刃有余、高效工作，全面提升实操能力和办学治校能力。

部属高校要从自身办学实际出发，明确在立校办学中争创什么样的一流、培养出什么样的人才，对主要领导干部、中层领导班子、一线骨干教师的培养要突出办学特色要求，制定出具有针对性的培训内容，优化干部队伍教育培训、综合能力提升的系统设计，增强自我改革、自我治理的自信和底气。部属高校要统筹线下线上培训，注重总结二者有益经验，把可靠做法推广开来。特别是在网络信息化背景下，要善于借用网络媒体和信息平台组织线上教育培训，积极构建线上平台运行机制，开发和推广有特色的网络应用软件，推动数字教育资源的共建共享，开创党员干部队伍建设的数字化、信息化新形式，在提升教育培训质量上谋划新思路、出台新举措。部属高校开展干部培训工作要树牢靶向意识、坚持实事求是，既要防止搞形式主义、"走过场"，又要防止扩大化、"一刀切"，切实为锻造高素质现代化干部队伍赋能强基。充分利用每一次教育培训机会，选择党员干部更易接受的教育培训方式，把纯理论说教转变为有说服力的丰富实例论述，达到激发共鸣、振奋人心的目的，推动教育培训内容入脑、入心、入行。部属高校要拓展兴校办学的国际视野，以世界一流大学标准引领高质量发展，秉持开放办学理念，与国外高水平高校建立起合作关系，加强干部队伍之间的交流互动，支持和鼓励学校干部人才参与国际交流和培训，学习和借鉴国外有益办学经验和管理模式。

第三，严格组织考核，加强部属高校党员领导干部考核工作。干部考核是党员领导干部队伍建设的必要环节，发挥着指挥棒、风向标、助推器作用。部属高校要把干部考核工作作为学校综合改革的重要内容，出台新时代背景下党委关于干部考核的相关规定，构建"双一流"目标驱动下干部管理工作的新机制，进一步完善党员干部管理考核工作，发挥好干部考核的选拔、激励、评价作用。部属

---

① 《中国共产党普通高等学校基层组织工作条例》，人民出版社2021年版，第18页。

高校对党员干部的考核要体现政治性、时代性和针对性，紧紧围绕新时代新使命新要求确定考核内容指标，积极服务"双一流"建设目标，突出在领导职责、科研工作、学科建设、党建工作等方面的实绩考核。要建立起系统、完整、科学的干部队伍评价体系，从德、能、绩、廉等层面对领导干部进行综合评价，通过重要课题、重大奖项、突出成果评定领导干部对学校发展做出的突出贡献，把领导干部的政治能力和组织能力作为考核评价的重要内容，调动广大党员干部提升适应新时代要求、落实党中央决策部署、完成学校发展各项目标任务的能力的积极性和主动性。

部属高校要厘清干部考核的基本思路，聚焦学校改革发展战略目标、把握学校各方面工作要点，根据工作任务对领导干部进行全面考核，细化举措推进中央巡视反馈问题整改到位，进一步提升精细化管理水平，增强各组织机构的发展活力和干部队伍建设的整体成效。部属高校干部考核要做到公平、公正、公开，组织领导班子成员进行述职述廉，并对考核过程做出客观评价，肯定工作成绩、剖析工作问题、改进工作问题，整体提升学校及院系的管理水平。部属高校要结合中心业务要求，科学设置考核指标，为每个部门、每个岗位、每位干部设定具体考核评价标准，完善学校"双一流"建设背景下的干部队伍考核体系。同时，进一步提升考核的规范性、全面性、客观性，出具领导干部工作任务责任书，划定重点工作任务、定期工作任务，把干部考核结果与工作绩效相结合，建立起平时考核、随机考核、年度考核等多种考核办法，以常态化考核为抓手，锻造一批政治坚定、认真负责、踏实肯干的卓越干部队伍。

由上可知，部属高校要突出党员干部队伍建设的"双一流"目标导向，提高选任标准、选优配强高校党的领导干部，加强干部培训、提升党员干部队伍的整体素质，严格组织考核、加强党员领导干部考核工作，以一流的干部队伍建设推动一流高校建设。

二、强化"党管人才"对师资队伍建设的统领作用

党的二十大报告指出："教育、科技、人才是全面建设社会主义现代化国家的基础性、战略性支撑。"① 高校师资队伍建设是助推教育强国、科技强国、人才强国建设的重点工程，广大部属高校必须重视师资人才队伍建设，"坚持党管干部、党管人才，坚持依法治教、依法执教，坚持严格管理监督与激励关怀相结

---

① 习近平：《高举中国特色社会主义伟大旗帜 为全面建设社会主义现代化国家而团结奋斗——在中国共产党第二十次全国代表大会上的报告》，人民出版社2022年版，第33页。

合，充分发挥党委（党组）的领导和把关作用，确保党牢牢掌握教师队伍建设的领导权，保证教师队伍建设正确的政治方向"①。在"双一流"动态竞争机制下，部属高校要进一步完善党委统一领导，组织部门牵头抓总，相关部门配合实施，社会力量广泛参与的人才工作新格局，保障各项人才发展规划的顺利实施。同时，要研究和制定相应的方案政策，吸引杰出人才、领军人才、青年后备人才等加入到学校师资团队中，不断提升非教学科研岗、专职辅导员和其他专业技术岗位的技能素质，优化教师队伍存量、做大教师规模增量，建立起契合直属重点大学发展需求的高层次人才队伍，支撑科教兴国战略的统筹推进。

第一，构建部属高校人才队伍建设的支持体系。广大部属高校要在学校党委领导下，加强系统谋划，构建起体现开放性、前瞻性、综合性和规范性的人才引育工作体系，通过政策驱动、资源撬动、部门联动，让各类人才竞相涌现，形成尊重人才、吸引人才、培养人才的良好氛围。部属高校人才队伍建设要以国家政策为根本遵循，与国家人才发展规划纲要相一致，与学校人事管理的规范要求相契合，着眼于学校的整体规划和发展，具体部署哲学社会科学、自然科学等重要学科领域的人才选任、培育工作。部属高校要在中央人才工作组织部门的领导下，建立起人才发展办公室，设立国家部属人才专项、部省联动下的重大人才专项、体现地域特色的学校人才发展专项等，拓宽人才专项提名渠道、规范人才专项申报程序，为广大教职工提升综合素养提供平台。部属高校党委要多措并举提高人才服务质量，为学校教师积极工作、幸福工作创造良好的支持条件，发挥领军人才对科研队伍的积极带动作用，在重点发展领域和特色优势学科实施人才支持计划，保障基础学科领域的人才储备，为青年优秀人才创设有利的上升条件。部属高校要为各层次人才成长营造起公平、公正的竞争环境，健全人才选拔和评价机制，坚持分类指导的原则方针，对不同层次、不同发展计划下的人才项目做出具体部署，在政策设计、经费支持、组织实施上落实到位，使更多卓越人才脱颖而出。

第二，加强对部属高校师资队伍的思想政治引领。坚持"党管人才"原则，就是要强化对不同类型人才群体的政治领导和思想引领。高校教师的思想政治素质关系培养什么样的人、如何培养人以及为谁培养人的根本问题。部属高校不仅要追求学校发展一流、学科建设一流，还要保障党对教师队伍的思想政治思想引领一流，高度重视教师队伍的思想政治工作，始终坚持让教育者先受教育、让铸魂者先铸其魂，着力构建党委集中统一领导、党政齐抓共管、教师工作部门组织

---

① 《中共中央 国务院关于全面深化新时代教师队伍建设改革的意见》，人民出版社2018年版，第4页。

协调、各部门履职尽责的工作格局，将党的领导贯穿教师队伍建设全过程，以正确的政治方向和价值导向引领教师思想政治素质、师德素养和业务能力全面提升。

部属高校党委要成立教师思想政治工作领导小组，牵头推动关于加强和改进教师思想政治工作的制度体系建设，统筹制定有关教师培养培训、招聘遴选、晋升考核、评优评先等政策文件中关于思想政治教育、师德考核评价的标准和要求。组织开展多样化、特色化的学习调研、理论研讨、座谈交流、专题实践等活动强化教师的理想信念教育、价值引领和思想动员。定期召开教师思想政治工作推进会，传达上级关于教师思想政治工作的部署要求，通报工作情况、总结交流经验，推动教师思想政治工作落地落实。同时，党政领导班子要深入教师队伍中，通过个别谈话、设立领导信箱和电子邮箱、发布意见问卷等方式，把握教师思想政治状况，对照检查教师队伍建设中出现的问题，找准问题解决的方向并落实整改措施。部属高校要从学校党委要求出发，努力实现教师队伍的思想政治引领与"双一流"建设的有机融合，打造一批政治素养、理论水平、专业能力、实践本领紧跟时代发展步伐的高素质专业化教师队伍，确保学科、学校发展为社会主义建设事业服务。

部属高校党委要加强非党员教师的思想政治工作，建立党内外统一领导格局，提升党组织内外的政治引领力、思想号召力、组织动员力。要引导非党员教师坚持理论学习，坚定中国特色社会主义信念，维护党中央权威和集中统一领导，对照党中央重要指示批示精神找到自身差距，加强自我反思和自我检视，向身边合格党员学习，涵养高尚师德，不断地提高自身思想境界和政治境界，戒除铺张浪费、物质奢靡、贪图享乐等不良行为。党委组织部、统战部、学校工会等要发挥组织协调作用，帮助非党员教师增强接受党的教育的自觉性和积极性，提高思想政治工作的感染力，进一步夯实共同思想基础。搭建非党员教师的沟通平台，加强党组织与非党员教师之间的交流，使广大非党员教师正确认识学校办学定位，明确中国特色世界一流大学建设对教师提出的高要求，与学校党员教师队伍紧密团结起来，促进学校和谐稳定发展。学校党组织要对非党员教师多做思想政治考察，深入了解他们所思、所想、所求，将有意愿入党的优秀教师列为发展对象，把信念过硬、作风过硬、本领过硬的先进分子和优秀人才吸收到党员队伍中来，不断夯实党在部属高校的执政基础。学校党委要积极发挥组织协调作用，加强与学校民主党派、无党派教师队伍的联系沟通，在学校重点热点问题上多听取他们的建议和意见，让非党员教师在参与的过程中增进对党委领导的政治共识、深化对党员干部队伍的思想情感，不断向党组织靠拢，积极主动为校服务、为民服务。

第三，创新部属高校人才队伍建设的保障机制。部属高校实施人才强校战略，要从保障机制上助力国际化高水平教育人才培养，建立起全面覆盖的校内外保障网。部属高校党委要推动政府、企业、社区等多方力量共同搭建平台，建立起科研团队平台、社会实践平台、教育研修平台等，为学校高层次人才实现职业化、专业化、专家化发展提供支持条件，从顶层设计到具体管理为学校教师成长成才提供全方位保障。要搭建起部属高校与其他高校、科研单位之间的沟通桥梁，加深合作、互通有无、优势互补，充分利用校内外、国内外资源，增进学术对话，推动创新创造，打造一支开放创新、竞争力强、乐于进取的教师队伍。

部属高校要把人才队伍建设作为学校发展的重点建设项目，在学校总体财务管理上加大人才培养经费投入力度，不断提高经费资助水平，为"双一流"建设提供一流水平的总务后勤保障。要不断探索和改革教师收入分配制度，发挥部省共建优势，在部属与地方政府共同的资金支持下，确保各类人才培养项目顺利实施、高效运行，建立起动态的激励性薪酬结构模式，实现基础工资、科研贡献、知识要素等共同参与分配，提高教师薪酬的内部公平性和外部竞争力。要不断优化部属高校岗位管理，使薪酬支付多元化，不断探索工资制度的实现形式，与业绩贡献匹配起来，激励教师通过提高教学和科研能力获得更高的薪资报酬，给予教师足够的发展上升空间。

部属高校党委要继续探索高层次人才参与学校决策的有效机制，在民主制度层面保障教师参与到学校各类发展问题的讨论中去，畅通沟通途径和渠道，保证教师的知情权、参与权、表达权和监督权，切实保障教师的民主权益，使广大教师把自身职业生涯与学校未来发展紧密联系在一起，不断提升教师群体的主人翁意识。要从整体上塑造民主、公正、平等、和谐的校园文化氛围，引导各类高层次人才团结协作，为学校的改革和发展贡献智慧和力量。

由上可见，部属高校党委要坚持"党管人才"原则，构建人才队伍建设的支持体系，加强对师资队伍的思想政治引领，创新人才队伍建设的保障机制，全面加强党对部属高校人才工作的统一领导，积极组织和动员各方面人才参与到学校建设中。

三、优化基层党组织建设筑牢战斗堡垒

党的二十大报告要求："各级党组织要履行党章赋予的各项职责，把党的路线方针政策和党中央决策部署贯彻落实好，把各领域广大群众组织凝聚好。"[①]

---

① 习近平：《高举中国特色社会主义伟大旗帜 为全面建设社会主义现代化国家而团结奋斗——在中国共产党第二十次全国代表大会上的报告》，人民出版社2022年版，第67页。

高校基层党组织担负着贯彻落实党的教育方针的重要职责，是党在高校全部工作和战斗力的基础。部属高校党的组织工作要以党的二十大精神为指导，着力增强党组织政治功能和组织功能，坚持大抓基层、严抓基层的鲜明导向，切实把基层党组织打造为学校事业改革发展的坚强战斗堡垒。

第一，贯彻落实新时代党中央关于基层党组织工作的新要求。以深入贯彻落实《中国共产党普通高等学校基层组织工作条例》为契机，健全和完善上下贯通、执行有力的组织体系建设，要落实党建工作责任，持续推动全面从严治党向纵深发展、向基层延伸。要严把发展党员关，严格党的组织生活，持续开展新时代党建示范创建和质量创优工作，不断优化党组织设置和党员队伍结构，扩大党在部署高校基层的组织覆盖和工作覆盖。部属高校追求一流办学目标，必须重视和支持基层党建工作，巩固和强化组织建设已有成果，综合协调党建工作和行政业务，不断健全党组织的各项职能，积极创建立场坚定、服务发展、充满生机的基层党组织。要持续强化党组织的政治功能和政治属性，与党中央要求保持高度一致，加强对党的教育方针的宣传，监督各业务部门工作，在重要会议、重大活动中发挥政治引领作用。要着力建设基层服务型党组织，践行党的宗旨，发挥深入一线、密切联系群众的基层组织优势，贴近师生实际，提升服务广大师生的意识和能力，扩大和巩固党的群众基础。要积极推进基层党组织纪律建设，严格遵循党章党规的内容规定，具体落实校规校纪的相关要求，切实发挥基层党组织在部属高校日常运行中的先锋模范带头作用。

第二，选任高层次、高素质的基层党务工作者。党务工作是基础性党建工作，党务工作者是全面推进基层党建工作的主力军。部属高校要提高党务工作者的选配标准，从党建、管理以及教研等方面表现突出的党员教师中选聘党务人员，确保党务工作者政治过硬、思想过硬、能力过硬。新时代党建总体布局对党务工作提出了更高要求，也对广大党务工作者综合素质提出了更高要求，部属高校党委和相关组织部门要充分认识基层党务工作者队伍建设的重要性，加强基层党务工作者的培训和锻炼，提升基层党务工作者履职尽责的水平和工作能力。同时，优化基层党务工作者队伍建设的保障机制，给予足够的物质支持，在职称晋升和考核评优上做出一定程度的倾斜，激发他们的积极性和创造性。部属高校要将党务工作人员纳入控制总量，保证党务工作人员组织配备充足，在人员编制上提升比例，为整体党建工作配齐配强组织队伍。根据上级党组织和学校党委要求，组织党务人员培训学习，开展全方位、多层面、多形式的教育活动，提升党务管理工作的专业化水平，不断增强党务工作本领和技能，助力党建工作质量提升，发挥党的领导优势和组织优势。

第三，不断健全覆盖全面且运行有力的基层组织体系。习近平总书记在全国教育大会上指出:"党的领导在教育系统能不能有效实现,取决于教育系统党的组织体系健不健全,党的建设抓得好不好。"① 建设严密的组织体系是发挥组织功能、实现党的统一领导的前提和基础,组织体系不够健全容易导致基层组织出现软弱涣散问题,进而降低整体组织动员力和组织执行力。部属高校要构建起学校党委、院系党组织、基层党支部、全体党员"四位一体"的组织体系,从整体上来谋划和推进党的建设,把坚持和加强党对高校的全面领导的要求落到实处。近年来,党中央发布了《中国共产党基层组织选举工作条例》《中国共产党支部工作条例(试行)》《中国共产党普通高等学校基层组织工作条例》《中国共产党组织工作条例》等相关政策文件,为部属高校不断完善组织体系提供了根本遵循。部属高校要从学校办学实际和中心工作需要出发,在一流学科建设、特色人才培养、重点领域改革等方面发挥党组织引领作用,不断优化内部组织运行模式,尝试在科研团队、课题项目组、实验室创新设置支部组织,加强不同支部组织的联系和联合,将党的组织力和影响力渗透到基层党员队伍和广大师生中。

部属高校要坚持党建与业务一起抓,把基层组织打造成"党建+教育""党建+学科""党建+学术""党建+实践"的功能性组织体系,提高组织体系建设的政治站位,提升组织成员的专业能力,为扎根中国大地兴办教育提供坚强组织保证。在学校"双一流"建设的带动引领下,部属高校党委要深入贯彻新时代党建工作要求,成为基层党建的示范点,在健全组织体系上对标争先,在基层组织力上持续增强,在教师党支部建设和学生党支部建设上共同发力,提高每一位党员的党性修养和业务素质。

由此可见,部属高校党委要不断地创优基层党组织建设,深入贯彻落实新时代党中央关于基层党组织工作的新要求,选任高层次、高素质的基层党务工作者,不断健全覆盖全面且运行有力基层组织体系,推动基层党组织在贯彻党的教育方针上发挥战斗堡垒作用。

第三节 强化部属高校党的领导落实力度

坚持和完善部属高校党的领导体制机制,还应该强化部属高校党的领导落实力度。强化部属高校党的领导落实力度就是要强化部属高校党的领导制度保障,

---

① 《坚持中国特色社会主义教育发展道路 培养德智体美劳全面发展的社会主义建设者和接班人》,载于《人民日报》2018年9月11日,第1版。

党的领导体制机制建设离不开坚强有力的领导制度保障。随着党的各项领导制度不断地改革、完善，党"总揽全局、协调各方"的领导核心作用得以发挥。部属高校党的领导体制机制建设，一方面要充分利用党中央创造的各类制度性成果，确保学校党的领导工作走向制度化、规范化、程序化；另一方面要生成适应部属高校党建工作和办学运行的制度性成果，出台和实施部属高校党的领导制度措施，保障部属高校各职责部门有规可依、有章可循，全面规范学校党委设立、党组织日常运行、党务工作开展等重要环节。部属高校作为教育事业的先行者，要把党的领导制度建设作为重大政治责任来抓。具体来说，强化部属高校党的领导制度保障，要以党的领导制度体系的内容要求为根本遵循，继承和发扬党建制度的优良传统，与时俱进地推进党建制度改革，确保党委领导下的校长负责制在部属高校更加成熟、更加规范运行。

一、以党的领导制度体系的内容要求为根本遵循

制度问题带有根本性、全局性、稳定性和长期性，制度建设要贯穿于党的领导政治实践的全过程，以确保党的领导优势得到最大化实现。党的二十大报告强调："健全总揽全局、协调各方的党的领导制度体系，完善党中央重大决策部署落实机制，确保全党在政治立场、政治方向、政治原则、政治道路上同党中央保持高度一致，确保党的团结统一。"① 坚持党对高校的全面领导，就要善于运用制度武器，发挥党的制度优势，推动将党管办学方向、党管改革发展、党管干部、党管人才等重要原则纳入学校治理的制度体系。部属高校要以党的领导制度体系的内容要求为根本遵循，将制度建设贯穿党的领导体制机制建设始终，进一步规范和加强内部管理工作，推进学校治理体系和治理能力现代化。

第一，推动部属高校党组织"不忘初心、牢记使命"主题教育制度建设，引领广大党员践行教育事业的"初心"与"使命"。党的十九届四中全会明确提出："把不忘初心、牢记使命作为加强党的建设的永恒课题和全体党员、干部的终身课题，形成长效机制，坚持不懈锤炼党员、干部忠诚干净担当的政治品格。"② 部属高校要将"不忘初心、牢记使命"主题教育制度建设置于党的领导制度建设首位，恪守立校办学的初心使命，为学校长远发展凝聚力量，坚持为党的领导事业服务、为民族复兴伟业服务。部属高校要引导广大党员恪守入党初

---

① 习近平：《高举中国特色社会主义伟大旗帜 为全面建设社会主义现代化国家而团结奋斗——在中国共产党第二十次全国代表大会上的报告》，人民出版社2022年版，第64页。

② 《中共中央关于坚持和完善中国特色社会主义制度 推进国家治理体系和治理能力现代化若干重大问题的决定》，人民出版社2019年版，第6~7页。

心、从教初心，在各自岗位上尽职尽责，保质保量地完成教育教学工作。部属高校要搭实"不忘初心、牢记使命"主题教育制度框架，并推动长效机制建设，将制度性要求融入学校党建工作中，推动思想政治工作常态化、规范化，增强教职员工从事教育教学和科研工作的责任感和使命感，使全体教职员工将思想和行动统一到党中央关于教育工作的部署和指示中去，站在党和国家事业发展的高度，重新审视教育事业的价值，严格遵循新时代师德师风建设的各项要求，为学校发展贡献力量，为经济社会发展输送更多人才。

第二，强化坚定维护党的集中统一领导的各项制度，形成和巩固部属高校党的集中统一领导优势，加快部属高校改革、创新和发展进程。回顾百余年党史，中国共产党的领导体制在长期实践探索中形成了党的集中统一领导的制度特征和优势。党的十八大以来，党中央制定、修订了《关于新形势下党内政治生活的若干准则》《中共中央政治局关于加强和维护党中央集中统一领导的若干规定》等制度规定，为坚持和加强党中央权威和集中统一领导提供了体制保证，使党的集中统一领导更加具体、更加深入、更加全面。党的二十大报告在对坚定不移全面从严治党、深入推进新时代党的建设新的伟大工程做出的重大部署中，把坚持和加强党中央集中统一领导作为首要任务，提出了明确要求。广大部属高校要充分认识坚持和加强党中央集中统一领导的极端重要性，明确党最高政治领导力量的地位，提升维护党中央集中统一领导的自觉性，加大力度扭转党组织弱化和边缘化难题，着力解决深层管理体制难题，真正发挥党的集中统一领导优势，使其成为部属高校立身兴校的鲜明名片，在市场经济复杂环境下坚守阵地，在国内外激烈的高等教育竞争中把握方向，实现学校发展战略的科学决策、高效实施、有力执行。

第三，不断完善党的全面领导制度，为部属高校贯彻党的教育方针提供全面保障。"加强党对教育工作的全面领导，是办好中国特色社会主义教育的根本保证。"① 作为党和国家重点建设大学，部属高校要准确把握"国之大者"对教育工作的要求，进一步拓展党的领导的覆盖面，构建起党对部属高校全面领导的整体格局，引领新时代高等教育改革和人才培养模式创新。部属高校要继续探索和创新党的全面领导路径，着力解决重点矛盾问题，例如，如何提升党对高校学术科研工作的领导问题。同时，党的全面领导必须得以落实，部属高校要建立起党的全面领导组织体系，从党委领导班子到院系党组织及下设党支部上下贯通、全面覆盖、执行有力，切实发挥党的领导核心作用，防止基层党的领导弱化、虚化和边缘化。2021 年，党中央出台新修订的《中国共产党普通高等学校基层组织

---

① 教育部课题组：《深入学习习近平关于教育的重要论述》，人民出版社 2019 年版，第 86 页。

工作条例》，对高校党的组织设置、各组织部门职责、干部队伍建设、党员队伍建设等都做出了具体的部署安排，为普通高校加强党的全面领导奠定了坚实的组织制度基础。新时代背景下，部属高校党的全面领导要以此为根本遵循，不断改进党建工作质量，注重提升党的领导体制机制建设成效。

第四，带头办好人民满意的教育，巩固坚持以人民为中心发展教育的相关制度。教育是基础性的民生要求，也具有基础性的民生保障功能，"优先发展教育事业必须始终把人民利益摆在至高无上的地位，要让教育改革发展成果更多更公平地惠及全体人民"[①]。部属高校要始终站稳人民立场，厚植为民情怀，把实现好、维护好、发展好最广大人民根本利益作为教育工作的出发点和落脚点。积极响应党中央关于教育改革和发展的规划要求，按照教育部、财政部、国家发展改革委等部门的政策要求，在教育发展战略工程中发挥领头作用，大力支持中西部区域教育，优化对口支援和帮扶模式，对经济欠发达地区给予更多教育资源倾斜，建立各类教育实验创新试验区和文化素质教育基地，统筹教育质量与教育公平，真正成为人民教育事业的实践者和贡献者。特别要把握好新时代新机遇，开辟发展新领域新赛道，不断塑造发展新动能新优势，推动学校事业实现高质量发展，办好人民满意的大学。

第五，以科学决策、高效执行为重点，健全提升部属高校党的领导能力与水平的制度。高等教育的发展水平，是国家科技实力和发展潜力的集中表现，是判定一个国家发展实力和国际竞争力的重要指标。部属高校党的领导体制机制建设必须着力提升党的领导能力和本领，带领高等教育工作者把握发展机遇、攻克各类难关、担负起职责使命。在当前形势下，加快一流大学和一流学科建设、实现高等教育内涵式发展成为广大部属高校的改革发展目标。部属高校党组织要以"双一流"建设为导向，发挥好领导核心作用，担负起办学治校主体责任，不断提升办学治校能力。部属高校党委领导班子要把领导责任和教育职责统一起来，在行政管理、科研和教学工作中把准政治方向、谋划好各类重大事项，提高干部管理和人才配备水平，深入学校学术组织、群团组织和学生组织之中，对全体教职工队伍实施有效动员和积极引领，规范集体领导制度，围绕学校发展规划和中心任务，不断创新和改进党的领导方式方法，切实促进高校治理体系的完善和治理能力的提升。

由上可见，部属高校党的领导体制机制建设，要以党的领导制度体系的内容要求为根本遵循，在实践探索中形成制度建设成果。具体包括：推动部属高校党组织"不忘初心、牢记使命"主题教育制度建设、体现党的集中统一领导的相关

[①] 教育部课题组：《深入学习习近平关于教育的重要论述》，人民出版社2019年版，第70页。

制度建设、实现党的全面领导制度建设、发展人民满意的教育的制度建设、提高党对教育事业发展领导水平的制度建设等。总之，部属高校党的领导制度建设要与党中央要求统一起来，为完成学校系列工作任务提供切实领导制度保障。

二、善于总结高校党的建设的制度性成果

党的自我建设是提升领导能力的前提条件，善于总结以往党的建设的制度性成果，继承有益工作经验，是巩固党的领导制度的必然要求。"高校是培养社会主义建设者和接班人的重要阵地，高校党建是党的建设新的伟大工程的重要组成部分。"[1] 党中央对高校党的建设给予高度重视，高校党建工作也取得了重要进展和显著成绩。部属高校居于国内教育一流水平行列，在提升党建工作质量上责任重大，必须坚持守正创新、追求卓越，以党建引领和带动学校管理工作和办学活动，真正把全面从严治党落在实处。

1. 推动全面从严治党制度在部属高校走向纵深

党的十八大以来，治党力度不断加大，全党政治生态建设顺利推进，党组织作风持续向好转变，反腐败工作总体呈现压倒性态势，组织纪律建设成效显著，坚持党的集中统一领导成为基本共识。在新形势下，党中央对广大部属高校党委工作和党建成效开展了专项巡视，对师德师风问题和党风廉政建设问题开展重点治理，对制度治党提出了更高要求。部属高校要为全国高校树立起管党治党标杆，推动全面从严治党制度走向纵深，形成符合部属高校党建实际的实践探索成果。

第一，必须紧扣全面从严治党要求，推进部属高校党建工作守正创新。十九届中央第七轮巡视反馈指出部分中央直管高校党委在治党管党上还不够重视，党的建设工作难以顺利推进，党组织功能得不到有效发挥，党的领导作用被削弱。因此，部属高校党组织必须要明确党建责任要求，严肃党内组织生活，主动创新和健全部属高校领导体制和具体工作机制，强化对党政领导班子及成员行使权力的常规监督，完成党组织治理各项任务，推动管党治党的各个环节、各项工作、各类事项落实到位。部属高校领导干部要提升责任意识，把所在岗位和肩负职责统一起来，把自身权力与领导责任统一起来，认清党内外矛盾斗争的复杂性、尖锐性，戒除讲形式、走过场、不讲内容的错误做派，着力解决现实中存在的责任落实不到位问题。

第二，加强部属高校党风廉政建设，严把党政干部廉洁关。加强党风廉政建

---

[1] 《中国共产党普通高等学校基层组织工作条例》，人民出版社2021年版，第45~46页。

设，既是出自全面从严治党战略布局的总体要求，也是基于部属高校自身属性、职责与使命的内在必然要求。部属高校要发挥好在高质量国家教育体系构建中的引领作用，必须要把牢政治观、道德观，明确所担当的主体责任和示范责任，切实推进党风廉政建设，加强对整体教师队伍、学校内部权力运行的监测与防控，努力营造风清气正的育人环境和政治生态。在党中央、国务院和省委、省政府的共同支持下，部属高校步入了蓬勃发展的黄金时期，实现了扩招扩建、升级升格目标，办学自主权得到切实保障。在此背景下，部属高校要确保办学自主权的正常行使，确保集体领导和集体决策制度的组织执行，防止学校公共权力演变为领导干部的私人权力。要抓好学校党员干部的理想信念与法纪道德教育，抓好全体师生的思想政治工作，筑牢党风廉政建设意识形态与思想道德防线。要完善党风廉政建设领导制度与组织体系，健全党风廉政建设责任与监督制度体系，定期召开述责述廉会议，让权力在阳光下运行。

第三，加强部属高校纪律建设，着力创建党建示范高校。纪律建设是党的建设的基础工程，是全面从严治党的治本之策。部属高校党组织要严格落实党的建设总体布局要求，切实推动各项纪律规定的组织执行，优化制度、规则、机制保障，在法规出台、执行落实、成果反馈上环环相扣，掌握纪律建设的主动性和科学性，增强纪律建设的主体影响力和执行保障力。要将纪律教育要求贯彻到党员干部选拔、培养、管理全过程，严肃处理违反规矩纪律的行为，提升整体组织队伍的法纪意识，发挥党规党纪利器作用。针对自身纪律建设的突出问题和薄弱环节进行专题研讨、集中培训、现场教学，提高基层党务、纪检工作人员的纪律理论知识、媒介素养、教育实施、谈话提醒水平。推动纪律教育和政治思想教育走向制度化和规范化，引导广大党员和师生树牢纪律意识、形成纪律自觉，主动接受党和人民的监督，构建良好的纪律文化氛围。

2. 推动部属高校党建工作与业务工作有机融合

2021年新修订的《中国共产党普通高等学校基层组织工作条例》明确指出："坚持高校党的建设与人才培养、科学研究、社会服务、文化传承创新、国际交流合作等深度融合，为高校改革发展稳定、完成党和国家重大战略任务提供思想保证、政治保证、组织保证。"[①] 切实加强高校党的建设，是坚持党对教育事业全面领导的必然要求。为此，部署高校党组织必须从新的伟大工程的战略高度，深入贯彻习近平总书记关于党建和教育工作的重要论述精神，立足解决"培养什么人、怎样培养人、为谁培养人"这一根本问题，强化党建与业务深度融合、一体推进，以高质量的党建引领学校各项事业高质量发展。

---

① 《中国共产党普通高等学校基层组织工作条例》，人民出版社2021年版，第5～6页。

第一，继续纠正重业务、轻党建的思想偏向。虽然大多数部属高校明确提出响应党的号召，但在实际工作开展过程中，部分学校还没能做到统筹一体推进，没有找到两者协调并进的最佳结合点，没有深入挖掘党建在业务工作中的思想教育价值，没有赋予业务工作新的时代内涵。往往是要么单纯抓党性教育，要么单纯抓教学科研工作，这样的党建工作很难引领和推动业务工作，业务工作也无法用来检验党建工作成效。因此，必须正确认识和处理党的建设与兴校办学之间的关系，对党建工作与业务工作做出统一部署。一方面，要深刻认识党建服务中心的作用。党建工作要围绕和促进教学科研工作发展，把党建工作做到广大师生关心的问题上，体现在各项业务工作的落实上，做好以党建引领教育教学改革的顶层设计，充分发挥好高校党建工作的保障和促进作用；另一方面，要认清新形势下对党建工作的新要求。避免"业务为主、党建为辅"的错误思想，要充分认识高校党建工作的重要性及各级党组织中党务人员身上的重要职责，树立"理直气壮抓党建、尽心尽职抓党建"的思想。

第二，注重发挥党建工作对部属高校发展的带动作用。部属高校要成为全国高校党建示范基地，就必须将党建工作深度融合到立德树人根本任务中，把党的建设新的伟大工程建设与一流高校建设新的发展目标紧密联系起来，培养服务国家和经济社会发展的高素质人才，进一步将党建优势转化为育人优势。部属高校要坚持党建工作和业务工作目标同向、部署同步、工作同力，建立起党建工作与学校中心教育工作有机融合的体制机制，在政策研究、科学决策、举措出台等方面体现党的领导能力，在院系管理、教师从教、学生成长等环节突出党的建设成效。通过党的组织覆盖，提升学校各个职能部门的管理水平和学校整体治理效能，推动学校各项业务工作顺利开展。通过党建工作的开展，形成学校思想教育资源，拓展多样化德育途径，形成全员、全过程、全方位育人的良好氛围和工作机制。要不断加强教师队伍党建工作，让广大教职工队伍先受教育，在科学研究、教学活动、服务社会等方面做出贡献。要不断优化学生党建工作，面向广大学生开展教育实践活动，培养德智体美劳全面发展的社会主义建设者和接班人。

第三，实施党建与业务深度融合的考核评价制度。党建工作抓得实不实、效果好不好，最终要靠学校事业发展的实际成效来检验。部属高校要进一步理顺校党委、二级单位党总支、教师支部之间，校办、党办之间，校党办、各职能部门与二级单位之间的分工与合作，压实党建工作责任和业务工作责任。要加强党建与业务的综合考量，根据学校特点，不断完善党建与业务深度融合的考核评价制度，探索涵盖党建与业务两方面工作的考核内容要求，有效对接党建与业务两方面工作的考核评价办法，制定科学、合理、实际的考评标准与具体指标，根据考评情况列出问题清单并提出具体工作要求。要将考核评价结果作为业绩评价、人员奖励与干部任免的重要依据，以此调动领导干部、教师队伍参与党建工作的积极性和主动性，形成党建业务双提升的正向激励机制，达到"围绕业务抓党建，抓好党建促业务"的良好效果。

由上可见，高校党的建设已取得了积极可鉴的制度性成果，部属高校要为全国高校树立起管党治党标杆，推动党建与其他业务工作二者有机融合，要从制度建设上为二者同向同行创造条件，发挥党建工作对业务工作的提升和带动作用，以业务工作完成情况检验党建工作成效。

第四节　部属高校党的领导体制机制的完善性举措

完善坚持部属高校党的领导体制机制需要多方面的举措，不仅要重点加强部属高校党的政治方向领导，创优部属高校党的组织队伍建设，强化部属高校党的领导落实力度，还应该从更为具体的层面提出推进部属高校党的领导的完善性举措。经过长期实践探索，我国高校形成了具有中国特色、符合我国国情和教育发展规律的内部领导体制设计，即党委领导下的校长负责制。党的十八大以来，党中央做出了一系列重大部署加强党对高校的全面领导和高校党的建设，党委领导下的校长负责制内涵不断深化。新时代部属高校领导体制机制建设，就是要把党委领导下的校长负责制作为基础性制度，不断地优化制度设置、协调制度运行中的环境因素、提升制度的权威性，推动党的高校领导体制稳步发展，有效对接学校发展战略。具体来讲，部属高校党的领导的完善性举措包括坚持党委统一领导学校工作，完善党委领导下的校长负责制，健全党委与行政议事决策制度，完善党委统一领导、党政分工合作、协调运行的工作机制。

一、始终坚持党委统一领导学校工作

高校党委是学校的领导核心，把握学校的发展方向，决定学校的重大问题。高校党委对学校工作的全面领导是坚持和完善党委领导下的校长负责制，切实履行高校党委全面从严治党政治责任，坚持社会主义办学方向的重要保证。习近平总书记对此提出："坚持党委领导下的校长负责制，要重点把握三方面问题。一是高校党委对学校工作实行全面领导，承担管党治党、办学治校主体责任，把方向、管大局、作决策、保落实。党委书记主持党委全面工作，对党委工作负主要责任，校长和其他行政领导班子成员要自觉接受党委领导，贯彻执行党委决定。

二是党委要贯彻民主集中制，议大事、谋大事，重要干部任免、人才使用、阵地建设，重大发展规划、项目安排、资金使用、评价评奖，由党委集体研究决定，形成党委统一领导、党政分工合作、协调运行的工作机制。三是要严格标准、严格把关，选好配强领导干部和领导班子，确保高校领导权牢牢掌握在忠于马克思主义、忠于党和人民的人手中"。① 部属高校必须始终坚持党委统一领导学校工作，深刻把握党委全面领导的实践要求，在党中央巡视整改的重要领域和关键环节下功夫，优化政治领导、思想领导、组织领导的实现路径和体系建构。

第一，明确部属高校党的最高领导权。明确部属高校党的领导的最高法定权威是领导体制机制建设的首要前提，也是高校党委领导下的校长负责制的基本设定。是否能够坚持和维护党的最高领导权，关系着高校能否保持政治稳定局面、能否保持社会主义办学的政治底色、能否完成立德树人的伟大使命。部属高校党的领导工作要想成为全国高校的表率，就必须要明确和坚持党的最高领导权，切实发挥党对学校党建工作和教育工作的引领作用，在服务国家、服务社会等方面做出更加积极的贡献。部属高校既要在制度层面保障学校党委的领导核心地位，又要在实践中推动党的领导体制的切实执行，对外要服从党中央和所属部委的领导，对内要强化党委在管党治党、办学治校中的领导核心作用。部属高校党委要主动担当作为，积极履行把方向、管大局、作决策、抓班子、带队伍、保落实等职责，其他职能部门必须在学校党委的统一领导部署下推进工作。

第二，规范部属高校各个组织机构的权责分工。《中国共产党普通高等学校基层组织工作条例》明确了党委领导下的校长负责制下的组织设置和各组织部门权限，对纪律检查工作、思想政治工作、党员干部工作等提出具体要求。部属高校要进一步完善管理体制和工作机制，建立起涵盖学校党委、院系基层党委和党支部纵向到底、横向到边、权责明晰、运转有序的责任体系。学校党委作为领导核心，要担负起管党治党和办学治校的主体责任，将党建重点任务分解为具体实施方案，列出任务清单、责任清单，明确工作目标、工作举措、牵头领导、责任单位和完成时限，做好科学决策和组织执行，把握好学校办学方向和整体大局，调动学校各方面积极因素投入学校建设之中。学校纪委要服从学校党委和上级纪委的共同领导，重点要做好学校党内监督，发挥对学校师德师风、教风校风的监督功能。院系党组织要在教学、科研、管理上充分彰显党的领导力和组织力，在行政工作和教育活动中加强组织领导和组织协调。教职工党支部要突出组织凝聚、组织动员和组织服务功能，引领广大教职工提升思想政治素养，为学校改革发展问题贡献力量，落实立德树人的根本任务要求。学生党支部要从学生学习成

---

① 习近平：《论坚持党对一切工作的领导》，中央文献出版社 2019 年版，第 164~165 页。

长实际需要出发，组织开展多样化的活动，引导学生树立崇高理想信念。

二、完善党委领导下的校长负责制

校长是学校的法定代表人，在学校党委领导下，贯彻党的教育方针，组织实施学校党委有关决议，行使高等教育法等规定的各项职权，全面负责教学、科研、行政管理工作。具体职责包括：组织拟订和实施学校发展规划、基本管理制度、重要行政规章制度、重大教学科研改革措施、重要办学资源配置方案；组织制定和实施具体规章制度、年度工作计划；组织拟订和实施学校内部组织机构的设置方案，按照国家法律和干部选拔任用工作有关规定，推荐副校长人选，任免内部组织机构的负责人；组织拟订和实施学校人才发展规划、重要人才政策和重大人才工程计划，负责教师队伍建设，依据有关规定聘任与解聘教师以及内部其他工作人员；组织拟订和实施学校重大基本建设、年度经费预算等方案；组织开展学校对外交流与合作，依法代表学校与各级政府、社会各界和境外机构等签署合作协议，接受社会捐赠；向党委报告重大决议执行情况，向教职工代表大会报告工作，组织处理教职工代表大会、学生代表大会、工会会员代表大会和团员代表大会有关行政工作的提案；支持学校各级党组织、民主党派基层组织、群众组织和学术组织开展工作。

因此，在党委统一领导下，部属高校校长主持和负责学校行政工作。部属高校校长要推动有益于学校改革发展的制度体系的健全和完善，不断提升战略谋划能力，提升学校治理能力与水平。要依据国家教育相关法律法规开展工作，支持和组织学校办公室、财务处、资产管理处等各部门的日常工作，维护全体师生发展利益，更充分地发挥学校资源优势和学科建设优势，推动学校发展成为"领头雁"和"先行军"。

三、不断健全党委与行政议事决策制度

健全党委与行政议事决策制度，就是要坚持民主集中制的组织领导原则。党的二十大报告指出："坚持科学执政、民主执政、依法执政，贯彻民主集中制，创新和改进领导方式，提高党把方向、谋大局、定政策、促改革能力，调动各方面积极性。"[①] 实现民主与集中二者相统一，是中国共产党人通过对组织原则和领导制度的积极探索而取得的认识成果。民主集中制是我国高校稳健发展的重要

---

① 习近平：《高举中国特色社会主义伟大旗帜 为全面建设社会主义现代化国家而团结奋斗——在中国共产党第二十次全国代表大会上的报告》，人民出版社2022年版，第65页。

保证，也是我国高校政治生活的一大特色。部属高校要坚持民主集中制的原则要求，遵循"集体领导、民主集中、个别酝酿、会议决定"的领导方针，不断完善议事规则、规范决策程序，逐步建章立制，保障学校领导与管理权力的规范运行。

首先，要不断健全部属高校议事决策制度，在办学治校各环节形成科学的、民主的决策。部属高校要发展党内民主，尊重和保障广大党员的知情权、参与权、表决权、监督权、救济权等民主权利，建立和健全学校党内情况通报制度、重大决策征询制度和民主意见备案制度，推动党政领导接访、走访、暗访工作常态化、制度化和规范化，保障民情民意上下畅达。要将民主集中制要求落实到领导体制机制的运行之中，推进集体领导制度建设，明确相应的职权职责、议事规则、决策程序、纪律要求等，形成各部门相互监督、有序分工、协同并行的工作机制，定期召开党委领导班子会议、党政联席会等，避免权力过于集中，防范个别领导大权独揽搞家长制作风，保证高层在议事决策过程中的民主性和科学性。在学校党委的集中统一领导下，要将民主集中制要求由党内组织制度延伸到全校治理过程中，建立健全民主议事机构，通过职工代表大会、学生代表大会等形式更好地发挥民主管理与监督功能，将全校教职工的思想和行动统一到学校建设中来，为学校高质量发展凝聚人心、汇聚力量。

其次，要提升部属高校党的组织协调能力，形成不同工作部门之间的民主协商机制。部属高校党委在学校学科专业设置、学校基础设施建设、校园文化建设等方面体现和发挥领导核心作用，并不意味着党委要接手管理一切事务，更不是要大包大揽、越俎代庖。在党委统一领导下，学校校务委员会、学术委员会等组织、部门独立开展工作、充分履行职权、参与学校治理工作。部属高校校长具有行政办学权，保障学校行政管理的专业性和效能性，但这并非代表校长个人负责所有行政工作，也并非代表校长在行政管理过程中可以独断专行。部属高校的教师队伍尤其是教授群体在学术发展、学科建设、学校管理等方面发挥着重要作用，学校要充分保障教授治学权，优化教授治学的运行机制和制度保障。部属高校要从政治领导和行政工作上保障与科研工作相关的条件供给，推动更多原创性科研成果的产出，进一步推动"双一流"建设。总之，部属高校要把政治领导权、行政办学权、教授治学权等多元学校治理权力协调起来，不断完善学校治理结构和治理体系，营造民主管理氛围。

四、完善党委统一领导、党政分工合作、协调运行的工作机制

党委领导下的校长负责制是一个不可分割的有机整体，部属高校必须坚持党

委的领导核心地位，保证校长依法行使职权，建立健全党委统一领导、党政分工合作、协调运行的工作机制。部属高校要建立定期沟通制度，促进党委书记和校长及时交流、相互信任、团结协作。党委会议中有关教学、科研、行政管理工作的议题，应在会前听取校长意见；校长办公会议（校务会议）的重要议题，应在会前听取党委书记意见。意见不一致的议题暂缓上会，待进一步交换意见、取得共识后再提交会议讨论。集体决定重大事项前，党委书记、校长和有关领导班子成员要进行充分沟通，积极协调工作，努力营造团结共事的和谐氛围。坚持领导干部双重组织生活会制度，认真开好民主生活会，正确运用批评和自我批评的武器，开展积极健康的思想斗争，对在思想、作风、廉洁自律等方面出现的倾向性问题做到早提醒、早纠正。健全以学术委员会为核心的学术管理体系与组织架构，合理确定学术组织人员构成，制定学术组织章程，保障学术组织依照章程行使职权，充分发挥其在学科建设、学术评价、学术发展和学风建设等方面的重要作用。发挥教职工代表大会及群众组织作用，健全师生员工参与民主管理和监督的工作机制。实行党务公开和校务公开，及时向师生员工、群众团体、民主党派、离退休老同志等通报学校重大决策及实施情况。推行高等学校党员代表大会代表任期制和提案制，健全学校党委常委会向全委会报告工作并接受监督等制度。

新时代背景下，部属高校承担着"双一流"建设的重大任务，要始终坚持党委领导下的校长负责制，明确党的最高领导权，形成各个组织机构的权责分工，贯彻民主集中制的组织领导原则和要求。部属高校要立足新发展阶段，在自身办学体制和管理机制的基础上，进一步优化提升党的领导体制机制，坚持和加强党的全面领导。

第十章

新时代完善地方高校党的领导体制机制的对策建议

深化高校党的领导体制机制研究要聚焦不同类型的高校党的领导体制机制的实际情况，提出针对性的对策建议。地方所属高校（以下简称"地方高校"）是我国高等教育体系的主体部分，指的是以地方财政拨款为主要办学资金来源、在管理权层面隶属于各省、自治区、直辖市、港澳特区，以服务区域经济社会发展为目标，着力为地方培养高素质人才的普通高等学校。20世纪末，经过高校管理体制的调整，我国高校形成了中央和省级政府两级管理，以省级政府统筹管理为主的新体制。少数关系国家发展全局的高校以及行业特殊性强的高校继续由国务院委托教育部、工信部和其他少数部门管理外，多数高校由地方管理或以地方行政管理为主。坚持党的领导既是各地方高校实现高质量发展的内在要求，也是实现新的跨越的实践杠杆。当前，各地方高校需要从我国高等教育事业发展的整体战略目标及规划出发，结合地区经济社会发展的实际情况，进一步完善坚持党的领导体制机制。坚持问题导向，进一步理顺各省（区市）党委和所属高校的领导体制、职能定位关系；严格规范地方高校党政管理体制机制，积极构建以人为本、科学有序的现代化大学治理体系；创新地方高校落实党的领导的组织运行机制，增强高校内部的治理能力，推进地方高校在党的领导下新的发展。

第一节 加强地方高校的领导体制建设

完善地方高校党的领导体制机制首先应该加强各省级党委对所属地方高校的领导体制建设。地方高校在主管上具有地属性,在发展上具有区域适应性,在功能上具有区域倾向性。因此,坚持党的领导体制机制建设,首先要加强各省级党委对所属高校的领导体制建设。要全面统筹地方高校现阶段发展的优势与不足,明确对所属高校落实党的领导的核心职能;要进一步协调地方高校在落实党的领导和实现自主创新发展上所存在的张力,健全完善对所属高校的党政领导工作体制;要及时回应和解决地方高校总体竞争力不强、特色不凸显、内部过度竞争和趋同化问题严重等现实问题,加强对地方高校建设发展的统筹规划。以此调动地方高校贯彻落实立德树人根本任务的积极性和主动性,引领地方高校实现高质量发展,全面发挥党的领导在地方高等教育事业发展中的关键作用。

一、明确地方高校落实党的领导的核心职能

各省级党委对所属的地方高校具有直接领导和管理权,其核心任务在于确保各类高校在坚持和落实党的领导的前提下,实现自主的创新发展。因此,加强地方高校党的领导体制机制建设,首先要明确各级地方党委对所属高校落实党的领导的核心职能,进而统一认识、凝聚力量,使党的领导能够精准有效地落实到地方高校的发展中;其次,使地方高校在落实党的领导问题上有规可遵、有据可循,从而实现双方的有效对接和协调合作。

首先,各级地方党委要着力引导地方高校落实立德树人的根本任务。立德树人是新时代党和国家关于教育事业发展的重大战略方针和根本任务所在。地方高校作为我国高等教育事业发展的重要支柱和主体力量,必须贯彻落实立德树人这一根本任务,实现地方高等教育内涵式、高质量发展,更好地服务地方经济社会发展。各级地方党委及教育职能部门必须在坚持党的领导这一问题上立场鲜明、毫不动摇,明确自身职能定位和工作责任,将引导地方高校贯彻立德树人根本任务列入核心工作范畴,对所属高校的人才培养工作做出统一部署,正确引领地方高校的发展方向。各级地方党委要促进所属高校深刻认识和抓紧落实立德树人这一根本任务,加强对地方高校教学管理工作的指导和监督,通过实地调研和听取汇报等形式,深入把握各地方高校人才培养情况,对其中的工作问题予以及时反

馈，推动各地方高校形成常态化的工作机制，将落实立德树人根本任务同学校谋求转型发展的现实目标有机结合，并在具体实践过程中一体规划、共同推进。引导各地方高校将落实立德树人根本任务的相关议题纳入对外交流学习工作中，促进地方高校之间形成育人合力。

其次，各级地方党委要积极支持地方高校的转型发展。地方高校以服务区域经济社会发展为目标，其建设与发展同区域技术产业结构和就业导向有着紧密联系。实践证明，我国地方高校在推动高等教育事业由精英教育阶段向大众化教育阶段迈进的过程中起到了重要作用，满足了国民经济快速发展对理论和技术人才的需求，有效解决了地方经济社会发展的人才供给问题。同时，地方高校在大规模设立、快速发展的过程中逐渐陷入模式僵化的困境之中，在吸收和培养精英人才方面面临新的挑战，转型发展的现实需求日益紧迫。在此背景下，地方高校必须将坚持党的领导、坚持社会主义办学方向作为战略基点，明确自身建设发展的根基所在，不断适应外部经济社会环境的变化以及我国高等教育事业的整体战略调整。地方党委要着眼于推动地方经济社会的可持续发展，增强战略眼光并主动规划建设能力，加快调整人才培养结构，支持所属高校立足自身办学特色、加快转型发展，促进地方高校为建设人才强国做出更大贡献。

最后，各级地方党委要加强对地方高校党建工作的监督指导。实现党对高校的全面领导不是一蹴而就的，需要在高校具体工作的实践中不断完善。因此，各级地方党委实现对所属地方高校领导的职能要求，还包括加强对其党组织设置、党组织生活、党风廉政建设等方面工作的监督指导，以不断巩固和增强党的领导。就现实情况来看，高等教育资源已经成为一种关乎民生的必需品，高等教育在社会层面的大众化，在一定程度上造成了教育行业内部的垄断化和特权化，使地方高校受到人情关系的干扰，由此所滋生的教育资源利益交换问题也愈加凸显。摆脱旧有利益格局的束缚，实现人才培养模式和就业结构的转型升级，要求各地方党委要全面加强所属高校的党建工作，以党建工作引领办学改革工作；以党建工作破除传统利益束缚；以党建工作塑造新的管理模式和政治生态。具体要求各级地方党委要促进地方高校严格落实党组织设置要求，发挥党组织凝聚基层力量的战斗堡垒作用；规范党组织生活，发挥党组织在学校建设发展事业中的先锋作用；严肃惩治党内腐败风气，加强纪律建设和制度建设，促进教育管理过程的透明化、公开化，防止教育过度行政化、内部特权化、利益固化等问题的出现。

二、健全完善地方高校的党政领导工作体制

地方高校承担着人才培养、科学研究、社会服务的职能，其实践运作涉及经

济社会的方方面面。地方党委和政府要进一步实现对地方高校建设发展的领导，健全完善对所属高校的党政领导工作体制。具体来讲，就是要理顺地方党委同高校的关系，明确双方在高等教育事业发展中的基本定位；优化地方党委和高校在办学发展中的职能定位，最大化地发挥各自优势；加强地方党委和高校在办学发展工作中的制度化水平，深化以管办评分离为核心的治理改革。

首先，理顺地方党委同高校的关系，明确双方在高等教育事业发展中的基本定位。将高等教育的管理权下放至地方是原则性规定，在具体实践层面则更为复杂。地方高校分为省属、市属、厅属的本科和高职高专院校，因此党委同高校之间的关系存在差异化定位和多元化形态。有的地方高校其招生规模、培养方案、专业设置、办学经费、师资队伍等都在主管教育部门的管理范畴内，而有的学校除了教学和科研的具体组织和实施，在招生规模和专业设置等方面具有一定的自主权。这在一定程度上是由各地方高校的办学历史传统、地方经济实力、党政领导体制等方面的差异所造成的。因此，各地方党委要从实际出发，以保证自身领导地位、增强所属高校的自主办学创新能力为抓手，探索不同的实践路径和实施方案，进一步理顺地方党委同所属高校的关系，在给予地方高校更多办学自主权的同时，激发其完善坚持党的领导体制机制的自觉性和积极性，促进两者之间相辅相成、有机统一。

其次，优化地方党委和高校在办学发展中的职能定位，最大化地发挥各自优势。坚持党的领导是地方高校得以建立并不断成长壮大的根基和保障，地方党委要继续为地方高校的可持续发展保驾护航，统筹整合党政职能部门的工作，共同为地方高校的转型发展助力。在明确地方党委和高校自身在办学发展中的职能定位的基础上，要促进双方切实履行自身的职能。在地方党委层面，要在支持高校自主办学的同时，更好地发挥地方政府的宏观调控作用，根据区域经济发展的需求，因地制宜做好办学规划，把促进地方高校和谐发展与增强高校服务社会的功能结合起来。要在校企合作、项目引进和人才培养等方面为学校发展提供政策支持和制度保障，鼓励自主创新学科和人才培养，引导和规范地方高校的内部合理竞争，有序实现结构的优化整合和改革调整，为地方高校拓宽发展视野、形成新的发展格局提供方向性指导。要加强教工委在政策上传下达、实施监督指导工作方面的作用，加强教工委同其他党政职能部门的协调合作。同时还要积极寻求社会力量，充分发挥统筹能力，为包括政府、企业在内的众多主体参与办学搭建平台。借鉴国有企业所有制改革经验，积极实施学校混合所有制改革试点，突破现有的公办和民办的两分法所带来的体制障碍和发展阻力。在地方高校自身层面，要摆脱僵化的办学思维，在立足自身实际情况的基础上积极对外开放、深化交流合作、主动改革创新，积极同党委、政府职能部门进行沟通协调，争取更多的政策支持和后备力量保障。

最后，要加强地方党委和高校在办学发展工作中的制度化水平，深化以管办评分离为核心的治理改革。以管办评分离为核心的治理改革是地方高校转型发展的"触控键"，其要义在于厘清政府、学校以及社会在高等教育发展与改革中的权利，改变长期以来形成的政府既是俱乐部老板、又是球员和裁判的三重角色。要切实落实高校的办学自主权，探索推动我国经济结构调整、促进社会发展的新型高等教育管理体系和监管模式，充分释放制度活力，提升地方党政职能部门在领导高校建设工作方面的制度化水平。"政策的支持应当形成一个全面的、体系化的制度框架，需要进行较为长远的顶层设计。"① 以明确其全面领导而不是全面干涉的职能定位为前提，系统梳理和评估以往的高等教育管理政策、制度与办法，从实践需要出发，对其进行整合、清理和完善。同时，尽快修订、完善或出台与地方高校转型发展要求相适应的新政策和新制度，从而以相对合理完善的制度来规范和约束地方党政职能部门的权力，确保党和政府对地方高校的领导是科学有力的。地方政府要探索将新功能培育与政策创新相结合的路径，转变行政管理理念，按照建设现代职业教育体系和地方高校分类管理的新要求，提高管理服务的效率与质量，激发办学主体的活力。促进高校办学体制改革，鼓励和支持地方高校办学体制由一元走向多元，形成以政府为主体，多渠道集资办学的格局。优化教育资源的配置，建立质量立校的评估机制，着力提升办学和人才培养质量，帮助地方高校走出现阶段办学发展的僵化困境。

三、加强对地方高校建设发展的统筹规划指导

分层定位、分类建设、特色发展是现代高等教育体系的基本特征，也是地方高校转型发展的必然趋势。通过精细的分类评估工作，加强对地方高校建设发展的统筹规划和科学指导，有利于促进地方高校进入稳步有序的改革调适阶段，避免市场化条件下不同办学主体之间无序竞争、过度同质化等问题，进而构建起新发展格局，实现高等教育系统和社会系统的协调统一。

首先，对地方高校进行精准的分类评估工作。按照学校的规格，可将地方高校分为省属国家"211工程"重点大学、地方重点院校、地方普通院校、地方新兴院校、地方高等专科学校，其中"211工程"重点大学占比极少且受严格管理，地方重点院校则是指对区域经济社会发展起着重要作用、历来为各省区市特别指定的省属重点大学，其他学校则是对区域经济社会发展有积极作用的特色省

---

① 史秋衡：《国家高校分类体系及其设置标准实证研究》，科学出版社2016年版，第187页。

属院校。按照学科设置，可划分为综合性、多科性、特色性大学。按照人才培养目的，可划分为学术研究型、应用研究型、应用技术型、应用技能型大学。各地方大学职能定位不同，办学层次和要求各异。因此，要对地方高校进行精细的分类评估工作，调整资源过度向上集中的旧有模式，引导各地方高校积极调适自身的办学定位，逐步扭转高校内部鄙视链的限定，形成正确的办学目标和人才培养观念，激发各高校自主创新的积极性，促进特色办学水平和自主办学能力的发展和提高，更好地适应高等教育大众化过程中的多样化社会需求。要建立和发展一批熟悉各行业或产业界人才与技术特点的社会中介评估机构，建立多元利益主体的参与机制，充分激发地方高校的积极性和创造力。推动地方高校的多样化、差异化发展，促进高等教育的合理布局和协调发展，加大力度破除旧有的内部分层结构，逐步缩小地区间发展差异，提高我国高等教育整体水平，推进教育公平，更好地为区域经济建设和社会发展服务，使党对地方高校的领导落到实处。

其次，对地方高校建设进行统筹规划。如何提高人才培养质量，如何强化办学特色、如何实现高质量发展、如何处理发展与规模、质量、效益的关系，是当前地方高校发展亟待解决的问题。地方高校只有积极适应地方经济结构战略调整、区域协调发展的要求以及人才市场的现实需要，才能明确办学定位、突出办学特色，只有不断改革创新，才能在日益激烈的高等教育竞争中掌握主动权。因此，地方党政管理部门要在整合分类的基础上，制定和实施不同的发展策略，与地方高校内部达成共识，实现地方高校自身优势的最大化。对于适合共建的高校，要加强对其教学、科研、学科建设、师资队伍建设等方面的指导；扶持共建高校加强人才培养基地、重点学科、重点实验室、工程中心建设；组织共建高校参加教育部召开的重要会议，进一步推动其与教育部直属高校的相互学习和信息交流。同时共建高校要进一步理清办学思路，制定完善战略发展规划，科学定位、办出特色，拓宽对外交流的渠道，在区域高等教育事业发展中发挥示范作用，与地方和区域经济社会发展实现更加紧密的结合。对于适合自主发展的高校，要在明确不同办学发展定位的基础上，引导其优化内部资源配置结构、学科专业布局、人才队伍结构、内部治理结构，防止地方高校内部的利益分割、区块分割问题，在不同层次、不同领域形成一批具有鲜明特色、聚合效应强的地方高校。要更加重视职业教育的发展，提升其社会地位，改善其办学条件，加强其师资队伍力量建设。建立中西部高校帮扶计划、特色院校的结对互助计划，建立东中西部高校全国性对口支援对接平台，精准实施对口支援。根据实际情况，助力地方高校的一级学科建设，为地方高校增加博士点特别是一级学科博士学位授权点创造条件，打通本科、硕士、博士培养体系，不断提升人才培养质量。

最后，加强对地方高校建设发展的科学指导。地方高校的转型发展是一项系统工程，各级政府尤其是地方政府不仅要及时转变教育行政管理观念，更需要将其上升为地方经济和社会可持续发展的战略高度来对待。当前我国高等教育正处于教育市场格局大调整的阶段，只有进一步推进教育资源的供给侧结构性改革，才能更好地满足经济社会发展的需求。在这一进程中，地方高校具有先行先试的优势。但由于各地方经济实力、地理位置和社会环境存在差异，地方高校在师资、生源、资金和项目等方面展开激烈竞争。在这种情况下，地方政府亟待根据地区产业结构，建立一批新的特色地方高校，广泛吸引外界人才，补足地方人才资源的流失。如江汉艺术职业学院开设的小龙虾学院、柳州职业技术学院开设的全国首家螺蛳粉产业学院、西北农林科技大学开设的葡萄酒学院等，促进了地方高校同特色经济产业相衔接。要继续推动产学研一体化建设，强化高校同地方经济社会的联系，增强地方高校的品牌优势和人才吸引能力。通过建立地方高校战略联盟，构建地区高校错位发展、共建发展模式，形成区域和学科聚合优势，实现优势互补和共同发展。有的省份成立了应用技术大学（学院）联盟，组织联盟成员推进教育改革创新，推动建立产教融合和协同创新机制。深入推进新工科、新医科、新农科、新文科建设，调整优化专业结构，打造特色优势专业集群。

第二节 规范落实地方高校党政管理的体制机制

完善坚持地方高校党的领导体制机制不仅要加强地方党委对所属高校的领导体制建设，还应该规范落实地方高校党政管理的体制机制。地方高校的党政领导班子是贯彻落实党的领导的关键主体，因此，要从地方高校的特殊隶属关系出发，做好高校领导班子的选任考核工作，确保领导班子就坚持党的领导和落实立德树人根本任务形成统一认识。还要着力加强党政职能部门设置的规范化程度，构建完善以人为本、科学高效的治理制度体系。要切实发挥高校纪委的监督作用，促进地方高校权力运行的透明化、规范化，营造良好的党风校风，从而确保高校党政管理层面能够有效巩固和落实党的领导。

一、做好地方高校领导班子的选任考核工作

地方高校的领导班子主要包括党委书记、校长、纪委书记等成员，在领导班子的选任问题上要坚持因岗选人，从岗位的职能出发，选拔具有相应能力素质、实践经验的人才。并对领导班子成员进行定期考核，组织领导班子成员进行集体

学习，引导并在其内部形成积极正确的思想观念和实践导向。

首先，科学选任地方高校党政领导班子成员。在选任标准方面，个人的基本能力素质和相关实践工作经验最为重要，但仍需从实际情况出发，综合考虑各种因素。当前地方高校领导班子的选任，多以内部选任或者上级选派的方式进行。在这一过程中，要坚持"凭实绩用干部、以发展论干部"的导向，将人才能力同岗位职责相匹配，避免行政权力在选任工作中的不合理干涉。在选任工作方面，要坚持大局观念，理顺党委书记和校长的权责关系，从促进各领导班子成员各司其职、协调合作的目的出发，进行精细化的考核选任，提升领导班子的整体工作效能。在选任程序方面，要结合各地方高校的历史传统、社会影响力、办学特色等情况，探索多元化的选任渠道，形成规范化的选任程序，使选任工作能够科学有效地落实到位。同时，要做好选任前后期的相关衔接工作，在选任前期做好必要准备工作、动员宣传工作、组织选拔工作，在选任后期做好各方面工作的对接和调整，为新任的领导班子成员提供适应期和磨合期。

其次，制定关于地方高校领导班子成员的考核方法。只有权责明确，才能进行有效的考核，进而发挥考核结果的激励作用。一方面要求领导班子成员对自身职能范围内开展工作的实际情况进行定期汇报，组织内部经验交流，将决策与执行贯通起来，防止相互推诿扯皮现象的出现，使考核能够有序有效地开展。我国地方高校实行党委领导下的校长负责制，党委的领导是集体领导。因此，在考核过程中，要围绕中心任务，对各部门执行落实具体情况进行全面考核，营造积极健康的考核评价氛围，发挥考核导向作用。另一方面将领导班子职能建设与地方高校建设联系起来，要根据职能要求和实际工作汇报情况评定考核等次，向全校干部群众通报考核结果，并将考核结果作为领导干部综合评价、提拔任用、评优评先、责任追究的重要依据，调动高校领导班子干事创业、办学治校的主动性和积极性，造就一支学习型、创新型、进取型的领导班子队伍。

最后，加强地方高校领导班子的集体学习机制建设。坚持集体学习，是保持干部队伍先进性和纯洁性的重要法宝。要围绕办学发展目的，从不同的职能定位和实际工作出发，建立以党委成员为主体的领导班子集体学习机制，提升领导班子整体的思想政治理论素养，就不同议题进行充分讨论和民主协商，就学校的发展进行统筹规划，确保科学决策、严格执行、有效监督一体化工作的推进。要以上级的重要工作指示精神为指导，不断丰富集体学习的议题和内容，强化领导班子对于进行集体学习重要性的认识，提高其开展和参与集体学习的积极性。对具体实践过程中的矛盾问题进行及时的协商，对方案的可行性进行试验和探讨，营造积极向上、协调合作、目标一致的和谐工作氛围。坚持民主集中制，集体决策、集体贯彻执行，让各项工作都处于高校广大党员干部和群众的监督之下，有效防止决策失误、权力失控、行为失范。

二、加强学校党政职能部门设置的规范化程度

受到历史传统、现实隶属等因素影响，地方高校的党政职能部门的设置也存在较大差异。当前地方高校要进一步提升党政职能部门机构设置、人才管理和制度建设的科学化、规范化水平，提高办事效率，防止体制僵化、执行效力有限、创新性不足等问题，更好地为现实发展服务。

首先，在机构设置方面，要规范设立党委所直接领导的办公室、组织部、宣传部、统战部和教师工作、学生工作、保卫工作部门等机构，根据办学发展的实际需要，对部门工作进行调整。同时地方高校要根据专业化分工、有效协调和精简节约的原则进行机构改革，优化职能部门的运作流程，规范职能部门的工作及部门间的联系，使职能部门在一定的组织规范内分工协作。在此基础上，明确授权形式、授权对象以及职能部门使用、管理经济资源的权限和责任，对职能部门进行有效的监督，建立科学有序、权责一致的高校治理制度体系。提升各职能部门的民主化管理水平，将上级主管部门领导代表、专家代表、师生代表、社会代表纳入决策主体结构，参与学校民主管理和民主监督，充分发挥党委下设的学术委员会、校务委员会、战略发展委员会、内部审计委员会等组织在学校重大事项中的咨询和监督作用。对党政职能部门进行系统整合和规划建设，增强多元主体之间的协调合作能力，更好地发挥和强化党委的统筹协调和核心指导作用，使党的领导能够充分落实到高校的内部管理活动、教师发展和学生就业、人才培养、服务社会等方面。

其次，在人才管理方面，要重视对地方高校党政职能部门人才的选拔和考核工作。当前地方高校党政管理机构存在行政化倾向，其岗位往往成为学校的"福利政策"，由具备一定资历的教职工或领导干部亲属所占据，内部结构复杂、机构臃肿、人员复杂，导致其考核评聘程序难以正常有序推进。因此，要对正常选拔进入和依靠福利政策引进的人员进行明确的区分和定位，在此基础上，确定其考核评聘程序和规则。要对现有的党政管理职能部门的人才结构进行整合和优化，对履职能力不强的人员予以调岗，从而保证党政管理部门内部始终保持战斗能力。要重视人才引进工作，吸引不同专业的人才进入党政管理部门，对部分工作人员实行"双肩挑"培养方案，保证党政职能部门工作人员的素质和能力。针对部分高校党政职能部门重叠、行政教辅人员比例过大、专职教师不足的情况，进一步进行人才结构的调整，将身份管理转为岗位管理，对行政教辅人员进行一定的转岗培训。重视内部人力资源开发，重视对专职教师的引进和培养，提高优

秀人才和中青年教师的待遇，增强党政管理干部队伍和教师队伍的认同与合作。

最后，在制度建设方面，以建立学校党政管理的章程为抓手，落实大学办学自主权。高等学校章程不仅是高等学校依法自主管理、实现依法治校的重要保障，也是高等学校对外明确与政府、社会，对内明确与内设机构、教职工和学生权利义务关系的基本准则，是高校完善治理结构、实现科学发展的重要载体。在章程中，除了要对宗旨任务、办学目标等基本内容予以规定之外，还要清晰有力地回答"办一所什么样的学校""如何服务于地方经济社会发展"这两个基本问题。地方高校要以转型发展目标为导向，以加快推行现代大学制度建设为着力点，结合具体任务要求，不断完善由省级教育行政部门核准、省级人大备案、省级人民政府发布的体现应用型技术型大学办学特色的地方高校章程。因此，地方高校党政职能部门要及时转变办学思维、明确发展定位，加强党政职能部门的制度规划和制度建设能力，主动挖掘和凸显制度章程建设在助力高校转型发展中所具有的强大潜力和重要引领作用。

三、切实发挥地方高校纪委的监督作用

作为党内监督的专责机关，高校纪委负有监督执纪问责职能。充分发挥纪委的监督作用，是高校履行使命任务的必然要求、推进全面从严治党的重要抓手、加快"双一流"建设的题中之义。地方高校纪委要坚持和加强党对高校工作的全面领导，贯彻落实党的教育方针，增强政治敏锐性和监督执纪效力，确保地方高校严格落实党的领导，助力高等教育高质量发展。就此，地方高校纪委要在监督内容、监督形式和监督体制层面进行改革创新，明确自身职能、地位，优化工作体制，构建维护党对高校领导的坚固屏障。

首先，地方高校纪委要深入了解学校运行发展的实际情况，实现监督考核工作内容的全面化、权威化。监督考核并不是可有可无的，要及时摆脱行政化、被边缘化的境地。纪委书记作为学校党委的成员之一，要切实参与学校管理运行的重大决策，监督其执行落实情况。要认识到自身职能地位的特殊性和重要性，对党委书记、校长以及整个党委班子的履职情况，学校管理和运行实践层面的重大规划等加强监督考核。只有明确自身职能地位，才能使监督有的放矢，在促进学校领导班子协调合作、学校实际运行发展中发挥作用，提高监督执纪的专业化程度，增强广大党员干部和师生对纪委监督职能地位的认同。当前随着经济社会的快速发展，高校内部运行管理的腐败诱因增多，党风廉政建设形势更为严峻。地方高校的发展依赖并受制于地方政府的政策支持与区域经济发展水平，在长期的地域性发展中更容易滋生腐败问题。例如，存在滥用职权、以权谋私现象，失

职、渎职现象，铺张浪费现象，乱收费现象，坐收、坐支、私设小金库现象，以及招生、考试、经济、财务活动中的违法违纪行为。这些腐败现象和行为不是偶然和孤立的，归根结底是高校落实党的领导不力、纪委监督职能发挥不到位。因此，地方高校纪委要充分认识到新形势下加强高校反腐倡廉建设的重要性和紧迫性。以坚持和落实党的领导为根本遵循和核心目的，扩大监督执纪实践的覆盖面，拓宽监督执纪的职能内容。建立省级教工委等职能部门和学校纪委的联席会议制度，从内部和外部双向发力，协同有效地解决师生反映的突出问题，破解制约学校内涵发展的难点问题。

其次，地方高校纪委要结合自身和高校运行管理的实际情况，创新完善监督方式，使监督执纪工作制度化、规范化。现阶段不少地方高校仍然采用的是"内部人"监督模式，监督机构缺乏独立性和权威性，监督管理岗位人员缺位、职责游离，导致监督制度本身形同虚设，难以起到应有的约束作用。因此地方高校纪委在反腐倡廉和监督执纪过程中，要把握和体现改革创新、惩防并举、统筹推进、重在建设的基本要求。要坚持加强思想道德建设与加强制度建设相结合，常态化地开展党内法规和党建知识教育活动，提升领导班子和职能部门的党规党纪执行能力，拓宽全校师生群体的监督渠道，促进监督执纪工作的有效开展。要坚持严肃查办违法违纪案件与切实解决损害群众切身利益的问题相结合，在发现和惩治相关违法违规现象的同时，引导相关部门深入整改，增强监督执纪的效力。要坚持廉政建设与勤政建设相结合，防止高校中出现不作为、懒作为的现象和作风，引导各职能部门制定、完善相关的规章制度，形成权责一致、积极上进的工作氛围。要坚持加强对干部的监督与发挥干部主观能动性相结合，使监督执纪成为激励党员干部干事创业的科学指引和有力保障。以改革精神推进制度建设，以创新思路寻求治本办法，把改革的推动力、教育的说服力、制度的约束力、监督的制衡力、惩治的威慑力结合起来，从而增强地方高校纪委工作的科学性、制度性和规范性。

最后，地方高校纪委要完善监督执纪的工作体制，将高校反腐倡廉建设工作落在实处。一方面，要建立完善的高校党风廉政建设责任制检查考核方式方法，并重点突出高校党风廉政建设责任制检查考核工作在高校纪委工作中的主体地位。由于地方本科院校"省市共建、以市为主"的特殊管理机制，上级党政主管部门监管太远，同级的市政府监管又太少，缺乏权力监督的领导班子容易滋生腐败。因此应重视制度建设在监督中的作用，建立上级领导对下级党政领导班子的监督责任制，预防和遏制腐败现象。上级党政主管部门要经常研究分析干部考察考核、民主评议和信息信访等渠道所反映的问题，及时采取针对性措施；同级的市政府作为财政拨款的主体，要加强对学校经济活动的监控，建立监督管理的刚性机制，及时填补制度的漏洞。高校纪委要在同级党委和上级纪委的双重领导下开展工作，协助督察组做好监督检查、纪律审查等方面的工作。另一方面，要建立健全对地方高校领导班子的罢免撤换制度。防止学校党政领导班子滥用职权，是干部监督工作的必然要求。地方高校纪委要完善监督执纪的工作体制，将高校反腐倡廉建设工作落在实处。

第三节 创新地方高校落实党的领导组织运行机制

坚持和完善地方高校党的领导体制机制不仅要加强地方党委对所属高校的领导体制建设和规范落实地方高校的党政管理的体制机制，也要创新地方高校落实党的领导组织运行机制。当前地方高等教育事业的发展还存在办学定位同质化、区域分散化的问题，不少地方高校陷入本地优质生源流失的困境。为适应和满足区域经济社会发展对人才的需求，地方高校必须不断创新落实党的领导组织运行机制，提升党组织的核心领导力，将党的领导贯彻落实到教学管理实践的方方面面，切实发挥坚持党的领导在促进学科建设、人员管理、教学质量提升等方面的具体作用。具体来讲，就是要着力规范地方高校各级党组织的运行管理，完善对地方高校党员干部的培训管理机制，探索构建具有学校特色的思想政治理论课程体系。

一、着力规范地方高校各级党组织的运行管理

地方高校党组织的设立和运行管理要遵循《中国共产党普通高等学校基层组织工作条例》的具体要求，根据自身办学定位和人才培养目标，创新完善党组织体系、制度体系和工作机制，推动高校党的建设与高等教育事业的发展深度融合，以高质量的党建工作引领推动高校为党育人、为国育才，实现高质量发展。

首先，规范设置地方高校的各级党组织，包括各级基层党委、党总支、教师党支部、学生党支部等。要根据具体情况，指导各基层单位设置规模适宜、定位恰当、运行有效的党组织体系，实现党组织的全面覆盖，确保在地方高校的运行管理实践中，能够有力发挥党组织的核心引领和根本保障作用。党组织的设置不是简单的行政任务，而是基于实际需要。党组织的职能作用体现在宣传和执行党的路线方针政策以及上级党组织的决议上，从而在根本上确保各单位工作的正确方向和核心目标，防止各单位工作偏离中心。除此之外，还体现在人员管理和队

伍建设上，党组织具有鲜明完善的组织纪律和工作要求，能够在具体工作中发挥组织动员和示范带动作用，凝聚党组织内的成员、吸引外部优秀人才。党组织还承担着本单位思想政治工作，加强师德师风建设，把好教师引进、课程建设、教材选用、学术活动等重要工作的政治关，落实意识形态工作责任制的职能任务，对单位的教学和日常管理工作起到政治引领和政治保障作用。

其次，规范地方高校的党组织内部运行管理制度，切实发挥基层党组织的职能作用。一方面，各级党组织应当通过党政联席会议，讨论和决定本单位重要事项。坚持党管办学方向、党管干部、党管人才、党管意识形态、领导改革发展，把党的领导落实到高校办学治校全过程各方面，确保党的教育方针和党中央决策部署得到贯彻落实；召开党组织会议研究决定干部任用、党员队伍建设等党的建设工作，对涉及办学方向、教师队伍建设、师生员工切身利益等事项的决策部署，应当经党组织研究讨论后，提交党政联席会议决定。领导本单位群团组织、学术组织和教职工代表大会，做好统一战线工作。坚持高校党的建设与人才培养、科学研究、社会服务、文化传承创新、国际交流合作等深度融合，为高校改革发展稳定、完成党和国家重大战略任务提供思想保证、政治保证、组织保证；另一方面，各级党组织应该加强自身制度建设。建立健全党支部书记工作例会等制度，具体指导党支部开展工作。做好本单位党员、干部的教育管理工作，做好人才的教育引导和联系服务工作。坚持全面从严治党，以党的政治建设为统领，把政治标准和政治要求贯穿党的思想建设、组织建设、作风建设、纪律建设以及制度建设、反腐败斗争始终，落实党的建设布局要求，明确自身的政治战略地位和党建实践要求。地方高校党委要坚持抓基层强基础，健全高校党组织运行机制，全面增强基层党组织的活力和战斗力。将基层党组织的党的建设和思想政治工作纳入巡视巡察内容，并将巡视巡察情况作为领导班子综合评价和领导人员选拔任用的重要依据。开展党组织书记抓基层党建述职评议考核工作，强化考核结果运用，督促抓好问题的整改落实。

最后，发挥地方高校党组织在办学治校各方面实践中的重要引领作用。"高校的内部管理体制的改革是高校品牌构建的制度基础"①，而内部管理体制的改革关键在于发挥党组织的核心引领和统筹协调作用。一方面，要着力发挥党组织在办学管理和改革实践中的关键引领作用。当前高等教育事业由卖方市场逐渐走向买方市场，地方高校之间的竞争愈加激烈。在此形势下，不断创新教学、科研工作体制，增强内部活力，提高科研和教学工作的综合实力，成为各地方高校发展的核心任务。因此，各级党组织应当强化政治功能，履行政治责任，保证教

---

① 张宗伟：《地方高校品牌的创建研究》，江西人民出版社2014年版，第40页。

学、科研、管理等各项任务的高质量完成,健全集体领导、党政分工合作、协调运行的工作机制,发挥党组织在构建管理体制和促进各项工作的开展中的政治引领作用。另一方面,要发挥党组织在人才培养和队伍建设方面的统筹协调作用。对地方高校建设发展来说,人才引进和人才战略管理的重要性不言而喻。这就要求党组织不仅要指导教学科研工作的正常有序开展,还要从人才培养和队伍建设入手,为各类科研教学人才提供良好的工作氛围和组织归属感,提升所属高校的核心竞争力。

二、完善对地方高校党员干部的培训管理机制

地方高校党组织的先锋模范作用和强大战斗力,源于地方高校的党员领导干部的政治能力和实践工作本领。因此,要完善对地方高校党员干部的培训管理机制,使党员干部队伍成为贯彻落实党的领导要求的坚强有力保障。

首先,要系统构建各党组织的党员干部培训体制机制,提升党员干部自觉主动学习的意识。队伍建设和队伍管理对于地方高校实现高质量发展来说具有重要战略意义。地方高校党委应当坚持党管人才原则,贯彻人才强国战略,实施更加积极、更加开放、更加有效的人才政策,健全人才培养、引进、使用、评价、流动、激励机制,用好用活党内和党外、国内和国外优秀人才。要加强对人才的政治引领和政治吸纳,健全党组织联系服务专家工作制度,不断提高各类人才的思想政治素质。当前部分地方高校的党员干部培训体制具有一定的行政指向性,党员干部自觉主动学习的意识不强。因此,地方高校的各级党组织要在遵循上级指示要求的基础上,探索适合自身实际情况的党员干部培训体制机制,整合培训教育资源和平台,构建由点到面、逐层深入的党员干部培训模式。要紧紧抓住党员干部队伍建设的双重目标定位,在重视提升党员干部专业技能的同时,构建系统完善的党员干部培训体制机制,为党员干部队伍发挥先锋队作用提供有力支撑和根本保障。

其次,要有效规范党组织的党员干部培训体制机制,明确培训目标和流程。一方面,要加强对教职工党员干部队伍的培训管理和监督。要引导教职工党员干部宣传和执行党的路线方针政策以及上级党组织的决议,团结广大师生,在教学科研管理过程中发挥党员先锋模范作用;参与本单位重大问题决策,支持本单位行政负责人开展工作,对教职工职称评定、岗位(职员等级)晋升、考核评价等进行政治把关;协助做好本单位党员教育、管理、监督和服务工作,定期召开组织生活会,开展批评和自我批评;选拔和培养教育入党积极分子,协助做好发展党员工作;加强师德师风建设,有针对性地做好思想政治工作;密切联系群众,

经常听取师生员工意见和诉求，维护他们的正当权益。明确教职工党员干部的培训目标和具体工作要求，结合其实践要求进一步构建相关的培训课程体系和流程规范，使党员干部在实践工作中充分践行职责要求，发挥党员干部的先锋引领和示范带头作用。采用学习讨论、辅导报告、典型教育等多种形式对党员干部特别是党员领导干部集中开展教育。对校党委和校纪委分别开展专题学习和研讨，对二级单位分别召开专题民主生活会，结合实际情况开展学习和讨论。结合校情实际制作党风廉政建设考核的宣传和学习资料，对全校中层领导干部进行宣传和教育。另一方面，要加强对学生党员干部的培训和管理监督。要引导学生党员干部积极宣传和执行党的路线方针政策以及上级党组织的决议，加强对学生党员的教育、管理、监督和服务，定期召开组织生活会，开展批评和自我批评。发挥学生党员先锋模范作用，影响、带动广大学生明确学习目的，完成学习任务。组织学生党员参与学生事务管理，维护学校稳定。支持、指导和帮助团支部、班委会以及学生社团根据学生特点开展工作，充分发挥保留团籍的学生党员的带动作用。培养教育学生中的入党积极分子，按照标准和程序发展学生党员。根据学生特点，有针对性地做好思想政治教育工作。进而明确对学生党员干部进行培训管理的重点任务和实践工作流程，切实提升学生党员干部培训管理的实效性。

最后，要加强党组织培训管理体制机制的监督指导作用，增强培训管理工作的权威。党员干部的培训管理要落脚到党员干部的先锋意识和工作能力的提升。地方高校要规范设立党校，结合党组织和党员干部的实际情况，进行培训管理工作的统筹规划和调整，并在常态化、阶段化的培训管理工作中进行相应的监督指导，进而克服培训管理工作的形式主义倾向，增强党员干部参与培训、服从领导的积极性，增强党组织培训管理体制的权威。"只有抓好规章制度建设，才能促进良好组织文化的形成。"① 地方高校党组织要建立规范的培训管理制度机制，形成以问题为导向，常态化与阶段性相结合、重大课题与日常规范相结合的培训管理制度机制，构建多层次、多渠道的党员经常性学习教育体系，使培训管理工作逐渐走向规范化、制度化，成为助力党员干部成长成才的重要载体，成为党组织正常运行的根本保障。在培训管理体制层面，各地方高校要建立相应的主管部门、工作队伍，实现监督指导和执行落实工作的双向互动。在培训管理机制层面，要强化问题导向，设置与工作实际相适应的培训内容和管理方式，切实帮助党员干部理清工作思路、纾解实际矛盾。同时提升培训管理工作同监督执纪工作的结合度，建立相应的联结工作体制，增强培训管理工作的制度约束导向，明确奖惩、强化激励，增强党员干部对监督执纪

---

① 杨德广、谢安邦：《高等教育管理学》，上海教育出版社2006年版，第209页。

工作的认可度。

三、探索构建具有学校特色的思想政治理论课程体系

地方高校落实党的领导不仅要体现在组织管理体制机制上，而且要将其贯彻到教学科研工作的方方面面，为此，要着力探索构建具有学校特色的思想政治课程理论体系，构建大思政的教学科研工作格局和发展导向，坚持把思想政治教育工作作为落实高校党的领导、推进高校党的建设的重要抓手，把立德树人成效作为检验高校党的领导和党的建设工作的根本标准。

首先，要提高地方高校全校师生对于构建具有学校特色的思想政治教育课程体系的认识，明确思想政治教育课程体系在落实党的领导和实现教育的根本任务等重大实践课题中的战略地位。地方高校作为科技创新的孵化器、作为文化繁荣的发源地、作为人才培养的蓄水池，在历史发展中形成了具有不同偏重的发展定位和学科布局。进一步加强和落实党对地方高校的领导，不仅要依靠党的领导体制的构建和完善，还要着力推进思想政治教育学科建设，增强思想政治理论课的辐射力和带动能力，进而确保地方高校能够有效落实立德树人的教育方针，为党和国家的建设提供强大后备支撑。一方面，要进一步调整其学科设置和学科布局，将优质学科和重点学科建设同思想政治教育课程体系建设相连接，以优质学科资源平台为基础，促进思想政治教育课程资源的挖掘和开发，实现双方的共赢和互促发展。另一方面，要集中力量建设思想政治教育课程体系，夯实自身的学科基础，使地方高校的建设发展和地方文化资源相结合，培养和构建具有地方特色的思想政治教育教师队伍和课程体系，从而更好地融合和渗透到地方高校的学科建设中来，起到贯通历史、现实和未来的重要精神文化引领作用，为促进地方高校的学科布局建设提供价值引领和文化支撑，进一步明确学科建设的方向和发展目标。

其次，要加强地方高校的思想政治理论工作队伍建设，规范人才引进流程，实现高质量人才管理，强化实践经验锻炼，引导更多的教学科研人才投入到大思政的课程体系建设中来。各地方高校要坚持马克思主义指导地位，坚持育人为本、德育为先，坚持理论联系实际，坚持提高质量、特色发展，把思想政治理论课程教师队伍建设摆在突出位置。一方面，要重视思想政治理论学科的人才培养。按照教育部相关要求，配足专职党务工作人员和思想政治工作人员。在保障数量的同时着重提升质量，按照专职为主、专兼结合、数量充足、素质优良的要求，将党务工作和思想政治工作队伍建设纳入学校人才队伍建设总体规划，完善选拔、培养、激励机制。同时，努力构建哲学社会科学人才队伍体系，大力推进

哲学社会科学教学科研骨干研修工作，促进本专业理论人才和其他专业领域的技术人才、社会实践人才的相互交流，吸引有学术影响力的优秀人才投入到大思政格局的建设中来。另一方面，探索构建具有自身特色的思想政治教育理论课程体系。思想政治理论课程实践教学作为思政课教学的重要组成部分，是巩固和提升思政课理论教学效果、落实立德树人根本任务的重要载体。地方高校在思政课实践教学过程中，应坚持政治性、把握规律性、彰显独特性，积极优化思政课实践教学模式，创新思政课实践教学精品项目，推动校内外实践资源共建共享，推进思政课实践教学改革的深化。

最后，要加强地方高校的组织领导，制定和完善思想政治教育理论课程体系的发展规划，建构和拓宽思想政治教育课程体系建设的资源平台。地方高校领导不仅要在思想上重视思想政治理论课程体系建设，而且要加强对课程体系建设的组织领导和统筹规划，充分利用一切有利资源和平台实现思想政治教育工作的全面渗透，推动大思政格局的建设，有效发挥思想政治教育在凸显和强化党对高校的领导实践中的重要作用。在发展规划方面，既要强化思想政治理论课程建设的自身特色，又要突破薄弱环节、扩大新领域、培育新的增长点，实现地方哲学社会科学研究的整体推进；既要加强基础，又要突出应用，以地方高校建设和地方政府重要战略规划的应用对策研究来促进基础研究，以基础研究带动应用对策研究；既要发扬传统人文学科、基础理论研究的优势，又要适应当前的社会需要，把国家改革开放和现代化建设的重大理论和现实问题研究作为主攻方向；既要以学科建设为龙头，又要以科学研究为基础，科教并重，相互促进。各地方高校要切实加强制度建设，改进科研管理，增加经费投入，为建设具有中国特色的哲学社会科学学科体系和教材体系提供坚强的政治保证、充足的人才保证、必要的体制保证和良好的环境保证。在资源平台建设方面，地方高校要从课程思政的大视野出发，加强对各类群团组织的领导，研究工会、共青团、妇女组织等群团组织和学生会（研究生会）、学术组织工作中的重大问题。地方高校党委应当牢牢掌握党对学校意识形态工作的领导权，发挥行政系统、群团组织、学术组织和广大教职工的作用，共同做好思想政治工作。挖掘具有自身特色、基于自身实践的思政资源，探索开展思想政治理论教育的课内实践、课外实践、网络实践，打造思想政治理论教育特色品牌。在营造校园文化的过程中，要注意剔除不适应发展要求的内容，赋予校园文化时代内涵。着力培育学生积极向上的价值观和社会责任感，倡导诚实守信、爱岗敬业、开拓创新和团队协作精神，树立健康向上的精神面貌。加强校史宣传活动，加强校史研究和校史博物馆建设，增进师生对坚持党的领导的认同，强化对学校的认同感、荣誉感、归属感，提升思想政治教育的针对性和亲和力。

由上可知，加强地方高校党的领导体制机制建设，要从地方高校的建设发展历史情况和现实布局出发，着眼于未来进行战略目标方向的规划、组织管理体制的改革和实践发展任务的落实，在宏观、中观和微观三个层面，系统构建巩固和强化地方高校党的领导体制机制，促进党的领导体制机制的紧密结合和协调运转，有效防止党的领导层层淡化和弱化、高校内部党政管理体制不规范、高校落实党的领导形式主义化、实效性不强以及效果不突出的问题。

在宏观层面，要系统构建完善地方高校坚持党的领导的管理制度体制，确保其始终坚持鲜明的政治立场和正确的办学发展理念。地方高校作为我国高等教育体系的主体部分，其转型发展既是我国高等教育结构调整的内在要求，也是我国经济结构转型和社会持续发展的重大战略举措。地方高校在办学管理体制上具有很强的地域性，其地域范围内的党政工作体制和具体实践效能，以及经济社会发展水平、政治文化资源等决定了高校建设发展的潜力。地方党委要结合区域内的实际情况，进一步明确对所属高校落实党的领导的核心职能，不断健全完善对所属高校的党政领导工作体制，加强对地方高校建设发展的统筹规划指导，从而系统强化地方党委对所属高校的领导体制机制的运行效能，使所属高校落实立德树人、服务区域经济社会发展的目标任务。

在中观层面，要从地方高校的管理运行体制机制出发，促进各职能部门和干部主体在开展日常工作过程中保持权责一致和协调规范发展，为落实党的领导提供坚实的运行基础和制度保障。党政领导班子、管理职能部门是各地方高校落实党的领导的重要抓手。加强地方高校党的领导体制机制建设，要从严格规范地方高校的党政管理体制机制着手，为落实党的领导提供合理有效、健康有序的制度体制，使党的领导更好地落实到办学治校方方面面。在人员选任考核上，规范选任和考核程序，做到科学选任和严格考核，促进领导班子成员尽职履责。在管理体制和职能设置方面，要进一步明确党政职能部门的分工，促进党政职能部门协调有序运转，为落实党的领导提供组织运行保障。在纪委监督方面，地方高校纪委要以政治监督为核心任务，采取系统有效的监督形式，切实监督地方高校落实党的领导的具体情况，保障纪委监督工作能够落实生效，切实巩固和维护地方高校党的权威领导地位。

在微观层面，要以各级党组织和党员干部主体培养建设、思想政治理论课程体系建设为关键抓手，为地方高校坚持和落实党的领导提供有力载体和有效途径，突出坚持党的领导在学校建设发展各项事业中的优势。各地方高校要发挥党组织的战斗堡垒作用和党员干部的先锋模范作用，着力规范各级党组织的运行管理，完善对地方高校党员干部的培训管理机制，不断探索具有自身特色的培训内容，创新培训流程和形式，建立科学有效的培训管理体制机制。同时，当前地方高校哲学社会科学发展正处于从数量增长向质量提升的关键阶段，处于从注重外延扩张向注重内涵提升、能力建设的关键时期。地方高校思想政治理论课程体系建设要坚持特色发展，进一步把握发展规律，明确发展定位，突出发展重点，着力增强育人能力、创新能力、服务能力、国际学术对话能力，为构建高校哲学社会科学创新体系提供有力支撑，在新的起点上推进地方高校哲学社会科学繁荣发展，为巩固党的领导提供强大的理论话语支撑和思想文化资源。地方高校要围绕立德树人根本任务，构建思想政治工作体系，加强意识形态阵地管理。充分发挥课堂教学的主渠道作用，办好思想政治理论课，推进课程思政建设，形成全员全过程全方位育人的良好氛围和工作机制。

第四节 地方高校党的领导体制机制的保障性举措

地方高校要在加强地方党委对所属高校的领导体制建设，规范落实地方高校的党政管理的体制机制，创新地方高校落实党的领导组织运行机制等重点举措的基础上，探索地方高校党的领导体制机制的保障性举措。受各种主客观因素的影响，地方高校党的领导体制机制改革具有滞后性和不彻底性，党的领导理念弱化、领导本领欠缺、领导关系梗阻、领导体系片面等问题尚未得到有效解决，新形势下的地方高校党的领导体制机制建设任务更加艰巨。为此，地方高校必须按照"政治过硬、本领要高"的要求，进一步加强党的能力建设，不断提升政治领导能力、改革创新能力和协调整合能力，将政治素质、发展理念、工作作风、服务意识等"软能力"与把握教育规律、整合资源、依法治校等"硬能力"的提升结合起来。

一、提高地方高校党的政治治理能力

政治能力就是把握方向、把握大势、把握全局的能力，辨别政治是非、保持政治定力、驾驭政治局面、防范政治风险的能力。[①] 对于地方高校而言，地方高校领导班子特别是党委在高校治理的过程中，要不断提高政治治理能力，善于从政治上观察、分析、解决育人问题，坚决做到"两个维护"，扎实地把党中央各项决策部署落到实处，坚持社会主义办学方向，坚守马克思主义意识形态阵地，

---

① 习近平：《论坚持党对一切工作的领导》，中央文献出版社2019年版，第257页。

不断推进地方高校政治文化建设，切实发挥领导核心作用。政治治理能力是加强党对高校全面领导体制机制建设的核心能力，地方高校政治能力建设可以从以下几个方面着手。

（一）加强政治学习，提高政治认知能力

政治学习是政治生活的重要内容，是政治能力提升的重要抓手。习近平总书记指出："年轻干部要胜任领导工作，需要掌握的本领是很多的。最根本的本领是理论素养。"① 地方高校党委要始终抓好领导干部的政治学习，通过党委中心组学习制度、教育培训制度、理论学习考核制度等形式，推动理论武装工作深入开展，严肃党内政治生活、强化党性修养，提高领导干部的理论水平和政治素养。"对马克思主义的信仰，对社会主义和共产主义的信念，是共产党人的政治灵魂，是共产党人经受住任何考验的精神支柱。"② 地方高校党委要以深入学习中国特色社会主义理论体系为首要任务，以深入学习贯彻习近平总书记系列重要讲话精神为重点，以掌握和运用马克思主义立场、观点、方法为目的，推动政治学习规范化，促进领导干部政治认知能力的提升，引导领导干部运用新时代党的创新理论观察新形势、研究新情况、解决新问题。

（二）强化政治责任，增强政治执行能力

党的政治执行力依赖广大党员干部强大的责任担当意识。地方高校党委要借助"不忘初心、牢记使命"主题教育等活动，"一名党员就是一面旗帜"等特色党员活动，把深入学习贯彻习近平新时代中国特色社会主义思想主题教育作为主线，把学习教育、调查研究、检视问题、整改落实"四项措施"贯穿始终，不断强化地方高校党员干部对党忠诚、为党分忧、为党尽职、为民造福的政治担当。地方高校各级党组织要心怀"国之大者"，提高政治站位，贯彻落实党中央决策部署。党委要带头履行主体责任，职能部门落实"执行责任"，思想政治理论课落实"主渠道责任"，思想政治管理队伍落实"一线责任"，自觉对标对表党中央重大决策部署和党的教育方针，主动适应高等教育改革发展新形势新要求，从政治的高度、战略的维度、全局的角度，把讲政治的要求落实和体现到党建、教学、科研等工作的各方面、全过程。③ 切实做到守土有责、守土负责、守土尽责，

---

① 《习近平在中央党校（国家行政学院）中青年干部培训班开班式上发表重要讲话强调：筑牢理想信念根基树立践行正确政绩观　在新时代新征程上留下无悔的奋斗足迹》，载于《人民日报》2022年3月2日，第1版。
② 本书编写组：《习近平总书记教育重要论述讲义》，高等教育出版社2020年版，第93~94页。
③ 高锦宏：《新时代加强高校领导干部政治能力建设研究》，载于《中国高校教育》2021年第7期。

不断提高对党的路线方针政策的贯彻执行能力。

（三）加强政治历练，提升政治领导能力

"提高政治定力和政治能力，要靠学习，更要靠政治历练和实践锻炼。"① 地方高校党委要将政治历练作为领导干部政治能力提升的重要途径，做好组织培养，通过基层锻炼、轮岗锻炼等途径，选派领导干部到基层一线、艰苦岗位、敏感领域进行政治历练，明确选派锻炼干部的具体责任与任务；教育党员干部自觉从政治上谋思路、想问题、作决策、抓工作；加强对其历练过程的跟踪监督，并总结工作中的经验，推动进一步的培养工作；抓好"关键少数"，实施"一把手"能力提升计划。按照政治家和教育家要求，加强"一把手"政治能力训练和政治实践历练，切实提高其把握方向、把握大势、把握全局的能力和辨别政治是非、保持政治定力、驾驭政治局面、防范政治风险的能力，使其政治领导力与其职位相匹配，真正成为地方高校渡难关、应对风险的带头人和主心骨。

（四）强化政治监督，增强拒腐防变能力

政治监督是增强党的自我净化、自我完善、自我革新、自我提高能力，保持和发展党的先进性和纯洁性的有力举措。随着对外交流日益增多、后勤社会化程度日益成熟、校企合作规模日益增大，地方高校所处的环境更加复杂，其所面对的拒腐防变考验也比以往更加严峻。而地方高校并不具备天然免疫力，需要以外在政治监督促进党员干部内在拒腐防变能力的提升。

从组织角度看，加强地方高校党的政治监督，必须以建立健全监督制度为核心工作。针对目前地方高校党内监督存在的问题，要积极构建外部巡视、校内巡察、职能监督联动的监督体系。

一是建立和完善符合地方高校特点的巡视制度。巡视监督本质上是上级党组织对下级党组织监督的重要方式，是强化自上而下组织监督的重要实践。② 我国目前中央及省级层面的巡视工作制度主要针对地方党委和党政机关部门，缺乏针对高校巡视基础性制度的专门设计。已有教育部巡视制度仅仅指向其直属高校，缺乏对绝大多数地方高校的巡视制度设计，巡视工作难以整体推动。虽然也有部分省（区、市）已经启动高校巡视工作、建立起相应巡视制度，但具体制度设计很大程度上是对中央、省委巡视制度和巡视方法的照搬照抄。这种简单的制度承袭缺乏精准性，难以体现地方高校的行业和专业特点。为此，各省（自治区、直

---

① 《习近平谈治国理政》第三卷，外文出版社2020年版，第101页。
② 张依群等：《高校开展内部巡察的实践与思考》，载于《高教论坛》2022年第1期。

辖市）纪委监委要参照《关于中共中央纪委、中共中央组织部巡视工作的暂行规定》《中共教育部党组贯彻〈中国共产党巡视工作条例〉实施办法》，在吸取部属高校及其他地方高校巡视工作经验的基础上，制定适合本地区地方高校特点的纪检巡视制度，针对性设置巡视内容，科学建设巡视人员库，根据巡视工作需要开展常规巡视和专项巡视。在一省（自治区、直辖市）一部高校巡视制度的框架下，把工作做细做实。同时，根据一校一特点，进一步优化一校一巡视的内容和方法。

二是建立和完善地方高校内部巡察制度。高校巡察工作是党内监督的重要制度，是巡视制度的党内监督利器向高校基层的延伸和拓展。① 开展校内的常规巡察、巡察"回头看"、巡察整改，是实现校内党组织监督常态化、制度化的有效途径。部分地方高校较早地开展了内部巡察工作，如福建教育学院早在 2017 年就启动了校内巡察制度，并形成了巡察工作和完善党委统一领导、纪委牵头组织协调、相关处室密切配合的领导体制和工作机制。但是高校巡察制度在全国多数地方高校中尚处于探索阶段，地方高校要根据学校特点和实践状况，创新校内巡察工作机制。建立由学校党委全面领导、巡察工作领导小组统筹协调、其他职能部门配合的工作机制，采用"一事一授权"的形式，巡察工作领导小组负责人直接对学校党委负责。建立巡察整改日常监督机制，通过监督整改任务落实，聚焦问题、注重实效。要加强校内相关部门联动监督，形成合力，加强"发现问题"工作机制建设，坚持问题导向"精准出击"。在巡察前问题准备、巡察中力量支持、巡察后问题办理和整改督查上齐抓共管，做到情况互通、成果共用，推进巡察监督与纪检、组织、财务、审计等部门其他监督形式相互联动。

三是强化校内常态化职能监督。地方高校党委要切实改变重选拔、轻管理、重使用、轻监督的干部管理机制，进一步规范地方高校纪委监督党委运行系统、监察部门督查行政系统的党内政治监督制度建设，具体包括进一步完善地方高校反腐倡廉领导体制机制，建立健全党风廉政建设报告制度、党风廉政建设责任制。进一步完善党内批评制度、组织生活会制度、民主生活会制度、民主评议党员制度，使每位党员都能充分行使党章规定的批评权。进一步完善党内举报、申诉、弹劾罢免制度，真正起到靠制度管人，走依法治"吏"之路。特别是地方高校纪委（监察专员办公室）一方面履行纪委同级监督职责，同时代表国家监委履行"上对下"监察监督职责，是地方高校政治监督的核心力量。党内监督和国家监察具有高度的内在统一性，合署办公的高校运转需要形成有效的领导体制和工

---

① 李定坤等：《新形势下省属普通高校内部巡察工作探析》，载于《时代人物》2020 年第 26 期。

作机制，以最大程度发挥合署办公的效益，产生"1+1>2"的效果。① 为此，地方高校要探索完善纪委（监察专员办公室）的领导体制和工作机制，要着力提升其精准把握政策策略的能力，科学运用"四种形态"，坚持有腐必反，重点查处意识形态、招生考试、科研经费、继续教育、附属医院等重点领域和关键环节的违纪违规问题，坚决整治师生群众身边腐败问题，强化警示教育，以刀刃向内、刮骨疗毒的勇气，不断提升高校党员干部的自身免疫力，保持肌体健康。

二、提高地方高校党的改革创新能力

教育是推动党和国家各项事业发展的重要先手棋，在国家治理体系和治理能力现代化话语体系下的大学治理也应遵循创新逻辑。新时代要不断推动教育同党和国家事业发展要求相适应、同人民群众期待相契合、同我国综合国力和国际地位相匹配，全面推进教育治理体系和治理能力现代化。高等教育是我国教育体系的制高点，现阶段大学治理应从重视治理正当性向强调治理绩效转变，通过提高大学治理绩效以保障、强化治理的正当性，实现治理正当与治理绩效的协同。大学治理绩效的提升需要聚焦大学能力建设，尤其是促进大学创新能力提升。② 高校党的领导干部是高等学校治校、治学、治人的领军者，在高校发展过程中发挥着组织协调、管理引导和策划指导等重要作用。加强领导干部改革创新能力建设，是提高高校发展绩效、促进高校内涵式发展、实现党对高校的全面领导的关键所在。

地方高校党的全面领导体制机制建设的有效性，很大程度上表现为高校党带领广大师生推动全校改革创新的能力和推进自身改革创新的能力。部分地方高校党员领导干部观念陈旧、思维固化、一味求稳，同时受到地理封闭、资金短缺、人才匮乏等客观因素影响，缺乏改革创新的动力和能力，这也成为地方高校实现高质量发展的障碍。面对新形势和新任务，地方高校党的领导干部要切实转变观念、强化创新思维，不断探索高校治理的新方法，创设有利于创新的校内外环境，切实提高地方高校党的改革创新能力。

（一）加强创新意识，增强创新主动能力

加强地方高校党员领导干部的创新意识，是地方高校党员领导干部创新能力

---

① 全国干部培训教材编审指导委员会：《全面加强党的领导和党的建设》，人民出版社2019年版，第191页。

② 王建华、黄文武：《创新能力建设：大学治理的新挑战》，载于《西北工业大学学报（社会科学版）》2019年第3期。

建设的首要前提。创新意识作为创新能力发挥的主观动机，直接影响创新能力的实现。大学的发展容易受既成偏好与模式的限制和局限，① 这一点在一些地方高校表现得尤为突出，部分地方高校领导干部仍然被教条主义、经验主义的错误观念所禁锢，办学理念、管理方法、工作思路与改革创新的时代潮流背道而驰。为此，地方高校党的改革创新能力建设必须将党员领导干部创新意识的培养摆在首要位置。

解放思想、转变陈旧观念。创新的过程就是解放思想、实事求是、与时俱进的过程。地方高校党员领导干部要坚持党的思想路线不放松，解放思想、实事求是、与时俱进，自觉地把思想认识从陈旧的观念、做法和体制的束缚中解放出来。要掌握国家教育方针、政策、任务，了解国内外高校发展的趋势，清楚自身的办学特色，明晰学校的发展思路。能够根据国家高等教育发展导向，国内外高等教育发展趋势，并结合自身高校特色、发展目标等具体情况，自觉转变和创新发展理念，调整工作思路和方法，使地方高校党员领导干部办学理念、管理理念、教育理念等与国家发展接轨、与时代进步接轨、与国际交流接轨。

勇于突破，培养创新意识。创新意识是建立在对客观事物发展规律科学认识基础上的主动适应调整的积极性和主动性。"创新不是一个防御性行为，而是走向成功的战略。"② 高校领导干部在工作中只有牢固树立创新意识，才能为高校改革发展注入新的活力，与时俱进、主动创新，才能适应国家教育发展的需要。为此，地方高校领导干部在引领地方高校改革发展过程中，"改革开放胆子要大一些，敢于试验，不能像小脚女人一样。看准了的，就大胆地试、大胆地闯"③。要敢于打破旧有发展格局，主动改进高校治理的思路和方法，真正做到不唯上、不唯书、只唯实。

（二）培养创新思维，拓展创新思路能力

"创新思维能力，就是破除迷信、超越陈规，善于因时制宜、知难而进、开拓创新的能力。"④ 创新思维作为一种能力，是开拓认识新领域、解决现实新问题的科学思维，是加强当前领导干部队伍建设的一项根本任务。在新时代背景下，领导干部注重在工作实践中培养和提升创新思维能力具有极为重要的现实意

---

① 王建华、黄文武：《创新能力建设：大学治理的新挑战》，载于《西北工业大学学报（社会科学版）》2019年第3期。

② ［美］克莱顿·M. 克里斯塔森等著，陈劲等译：《创新型大学——改变美国高等教育的基因》，清华大学出版社2017年版，第332页。

③ 《邓小平文选》第三卷，人民出版社1993年版，第372页。

④ 中共中央宣传部：《习近平新时代中国特色社会主义思想学习纲要》，人民出版社2019年版，第245页。

义。在"不忘初心、牢记使命"主题教育总结大会上,习近平总书记指出:"全党同志要跟上时代步伐,不能身子进了新时代,思想还停留在过去,看问题、作决策、推工作还是老观念、老套路、老办法。这样的话,不仅会跟不上时代、做不好工作,而且会贻误时机、耽误工作。"① 因此,地方高校的党管高校改革发展的体制机制建设,必须建立在党员干部创新思维的运用和创新思维能力的提升上。

创新思维能力具有可塑性。通过专业的学习和有意识的实践历练,可以培养并提升人的创新思维能力。地方高校党员干部一般是高知识群体,具有培养改革创新能力的知识基础,为此,地方高校党委要加强针对领导干部创新思维能力的培训,制定创新思维培养课程,通过体验式、互动式的理论和实践学习,重塑地方高校党员领导干部思维模式。同时地方高校党员干部也要加强自我提升,在工作实践中敢于创新、勇于尝试、善于总结。通过集体培训和自我提升,使地方高校党员干部的工作思维得以充分锻炼,在思维方式上具有求异性、在思维状态上具有主动性、在思维结构上具有灵活性、在思维运行中具有综合性、在思维表达上具有新颖性,而其思维成果就会具有很强的开拓性和效用性。②

(三)探索创新方法,提高创新效率能力

方法是创新的钥匙,是达到创新目的的途径和手段。地方高校领导干部是带领地方高校全校师生实现内部各项事业改革创新的排头兵。因此,地方高校领导干部在领导高校改革创新过程中必须"领"之有方,"导"之有术,不断探索和掌握改革创新方法,使领导工作在学校内部改革的各个领域、各个方面产出创新性成果,提高地方教育改革创新的效率和质量。

地方高校党员干部探索改革创新方法主要包括以下几个方面:一是掌握顶层设计和摸着石头过河的方法。地方高校党委要在深入调研的基础上加强对高校内部改革的顶层设计和整体规划,统筹推进地方高校领导管理体制、教学管理模式、人才培养模式等各方面的改革,加强对各项改革关联性的研判,努力做到全局和局部相配套、治本和治标相结合、渐进和突破相促进。同时也要大胆尝试,勇于摸着石头过河,坚持边实践边总结,在实践中找到改革方法和出路。二是坚持整体推进和重点突破的改革方法。地方高校党委要把本校教育改革创新看成一个系统工程,注重改革创新的系统性、整体性、协同性,使各个方面、层次、要

---

① 习近平:《在"不忘初心、牢记使命"主题教育总结大会上的讲话》,人民出版社2020年版,第14页。
② 甘梅红:《高职院校领导创新能力建设》,载于《科学与文化》2008年第9期。

素的改革创新相互促进、良性互动、协同配合，防止畸重畸轻、单兵突进、顾此失彼，从而增强地方改革创新的整体效果。同时，还要善于抓住地方高校改革创新的"牛鼻子"，找准改革创新的切入点，明确改革创新的重难点问题，把基础性、战略性和前瞻性工作作为改革创新的突破口，实现"牵一发而动全身"的改革效果。三是要善用立足本校和融通中外的方法。每所地方高校的类型、规模、结构、条件等存在着差异，地方高校改革创新要立足本校，找准定位、改出特色。同时要善于"拿来"和"结合"，认真学习国内外一流高等院校的先进教育教学管理理念和教育改革创新方法，结合实际进行本校化改造，将外部能量转化为提升地方高校改革发展的着力点和生长点。四是善于运用互联网技术和信息化手段开展工作的能力。信息化时代，互联网在高校改革创新过程中扮演着重要角色。面对新变化、新要求，广大党员干部要增强改革创新本领，不断提高对互联网规律的把握能力、对网络舆论的引导能力、对信息化发展的驾驭能力、对网络安全的保障能力。[①] 地方高校要强化互联网思维，利用互联网扁平化、交互式、快捷性优势，推进决策科学化、高校治理精准化、服务师生高效化，用信息化手段更好地感知学校发展态势、畅通沟通渠道、辅助决策施政，不断提高信息化条件下高校党的治理能力和领导水平。

（四）优化创新环境，提高创新实践能力

人的创新活动是个体和环境相互作用的结果。民主、开放、包容的内外环境和氛围能够为地方高校党的领导干部培养改革创新能力和推进改革创新实践提供保障。因此，地方高校党委要善于营造良好的创新氛围和环境，积极引导社会媒体加大对本校改革发展稳定成就的宣传力度，对地方高校改革创新的成果给予充分的肯定，对全校师生的创新事迹及其对高校改革创新做出的贡献给予充分的肯定。高校内部领导班子要积极优化内部创新环境，大力弘扬改革创新精神，树立"敢为人先"的用人导向，营造尊重劳动、尊重知识、尊重人才、尊重创造的环境，切实保护创新者的积极性，使他们勇于创新、乐于创新、争相创新。加强和完善创新机制建设，形成鼓励创新的体制机制，制定完善的创新奖励体系和创新失误宽容机制，激发高校领导干部创新动力。

---

① 全国干部培训教材编审指导委员会：《全面加强党的领导和党的建设》，人民出版社 2019 年版，第 204 页。

三、提高地方高校党的建设工作能力

持续优化党务工作队伍，加强高校党务人员的培养，加强其业务能力考核，提升其工作专业度，带动高校党务工作的高质高效开展，是新时代加强党对高校全面领导的基本要求。地方高校作为高等教育人才培养的重要阵地，只有把握好发展契机，建构以提高地方高校党的建设工作能力为核心的素质提升计划，不断加强对党务工作者的教育培训，不断提升其核心素质和业务能力，才能适应新时代高校发展需求，取得地方高校党建工作和思想政治工作新成效，才能为地方高校转型发展把方向、促动力。为此，地方高校要高度重视党员教育，做好提升党务工作能力的工作部署。

（一）加强教育培训，提升党建业务能力

掌握党建理论知识和具备党建业务能力是做好党建工作的基本前提。地方高校要加大对高校党务工作者的教育培训力度，不断提高其专业能力水平。地方高校党委、院系党组织、院系基层党支部、师生党员在地方高校党建工作体系中的职责和作用不同，为此，地方高校党务工作教育培训要分层分类、个性定制，增强教育培训针对性。针对地方高校党员干部的教育培训，可采用"主题培训+交流互学"的方式，对党委党员干部和院系党组织党员干部不同层级的受众，定制课程体系，确保所设计的课程主题和内容与党务人员岗位工作之间的强关联性。针对地方高校党委的培训，要服务于其管党治党、办学治校的主体责任，突出政治判断力、政治领悟力、政治执行力的政治素养提升，以及科学决策、民主决策、正确决策的业务能力提升。针对院系党组织领导能力的培养，要突出基层党组织的制度执行能力、思想政治工作能力、政治把关能力等。针对基层党支部的能力培训，要聚焦党员管理、监督、教育能力及服务员师生能力等。

为实现党员教育培训全覆盖，地方高校可以设置"必修课+选修课""线下课+线上课"等多种教育培训方式和渠道，使全体党员可以灵活选择授课内容及学习时间，解决教育培训与业务工作、学习生活的冲突，进一步强化教育培训力度、扩大教育培训覆盖范围。对于党务工作者及党员干部必须掌握的党建工作基本知识，地方高校要加强学习检测力度，实行应知应会、人人过关制度，建设党建知识测评体系，深入开发测评资源，增强党建教育培训的专业性。

（二）完善党建实训，提高党建实操能力

推动党建理论向党建实践的成功转化是完成党建工作任务的关键环节，而决

定由理论向实践转化成功与否的关键因素则是党员干部特别是党建专业人员的党建实操能力。从现实情况来看，党建工作实操能力不足已成为地方高校党建能力提升和党建工作成效的制约因素。为此，地方高校要在强化教育培训的基础上，通过搭建党建实训平台、丰富党建实训形式，把党建理论知识能力转化为实践操作能力。

地方高校要建立校内外党建实训平台。根据自身办学特点、学科性质，结合校内外资源及党建能力提升的具体需要，确定实训点数量、选址和层次。明确党建实训平台建设标准，做到"六有"，即有场所设备、有师资队伍、有课程体系、有管理制度、有特色亮点、有体验项目。[①]

精心打造课程体系，以提升党建实操能力为课程目标，将党建实务训练，党员身份实训等纳入课程内容。要充分运用5G、VR等新技术新媒体，创建线上线下两类课程，形成动态化的交流共享机制。具体来讲，举办线下或者线上的经验分享讨论会，在专家授课的基础上，通过组织学员上台讲课、分组讨论，分享党建经验、体会、做法，延伸授课内容；加强实训方法创新，综合运用讲授式、研究式、案例式、情景式、模拟式、沉浸式教学方式，增强党建实训趣味性和吸引力；加强模式创新，探索"实训+红色基地""实训+课程""实训+品牌支部"等模式，不断拓展实训点范围，将实训点建成党建铸魂空间、党建服务阵地、党建育人平台、党建示范引擎。

（三）善用信息手段，强化网络党建能力

互联网时代，微信、微博、短视频、公众号、App等多样化的网络信息传播媒介，为人们提供了多样化的信息发布平台和社交互动平台。地方高校师生也以网络信息发布者和接收者的双重身份置身于良莠不齐、泥沙俱下的网络信息网中。地方高校网络舆情和党建工作面临巨大挑战，也对地方高校党务工作者的业务能力提出了新的要求。为此，地方高校要建立常态化自我学习和集体培训机制，组织党务工作者自学或共同学习网络传媒知识，共同研判网络舆情形势，分类掌握针对不同网络信息和事件的处理办法，不断提高党务工作者的舆情判断能力、分析能力、预测能力、引导能力、应对能力。健全地方高校全员参与、多主体协作共同应对网络舆情的完备方案，使党务工作者、院系辅导员、专业课教师、学生组织、学生干部等积极配合舆情监管工作，在共同参与高校网络舆论应对的实践中提高党建能力。地方高校党建工作者还要积极学习心理学、大数据、

---

① 钟文新：《"2+N"党建实训体系——提升党建工作能力素质的有效途径》，载于《机关党建研究》2022年第2期。

教育学等相关知识，提高运用知识做好网络舆情的信息收集和理性引导的能力。

在全面从严治党的时代背景和互联网技术高速发展的新形势下，高校党建不能止步于网络监督，更需要利用网络做好党建工作。为此，地方高校必须具备创新党建工作理念，改变工作方式，利用好数字化、信息化优势，全面推进高校党建工作高质量发展的能力。例如，江苏省教育界为了做好信息化背景下的党建工作和教育工作，制定了《江苏教育信息化2.0行动计划》，贯彻全面推进"互联网+"文件精神，江苏省高校基层党组织大力推进"互联网+基层党建"模式，将互联网的创新成果与基层党建要求结合起来，改进传统的基层党建方式方法，以互联网为依托，构建高校基层党组织与党员、群众之间的交流平台。在推进"互联网+基层党建"过程中，江苏省高校党务工作者通过学习积累了丰富的网络信息知识，逐步形成互联网思维，使驾驭信息化的能力得以提升。

第十一章

新时代完善民办高校党的领导体制机制的对策建议

完善高校党的领导体制机制对策建议的针对性,不仅要深入探究完善部属高校和地方高校党的领导体制机制的对策建议,还应该聚焦民办高校党的领导体制机制的对策建议。民办高校指的是企业事业组织、社会团体及其他社会组织和公民个人利用非国家财政性教育经费,面向社会举办的高等学校及其他教育机构,包括教育部批准正式设立的民办本科学校、民办高等专科学校和独立学院。伴随我国高等教育大众化的过程,民办高等教育发展进入快车道,成为中国特色高等教育体系的重要组成部分。近年来,国家积极推动高等学校独立学院和高等专科学校的转设,给予其本科学位授予权,推动社会力量参与本科阶段教育和人才培养事业的发展。虽然我国民办高校在办学规模、办学层次和办学形式等方面都取得了巨大发展,但整体办学质量依然有待提高,在办学定位、师资队伍、科学研究、社会服务、内部治理、发展环境等方面与公办高校还有较大差距。因此,各级党政部门需要进一步加强统筹指导、分类管理和监督工作,在各级地方政府和职能部门层面、民办高校决策层面、内部运行管理层面形成系统完善的落实党的领导的相关体制机制,在促进民办高校建设的规模化、高质量、可持续发展中发挥科学引领作用。

第一节 加强各级党政部门对民办高校的统筹指导监督

完善民办高校党的领导体制机制首先应该加强各级党政部门对民办高校的统

筹指导监督。民办高校作为社会办学力量，在组织运行管理上不同于一般的公办大学，因此各级地方党政部门要加强对民办高校的统筹指导和管理监督，将民办高校纳入高等教育工作的整体规划当中，完善相关的指导工作体制、分类管理体制和监督工作体制，从而补齐短板，进一步促进民办高校合法办学、高质量发展。下面主要依据《国务院关于鼓励社会力量兴办教育促进民办教育健康发展的若干意见》，以及教育部等十四部门联合制定的《中央有关部门贯彻实施〈国务院关于鼓励社会力量兴办教育促进民办教育健康发展的若干意见〉任务分工方案》，对加强各级党政部门对民办高校的统筹指导和监督提出路径建议，以切实发挥党的领导在民办高等教育事业发展中的作用。

一、构建对民办高校的统筹指导工作体制

党的二十大报告明确要求，加快建设高质量教育体系。当前和今后相当长一个时期，推进高质量发展，成为贯穿教育工作方方面面的主题主线，是各级各类教育改革发展的统领，为民办高等教育改革发展指明了方向、提供了基本遵循。各级地方政府将民办高校的发展纳入经济社会发展和高等教育事业发展的整体规划，通过统筹整合各级政府相关部门的管理职责、全面强化立德树人的根本目标引领、加强各项具体工作制度的规范和指导等措施，推动民办高校从规模化发展向高质量、内涵式发展转变。

统筹整合各级政府相关部门的管理职责，切实加强对民办高校建设发展的指导。要对民办高校进行有效的指导，就必然要求各相关政府部门建立起与之相适应的工作制度体制。通过由教育部牵头，中央编办、国家发展改革委、公安部、民政部、财政部、人力资源社会保障部等部门参加的部际联席会议制度，协调解决民办高校建设发展中的重点难点问题，提供有效的制度供给和全面的制度监督，优化民办高等教育事业发展的整体环境。各地方政府也应建立相应的部门协作机制，将民办高校的日常运行、监督管理纳入政府各部门的职能范围内，建立沟通联络机制，共同研究、协调解决问题，形成统一协调、分工负责、齐抓共管的工作格局。在给予相应的支持、规范和引导的同时，形成对民办高校的统筹指导工作体制。另外，要落实对政府各部门指导工作的考核评价体制，将鼓励支持社会力量兴办教育作为考核各级人民政府改进公共服务方式的重要内容，激励各政府职能部门参与到民办高校的管理建设中。各级地方政府和行政管理部门要积极转变职能，减少事前审批，明确审批权责清单，建立民办教育管理信息系统，推广电子政务和网上办事，逐步实现日常管理事项网上并联办理，防止法外设权和利益联结。加强事中事后监管，建立常态化的监督管理机制，加强对民办高校

建设发展的管理和指导监督。

全面强化立德树人的根本目标引领，加强民办高校的育人质量标准建设。习近平总书记指出："要把立德树人内化到大学建设和管理各领域、各方面、各环节，做到以树人为核心，以立德为根本。"[①] 民办高校是我国高校体系的重要组成部分，在服务教育强国战略和人才强国战略中担任着越来越重要的角色。由于民办高校在办学主体、办学目的、资金来源等方面具有特殊性，其办学定位和办学特色也各有不同。这就要求各级党政部门要加强对民办高校人才培养工作的指导，在支持其发展特色办学模式的基础上，保证其形成有利于践行立德树人根本任务的管理制度体制和发展模式。要着重引导民办学校在办学宗旨和人才培养方面同国家育人目标相衔接，注重长远规划，并结合规划逐步落实相关政策要求，规范学生管理和校风建设。在形成基本一致的发展目标的前提下，促进民办高校明确自身的发展定位，主动提升办学社会效益，满足应用型人才和技能型人才的社会需求，为促进我国职业技术教育事业的发展提供重要支撑。总之，就是要以立德树人为价值目标引领，增强其进行内涵式转型的动力，促进民办高校在探索我国应用型人才、职业技能型人才的培养模式上下足功夫，深化教育教学改革，创新人才培养模式，扩宽办学平台资源，逐步构建相应的育人质量标准，提高民办高校的办学质量。

加强对民办高校管理运行的各项具体工作制度的规范和指导。面对生源紧张、资金短缺、办学经验不足等各种现实困难，民办高校常常陷入教育公益性与法人私益性、盈利生存与长远发展的选择困境。因此，各级党政部门要积极引导民办高校在全面正确贯彻党的教育方针基础上，协调各方利益并保障学校各项任务顺利完成。要着力完善民办高校财务会计制度、内部控制制度、审计监督制度，构建统一完善的学校财务报告制度，推进学校财务工作的透明化、规范化、制度化，有效防范经济风险、解决经济纠纷。要健全民办高校的教育信息公开制度，建立相应的违规失信惩戒机制，将违规办学的学校及其负责人纳入"黑名单"，以此来规范学校办学行为。要健全各政府职能部门的联合执法机制，加大对违法违规办学行为的监督查处力度。推进管办评分离的制度体制的构建，建立民办高校第三方质量认证和评估制度，完善行业内监督管理制度体制，发挥民办高校在推动行业内部的交流合作、协同创新、服务社会等方面的作用。对涉及民办高校的各种有形无形的歧视性政策进行清理，以相应的管理制度体制建设来落实民办学校与公办学校的平等地位，着力为民办高校改革发展营造良好政策环境。另外，在招生管理制度方面，要对其招生规模、人才培养进行质量监督考

---

① 《习近平向全国广大教师致慰问信》，载于《人民日报》2013年9月10日，第1版。

核,加强备案审查工作,严格规范其招生行为。

二、完善对民办高校精细化管理的制度体制

民办高校具有不同的历史背景、资金来源和发展定位,因此各政府部门要着力完善对民办高校实施精细化管理的制度体制,使各类民办高校在保持活力与遵守规范之间找到平衡点,形成民办高校各具特色、协同发展的良好局面。

针对具有不同历史背景的民办高校,适用不同的管理职能部门。例如,对从公办大学中独立出来的民办高校,要在一定程度上依托公办大学的平台资源,引导其着力加强同该公办高校的合作,实现其同公办高校的优势互补、资源共享。如辽宁财贸学院原属于渤海大学,独立进行本科教学之后可以在保持自身特色的同时,加强同原属公办大学的交流合作,利用其优势学科资源和各类平台设施进一步优化人才培养模式。在管理职能部门方面主动向上看齐,自觉遵守和执行省委和教育部门的政策要求。同时在民办高校建设过程中,尝试推广政府和社会资本合作的模式,鼓励社会资本参与教育基础设施建设和运营管理、提供专业化服务。积极鼓励公办学校与民办学校相互购买管理服务、教学资源、科研成果,允许以资本、知识、技术、管理等要素参与办学。对具有特定办学主体的民办高校,要尊重其办学主体地位,给予其一定的政策支持和发展引导。例如,浙江树人学院是由省政协创立、省教育厅主管的本科高校,地方党委要充分尊重和支持其办学意愿和管理方案,在深度互动交流的基础上给予其在办学建设方面的指导和政策优待。对具有地区特色的民办高校,要在政策、资金、文化等方面加强互动交流,使其能够真正地服务于地方经济文化事业的发展。例如,温州商学院是基于温州特色的经商文化所建立的,在挖掘和传播温商精神、促进温州地区商务贸易的发展方面具有特殊价值。因此,地方政府部门要加强同民办高校的合作,建设具有地方特色、人才优势的民办高校品牌。

针对具有不同资金来源的民办高校,制定不同的指导和管理措施。民办高校根据不同的办学资金来源具有不同的办学属性和运行模式,因此各级地方政府部门要采取不同的管理措施,使党的领导更加充分有效地贯彻到办学管理当中,促进各类民办高校的可持续发展。以是否以营利为办学目的作为精细化管理的根本标准,现有的民办高校可分为营利性民办高校和非营利性民办高校。非营利性民办高校包括捐资举办的学校、出资举办不要求取得合理回报的学校以及出资举办要求取得合理回报的学校。营利性民办高校则是采用盈利模式运作、具有学历授予资格的民办高校。对待具有不同的办学资金来源的民办高校,要依据其资金使

用特点给予相应的管理措施方案，在税务、管理等方面制定不同的具体要求。但无论是营利性还是非营利性的民办高校，教育公益性都是基本办学原则，高质量发展则是民办高校教育公益性的最大公约数。在采取不同的管理措施的基础上，要鼓励不同类型的高校实现自身发展效益的最大化，为社会提供更优质的公益性教育产品和教育服务。

针对具有不同发展定位的民办高校，采取不同的管理方案。民办高校依托于自身的历史背景、现实办学资源平台，具有不同的发展定位。各级政府职能部门要尊重各类民办高校的办学定位，给予合理合法的管理措施，绝不能采取"一刀切""同质化"的管理发展模式。在鼓励各类民办高校主动探索合理办学定位的同时，鼓励民办高校积极探索办学发展模式。针对当前民办高校学生在就业方面的限制，各级政府部门要在升学、创业、公务员招考、"大学生村官"选拔、"大学生志愿服务西部计划"招募、"农村基层人才队伍振兴计划"招聘、"特设岗位教师"招聘等多方面保障民办高校统招生享有与公办高校学生同等的权利。对于不同发展定位的民办高校给予不同的扶持政策。各级政府要完善制度政策，在政府补贴、政府购买服务、基金奖励、捐资激励、土地划拨、税费减免等方面对非营利性民办高校给予扶持，鼓励社会力量对非营利性民办高校给予捐赠，引导民办高校为社会提供更多优质的公益性教育产品和服务。各级人民政府也可根据经济社会发展需要和公共服务需求，通过政府购买服务及税收优惠等方式对营利性民办高校给予支持。鼓励营利性民办高校建立股权激励机制，创新教育投融资机制，鼓励和吸引优秀人才及社会资金进入学校投入建设，鼓励金融机构在风险可控前提下开发适合民办高校特点的金融产品与服务，探索办理民办高校未来经营收入、知识产权质押贷款业务，提供银行贷款、信托、融资租赁等多样化的金融服务，保障民办高校的企业资金链运行稳定。同时健全民办高校退出机制，为预防办学风险做好预案，切实保证各主体的权益。

三、健全对民办高校的监督工作体制机制

民办高校作为从事公共教育事业的新生力量，在我国的发展历程相对较短，其规范化发展也亟待推进。当前对民办高校进行监督的渠道并不完善，尚未形成政府依法管理、民办高校依法办学、行业自律和社会监督相结合的民办高校管理格局。党的十八大以来，教育督导在督促落实教育法律法规和教育方针政策、规范办学行为、提高教育质量等方面发挥了重要作用，但仍存在机构不健全、权威性不够、结果运用不充分等突出问题。特别是在民办高校领域，往往存在督导难

以深入、流于形式化的问题。因此，各级地方政府职能部门要着力健全对民办高校的监督工作体制机制，在保障民办高校依法办学、科学发展方面起到全面系统的监督指导作用，引导其实现高质量、规范化的发展，适应新时代民办高等教育改革发展的要求。

对于民办高校开展深入有效的督导工作，要求建立相应的工作队伍和管理体制机制。在工作队伍方面，要选择对于民办高校建设具有丰富管理经验和实践背景的教育研究工作者和社会活动管理者，同民办高校建立紧密的互动工作关系，确保监督指导工作的有效顺利开展。督导工作队伍的职责包括监督学校贯彻执行有关法律、法规、政策的情况；引导学校的办学方向、办学行为和办学质量；参加学校发展规划、人事安排、财产财务管理、基本建设、招生、收退费等重大事项的研究讨论；向委派机构报告学校办学情况，提出意见建议；有关党政部门规定的其他职责。在管理体制方面，构建对地方各级政府的分级教育督导机制，督促省、市、县三级政府履行教育职责，从而构建起系统明确的、全方位的教育督导工作体制。建立系统内的通报制度，对教育督导发现的问题整改不力、推诿扯皮、不作为或没有完成整改落实任务的被督导单位，由教育督导机构将教育督导结果、工作表现和整改情况通报其所在地党委和政府以及上级部门，保证监督指导的实效性。在督学方面，建立国家统筹制定标准、地方为主组织实施，对学校进行督导的工作机制，确保民办高校的教育教学质量评估有章可循，有效指导学校不断提高教育质量。民办高校监管涉及教育、财政、税务、审计、工商、物价、民政、公安等多个部门，当前要加强有关部门的协调配合程度，在组织实施监督指导的过程中实现通力合作。在评估监测方面，建立教育督导部门统一归口管理、多方参与的教育评估监测机制，保证教育督导的科学合理、公正有效，为改善教育管理、优化教育决策、指导教育工作提供科学依据。

对于教育督导工作内容方面，要着重完善科学明确的制度体系，使督导工作合理有序开展。教育督导内容包括依据遵守法律、法规和政策的情况；党团组织建设、和谐校园建设、安全稳定工作的情况；按照章程开展活动的情况；内部管理机构设置及人员配备情况；办学许可证核定项目的变动情况；财务状况，收入支出情况或现金流动情况；法人财产权的落实情况等开展实际的调研督导工作，完善学校督导的政策和标准，依法依规开展督导工作。重点督导学校落实立德树人情况，把民办高校党组织建设、党对民办高校的领导作为民办高校年度检查的重要内容，引导高校办出特色、办出水平。推动民办高校建立自我督导体系，优化学校内部治理。完善督学责任区制度，落实常态化督导，督促高校规范办学行为。同时要在建立各政府部门联席会议制度的基础上，对民办高校的教学管理、安全运行、组织建设、资金保障等问题进行综合化的协商管理，建立监督指导的具体工作要求和标准体系，防止教育督导工作的片面化、碎片化，使各部门明确自身在督导工作中的职能定位，强化监督指导工作的有效性和规范性。

在教育督导实践要求方面，要采取合理有效的方式，确保督导工作落实到位。定期对高校开展督导，完善民办高校年度报告和年度检查制度，加强对新设立民办高校举办者的资格审查。省级教育行政部门应当建立健全民办高校办学过程监控机制，及时向社会发布民办高校的有关信息。要及时将督导工作的实际结果向各民办高校和社会公众进行公布，促进民办高校依据监督指导意见建议，主动改进建设发展中的问题，提升民办高校自我净化、自我完善、自我革新、自我提高的能力，逐步增强民办高校的社会公信度。遵循教育督导工作规律，坚持综合督导与专项督导相结合、过程性督导与结果性督导相结合、日常督导与随机督导相结合、明察与暗访相结合，不断提高教育督导的针对性和实效性。加强教育督导工作统筹管理，科学制定督导计划，控制督导频次，避免给学校和教师增加负担、干扰正常教学秩序。强化整改制度，各级教育督导机构要督促被督导单位牢固树立"问题必整改，整改必到位"的责任意识，切实维护督导严肃性。被督导单位要针对问题，全面整改，及时向教育督导机构报告整改结果并向社会公布整改情况。督导单位的主管部门要指导督促被督导单位落实整改意见，整改不力要负连带责任。同时健全复查制度，各级教育督导机构对本行政区域内被督导事项建立"回头看"机制，针对上级和本级教育督导机构督导发现问题的整改情况及时进行复查，随时掌握整改情况，防止问题反弹。压实问责制度，整合教育监管力量，建立教育督导与教育行政审批、处罚、执法的联动机制，增强教育督导工作的威慑力和权威性。

由上可见，坚持党的领导是民办高校实现高质量发展的根本保障。各级地方党政部门要找准在民办高校中落实党的领导的切入点，根据时代发展要求，客观考察民办高校的整体规模和发展特点，引导民办高校在具体业务和管理建设发展中坚持和落实党的领导、坚持社会主义办学方向、突出教育公益性原则。要在完善各级党政部门的指导、管理和监督工作体制机制的同时，切实发挥党的领导的重要作用，彰显党的领导制度的独特优势和治理效能，使党的领导融入和渗透到民办高校的管理建设发展中，成为引导民办高校实现依法办学、高质量发展的关键引擎。

第二节 严格执行落实民办高校党的领导管理制度

坚持和完善民办高校党的领导体制机制不仅应该增强各级党政部门对民办高

校的统筹指导监督，还应该严格执行落实民办高校党的领导管理制度。"投资办学是我国民办高校的本质特征。"① 与公办高校相比，民办高校具有不同的出资人特点，在管理制度上也接近于企业法人治理结构的管理体制，尽管国家在办学制度上要求出资人对个人资产与学校资产进行分割，对办学的独立法人地位进行了一定的保障，但事实中部分民办高校办学主要还是依赖于出资人所开办企业的资金支持。因此，在以董事会为主要决策机构的高校管理体制下，如何合理凸显党委的职能地位，保证党委有效参与重大事项的决策和管理监督，发挥引领方向、参与决策、协调关系的重要作用，仍旧需要进一步从国家法律制度和民办高校的内部管理体制层面上加以规范落实。

一、在组织建构层面以明确的制度章程确立党委的职能

"加强党对民办高校的领导，确立民办高校党委的政治核心地位，是我国的国家性质和我党的执政地位所决定的。"② 民办高校党组织在定位、职能、体制机制等方面与公办高校有所不同，因此，需要在组织建构层面以明确的制度章程确立党委的职能，着力发挥党委在高校办学治理发展中的政治核心作用。实现坚持党的领导与依法治校的有机统一，推动民办高校把党组织建设有关内容纳入学校章程，明确党委在学校法人治理结构中的地位，保证党委在重大事项决策、监督、执行各环节有效发挥职能作用，切实解决好组织虚设、人员虚设的问题。

以明确的法律制度规范设立党委。新时代背景下，只有进一步凸显党委的职能地位，才能将党的建设有机嵌入民办高校"董事会（理事会）领导下的校（院）长负责制"这一体制中。党委的设立是党委职能作用发挥的组织前提，且必须要有相应的法律制度得以规范落实。党组织负责人要通过法定程序进入董事会，监事会中要有党组织负责人，从而推动党的领导在各级各类民办学校中实现全覆盖。法律制度的建设要结合我国民办高校建设的实际情况，在法理层面上明确坚持党的领导的合理性和合法性，使民办高校增进对坚持和落实党的领导的认同，进而理顺党委的隶属关系，规范设立党委。坚持党的领导、规范设立党委是由民办高校在我国高等教育事业中的地位所决定的，是民办高校可持续发展的根本保障。因此，要进一步以明确的法律制度严格要求各类民办高校规范设立党委，健全相应的职能部门，进而凸显党委的职能地位，自觉将坚持党的领导贯彻

---

① 潘懋元、邬大光、别敦荣：《民办高等教育发展需要有更多的路径》，载于《中国教育报》2012年1月9日第5版。
② 徐绪卿：《我国民办高校内部管理体制改革和创新研究》，中国社会科学出版社2012年版，第288页。

落实到办学治校的方方面面。

民办高校要在规章制度中对党委书记的职能进行明确规定。"规章制度是实现科学管理的基础,是民办高校体制优势发挥的保证。"① 在民办高校的管理结构中,董事会(理事会)和校长分别起到决策和执行的职能作用,而党委的职能还需在民办高校的规章制度中得到明确规定。由于部分民办高校的出资特点,其管理结构中存在较强的个人主义色彩和企业化运营问题。因此,必须结合民办高校的实际情况,对党委书记的职能进行明确规定,涉及党的建设、思想政治工作和德育工作的事项,必须由学校党委研究决定。党委书记必须参与董事会(理事会)决策,享有参与协商决策的权力,并拥有对董事会(理事会)的人员结构和议事决策程序进行监督指导的权力,从而防止民办高校的过度企业化管理,推动营造和谐的管理层议事氛围。党委书记不仅要具备扎实的高校党务管理经验,还要掌握民办高校的管理特点,在深入研究和参与学校建设工作的基础上,对民办高校的发展起到引领作用,同学校董事会(理事会)和校长建立常态化的联席工作会议制度,打破彼此之间的信息隔阂,在求同存异、协商一致的基础上推进学校各项决策的实施。

民办高校的主管部门要对其党委书记的选任进行指导监督。党委在民办高校的具体设置及其作用的发挥均需要依靠党务人才来实现,因此,在党委书记的选任工作上,要进一步完善相关的配套制度和程序,加快人才资源库的建设。民办高校党委书记、校长和董事会(理事会)三者构成了其顶层管理的基本结构,三者之间的协调运转关系的形成在推动高校的建设发展过程中发挥着关键作用。但在现实层面,由于不同的主体的教学理念、管理方式存在差异,三者在决策上很难达成一致。因此,在党委书记的选任工作上要做好提前预备和科学选配的相关工作,使党委的具体职能作用得到充分有效的发挥。一方面,要拓宽选配渠道。既可从结对的省属公办高校党员干部中选派民办高校党委书记,也可从省直机关挑选熟悉党建和教育工作的党员干部挂职担任民办高校党委书记,或从符合条件的优秀年轻厅处级后备干部中提拔担任民办高校党委书记,选派的党委书记要同时兼任政府督导专员。另一方面,要明确选任标准,做好提前培养选拔工作。按照政治素质过硬、熟悉党建工作、懂教育管理、有奉献精神的要求,对民办高校党委书记进行选任和培养,以具备民办教育事业的相关工作经验为核心要素,增强党委书记在开展具体工作中的适应度和相关能力素质。在领导体制上,实行党委、董事会(理事会)和校行政领导"双向进入、交叉任职",使行政班子和党委班子形成助推学校发展的领导合力,在明确办学发展目标、落实立德树人根本

---

① 徐绪卿:《我国民办高校内部管理体制改革和创新研究》,中国社会科学出版社2012年版,第2页。

任务中更好地发挥领导班子办学治校的作用。

二、在重大决策层面以科学的议事程序凸显党委的作用

在民办高校的管理决策中,董事会(理事会)在事实上占据着主导地位,导致民办高校的办学行为和发展方向受到个人意志左右。随着民办高校办学规模的日益扩大,内部规章制度的日益完善,这种情况得以改善。当前需要结合民办高校建设事业发展的具体情况,在重大决策层面进一步构建系统明确、规范有序的议事程序,使党委、校长、董事会和教职工代表、学生代表组织统一融入高校的建设发展战略规划中,集中力量解决相应的实际问题,在保证校园秩序稳定的基础上,探索构建具有强劲生机活力和发展动力的民办高校议事程序。

构建系统明确的议事结构和程序。民办学校要依法制定章程,按照章程管理学校。一方面,要促进民办高校的议事主体结构的多元化建设。传统的民办高校建设一般以举办者为最终决策者,其在话语权上占据绝对主导地位。随着民办高校建设的规模化、制度化水平逐步提升,在重大决策的议事主体结构和程序上则需要进一步加以明确完善。在议事主体结构上,要明确举办者和决策机构之间的关系,将举办者的权力合理地纳入决策机构中,规范其权责范围,防止其权力的过分集中和独断专行的管理模式。健全董事会(理事会)和监事(会)制度,董事会(理事会)和监事(会)成员依据学校章程规定的权限和程序共同参与学校的办学和管理。董事会(理事会)在做出决定前,应征得党委同意。着力确保党委能够在不同程度上参加学校发展规划、人事安排、财产财务管理、基本建设、招生、收退费等重大事项的研究讨论,为进一步发挥党委在办学治校中的职能作用、促进民办高校治理结构的现代化发展提供核心制度保障。在决策主体方面,要在此基础上明确校长作为执行者的权责范围,以及党委书记作为党组织代表的权责范围,包括各教职工代表、学生代表组织的权责,进而将各议事主体纳入明确规范的议事体制和程序中,提升民办高校治理发展的制度化水平和决策执行效率。根据不同的办学出资特点,构建系统明确的议事结构和程序,将财产关系和办学规律进行合理分割,理顺民办高校面临的谋求利益和长远发展之间的关系,将关系学校建设发展的重大事项经由全体办学管理者、教学活动参与者协商一致后再做出最终决定,从而增强民办高校治理结构的内生活力,增强重大领域决策和治理实践的制度化水平。

增强党委在议事程序中的话语权。保障和增强党委在民办高校重大决策中的话语权,既要靠党委书记个人能力素质的提升,也要靠完善的制度体制以及积极

和谐的治理氛围。由于实施过程中制度机制的不完善以及领导班子自身建设中缺乏刚性约束，民办高校重大事项的决策权和执行权之间的边界模糊，导致董事长和校长之间产生权力冲突，给民办学校的管理体系带来较大的冲击。这就要求党委在其中起到统筹协调和关键引领作用。党委要立足学校具体情况和历史沿革背景，以促进民办高校的高质量发展为根本出发点，对内理顺管理结构、确保正确的办学方向，对外增强民办高校的社会公信力和信誉度，落实党组织政治核心的领导权。党委书记不但要从加强民办高校党的建设的政治职能任务出发，还要准确把握民办高校建设发展的核心需求，在决策与执行过程中敢于发现问题、积极解决问题，权衡和兼顾决策和执行主体的利益，进而强化和凸显民办高校党组织建设力量、提升自身的权威地位和话语权。由于民办高校的成立时间较短，在管理体制机制上存在不统一、不科学、不规范的问题。党委书记作为一种代表规范性的力量，必须在理顺制度体制、纾解利益矛盾、谋求和谐治理氛围等方面发挥其作用，进一步细化、健全包括党委、董事会、校长办公会等在内的议事规则，规范从决策范围、议事程序、决策执行直到督办落实等在内的各个环节。采用制定相关制度、组织协调、长远规划等多种手段，进一步增强党委在解决各重大事项中的关键作用，使党中央对加强民办高校党的领导的要求落在实处。

发挥党委团结协调各议事主体的作用。不同的议事主体具有不同的利益出发点和利益取向，在决策过程中往往存在矛盾冲突，特别是随着当前社会阶层利益格局的日益分化，个人的利益中心化趋向逐渐凸显。党委在坚持正确的办学方向、加强学校思想政治工作，稳定校园、团结职工、凝心聚力等方面具重要作用。因此，在议事协商过程中，要注意集体价值引导和长远利益规划，建立健全党组织与学校董事会（理事会）和监事（会）日常沟通协商制度，以及党组织与行政领导班子联席会议制度，在对事项分类的基础上进行协调决策，积极发挥党委团结协调各议事主体的作用。一方面，党委要在议事前，针对不同的议事内容和相应的议事主体进行调查研究和谈话协商，在了解各主体利益诉求的基础上，认真协商具有突出矛盾的问题，寻求彼此之间的共通点，为达成有效的协商决策意见提供基本遵循和实践依据，防止个人独断专行和对立撕裂的两种极端化倾向。结合客观实践的需要来构建"三重一大"的事项清单，进一步压缩董事长和校长进行自由裁量的空间，对决策权和执行权进行清晰划分。另一方面，在议事结束得出相应的决策建议后，党委要继续引导和督促各主体贯彻落实决策决议，按照制度规程开展关于学校重要决策事项的中期督查和日常督查，对执行过程中的具体矛盾问题进行及时的反馈和指导，确保决策决议的全面有效贯彻落实。

三、在具体执行层面切实发挥党委的监督指导作用

当前大多数民办高校的党委书记兼任副校长或分管部分行政工作，还有部分民办高校在二级院系积极开展党政"一肩挑"工作试点，推动党建和业务"双促进""双提升"。因此，党委要在具体执行层面切实发挥党委的监督指导作用，确保将党的领导贯彻落实到办学治校的方方面面。

明确党委在办学治校各领域中的监督指导作用。地方政府和职能部门所选派的党委书记要同时兼任省政府派驻学校的督导专员，依法履行督导、督学和督查职责。党委要理顺党委书记同董事长、校长的权责关系以及工作协调关系，完善党委书记、董事长、校长的产生办法，加强对领导班子内部个人行为的监督，探索实行独立董事（理事）、监事制度，防止权责划分的模糊和扯皮现象的出现。要着力确保董事会（理事会）由举办者或者其代表、校长、党组织负责人、教职工代表等主体共同组成，监事会中有党组织领导班子成员，以全面覆盖重大决策和监督结构，有效落实和加强党委的指导和监督。在具体实践层面，学校党组织要支持学校决策机构、执行机构、监督结构依法行使职权，督促其依法治教、规范管理、有效监督。同时要监督指导学校选聘机制的完善，在学校关键管理岗位选任上实行亲属回避制度，完善教职工代表大会和学生代表大会制度，充分保障选任程序的公开透明。民办高校党委不仅要划分好与行政部门的权力界限，还要平衡与投资方的关系，在实现经济效益的同时保证教育的公益性，在理顺和规范学校管理决策制度的基础上，更好地发挥宏观层面上的监督指导作用。不仅要规范执行党委和董事会、院行政的联席会议制度，还要理直气壮地开展各项党建工作，保障人才培养质量的提升，引导民办学校实现经济效益和社会效益的双丰收。

明确民办高校党委的监督指导工作内容。党委主要负责对校董、管理层的履职情况、经营管理、财务状况和安全状况进行全面的监督。包括审查学校的经营状况；检查各种财务情况，并向股东大会或董事会提供报告；对校董及学院领导干部的行为实行监督，并对他们的任免提出建议；对学校的计划、决策及实施进行监督等。在民办高校资产管理方面，要引导其明确产权关系，建立健全资产管理制度。民办高校举办者应依法履行出资义务，将出资用于办学的土地、校舍，并将其他资产足额过户到学校名下。存续期间，民办高校对举办者投入学校的资产、国有资产、受赠的财产以及办学积累享有法人财产权，任何组织和个人不得侵占、挪用、抽逃。着力健全财务会计制度，进一步规范民办高校会计核算，建立健全第三方审计制度。非营利性和营利性民办高校按照登记的法人属性，根据

国家有关规定执行相应的会计制度。民办高校要明晰财务管理，依法设置会计账簿。民办高校应将举办者出资、政府补助、受赠、收费、办学积累等各类资产分类登记入账，定期开展资产清查，并将清查结果向社会公布。要探索制定符合民办高校特点的财务管理办法，完善民办高校年度财务、决算和预算报告报备制度。此外，民办高校应遵守国家有关安全法律、法规和规章，重视校园安全工作，确保校园安全技术防范系统建设符合国家和地方有关标准，学校选址和校舍建筑符合国家抗震设防、消防技术等相关标准。要建立健全安全管理制度和应急机制，制定和完善突发事件应急预案，定期开展安全检查、巡查，及时发现和消除安全隐患。建立安全工作组织机构，配备学校内部安全保卫人员，明确安全工作职责。加强学生和教职员工安全教育培训，定期开展针对上课、课间、午休等不同场景的安全演练，提高师生安全意识和逃生自救能力。

优化民办高校党委的监督指导路径方式。首先，从根本上监督落实民办高校党的建设工作。严格政治责任，落实好党委教育工作部门直接责任、民办高校党委主体责任，强化民办高校党的建设督查落实责任，把管党治党这一根本政治责任承担起来，切实把民办高校党的建设抓实抓好。其次，在办学治校管理制度方面进行严格监督，并提出相应的整改措施建议。当前的民办高校中监事会一般由股东代表、党委代表及职工代表组成，党委要确保在议事框架内进行监督指导，着重强化党组织对学校重要决策实施的监督，定期组织党员、教职工代表等听取校长工作报告以及学校重大事项情况通报。对涉及民办高校发展规划、重要改革、人事安排等重大事项，党组织要参与讨论研究，并要求董事会（理事会）在做出决定前，征得党组织同意；涉及党的建设、思想政治工作和德育工作的事项，要由党组织研究决定和指导落实。最后，党委的监督指导工作不仅要以党建和组织管理活动为关键抓手，也要对教学活动开展常态化的监督和指导工作，牢固树立质量立校意识，创新人才培养模式，培养适应国家现代化建设所需的高素质应用型人才。严格监督民办高校落实国家和地方规定的办学设置标准和有关要求的情况，要求其按照国家和地方有关规定做好宣传、招生工作，每一年的招生简章和广告须经审批机关备案，并且在校生数要控制在审批机关核定的办学规模内。确保将校内的一切违法违规现象及时上报，实施相应的惩戒措施，保障教师和学生的权益。

第三节　健全民办高校落实党的领导的内部运行制度

健全完善民办高校落实党的领导的内部运行制度也是坚持和完善民办高校党

的领导体制机制的重点性举措。实现党对民办高校的全面领导，不仅要加强领导班子建设，还要以多样性的组织活动、制度文化将党的领导进一步渗透到民办高校内部运行管理的方方面面。因此，当前要进一步建立健全党团组织运行的体制机制，发挥民办高校党组织的政治核心和先锋堡垒作用，加强民办高校公共职能部门的规范化建设，发挥民办高校群团组织团结教育学生的重要作用，推动民办高校党的建设、思想政治、意识形态、校园安全、党风廉政建设迈上新的台阶。

一、健全民办高校各级党组织工作体制机制

"民办高校党组织是党对民办高校实行领导、监督、指导的主要渠道，在政治思想上起核心作用，在组织上起监督作用，在发展建设中起服务保障作用。"[①] 党的领导要依靠各级党组织的先锋模范作用和重要堡垒作用得以实现。由于特殊的出资和举办特点，当前民办高校在其党建工作的开展中存在规范化程度较低、作用不突出等问题。具体体现为党组织覆盖率比较低、隶属关系不顺畅、书记队伍建设不强、党员教育管理比较松散、监督作用发挥不到位、思想政治工作薄弱等。为此，民办高校必须按照全面从严治党要求，加强党的建设，落实党组织政治核心的领导权，切实发挥党组织战斗堡垒作用和党员先锋模范作用。

民办高校要规范设立各级党组织。首先，要明确民办高校党组织的建设导向，即加强和改进民办高校党的建设和规范管理，这是保证民办高校坚持社会主义办学方向，促进民办高等教育事业健康发展的需要。要进一步明确制度规范，以明确的制度章程和可操作性强的具体方法措施，促进民办高校做到学校党组织与学校同步建立、党组织负责人与校长同步落实、党建工作与行政工作同步安排，从而将党建工作深刻融入办学治校发展中。其次，要加强党组织书记队伍的选拔和培养。由于民办高校中教师和工作人员以一定的教学绩效和工作任务作为考核考评的标准，在党的建设工作方面缺少激励机制，导致教职工在日常工作中开展党的建设的积极性较低。因此要把党组织书记队伍建设作为抓好民办学校党建工作的重中之重，加强选拔培养、教育培训和管理监督，努力提高其整体素质和履职能力。明确选配标准，坚持把政治标准放在首位，按照政治素质过硬、熟悉党建工作、懂教育善管理、有奉献精神的要求，选优配强民办高校党组织书记。要强化政治核心，扎实推进党的组织和工作覆盖，采取选育管并举的方式，建强党组织书记队伍，增强党员干部的政治意识、责任感和工作能力，推动党的

---

① 刘林：《探索与创新：全国民办高校党的建设与思想政治工作优秀成果集》，高等教育出版社2014年版，第30页。

领导与民办高校法人治理有机融合。最后，要理顺民办高校党组织的隶属关系。与公办高校相比，民办高校中党员数量总体较少，且数量分布不均，来源复杂、流动性大，基层党组织的设立和日常管理存在客观操作上的难题。要通过明确民办高校党组织的上级隶属单位，积极汇报党组织建设日常工作的开展情况，及时完成党员干部的转接工作和管理工作。加强对基层党组织建设的监督指导工作，结合校情实际情况，对全校范围内的党组织建设情况进行整体调研把握，及时进行调整监督和指导，增强党组织的组织力建设和先锋模范作用。如天津仁爱大学探索建立的"活动党支部"，重在开展活动，在活动中加大党的影响力，增强党的凝聚力，是对常规基层党组织形式的一种补充。

健全民办高校党组织运行的体制机制。首先，民办高校各级基层党组织要结合部门工作的实际情况和发展需要，切实有效地发挥自身的职能作用。要结合各类民办高校的实际情况，以及各部门、教学系部的实际工作需要，引导党组织围绕学校发展、贴近师生需求开展党的活动，增强党建工作的针对性、实效性，防止实践中的"两张皮"现象和形式化倾向，避免加重基层教学管理工作的复杂程度等问题。要在结合具体实践的过程中发挥党组织的先锋队作用，构建系统完善、合理有序的党组织设置和运行体制。其次，要进一步健全党组织运行的制度机制，增强党组织运行的规范化程度和制度化水平。结合民办高校党员规模和来源分布等实际情况，探索符合实际情况的党员活动方式和组织纪律，拓宽组织活动形式和平台，在总结实践经验的基础上进一步促进党组织生活的制度化、规范化。严格党的组织生活，坚持"三会一课"制度，增强党员主体意识和党性观念，党组织书记每年至少讲一次党课，开好学校党员领导干部民主生活会和支部组织生活会，认真开展批评和自我批评，进行党员党性分析和民主评议，按照党章和党内有关规定，严肃处置不合格党员，从而增强党组织工作的规范性和纪律要求。与此同时，着力发挥党组织工作的辐射带动作用，逐步将党组织工作深刻融入日常业务工作中去，凸显其核心引领作用，不断推进党组织生活的规范化及高质量发展，增强党员干部和其他工作人员的归属感、获得感、认同感。最后，着力发挥党员干部在各部门具体实际工作中的先锋模范作用，增强党组织的吸引力和号召力。党组织的先锋模范作用突出体现在党员干部的能力素质和奉献品格上。党员干部作为党组织的核心力量，要增强自身的政治责任感和先锋队意识，自觉在工作中发挥党员带头作用。在重大攻关项目和集体利益问题上，应从政治大局出发，科学判断是非，积极主动作为，在民办高校开展社会服务、日常工作、重大改革实践中，切实发挥党员的先锋模范作用，推动党组织的健康有序运行。

加强民办高校党组织运行管理的监督工作机制。首先，建立民办高校开展党建工作的相关激励和惩戒机制，在此基础上不断深入监督指导。各级党委要积极引导民办高校结合自身实际情况,对基层党组织的设置和管理工作进行一定的规范调整,在此基础上建立相关的激励机制和惩戒机制,从而使各部门的教学管理人员认识到开展党建工作的重要性,进而增强开展基层党建工作的积极性,着力最大化地发挥基层党组织的组织力和凝聚效应。其次,落实党的建设责任制度。党的领导作用依靠坚强有力的党组织和具有先锋模范作用的党员干部得以发挥。因此,要加强党组织建设的监督责任制,加强对党组织和党员干部监督的相关制度建设。通过落实党委书记第一责任人职责以及举办者党建工作责任,在此基础上加强督导考核,凝聚加强民办高校党建工作的集体合力。严格落实党建督查制度,以督查促监督。定期开展民办高校党建工作专项检查,组织民办高校党组织书记抓基层党建工作述职评议考核,并把党建工作情况作为民办高校注册登记、年检年审、评估考核、管理监督的重要依据。建立完善工委机关党员领导干部联系民办高校、民办高校党员干部联系党支部、党支部定期联系党员的制度机制,形成环环相扣、紧密联结的督导督查体制机制,加强对党组织建设工作的体系化监督。最后,进一步构建相应的监督指导平台,优化监督指导的方式方法,提升监督指导的实效性。要将监督指导融合到日常组织生活中去、深入延伸到实践工作中去,引导其形成严格自律、风清气正的组织文化,促进监督指导工作的持续有效常态化开展。

二、加强民办高校公共职能部门的规范化建设

"只有抓好规章制度建设,才能促进良好组织文化的形成。"① 不断健全制度规则是推进民办高校建设发展的有效路径,是民办高校治理现代化发展的稳定器和助推器。民办高校要落实依法治校,就必须加强公共职能部门的规范化建设,完善其运行管理的制度化水平,逐步摆脱过度的个人化、名人化管理困境,保障民办高校办学治校的稳定性。

首先,加强公共职能部门建设是民办高校办学发展的现实客观需要。随着民办高校办学规模的不断扩大,公共职能部门人力短缺、资金有限、场地不足、管理不规范等现实问题成为制约民办高校可持续发展的重要因素。绝大多数民办高校的党群机构采用合署办公或两块牌子一套班子的方式,导致专职党群工作机构不规范、专职人员偏少、队伍整体较弱、工作落实困难等问题。因此,要从历史遗留问题和现实实践发展的双重角度出发,从坚持和加强党的全面领导的战略高度出发,对民办高校公共职能部门建设的问题进行客观分析和深入研究。其次,

---

① 杨德广、谢安邦:《高等教育管理学》,上海教育出版社2006年版,第209页。

要进一步规范和明确公共职能部门的运行制度程序，防止民办高校在办学过程中出现个人主义、家族化、企业化倾向。在财务管理方面，建立规范的财务工作系统和组织人员，在每学年结束时制作财务会计报告，委托会计师事务所进行审计，必要时省级教育行政部门可会同有关部门对民办高校进行财务审计。在学校安全方面，民办高校应当建立系统的应急管理和保卫部门，健全安全稳定工作机制。推进学校安全保卫工作队伍建设，加强对学校教学、生活、活动设施的安全检查，落实各项安全防范措施，维护校园安全和教学秩序。最后，重视民办高校公共职能部门的人员选拔和日常管理工作。加大行政人员经费支持，选聘合格优秀的管理职能团队，提升民办高校管理制度体制的工作效率。完善相应的选拔考核晋升机制，完善组织部门关于学校中层干部选拔工作的制度机制，使各职能部门的聘任工作制度化、公开化、透明化，给予行政工作人员认真工作、谋求创新的积极性和主动性。

加强民办高校公共职能部门的制度机制建设。首先，要从长远性利益出发制定公共职能部门的相关工作制度机制，防止采取简单实用化、领导个人化的形式，着重考量制度的运行效益和可行性、可持续性。从学校董事会、校长和党委书记的集体决策出发，将相关具体的工作职能要求进一步系统分化出来，确保决策得到系统有效的执行落实，防止决策仍旧是举办者个人思想实践的外化，在摇摆不定中对办学发展造成意外的风险挑战。在完善公共职能部门的制度体制基础上，协调和规范民办高校的各种日常活动和工作事项，避免过度经济化的办学理念和组织文化的渗透，促进民办高校的科学化管理，确保依法治校。其次，结合工作实际情况来制定相应的公共职能部门的制度机制。例如，在校务办公会议制度、教学委员会工作制度、思想政治工作制度、教职工代表大会制度等方面，既要借鉴公办高校在管理制度机制方面的既有成果和实践经验，也要从民办高校自身的实际情况出发，就现有的人才资源和工作实践任务进行综合考量，采取明确方向、逐步渐进、探索特色、扎实成效的基本路径，来建构并完善各公共职能部门的工作体制机制。最后，重视公共职能部门的制度机制执行效力，并在实践中不断进行修订完善。民办高校在制度建设中存在重制定、轻执行、弱考核的问题，往往致使制度执行力大大降低，有的制度甚至根本不能发挥作用。因此，在制度制定过程中，既要明确制度的制定目的，也要对制度进行长远的规划考量，以增进制度的可持续性完善和发展。在制度的执行和考核过程中，要不断进行常态化的监管和创新发展。

三、支持引导民办高校内部群团组织运行建设

"抓党建，不重视工建，就是自断其臂；抓民主，不重视群众，就是自失其

基；抓民办教育，不依靠教工，那就是自毁其力。"① 民办高校的内部管理运行所需要处理的事项涉及方方面面，当前要更好地落实党的领导，必须依靠群团组织的力量来实现。因此学校党组织要加强对民办高校内部群团组织的支持和引导，促进民办高校群团组织的规范化发展，发挥其在高校内部治理和创新发展中的重要支撑和积极引领作用。

结合民办高校的办学实际情况，建立具有明确发展目标导向的群团组织。首先，基于民办高校内部不同的群体利益，以促进群体之间交流、激发民办高校建设发展的内生活力为导向，建立多样化、规范化的群团组织。如基于不同的兴趣爱好、社会实践任务等建立相应的学生社团，依据不同的专业研究方向、兴趣爱好、生活权益取向等建立相应的教职工社团组织，进而增强民办高校内部人员的黏合力，增强师生的集体归属感和认同感，为进一步实现党的领导提供组织基础和文化氛围。其次，建立相应的专项经费支持机制和活动组织支持渠道。引导学校职能部门加强对群团组织的管理和支持力度，增强群团组织工作人员的专业职能性，扩大群团组织的影响力和号召力，引导其朝着积极健康的方向发展，并能够主动融入高校治理格局中，进而在民办高校的意识形态建设、校园文化建设、安全保障等方面发挥积极作用。最后，在支持和引导群团组织建设的过程中，适时合理地建立相应的基层党组织，着力增强其建设发展的实效性和可持续性。例如，按教研室、学科组、实验室或分属不同职能的行政处室、团体队伍等来设置教工党支部，按年级、专业、班级设置或学生社团规模等设置学生党支部，做到凡是有师生活动的地方都有党的组织和党员。引导党员干部自发积极地开展党组织建设，增强对党组织的信任感和依赖感，主动贴近党组织，促进党组织生活同职工文化、校园文化的相互浸润、相辅相成。加强党员干部的理论素养和先锋队意识，发挥师生党员在群团组织运行中的示范引领作用。

强化民办高校群团组织在建设发展中的特殊职能作用，发挥其在治理实践中的实际效用。首先，在学生招生就业方面，增强群团组织的品牌效应和吸引力。民办高校要充分利用自身在服务社会、对接地方企业等方面的优势地位，着力发挥群团组织的社会效益，拓宽其社会覆盖面，进而凸显自身紧密对接社会、企业的优势，在招生就业宣传工作中发挥其独特作用。客观来看，民办高校中学生党员数量偏少、理论水平偏低、党员意识不够强，导致学生党员在群众和集体中发挥的先锋模范作用不够，学生党员的整体影响也不明显。基于此，要着力加强民办高校的党员发展工作，在群团工作中考验和选拔积极分子，各级地方政府组织

---

① 刘林：《探索与创新：全国民办高校党的建设与思想政治工作优秀成果集》，高等教育出版社 2014 年版，第 64 页。

部要将民办高校党员发展计划单列，专门用于发展民办高校优秀大学生和青年教师入党，进而推动民办高校党员发展工作的顺利开展。认真落实民办高校党员组织关系管理工作的有关要求，加强民办高校毕业生党员组织关系管理，防止一转了之甚至推出不管。其次，在教学活动方面，要进一步发挥由教职工构成的群团组织队伍的积极作用，同时在各类群团组织中发挥教职工党员的先锋模范作用。针对教职工党员中兼职人员多、退休人员多、青年教师多、流动性强等实际情况，一方面要采取学习培训、专题辅导、结对帮扶、谈心交流等方式，帮助教职工党员提高素质，解决思想困惑和实际困难。设立党员教学管理服务示范岗，推行党员承诺制和党员星级管理，引导他们充分发挥在教书育人实践中的示范带动作用。另一方面要积极引导其参与多样化的校内群团组织，在构建和促进群团组织建设的实践中，发挥党员干部的先锋模范作用。最后，在高校治理格局建设方面，发挥民办高校群团组织在构建积极健康的高校治理氛围和布局结构方面的积极作用，以群团组织活动锻炼内部人员的道德素养和政治思想水平，引导其内部形成积极上进的价值理念和组织生活文化，为协商解决学校建设发展层面的矛盾问题营造良好的沟通对话氛围，拓宽协调对话的平台资源建设，有力缓和不同利益主体之间的张力。

提升民办高校内部群团组织的对外交流水平和自我发展能力。一方面，扩大民办高校群团组织同公办高校群团组织的对话交流，实现互通有无和交流互鉴。基于在民办高校中活跃的各种群团活动和各项校园文化活动中，学生党组织的影响力较低，学生党员发挥的作用有限的情况，要促进其同公办高校群团组织的对话交流，利用其在科研教学、资源平台等方面的优势提升自身组织建设的质量和层次水平。另一方面，不断增进自我认同，提升自我发展和自我完善的能力。在民办高校中教师党员往往忙于完成各自的教学任务，在学科建设、专业建设、师资队伍建设等方面还没有形成一个整体的党员队伍的形象。因此，要进一步凸显党员队伍在各类群团组织建设的模范带头作用，就必须进一步提升党员队伍的能力素质和本领水平。以加强思想政治工作为抓手，促进与公办高校的优势学科资源和教学资源的共用共享，加强对民办高校教师政治素养和能力素质的培训培养，为民办高校教师进一步发挥在群团组织建设中的引领作用提供扎实基础。同时，在提升教师党员政治素养的基础上，进一步加强民办高校党组织政治建设，强化和发挥民办高校党组织的政治把关、思想教育、团结引领功能，着力提升民办高校思想政治工作的质量和水平。在抓好学生和教职工的相关群团组织建设的基础上，不断深入现实生活和工作实际，加强学校教室、寝室和网络等思想文化阵地的建设与管理，加强学校师德师风教育培训建设，加强高校党风廉政建设，进一步把思想政治教育融入学生学习生活的各环节，促进全员全过程全方位育人。从而助力良好学风、扎实教风和廉政校风建设,使学风、教风、校风紧紧扎根于师生实践。

第四节 民办高校党的领导体制机制的支撑性举措

不断探索完善民办高校党的领导体制机制建设,还应该积极探索民办高校党的领导体制机制建设的支撑性举措。当前民办高校要实现新的跨越发展,则需要更加深入地探索和完善党的领导体制机制建设。在过去一段时期内,具有不同类型特点的民办高校在国家政策的扶持下,自主探索落实党的领导的体制机制建设,取得一些有益的实践经验和制度成果。但从整体情况来看,当前民办高校的办学管理在坚持和落实党的领导的具体实践中存在许多问题。因此,当前既需要系统整合民办高校在自主探索中形成的积极成果和实践经验,形成发展模板和示范效应,也需要进一步推动各民办高校结合自身实际特点,积极开展试点工作,为促进党的领导体制机制建设提供更加扎实的实践基础和更加开阔的发展视野。在此过程中,各级党政部门要积极为各类民办高校搭建规范化的优质交流平台,促进民办高等教育内部形成积极向上、互相借鉴、共同发展的良好氛围。

一、系统总结实践经验加强积极示范效应

积极探索民办高校党的领导体制机制建设的支撑性举措首先应该系统总结实践经验加强积极示范效应。各类民办高校党的领导体制机制的建设发展,既需要有各级党政部门的监督指导和有力支持,也要发挥自身的积极主动性,在管理层面进行改革和优化,理顺办学管理的权责关系。"民办高校党组织政治核心地位是在学校的党建、思想政治工作和德育工作中起领导作用;在学校的办学方向、改革发展和维护各方权益中起保证作用;在学校的办学方向、改革发展和维护各方权益中起保证作用;在学校的依法办学和民主建设中起监督作用。"① 因此,要在党的建设方面进行体制机制的全局性探索,推进各级党组织和党员干部队伍发展的规范化、可持续化,发挥两者在落实党的领导方面的先锋示范作用。

总结在各级政府管理部门工作方面的实践经验与不足。在充分了解政府职能部门的政策和实践要求的落实情况的基础上,总结各级政府管理部门在支持引导

---

① 杨月民:《民办高校党组织发挥政治核心作用刍议》,载于《上海党史与党建》2009 年第 8 期。

民办高校建设方面的经验与不足。2007 教育部颁布了《民办高等学校办学管理若干规定》，在此指导下，各类民办高校依照国家规范性文件进行学生管理工作的意识明显增强，形成了比较齐全的规章制度，行政管理职能机构和工作人员配备基本落实到位，能够为教师和学生维权提供一定的救济途径，学籍学历管理工作的信息化程度均有不同程度的改善。但民办高校仍存在教职工作人员流动性大、学校各项管理政策执行延续性差、师生维权难等问题。有的民办高校在执行规章制度时，还存在相关配套文件不协调现象，致使相关规章制度在执行和操作层面难以落实。有的民办高校对学籍学历的管理和规范不够，入学新生核查学籍的意识和相关工作的细致程度需要提高。因此，各级政府管理部门要进一步探索民办高校规章制度建设与执行效力的匹配度、学校管理层面的权责关系、学生的学籍学历管理方面的工作。教育行政部门应当将民办高等教育纳入教育事业发展规划，按照积极鼓励、大力支持、正确引导、依法管理的方针，引导民办高等教育健康发展。同时要从民办高校的建设实践出发，以民办高校的高质量、可持续发展作为衡量标准，对其进行全面评估和分析，在确保其保持正确的办学方向的基础上，帮助和引导其进一步理顺制度制定与执行的关系、举办者和管理者之间的关系、学历授予和学籍管理之间的关系，促进其形成高效规范的办学管理体系，在地方政府和学校党委的领导下办出特色、办出质量。进而在充分发挥政府职能部门的协调、引导、规范的作用的基础上，引导民办高校积极主动地贯彻党和国家的教育方针、坚持社会主义办学方向和教育公益性原则，抓住应用型人才培养的发展机遇，实现民办高校的教育质量的新跨越、新发展。

总结在民办高校自身管理体制层面的实践经验。民办高校当前普遍设立了包括董事长、校长和党委书记在内的领导班子，党委书记多为地方政府选派，校长则一般为专业领域的优秀教师选聘而来，董事长一般为出资者和举办者，具有一定的企业投资背景。因此，在这样一个兼具专业技术型、政府职能型、企业管理型的管理体制结构中，促进三者各司其职、相互尊重、共同发展仍旧需要进行多维的探索示范，促进制度建设的规范化发展。通过健全民办高校党委与董事会、监事会沟通协商机制，促进党委深度融入民办高校管理决策中来，切实发挥党委的政治核心作用，加强对董事会和监事会的权力约束和权力监管，及时协调解决矛盾问题，引导和促进彼此增进共识，达成共同的利益取向和发展目标。注重现代化大学治理体系的构建工作，通过加强领导班子与基层组织之间的联系，进一步健全重大决策征求意见、调查研究，以及信息公开等制度，充分调动学术委员会、离退休老干部等组织和群体参与民主决策、管理、监督的积极性，为民办高校改革发展凝聚智慧和力量。尝试将党组织生活的优良传统作风带入民办高校领导班子建设中，注重和谐的党组织领导班子的建设，充分发扬民主精神，提升民办高校领导班子的工作合力。

总结民办高校开展党建工作的实践经验。在党委书记的派任方面，要用好派出高校优势，组织开展"对口帮扶"，各方同心协力、同频共振，为选派民办高校党委书记切实发挥作用提供有力支持，推动民办高校党的建设以及各项事业不断向前发展。有的民办高校积极协调将民办高校基层党组织工作经费纳入省级财政预算，按每名党员每年200元标准拨付工作经费，分别按每人每月200元和100元标准为基层党组织书记和党务工作者发放补贴，建立稳定的民办高校党建经费保障机制。推动民办高校建立标准化的党员活动室，指导民办高校高标准打造党群"一站式"服务中心，确保民办高校党建工作有阵地、有资源、有支撑，为党委书记开展工作提供保障。在管理方式方面，将民办高校和公办高校一体纳入党建工作整体布局，在召开会议、传达文件、干部培训、经费保障上做到同指导、同部署、同推进、同落实。此外，积极探索建立民办高校党建工作保障制度，明确规定民办高校党组织负责人必须进入学校董事会（理事会）等决策机构，参与学校重大问题的研究讨论。有的高校全面实施高校党组织"对标争先"建设计划，培育创建民办高校党建工作示范高校、标杆院系、样板支部和全国党建工作样板支部，引领民办高校各级党组织建设全面进步、全面过硬。深入实施高校基层党组织建设"五创五强"工程，指导民办高校创建好班子、好队伍、好载体、好阵地、好机制。有的高校强化改革创新意识，以党建带群团，充分发挥党员的先锋模范作用，实现了社团建团、公寓建团、网络建团，从而以有力的政策支持、多样化的平台资源和实践形式推进民办高校党建工作的开展。

二、鼓励各类民办高校深入开展试点探索

积极探索民办高校党的领导体制机制建设的支撑性举措还应该鼓励各类民办高校深入开展试点探索。当前各类民办高校获得了长足发展，形成了一定的发展模式和办学管理实践的基础，因此，在落实党的领导的体制机制建设方面，要鼓励民办高校结合自身实际情况，深入开展试点探索。为推进民办高校党的领导和党的建设工作的现代化发展，形成多样化的发展格局以及个性化、开放式的发展环境提供相应的政策支持。

探索构建民办高校党的领导体制机制建设发展的权力清单。以不断拓宽党的领导在民办高校建设的辐射面、充分发挥党的领导的制度体制优势、精准发挥坚持党的领导的实际治理发展效能为根本任务，建立相应的权力清单，使权力的行使和运行规范有效，确保党的领导在民办高校办学治校中的根本统筹和规范指导作用。在经费管理方面，各级政府职能部门要加大经费投入、提供经费保障。

"对于民办高等教育来说,能否顺利发展,产业化是关键所在。"① 因此,要设立民办教育发展专项资金,同时规定非营利性民办高校可获公共财政扶持,保障民办高校具有充足的经费投入,为实现学科建设和规模发展提供后备支撑。全面深化民办教育领域综合改革,充分发挥市场的决定性作用,鼓励探索多元主体多种形式办学,在此过程中切实加强政府的指导、扶持和服务,健全政府补贴、政府购买服务、助学贷款、基金奖励、捐资激励等制度措施。在发展路径方面,对民办高校进行正面引导,明确民办高校哪些"可为"、哪些"不可为",让民办高校依法办学、依规办事,同时鼓励其自主探索办学路径和办学方式,探索实现内涵式、高质量发展,从而为推进我国教育强国建设做出更大的贡献。在招生和就业方面,加强对民办高校的招生程序和就业实习形式的监管。通过权威规范的第三方平台进行招生和就业质量评估,鼓励民办高校在招生和就业工作中形成扎实稳健、透明公开的程序和制度,促进民办高校的教学质量和就业水平的稳步提升,防止出现风险外溢的问题。

鼓励探索并保持民办高校的办学育人发展特色。坚持和落实党的领导,突出体现在办学育人的发展方向上。因此,要将坚持党的领导贯穿到民办高校的办学管理发展中,明确具有正确导向、特色优势的人才培养模式和发展路径,发挥民办高校在落实立德树人实践中的重要作用。例如,温州商学院依托温州地区特殊的商业文化和商业资源,以国家和社会的人才需求为导向,以校企合作和产学研相融合为途径,深化教育教学改革,着力建设、优化现有的商科等应用型学科专业,并加强研究性学科建设,尝试建设硕士学科点,向国内外筹措建立相应的研究平台和研究资源;上海师范大学天华学院通过党建引领校园文化建设,凝练出"坚持'专、通、雅'协调发展、培养富有竞争能力的应用型人才"的办学理念。只有基于办学实践发展所凝练形成的教学模式和价值理念,才能真正在高校建设发展的各方面实践中扎根,才能内化为全员育人的精神动力、外化为全员育人的自觉行动,为实现可持续、高质量发展提供精神力量支撑和实践发展动力。民办高校在推动自身发展的过程中要坚守办学初心和使命,始终将坚持党的领导作为开展一切工作实践的根本遵循,扎实做好在教学育人、科研实践和社会服务等方面的工作。深入推进民办教育综合改革,鼓励地方和学校先行先试,总结推广试点地区和学校的成功做法和先进经验。加大对民办教育的宣传力度,按照国家有关规定奖励和表彰对民办教育改革发展做出突出贡献的集体和个人,树立民办教育良好的社会形象,努力营造全社会共同关心、共同支持社会力量兴办教育的良好氛围。

---

① 潘懋元:《潘懋元论高等教育》,福建教育出版社2000年版,第353页。

深入推进教职工管理和保障工作。只有民办高校的教职工队伍始终保持积极主动性和创新能力，才能有力推动教学管理各项事业的发展。因此，落实党的领导，要深刻体现在教职工管理和保障工作方面，进而增强民办高校内部工作人员对坚持党的领导的认同。各类民办高校要严格遵循并落实保障教职工人员的福利待遇等方面的政策措施，形成组织部牵头抓、教工委直接抓，社工委、民政、工商等部门协同抓，各民办高校党组织具体抓的工作格局。保证非营利性民办高校教师享有当地公办学校同等的人才引进政策，要尽力筹措资金保障教师的工资、福利待遇，按国家有关规定为教师办理社会保险和补充保险。鼓励民办高校教师积极进行资格认定、技能培训，保障其在开展职务评聘、评优表彰等方面与公办高校教师享有同等权利地位。同时民办高校要着力加强教师思想政治工作，加强辅导员、班主任队伍建设，建立健全教育、宣传、考核、监督与奖惩相结合的师德建设长效机制，促进教师在课程教学中积极开展思想政治教育工作，加强教学研究活动，不断提高教师的业务能力和水平。重视青年教师培养，学校要在学费收入中安排一定比例的资金用于教师培训，加大教师培训力度，全面提升教师师德素养，保证师资结构的高质量和稳定化。要采取多种形式关心教师工作和生活，提高教师工资和福利待遇，吸引各类高层次人才到民办学校任教，做到事业留人、感情留人、待遇留人。

三、在内外双重层面上加强交流互鉴

积极探索民办高校党的领导体制机制建设的支撑性举措也应该在内外双重层面上加强交流互鉴。"与公办高校相比，民办高校是市场经济的产物，是高等教育系统与社会和市场联系最紧密的部分，因而具有更多办学自主权。"① 这种自主权给予了其进行充分交流互鉴的机会。不同类别的民办高校不仅要总结自身的办学经验，而且要加强内部的交流互鉴，实现经验的共享，就共同存在的问题进行交流探讨，加强行业内的整体监管，形成民办高校整体建设发展的积极导向和共同目标。同时在外部层面上，要加强同公办高校的交流互鉴，明确彼此差异和自身优势，在此基础上实现制度的借鉴、资源的共享，加强多方面的深入合作，实现共同的发展进步。同时要建立同地方政府职能部门的常态化反馈交流机制，促进其监督指导工作的规范化和高效化。

加强民办高校内部经验问题的交流互鉴。一方面，深化对民办教育事业发展

---

① 徐绪卿：《我国民办高校内部管理体制改革和创新研究》，中国社会科学出版社2012年版，第333页。

前景的客观分析。近年来，国家基本放开了对营利性办学的限制，在法律层面上鼓励社会力量参与民办教育事业，但这并不意味着营利性办学就不受任何限制。随着国家和地方政府职能部门对学科类教育培训机构的整顿清理，民办教育事业整体也应该适应新形势、新要求，进行新的发展规划。要明确坚持民办教育事业发展的公益性属性，完善对营利性办学的规范，科学界定产权关系、合理安排产权制度，促进营利性和非营利性教育培训事业的共同健康发展。另一方面，深化对政策和制度执行方面的经验及问题的交流。坚持问题导向，积极开展各民办高校的实践案例研究和互动交流，不断推动党的领导体制机制的改进完善。如在加强党建工作和群团组织建设方面，加强基层党组织建设和辅导员、班主任队伍建设，加强以党建带群建、以党建带团建等实践工作模式方面的交流互鉴，着力塑造共青团员和广大青年学生积极向上的精神风貌，不断促进党的建设和群团组织工作的严格规范化和系统优化。同时进一步拓宽视野，积极开展对外交流调研工作，借鉴国内外高校建设的先进经验，从我国国情和民办高校校情的实际出发，全面设计、规划和创新管理制度体制，以改革创新精神提高民办高校党建工作和治理体制机制的科学化水平。

促进民办高校同公办高校的交流互鉴和资源共享。首先，在办学价值理念方面，民办高校要向公办高校看齐，深刻认识到坚持和落实党的领导的重要意义。民办教育事业要获得健康、快速、持久的发展，就必须在政治上和思想上坚定地依靠党的领导，坚定地维护党的领导，贯彻党的教育方针，坚定社会主义办学方向，与公办高校齐力构建大思政格局，落实立德树人根本任务。其次，在党建工作和管理模式方面，要发挥公办学校党建工作优势，通过区域共建、中心校带动等方式，与民办学校组织联建、资源共享，挖掘和构建开展党建和思想政治教育工作的新平台、新形式，进一步抓好思想政治教育和德育工作，发展积极向上的群团组织，巩固民办高校的思想文化和意识形态阵地，为坚持和落实党的领导体制机制提供科学价值引领和积极文化氛围。如有的民办高校以"同在党旗下、携手添光彩"为主题，与公办高校开展"结对共建"活动，实现民办高校党建工作指导方式、组织方式、管理方式、服务方式的全新转变。有的公办高校为更好地帮助民办高校党委书记开展工作，重点实施了"三个一"工程，即每年组织一次专题培训、举行一次工作观摩交流活动、选派一批省属公办本科高校的优秀党员干部到民办高校担任党建工作联络员。最后，建立人才和资源等方面的交流共享机制。民办高校要在学生就业、生源质量、科研力量、教研力量建设等方面，同公办高校进行深入交流，建立对口支援建设机制，在吸取有益经验和分析自身不足的基础上，着力在学科建设、教研力量建设等方面进行调适完善，扩宽资源共享的渠道和平台，着力提升自身办学质量，凸显自身培养应用型、技术型人才的特色优势，同公办高校实现深度互补，促进民办高校教育事业的健康可持续发展。

建立同地方政府职能部门的常态化反馈交流机制。民办高校隶属于地方政府职能部门的管理，因此要深化民办高校同地方政府职能部门的交流，为民办高校更好地落实党的领导、推进党的领导体制机制建设提供有力支撑。在招生方面，民办高校采用提前招生、跨区招生、考试招生等多种方式进行招生，容易在招生工作中产生腐败、违法等问题，因此地方政府部门要制定相应的规则制度条例对民办高校的招生行为做出严格的规范。如实行同等同类招生与公办学校同期招生、完善民办学校招生收费规范、对学位授予名额进行监管评估等。在政策制度要求方面，在民办高校内设立监事会，建立年度检查和年度报告制度，建立民办高校信用档案和举办者、校长执业信用制度，确保民办高校实行信息公开、接受社会监督。定期召开民办高校董事长恳谈会，及时纾解思想困惑和发展矛盾，努力打造又红又专的干部队伍。在监督互动工作机制方面，民办高校要定期向政府部门进行工作汇报，同时政府部门要采取多元化的方式开展监督指导，通过下派督导员、进行专题调研、开展师生谈话等方式，加强政府职能部门同民办高校的紧密联系程度。如北京市委教育工委在努力构建党建工作长效机制方面，建立了督导专员和督学制度，将民办教育纳入政府教育督导工作范围，聘任一批督学，联系民办高等教育机构，履行督学职能。广东省教育厅正探索推进从教育行政部门和公办高校遴选党务经验丰富的在职干部，派往民办高校担任党组织书记，工资待遇仍由原单位发放，他们还将兼任所在民办高校的督导员。山东省还研究制定了《山东省民办高校党委书记（督导专员）考核工作办法》和《山东省民办高校党建工作联络员管理细则（试行）》，并采取"四不两直"的方式，不定期开展民办高校党建工作督导调研，及时通报检查结果，跟进指导问题整改，改变了过去民办高校党建工作制度缺失、基础薄弱、管理粗放的状况。同时，山东省还出台了《山东省民办高校党委书记选派和管理暂行办法》，按照"政治强、业务精、纪律严、作风正"的标准，坚持"地域相邻、专业特色相似、办学方向相近"的原则，在人选上注重"精准匹配"。从而保证了地方政府职能部门能够充分了解和有效推进各民办高校党建工作的实际进展，确保监督指导工作落实到位、产生成效。此外，地方政府部门每年要举办民办高校党委书记任职培训班，开展加强党的政治建设等党建工作专题培训，定期组织民办高校党委书记开展"红色沙龙"交流探讨活动，完善省级示范培训、工委定期培训、学校集中培训的三级培训体系，提升民办高校党委书记坚持和落实党的领导的工作能力和核心素养。

"高等教育发展应该是制度性发展。"[①] 促进新时代民办高校党的领导体制机

[①] 徐绪卿：《我国民办高校内部管理体制改革和创新研究》，中国社会科学出版社2012年版，第302页。

制建设是一个重要的时代课题,事关民办高校教育事业的转型发展,也关乎我国高等教育事业的整体质量。因此,结合民办高校的办学特点,要加强各级地方政府部门的统筹分类指导,深化和加强民办高校对坚持党的领导的科学认识;明确民办高校管理层的权责关系,在组织构建、重大决策和具体执行层面严格规范落实党的领导的管理制度;拓宽民办高校党组织、公共职能部门、群团组织资源,拓宽实践结合点和发展路径,进而有效健全落实党的领导的内部运行机制;加强民办高校内部以及其同公办高校、政府部门的交流互鉴和积极反馈互动,从而在总结经验,不断探索中推动民办高校教育事业发展形成强大内生动力和发展活力。总之,在民办高校党的领导体制机制建设的针对性举措问题上,要充分动员地方政府职能部门、民办高校管理层、民办高校内部运行主体三个层面的积极性,明确三者的功能定位、目标任务和发展路径,将坚持和落实党的领导的根本制度落实到这三个主体层面当中,形成推进民办高校党的领导体制机制建设的强大合力。

坚持党的领导是中国特色社会主义民办高校最显著特征。因此,要树立鲜明的政治导向,以推动民办高校办学治理现代化发展作为根本出发点,积极探索和完善党的领导体制机制,促进党的领导体制机制的不断创新发展。只有抓住实践主体力量,明确发展理念指引,才能对民办高校党的领导体制机制形成正确合理的发展布局和实践引领,有效协调各方面的利益矛盾,广泛凝聚推动民办高校发展的积极力量,使党的领导通过完善的体制机制,有效地贯彻落实到办学治校管理的方方面面。在具体实践层面,着力强优势、补短板,进一步推动民办高校从外延式扩张向内涵式发展转变。促进民办高校准确把握新时代的重大改革发展机遇,实现自身办学发展的新跨越,发挥民办高校在落实立德树人根本任务中的重要作用。地方政府部门要加强对民办高校的规范指导,坚持保证民办教育事业的公益性,防止企业化管理思想和行为的渗透,深化调查研究工作,出台具体的监督指导措施。从而进一步明确和凸显民办高校在高等教育事业整体全局中的重要地位,鼓励和引导民办高校朝着提高质量、办出特色、满足多样化教育需求的方向发展,培养新型高技术人才,为服务国家和社会实践发展提供强大的人才后备力量。

习近平总书记在党的十九大报告中指出:"中国特色社会主义最本质的特征是中国共产党领导,中国特色社会主义制度的最大优势是中国共产党领导。"[①] "党政军民学,东西南北中,党是领导一切的。"[②] 民办高校是国家人才培养的重

[①②] 习近平:《决胜全面建成小康社会 夺取新时代中国特色社会主义伟大胜利——在中国共产党第十九次全国代表大会上的报告》,人民出版社2017年版,第20页。

要基地,其工作领导权问题是民办高校未来发展和国家后备人才建设的核心问题。党的领导是中国特色社会主义民办高校的本质特征,贯彻执行党对民办高校的全面领导、培养造就能担重任的时代新人,民办高校基层党组织任务艰巨、责任重大。教育部《关于规范并加强普通高校以新的机制和模式试办独立学院管理的若干意见》中对民办高校的党建工作,以及更好地发挥党组织领导作用提出具体要求。民办高校作为我国高等教育发展的重要一环,坚持党对民办高校的全面领导,这对于我国民办高校抓住时代机遇建设世界一流民办大学,对于推动我国民办高校内涵式发展,助力人才强国建设,坚定维护党中央权威和集中统一领导,牢牢把握办学方向等,都具有重要的现实意义。因此,我国要建设世界一流民办大学、培养世界一流人才,必须进一步完善党对民办高校全面领导的体制机制,以此确保党对民办高校的全面领导。

四、完善董事会领导下的校长负责制

董事会领导下的校长负责制是符合当代中国民办教育发展道路的治理模式,完善民办高校的领导体制是完善民办高校党的领导体制机制的核心环节。在该领导体制架构下,民办高校逐渐形成了"董事会决策、党委领导、校长负责、教授治学、民主管理"的内部运行模式。在具体实践过程中,需要有效调节政治权力和行政权力的关系,明晰董事长、党委书记、校长及其行政职能部门的职责范围,还需要调动高校师生员工积极参与学校的管理工作。如党委书记主要负责政治工作、确保高校的政治方向、执行党的教育方针政策;董事长是民办高校的法人代表、承担民事责任、由董事会选举产生、对董事会负责;校长由董事会聘任、负责高校的教学科研和其他行政工作;教授负责民办高校的学科建设、学风建设和学术发展等工作;民主管理彰显了民办高校党务公开和校务公开的原则,是维护师生员工民主权利与合法权益的保障。董事会领导下的校长负责制,尤其需要民办高校党组织发挥好政治核心作用,在政治上积极领导,在管理上积极参与,在行动上认真监督。为此,民办高校要从优化领导班子的结构着手,适当提高党员在领导班子成员中的比重,通过党员群体把党和国家的教育方针贯彻落实到具体的管理和教学科研中。党员群体要主动参与学校发展,要自觉把党组织工作置于民办高校发展的全过程、全领域,增强服务意识、提升服务质量,为民办高校的高质量发展出谋划策。

第一,建立健全沟通协调机制。健全党委书记、董事长和校长定期沟通协商机制,使民办高校党的全面领导得到切实贯彻落实。民办高校党组织要建立有效的沟通渠道,形成良好的沟通机制,处理好党政沟通问题。具体来说,校长与书记要加强沟通，党委书记要从民办高校发展的全局出发，在沟通中协调各方利益；校长在行政管理工作中，每遇重大问题要及时与校领导班子沟通交流，且领导班子成员就自己的工作情况与未来的工作计划要及时向主要领导汇报和沟通。在具体的操作过程中，党委书记要主动加强与董事长的沟通，尤其在事关学校发展方向方面的沟通要尽量达成共识与一致，提高民办高校的决策水平、议事能力，提升党组织的决策水平，保证党的教育方针得到有效贯彻和落实；要明确沟通主体，确定谁应该扮演这个主动沟通的角色，如在涉及教学、科研与行政工作等方面的问题时，校长应主动沟通、寻找问题的突破口和解决问题的有效方案，而书记应该听取校长的意见；确立日常沟通、事先沟通与及时沟通等沟通机制，了解相关工作存在的问题，并及时向主要领导汇报，以便在沟通交流中形成科学的决策，处理好日常事务、重大事务和紧急事务。总而言之，民办高校党组织要通过健全的制度与机制规范和解决高校"党政不分""以党代政"的问题。在具体的管理工作中，结合民办高校的特点与实际情况，用制度来明确党政职权的管辖范围、班子成员的职责使命、党政部门的决策程序和议事规则，有效处理党政职责任务。在沟通交流中，党委负责人要自觉加强与相关部门的交流沟通，把工作重心放在党的建设方面，提高党的工作水平，丰富党的活动，增强党组织的凝聚力，促使其成为民办高校最巩固最有力的战斗堡垒。

第二，构建"交叉任职"机制。交叉任职制度是确保党组织全程参与学校的决策和管理、确保党组织的政治核心作用发挥的基本保障。2017年重新修订的《中华人民共和国民办教育促进法》明确指出，民办高校党组织负责人既要兼任督导专员，还要参与董事会工作，且是董事会不可缺少的重要成员。因此，民办高校要遵从"交叉任职"的组织原则，尽量选派党员干部担任董事长或董事会成员，实现党委会成员与董事会成员交叉任职。与此同时，尽量实现校长与副校长、党委书记与副书记都是董事会成员。通过党员的交叉兼职，确保学校重大决策的政治方向，确保学校工作围绕党的教育方针、中心任务开展，也能够保证党的活动围绕学校的发展目标开展，保证党的领导在民办高校的落实。党委书记作为民办高校党组织的核心，要自觉主动地加入学校董事会，通过校院两级党政班子的双向进入和交叉任职实现共同负责，使党组织在确保正确办学方向、育人导向、发展走向、资金流向等方面切实发挥作用。党委书记还要和董事长、校长统筹协调好学校的管理工作，推动学校法人治理结构的完善，形成运行有序管理体制机制。

第三，理顺党委、董事会和校长之间的关系，建立"三位一体"的协同机制。民办高校是董事会领导下的校长负责制，民办高校党委书记在处理好党建工作的同时，又能处理好与董事会和校长的关系，是推进党对民办高校全面领导的重要条件。"党委领导"是"董事会领导"和"校长负责"的前提，中心工作是引领民办高校的发展方向和确保民办高校的政治属性。"董事会"和"校长负责"是推动党的重大决策得到全面贯彻和落实的重要保障，是确保党的全面领导得以落地生根的基础。党是领导核心，全面领导民办高校，履行办学治校主体责任，在把方向、管大局、作决策、抓班子、带队伍、保落实等方面发挥领导作用，全力支持董事会和校长的工作，董事会和校长自觉接受党的领导，严格贯彻落实党的决定，做好本职工作，推动民办高校教学、科研和行政管理工作得到有效开展。当然，党的全面领导不等于党包揽全部事务，《中共中央组织部中共教育部党组关于印发普通高等学校党委常务委员会会议和校长办公会议（校务会议）议事规则示范文本的通知》明确规定党委会、党委常委会和校长办公会的议事决策范围和职责权限。同理，民办高校的领导体制是董事会领导下的校长负责制，这并不意味民办高校由董事长个人领导，而是以董事长为主要责任主体的董事会集体领导；校长负责也并不意味着民办高校由校长个人负责，而是以校长牵头组建的行政班子集体负责。民办高校的重大事情虽由董事会决定，但党委、董事会和校长要明确分工、主动担责，对重大事项要集体决策。为此，民办高校党组织要集思广益，遵从少数服从多数、个人服从组织的决定，在行政工作的执行方面要由校长执行董事会所做出的决策。

第四，完善董事会领导下的校长负责制要以夯实民办高校党的领导地位为核心。民办高校党组织肩负着党和国家所规定的各项工作、任务，决定着民办高校发展的重大议题，监督党的教育方针政策的落实与民办高校重大决策决议的执行。可以说，民办高校党的领导地位是否牢固决定了民办高校能否稳定、快速发展。为此，民办高校党组织要根据《高等学校党组织工作施行条例》《中国共产党普通高等学校基层组织工作条例》等文件，积极推动会议议事制度化、重大问题决策制度化、党建工作规范化，形成规范的请示制度和领导责任制度，规范党内民主生活会，协调好党建工作与行政工作的关系，确保党的教育方针得到有效贯彻和落实，确保党和国家的政策转化为学校的行动方案，引领民办高校更加科学化、规范化发展。民办高校党组织要摆正自身位置、坚定自身立场、履行自身职责，把促进民办高校教育事业稳步发展作为自己的本职工作；明确董事会是决策机构，着重负责事关学校发展的重大决策问题；明确院务会是执行部门，主要的工作职责是执行董事会的决策；明确党是监督和引领部门，不仅要参与重大事项的决策，还要积极监督董事会和院务会的工作，以保证学校的积极发展。民办高校党组织主要负责重大事项的决策和发展方向的引导，对于民办高校中的行政事务则由院务管理会承担和处理，要促进党务工作有效融入院务工作，净化院务工作环境，发挥好民办高校党组织的模范带头作用，进一步巩固党在民办高校的领导地位。

第五，民办高校是否实现党的全面领导，取决于是否健全党对民办高校全面领导的体制机制。而健全完善党对民办高校全面领导的体制机制，必须毫不动摇地完善坚持董事会领导下的校长负责制，确保民办高校党委始终总揽全局、协调各方的领导核心作用。民办高校党委要落实好教职工代表大会制度、董事会制度，切实引领民办高校步入规范化的发展轨道；民办高校党委要强化协商民主建设，广泛动员师生群体参与学校建设，保证协商民主得到切实贯彻和落实，通过民主协商助力教学科研与管理服务迈上新台阶、踏上新征程。为此，民办高校党委要积极完善能够确保师生共同参与管理的体制机制。例如，在民主监督和管理方面，可以通过建立健全党委常委联络机制，调动各民主党派积极参与，为各民主党派建言献策提供便捷的联络渠道；通过完善教职工代表大会制度，积极搭建能让教职工共同参与管理的服务平台，增强教职工主体意识，促进教职工更加自觉、自愿加入管理，在共同参与过程中实现教职工管理自治和推进教职工更加自律；建立健全学生代表大会制度，广泛调动学生参与管理的热情，完善学生会管理体制，推进学生会成为学生参与管理的重要渠道，切实推动民办高校师生员工参与学校决策，发挥教职工代表大会、学术委员会等组织和专家的作用，实现科学化决策。民办高校党委还要助力学术委员会健全完善运行体制机制，形成会议开放有度、委员回避有法、结果公示透明、年度报告全面的体制，为增强学术公信力和学术治理水平提供制度保障；推动学术委员工作报告常态化、接受监督常态化、专项培训常态化，提高学术委员会的治理能力；加强对学术委员会的审核与把关，牢牢把握学术底线，引领民办高校学术委员会积极发挥作用。

五、完善民办高校党的民主集中制的运行机制

民主集中制是党的组织制度的重要之一。积极探索民办高校党的领导体制机制建设的支撑性举措，也要高度重视完善民办高校党的民主集中制的运行机制。董事会领导下的校长负责制是民办高校的根本领导体制，民主集中制是民办高校党的领导得以实施的组织方式，党组织要按照"积极参与、民主集中、监督保障、会议决定"的规定，将民主集中制科学有效地运用到民办高校的管理工作中，同时，要进一步完善民办高校党的民主集中制的运行机制。

首先，民主集中制是党对民办高校的全面领导的策略。与董事会领导下的校长负责制的领导体制架构不同，民主集中制是民办高校党组织将领导负责制科学有效地运用到民办高校的管理工作中，实现党对民办高校全面领导的科学策略。民主集中制是党的根本制度，它是"民主"与"集中"的有机统一，两者相辅

相成、互为一体,"民主集中制执行得不好,党是可以变质的,国家也是可以变质的,社会主义也是可以变质的。干部可以变质,个人也可以变质"①。因此,以民主集中制为策略,加强党对民办高校的全面领导,对于推动高校的发展具有重要意义:一方面,民主集中制是发挥民办高校师生员工积极参与校园治理的有效模式,是切实加强党对民办高校全面领导的保障;另一方面,党领导民办高校服务社会、创新知识、培养人才,既是加强党对民办高校全面领导的重要任务,也是党全面领导我国教育事业的重点工程。

其次,民主集中制是民办高校领导班子促进团结、提高领导水平的科学制度。它对于克服校领导班子一言堂的弊端,提升民办高校决策的民主化与科学化水平具有重要。领导班子队伍是学校日常运行的中枢,是学校领导体制的关键因素,这支队伍的整体素质决定了学校的健康发展和体制的运行绩效。民办高校领导班子成员在工作中是否讲政治、顾大局、守纪律,关系我国民办高等教育事业的发展质量与发展方向。因此,要加强民主集中制的教育培训,以经常化制度化学习提高班子成员贯彻执行的意识和能力,引导领导干部善用民主集中制原则和方法推进日常管理工作。领导干部应不断增强学习的自觉性,熟悉和掌握民主集中制的基本理论、基本内容和基本要求,为贯彻执行民主集中制奠定思想理论基础,提高贯彻落实民主集中制的能力素质。

民主集中制是实现党对民办高校全面领导的保证,党组织在总揽全局的同时,要尊重领导班子成员的意见,调动班子成员的积极性,真正做到统揽不是独揽,各司其职不是个人专断。领导班子成员在做好本职工作的同时,还要积极参加集体领导。形成相互信任、相互尊重、团结协作的和谐氛围,是民主集中制在管理工作中的表现。在贯彻落实民主集中制的过程中,制衡权力,加强监督约束的效果,提高领导班子的能力素养。在领导班子中要处理好党的领导与校长负责的关系,民办高校的民主集中制是校长负责制的基础,是党对民办高校有效领导、管理的途径。坚持民主集中制原则,明确党委和校长的职责,发挥党的领导核心作用,把握民办高校发展方向、明确民办高校发展目标,为民办高校发展创造良好环境,在总揽全局的过程中把握好民办高校的整体工作,制定科学合理的决策,促进民办高校快速发展;党对民办高校全面领导的实现,需要校长自觉接受党的领导,积极履行党的决策,贯彻执行党和国家关于高等教育的法规文件。在民办高校相关事务工作中校长在尊重和履行党的重大决策时,党委也要支持和尊重校长的职权,形成党领导下的分工合作与协调配合的管理体制,在民主的氛围中,开阔眼界、增长见识,形成彼此尊重、相互成长、共同进步的环境。民主

---

① 《邓小平文选》第一卷,人民出版社1994年版,第303页。

集中制之所以能够产生科学的决策，这是由党的工作路线（群众路线）决定的。群众路线是党的根本工作路线，是民主集中制在党的建设中的生动运用与体现，在具体操作过程中要求深入群众、发扬民主、集中智慧，形成集体智慧的决策力和灵活高效的执行力，这也是党能够引领各项事业蓬勃发展的关键所在。

对于民办高校来说，党要能够真正实现对民办高校的全面领导，首要任务就是要实现民办高校稳定发展、切实保障师生员工的切身利益。据此，党组织要深入师生员工的日常生活中，全面了解他们的利益诉求，解决他们的现实需要，增进了解、彼此信任、虚心请教、耐心倾听他们对民办高校发展的相关意见和建议，以此调动他们建言献策的积极性，凝聚集体智慧，提高管理的规范性与决策的科学性。民办高校党委要明确院系基层党组织的职责，以及教代会、工会、校团委、校社团等组织的作用，制定相关制度章程，规范各个组织的行为活动与使命任务，全面落实并有效开展学校相关基层群众工作，最大化地发挥民主集中制的作用，尤其是民办高校领导班子要真正做到群策群力，推动多元主体参与学校建设。在实践操作层面要尊重党员的主体地位、保障党员的民主权利，遵循党务公开的原则，扩大党员的知情权、参与权和决策权，营造积极的党内民主氛围，使党员成为党组织的主体。

最后，民主集中制是加强党的建设，实现党对各项事业科学领导的原则和制度。在党的各项制度建设和各项事业发展中，抓住了民主集中制这个根本，就抓住了突破口。在党的制度体系中，民主集中制是核心，其他制度在运行的过程中蕴含和体现着民主集中制的理念。在制度的实践操作层面，把民主集中制灵活地运用到党的活动中去，也是高校党的制度建设的核心问题。制度具有稳定性和长期性，要加强制度建设，完善能够贯彻执行民主集中制的相关制度体系，以保证民主集中制得到贯彻落实：一是坚持实事求是的原则，不断探索、开拓创新，在规范操作中促进民主集中制的贯彻落实更加灵活、畅通。对于民办高校来说，就是要根据高校的具体情况，完善校内规章制度，强化党委会议事章程和规则、校长办公会议事章程和规则、学术委员会议事章程和规则等，促使民主集中制得以更加精细化的落实。二是把民主集中制运用到民办高校管理的各个领域，贯穿于民办高校的行政管理、教学管理、学术管理与学生管理等方面，在民办高校建设中发挥民主集中制的整合功能与互动作用。三是加强民办高校党内民主建设。党内民主是党的生命，党内集中是保障党焕发生机活力的源泉。党的先进性和战斗力，主要在于党的指导思想的正确性、科学性和彻底性，而指导思想向实践行动的成功转化还需要由民主集中制来保证。民主集中制的基本原则就是要严肃认真，遵守组织纪律，防止个人主义、拜金主义，杜绝一切歪风邪气，因此民办高校党内在贯彻执行民主集中制的过程中要呈现出民主里有集中、集中里有民主，纪律中有自由与自由中有纪律，以及统一意志与个人意志相融洽的局面。高校党内各项制度都是民主集中制的具体化，民主集中制的内容广泛运用于党的活动、党的建设等各个方面，既反映了党内生活的关系，也明确了党员个人与党组织的关系，还规定了党内生活的秩序与准则，形成了较为科学的制度体系。加强党对民办高校的全面领导，必须贯彻落实民主集中制，将民主集中制作为民办高校规章制度建设的基础，确保民办高校规章制度建设的正确方向，完善以民主集中制为核心的各项规章制度，在制度体制方面确保党对民办高校的科学领导。

六、构建民办高校党建与教育事业协同发展的运行机制

积极探索民办高校党的领导体制机制建设的支撑性举措还应该构建民办高校党建与教育事业协同发展的运行机制。党对民办高校全面领导的成效体现为民办高校党的建设成效与教育事业发展的成效，党对民办高校的全面领导过程主要体现为民办高校党的建设与教育事业协同发展的过程。习近平总书记指出："党和人民的事业发展到什么阶段，党的建设就要推进到什么阶段。这是加强党的建设必须把握的基本规律。"① 这意味着民办高校教育事业发展到什么阶段，党对民办高校全面领导发展到什么阶段，民办高校党的建设就要推进到什么阶段。因此，加强党对民办高校的全面领导、推进民办高校教育事业的发展，必须加强民办高校党的建设，而加强民办高校党的建设又有助于提升民办高校党的领导力和促进民办高校教育事业的发展。

首先，民办高校党的建设是推进民办高校教育事业发展的重要保障。民办高校教育事业发展的历史表明，民办高校教育事业的发展离不开党的领导，而民办高校党的领导能力和领导水平的提升又离不开党的建设。民办高校同样承担着为党育人、为国育才的使命，加强民办高校党的建设，有助于学校实现整体性改革、结构性调整和可持续发展。民办高校党组织发挥着黏合剂和润滑剂的作用，在政府主导下，把社会、举办者、行政人员和师生集聚到"培养合格人才，建设党和人民满意的大学"的总目标中，形成共同的治理愿景。民办高校党委扮演着管党治党的主人翁角色，严格遵循"三严三实"的要求，通过发挥党的组织优势，帮助举办者加强与政府主管部门的沟通，获得更好的外部支持；帮助行政人员落实好学校各项工作，营造更好的内部环境；帮助师生维护好合法权益，获得更好的组织能力。院系党组织和基层党支部具有紧密联系师生的优势，能够动员和带领师生参与人才培养、专业建设、学科发展等工作，形成学校发展的推进

---

① 习近平：《在庆祝中国共产党成立95周年大会上的讲话》，人民出版社2016年版，第22页。

力。此外，学校党组织还可以推动教职工代表大会和学生代表大会等组织的建设，让师生共同参与学校治理，既能彰显党组织的服务引领力，也能激发师生的主体意识，使之更好地参与学校的建设和发展。

其次，民办高校教育事业的发展为民办高校党的建设提供人才支持。民办高校教育事业的发展主要表现为民办高校的教育质量和发展水平，具体表现为课程开发、学科建设、教学科研、师资队伍、人才培养，以及硬件和软件设备等方面的发展。民办高校发达的教育事业意味着民办高校拥有能力突出的领导团队、雄厚的师资队伍、完善的课程体系、实力强劲的学科体系、突出的教学科研能力，以及综合能力突出的人才资源等。民办高校是培育人才的基地，是我们党吸收优秀党员队伍的重要来源。民办高校党的建设以及党的领导能力和领导水平的提升都需要拥有一支业务精湛、技术娴熟、能力突出的优秀党员队伍，而民办高校教育事业的发展就能够为党的建设和党的领导提供能力突出、政治可靠的人才资源。基于人才资源而言，民办高校教育事业的发展影响党员队伍的能力和素质，而党员队伍的能力和素质又直接影响民办高校党的建设水平与民办高校党的领导能力和领导水平。

最后，民办高校党建与教育事业共同服务于人才培养。立德树人这一根本任务直接关系到高等教育"为谁培养人、培养什么人、怎样培养人"等时代命题，也体现了"立什么德、育什么人"的高校党建工作质量评价的基本指向。在这个问题上，民办高校与公办高校没有差异，也不能有例外。加强民办高校党的建设的直接目的是要推进民办高校教育事业的发展，而民办高校教育事业的发展又离不开党的领导。民办高校党建与教育事业协同发展，有助于破解民办高校"轻党建、重教育"的问题，推进两者共同服务于人才的培育工作，落实立德树人根本任务。推进民办高校党建工作和教育工作的协同发展，就是要保持党员队伍的先锋队性质，发挥优秀党支部、优秀党员的模范作用，激励民办高校师生员工在自己的岗位上拼搏奋斗，推动民办高校拓展学科领域及其知识体系，创新教学方法，锤炼一支师德高尚、业务精湛的专业化教师队伍，培育素质过硬、本领高强的名师和名家，为党和国家培育更多的优秀领导者、接班人和建设者。由此可见，推动立德树人的整体实践是民办高校党建与教育事业协同发展的价值追求。民办高校党委在全面领导民办高校的过程中要有战略高度，要紧紧围绕党的建设这根主线和教育事业发展这个中心任务展开，实现两者的协同发展，为党和国家培育更多可靠的优秀人才。

在党建协同与教育事业协同的过程中实现理念协同与行动协同。理念协同就是要实现观念和认知上的统一，通过发挥理念认同的作用来统筹和推动民办高校的管理、教学与科研工作，理念认同是行动协同的基础和先导，即先有理念上的统一才会有行动上的一致。理念认同,即民办高校要坚持正确的政治方向、培养社会主义建设者和接班人,把培育优秀人才摆在高校工作首位。行动协同就是要实现行为上的一致,明晰职责,严格执行党和国家的教育方针,贯彻落实好董事会领导下的校长负责制,明确董事会的职责权限,校长做好行政班子的领导工作,党委要发挥好政治监督和引领发展方向的作用。

七、完善民办高校党的培训机制

完善民办高校党的培训机制也是积极探索民办高校党的领导体制机制建设的支撑性举措。我国民办高校党员干部的教育培训工作无论在创新培训内容,还是在培训形式等方面都取得了一定的成效。但还需进一步适应新时期新形势下对建设高素质教育干部队伍的要求。因此,民办高校要在持续深化实践基础上逐步建立常态化、长效化工作机制。

第一,党的培训机制要以提升党员队伍的综合素养为出发点。党员队伍的综合素养影响党的领导能力和领导水平。民办高校党委要通过建立合理的常态化培训机制,不断提升党员队伍的综合素养,进一步提升党对民办高校的领导能力和领导水平。所谓合理的常态化培训机制,就是促进党员队伍尤其是党员干部熟悉和掌握高校发展的内在规律、党的领导原则与民办高校的根本领导体制与法律法规制度。在具体的培训工作中,民办高校党委既要按照政治家的标准加强对党员队伍的培训力度,坚定党员队伍的政治立场、引领民办高校朝着正确的政治方向发展。还要按照教育家的标准加强对党员队伍的培训力度,促使党员队伍遵循高校的发展规律和教书育人规律,确保民办高校的党员干部能够真正胜任育人工作。进而在增强民办高校党员队伍的培训力度中,全面提升党员队伍的综合素养,增强党对民办高校全面领导的能力和水平。

第二,党的培训机制要以加强对党员干部的培训力度为关键点。党员干部是党员队伍中的骨干力量,加大对党员干部的培育力度既有助于提升党员干部的综合素养,也有助于推动党员干部队伍的建设。民办高校党的领导班子对教育的认知与理解水平,在一定程度上影响着党的教育方针的实施,影响着民办高校的办学方向和人才培养的质量。因此,民办高校要大力培育对党忠诚和有知识、有能力的教育工作者,大力培育兼具政治家的睿智、教育家的担当的领导班子。这既是确保我国民办高校坚持正确办学方向的内在要求,也是把党的教育部署落实到民办高校办学全过程全领域的重要保障。尤其要加强对党务工作者和党支部书记的培训力度,这是确保党组织始终站在时代前列、始终保持先进性的内在要求。通过培训使党务工作者进一步了解和把握党务工作的程序和要求,切实提升做好党组织工作的能力和水平，进一步补齐党建工作短板，为做好民办高校党建工作、推动民办高校教育事业发展打下坚实的基础。

第三，党的培训机制要以优秀党员为重点培育对象。以培训优秀党员为重点来完善培训机制，这既是民办高校从战略高度探索完善培训机制的内在要求，也是民办高校实现可持续发展、加强党的领导的必由之路。为此，民办高校党委要严格遵循学校的章程、制度，平衡领导班子的决策权、监督权、执行权，从严选拔优秀党员干部，吸纳优秀人才壮大党员队伍。具体来说，在党委书记的聘任与选拔方面，党委要重重把关、精挑细选，让业务精湛、素养优良和对党忠诚的骨干精英担任党委书记，牢牢把握党对民办高校的领导权；在重要职务的任免方面，要注重考察候选人的政治立场、教育理念、管理方式、责任担当等，将其能力素质与岗位要求相匹配；在党员干部的选拔任免方面，要遵照党章和党的组织要求，做到积极选拔、重点培养和严格考察，为贯彻落实党的教育方针和推进民办高校的发展培养后备人才；民办高校党委要抓好党组织和党员干部队伍的建设工作，优化干部队伍结构，注重对优秀青年的选拔、培育工作，选拔德才兼备的青年担任相应职责，选准年轻有为的青年才俊、选对为党服务的优秀人才，加大培训力度，在实现干部队伍年轻化的同时，提升干部队伍的办事能力和工作水平。

第四，民办高校党的培训机制要以"育人"为中心。完善培训机制的目的在于教育好党员、培育好党的干部，要以提升民办高校的办学质量和推动民办高校高水平发展为目标，建立起规范化的教育培训体系，更好地服务于党员队伍的建设、优秀人才的培养，为民办高校高质量发展提供人才保障。民办高校是推动科技发展、培育优秀人才的重要阵地，肩负着为党育人、为国育才的时代使命。民办高校基层党组织引领着学校高质量发展，已成为推动民办高校发展的中坚力量。在完善培训机制时，党组织要关注人才培育质量、树立大人才理念，通过留住优秀人才、培育优秀人才的方式，提升人才培育水平。

第五，民办高校党的培训机制要坚持党对人才工作的全面领导。坚持党领导民办高校沿着国家需要的方向培育人才，提高"三会一课"的质量，积极开展组织生活会，提升党员的党性修养，擦亮民办高校立德树人之底色、筑牢民办高校思想育人之根基。通过加大党员干部的培训力度，助力党委从战略高度为民办高校的发展出谋划策。在培训方面，民办高校党委要层层落实，管好党的工作，提升高校党组织的工作能力和领导水平，着力打造优良的教书育人环境，把构建和谐校园作为民办高校党的重要任务之一；民办高校要自觉发挥党的领导优势，积极营造浓厚的学术氛围，完善民办高校教授治学的体制机制。具体来说，民办高校党委要在思想宣传方面发挥优势，积极传播崇尚学术、尊重知识、勇于创新、追求卓越的文化氛围,大力弘扬科学家精神、大力倡导学术道德、积极维护学术尊严,广泛发扬学术民主,为打造浓厚的学术氛围奠定思想基础;健全学习制度,严格执行学习制度。勤于学习、善于学习是党始终保持先进性的重要法宝。民办高校党委要抓好"三会一课",严格学习时间、精细学习任务、深化学习内容,抓紧抓实理论学习。在学习内容方面,始终坚持读经典、悟原理,推进党规党纪学习常态化,用党的宗旨和使命敦促党员干部,在学习中不断增强党员的党性修养。构建多元化学习平台,支部书记要讲好党课、支部委员和全体党员也要踊跃报名上党课,党支部要开展好主题党日活动、要充分发挥好"两微一端"平台,做好理论宣讲工作,以满足党员的学习需要,确保民办高校基层党组织切实成为民办高校稳步发展的坚强后盾。

总而言之,完善民办高校党的培训机制,就是要通过培训提升党员同志的综合素养,更好地发挥党员同志的先锋模范作用、更好地发挥基层党组织的战斗堡垒作用。同时,党员干部要自觉接受新思想、新理念和新知识,做好党建工作、宣传先进典型,不断提升工作能力和工作水平,不断增强自豪感和责任感,为民办高校的建设发展出谋划策;党员教师要做好本职工作、爱岗敬业,把崇高理想与祖国需要结合起来,与时代的需要结合起来,坚持以人民为中心,紧跟时代步伐、服务好人民,敢为人先、追求卓越,始终走在时代前列,把教育工作和人民事业统一起来,实现人生价值。党员同志要勇担使命、争做先锋,积极参与学校群团组织工作,参与学校各项筹备组织工作,积极出谋划策,确保党和国家的教育方针能够有效转化为学校的决策与行为,增强党对民办高校全面领导的能力。习近平总书记在全国教育大会上指出:"我国是中国共产党领导的社会主义国家,这就决定了我们的教育必须把培养社会主义建设者和接班人作为根本任务,培养一代又一代拥护中国共产党领导和我国社会主义制度、立志为中国特色社会主义奋斗终身的有用人才。"① 由此可见,民办高校党的全面领导与"立德树人"互为一体,推进两者相互结合、同步发展也是民办高校实现高质量发展的现实需要。民办高校党组织要选好、管好、用好领导干部,尤其在提拔任用方面,要坚持以德为先、德才兼备的选拔原则,要突出政治标准,注重后备人才的培养工作,积极储备优质力量;推进党务公开,鼓励师生党员参与党内事务,通过组织监督、民主监督、同级监督、自我监督等方式,积极监督党的组织和干部的职责,严肃党内政治生活,集中解决好党内突出问题;提升党员干部的专业素养和业务水平,使他们在学校建设发展中发挥谋大局、促改革、保落实的领导优势,

---

① 《习近平在全国教育大会上强调:坚持中国特色社会主义教育发展道路 培养德智体美劳全面发展的社会主义建设者和接班人》,载于《人民日报》2018年9月11日,第1版。

承担起"立德树人"的职责使命。同时,通过发挥教职工党员的先锋模范作用,形成奋勇争先的良好氛围;通过发挥基层党组织的战斗堡垒作用,不断完善民办高校党的领导体制机制。加强民办高校党的建设,将党的领导优势转变为促进学校发展的有力举措,提升民办教育治理体系和治理能力现代化水平。

结　语

中国共产党的领导是历史和人民做出的正确选择,是党和国家事业不断发展的定盘星与指南针。党的百年发展历程表明:"坚持和完善党的领导制度体系是中国共产党长期执政的基本经验"[①],是中国特色社会主义不断从胜利走向胜利的根本制度保证。坚持党的领导是指坚持中国共产党在中国特色社会主义事业中的领导核心地位。党的领导体制机制是党内领导制度与党领导国家、社会和人民群众等的各项制度组成的党的领导制度体系。坚持和完善党的领导体制机制,就是党的领导制度的具体细化。新时代高校党的领导体制机制是具有中国特色的制度体系,是我国高等学校管理体制长期探索和发展的历史选择,对于加强党对高校的全面领导具有十分重大而深远的意义。

第一,高校党的领导体制机制是一个复杂系统。高校党的领导体制机制是高校党的领导者、领导机构、领导关系、领导方式、领导形式及与之相适应的制度、程序与规范的统一体,以及对高校党的领导活动方式特别是对党的领导决策制度、干部选用制度和干部监督制度等做出的科学化、程序化、细则化的规范并实现动态良性运行的具体作用方式,体现为党委领导下的校长负责制以及党委在各部门和基层的思想领导、组织领导、政治领导的运行状态。深化高校党的领导体制机制研究,是党对高校全面领导的客观需要,是推进高等教育治理现代化的必然要求,是高校坚持社会主义办学方向的题中之义,是高等教育提高人才培养质量的内在要求,有利于增强党对高校领导体制机制的自觉性与坚定性。

第二,新时代高校党的领导体制机制要坚持逻辑和历史的统一。高校党的领导体制机制是在党的领导历史实践中产生的,具有历史继承性。新时代高校党的领导体制机制,既要立足于新时代高校党组织所处的历史方位和当前形势要求,将高校党的领导体制机制放在新时代全面从严治党实践和党的领导制度体系中去

---

① 徐光春:《新时代坚持和完善党的领导制度体系》,载于《红旗文稿》2020年第11期。

研究，也要总结历史经验教训，为新时代加强党对高校的领导体制机制提供有益借鉴。中国共产党在领导革命、建设、改革的百年历史过程中，特别是新中国成立以来的发展进程中，始终积极探索高校党的领导体制机制，形成具有内在关联的历史发展规律并积累了丰富的历史经验，始终坚持马克思主义在高校意识形态领域的指导地位，坚持和加强党对高校的全面领导，坚持完善党委领导下的校长负责制，完善和加强民办高校党的领导体制机制，这些基本经验对新时代坚持完善高校党的领导体制机制具有重要的现实启示价值，必须以改革创新的精神加强党对高校党领导的体制机制。

第三，新时代高校党的领导体制机制要坚持理论和实践的统一。高校党的领导体制机制，既是重要的理论课题，又是重要的实践课题。既要从根本上把握高校党的领导体制机制的深层理论基础，坚持马克思主义的科学世界观与方法论，深入把握马克思恩格斯关于教育阶级性本质等相关思想、列宁关于加强党对教育领导等相关重要思想以及党和国家领导人关于加强高校党的领导相关重要思想，为深入推进我国高校党的领导体制建设提供理论指导。又要直面当前高校党的领导体制机制现实运行中存在的诸多问题，当前面临加强党对高校全面领导的时代要求、培养民族复兴人才的时代诉求、全面深化改革的时代任务，党的建设新的伟大工程赋予创新高校党的领导体制机制新条件、新实践、新方向，建设"双一流"大学的发展目标、深化高校全面深化改革的繁重任务、全面落实"立德树人"的根本任务是高校党的领导体制机制的主要现实挑战。注重把理论指导运用于具体实践，从现实实践要求上探索新时代党的领导体制机制的基本路径，做到理论指导与实践推进的有机统一。

第四，新时代高校党的领导体制机制要坚持普遍性和特殊性的统一。新时代高校党的领导体制机制，既包含普遍性，也包含特殊性。深化高校党的领导体制机制研究，既要在普遍性上提出坚持和完善高校党的领导体制机制的基本原则与宏观方略，更为重要的还是要结合当前不同层次、不同类型高校党的领导体制机制的实际情况，提出具有特殊性、针对性的对策建议。为此，新时代完善部属高校党的领导体制机制，要紧密对接我国高等教育办学的实际需求，契合新时代"双一流"建设的目标要求，以建设中国特色的世界水平大学为根本指向，在政治领导、部省联动、组织队伍和制度保障等方面联合发力；新时代完善地方高校党的领导体制机制，要进一步理顺各省（区市）党委和所属高校的领导体制、职能定位关系，发挥坚持和落实党的领导的优势作用；严格规范地方高校的党政管理体制机制，积极构建以人为本、科学有序的现代化大学治理体系；创新完善地方高校落实党的领导的组织运行机制，增强高校内部开展教学科研创新的能力素质，推进地方高校在党的领导下实现新的跨越和新的发展；新时代完善民办高校党的领导体制机制，要进一步加强各级地方党委和政府部门的统筹指导、分类管理和监督工作，增进各类民办高校对坚持党的领导的坚定认同，进而做到在学校重大管理决策、教育科研发展、日常组织运行等方面坚定发挥党的领导的重要作用。从而在各级地方政府和职能部门层面、民办高校决策层面、内部运行管理层面形成系统完善的落实党的领导的相关体制机制，在促进民办高校建设的规模化、高质量、可持续发展中发挥科学引领和根本保障作用，将党的领导贯穿于办学治校的全过程。

第五，新时代高校党的领导体制机制要坚持问题导向。以问题为导向深入推进高校党的领导体制机制研究，深入把握高校党的领导体制机制存在的主要问题，并对问题背后的成因进行分析，深入把握当前高校党的领导体制机制的现实状况和加强党对高校领导体制机制的针对性与实效性。研究新时代高校党的领导体制机制，就是要突出现实问题导向，综合运用多学科知识，多维度考察高校党的领导体制机制的现状，揭示高校党的领导体制机制存在的主要问题与成因。当前，高校在探索党的领导模式、发挥党的领导优势与强化党的领导地位过程中，基本明确了高校党的领导内容，进一步优化了高校党的领导格局，取得了显著的成效，同时也存在一定的问题：高校党的领导体制机制运行不规范、决策程序执行不严格、体制机制建设的创新动力不足、内部监督制度还需强化、高校意识形态安全的领导缺乏有效的应急机制、高校统一战线的领导仍需加强、民办高校基层党组织的领导相对弱化。存在问题的成因是多方面的，主要体现在：制度与文化的冲突削弱了高校党的领导体制机制的完善功能，多元文化与西方意识形态交织渗透弱化了体制机制的完善成效，高校部分党员干部综合素养的有限性延缓了体制机制的完善进程，部分高校党委的责任意识不强，也忽视了高校党的领导体制机制的加强和完善问题，高校基层党委的组织力、领导力不强减弱了体制机制的运行效能，权力的滥用弱化了高校党的领导体制机制的功能，高校建设资源的相对欠缺也阻碍了高校党的领导体制机制的加强和完善。

总之，新时代高校党的领导体制机制还有许多问题需要继续深入探讨。比如，高校党的领导是党的领导体制的一部分，涉及党的整体组织体系，包括从中央、地方到基层组织，并涉及党的各级领导干部，既要注重组织层面又要顾及个体层面。例如，新时代高校党的领导如何全面覆盖高校内部治理体系，学校党委、二级院系党委、系（室）党支部、学生党支部共同构筑起组织领导体系，提升党的领导工作成效，适应高校治理现代化的要求。又如，新时代党的领导体制步入了全面深化改革时期，高校党的领导体制如何突出党的全面领导还需要进一步加强探索，需要各级党组织充分认识新时代背景下高校发展面临的实际问题，充分发挥党的领导的政治优势，聚焦立德树人根本任务，培养经济社会发展需要的各领域人才，保障高校办学的社会主义方向。特别是新时代高校党的领导体制机制具有特定的教育治理情境，期待未来可以结合具体高校党的领导工作过程，通过具体案例，全面、真实、准确地建立起高校党的领导有效管用的体制机制，充分彰显新时代中国特色社会主义高校党的领导显著的政治优势。

参 考 文 献

[1]《马克思恩格斯全集》第一卷,人民出版社1956年版。
[2]《马克思恩格斯全集》第二卷,人民出版社1957年版。
[3]《马克思恩格斯全集》第四十二卷,人民出版社1979年版。
[4]《马克思恩格斯文集》第一至十卷,人民出版社2009年版。
[5]《马克思恩格斯选集》第一至四卷,人民出版社2012年版。
[6]《列宁全集》第十二卷,人民出版社2017年版。
[7]《列宁全集》第三十四卷,人民出版社1985年版。
[8]《列宁选集》第一至四卷,人民出版社2012年版。
[9]《列宁专题文集:论马克思主义》,人民出版社2009年版。
[10]《毛泽东思想年编:1921~1975》,中央文献出版社2011年版。
[11]《毛泽东选集》第一至四卷,人民出版社1991年版。
[12]《毛泽东文集》第一至二卷,人民出版社1993年版。
[13]《毛泽东文集》第三至五卷,人民出版社1996年版。
[14]《毛泽东文集》第六至八卷,人民出版社1999年版。
[15]《邓小平文选》第一至二卷,人民出版社1994年版。
[16]《邓小平文选》第三卷,人民出版社1993年版。
[17]《江泽民文选》第一至三卷,人民出版社2006年版。
[18]《胡锦涛文选》第一至三卷,人民出版社2016年版。
[19]《习近平谈治国理政》第一卷,外文出版社2018年版。
[20]《习近平谈治国理政》第二卷,外文出版社2017年版。
[21]《习近平谈治国理政》第三卷,外文出版社2020年版。
[22]《习近平谈治国理政》第四卷,外文出版社2022年版。
[23]《建党以来重要文献选编(1921~1949)》第十九册,中央文献出版社2011年版。
[24]《建国以来毛泽东文稿》第4册,中央文献出版社1990年版。

[25]《建国以来重要文献选编》第二册,中央文献出版社1992年版。

[26]《建国以来重要文献选编》第十四册,中央文献出版社1997年版。

[27]《十二大以来重要文献选编》(中),人民出版社1986年版。

[28]《十四大以来重要文献选编》(上),人民出版社1996年版。

[29]《十七大以来重要文献选编》(下),中央文献出版社2013年版。

[30]《中共中央文件选集(一九四九年十月~一九六六年五月)》第二十九册,人民出版社2013年版。

[31]《中国共产党第十九次全国代表大会文件汇编》,人民出版社2017年版。

[32]《习近平关于全面依法治国论述摘编》,中央文献出版社2015年版。

[33]《习近平关于社会主义文化建设论述摘编》,中央文献出版社2017年版。

[34] 习近平:《决胜全面建成小康社会,夺取新时代中国特色社会主义伟大胜利》,人民出版社2017年版。

[35] 习近平:《论坚持党对一切工作的领导》,中央文献出版社2019年版。

[36]《习近平总书记系列重要讲话读本》,学习出版社、人民出版社2014年版。

[37]《习近平总书记教育重要论述讲义》,高等教育出版社2020年版。

[38] 中共中央宣传部:《习近平新时代中国特色社会主义思想三十讲》,学习出版社2018年版。

[39] 中共中央宣传部:《习近平新时代中国特色社会主义思想学习纲要》,学习出版社、人民出版社2019年版。

[40] 教育部课题组:《深入学习习近平关于教育的重要论述》,人民出版社2019年版。

[41] 中共中央党校(国家行政学院):《习近平新时代中国特色社会主义思想基本问题》,人民出版社、中共中央党校出版社2020年版。

[42]《中共中央关于完善坚持中国特色社会主义制度 推进国家治理体系和治理能力现代化若干重大问题的决定》,人民出版社2019年版。

[43]《中共中央国务院关于全面深化新时代教师队伍建设改革的意见》,人民出版社2018年版。

[44] 中共中央文献研究室:《刘少奇论党的建设》,中央文献出版社版1991年版。

[45]《中国共产党普通高等学校基层组织工作条例》,人民出版社2021年版。

[46] 中国社会科学院语言研究所词典编辑室:《现代汉语词典》,商务印书馆1983年版。

[47] 中国社会科学院语言研究所词典编辑室:《现代汉语词典》,商务印书

馆 2005 年版。

[48]《中华人民共和国法律汇编（1998）》，人民出版社 1999 年版。

[49] 共青团中央办公厅：《全团优秀调研成果汇编》，中国青年出版社 2009 年版。

[50]《国际教育百科全书》，贵州教育出版社 1990 年版。

[51]《国家中长期教育改革和发展规划纲要（2010—2020 年）》，人民出版社 2010 年版。

[52] 本书编写组：《中国共产党党员权利保障条例学习问答》，人民出版社 2004 年版。

[53] 薄一波：《若干重大决策与事件的回顾》（上卷），人民出版社 1997 年版。

[54] 陈树生、张继华：《高等教育品牌发展战略研究》，四川人民出版社 2008 年版。

[55] 程刚：《现代高校党组织的新使命——高校党组织在和谐校园建设中发挥作用的理论与实践》，高等教育出版社 2009 年版。

[56] 辞海编辑委员会：《辞海（第六版）》（第二卷），上海辞书出版社 2011 年版。

[57] 崔惟琳：《新时期高等学校党的建设概论》，山东教育出版社 1994 年版。

[58] 董宝良：《中国近现代高等教育史》，华中科技大学出版社 2007 年版。

[59] 杜玉银：《高校党建理论研究与实践探索》，云南大学出版社 2008 年版。

[60] 高叔平：《蔡元培合集》（第四卷），中华书局 1984 年版。

[61] 顾海良、罗永宽：《高校党的领导体制建设研究》，北京：中国文史出版社 2011 年版。

[62]《关于完善坚持普通高等学校党委领导下的校长负责制的实施意见》，人民出版社 2014 年版。

[63] 郭大成：《高校领导体制的研究与探索》，北京理工大学出版社 2014 年版。

[64] 胡大白：《民办高校现代大学制度建设》，社会科学文献出版社 2017 年版。

[65]《瞿秋白文集：政治理论编（第七卷）》，人民出版社 2013 年版。

[66] 廖远耿：《普通高校管理体制改革研究》，深圳大学出版社 1988 年版。

[67] 刘林：《探索与创新：全国民办高校党的建设与思想政治工作优秀成果集》，高等教育出版社 2014 年版。

[68] 卢汉桥、郑洁：《精准反腐论》，社会科学文献出版社 2018 年版。

[69] 倪邦文：《新时代青年马克思主义者培养论纲》，中国青年出版社2020年版。

[70] 潘懋元：《潘懋元论高等教育》，福建教育出版社2000年版。

[71] 秦惠民：《教育法治与大学治理》，人民出版社2021年版。

[72] 石学峰：《中国共产党党内权力运行机制研究（1949—2012）》，中国社会科学出版社2016年版。

[73] 史秋衡：《国家高校分类体系及其设置标准实证研究》，科学出版社2016年版。

[74] 孙成城：《中国教育行政概论》，安徽教育出版社1999年版。

[75] 孙绵涛：《教育行政学概论》，华中师范大学出版社1989年版。

[76] 孙晓峰，朱守良：《高校领导体制与干部管理》，合肥工业大学出版社2006年版。

[77] 王冀生：《宏观高等教育学》，高等教育出版社2000年版。

[78] 王建国：《新中国高等学校党建理论和实践研究》，北京交通大学出版社2011年版。

[79] 肖昊等：《高等学校运行机制》武汉大学出版社2010年版。

[80] 谢安邦：《高等教育学》，高等教育出版社1999年版。

[81] 新华词典编纂组：《新华词典》，商务印书馆1988年版。

[82] 徐绪卿：《我国民办高校内部管理体制改革和创新研究》，中国社会科学出版社2012年版。

[83] 荀渊等：《从高度集中到放管结合——高等教育变革之路》，华东师范大学出版社2018年版。

[84] 《延安大学史》编委会：《延安大学史》，人民出版社2008年版。

[85] 严家明等：《社会机制论》，知识出版社1995年版。

[86] 杨德广、谢安邦：《高等教育管理学》，上海教育出版社2006年版。

[87] 杨小微：《整体转型：当代学校变革"新走向"》，江苏教育出版社2012年版。

[88] 姚小玲：《改革开放以来北京高校党建史》，人民出版社2018年版。

[89] 俞家庆：《教育管理辞典》，海南出版社1999年版。

[90] 袁贵仁：《教育——哲学片论》，北京师范大学出版社2002年版。

[91] 张晓冬：《高等学校内部权力制约机制研究》，中国社会科学出版社2016年版。

[92] 张晓清：《高等学校党政领导体制研究》，天津人民出版社2015年版。

[93] 张晓燕：《中国共产党的领导体制和工作机制》，中共中央党校出版社

2019年版。

［94］张宗伟：《地方高校品牌的创建研究》，江西人民出版社2014年版。

［95］钟卫东：《领导学原理》，哈尔滨工程大学出版社2010年版。

［96］周奉年等：《中国高等教育运行机制研究》，广东高等教育出版社1994年版。

［97］［法］埃德加·莫兰著，吴泓缈等译：《方法：天然之天性》，北京大学出版社2002年版。

［98］［美］爱因斯坦著，许良英、赵中立、张宜兰编译：《爱因斯坦文集》第三卷，商务印书馆1979年版。

［99］［美］伯顿·R.克拉克著，王承绪等译：《高等教育系统——学术组织的跨国研究》，杭州大学出版社1994年版。

［100］［美］菲利普·G.阿特巴赫主编，别敦荣主译：《变革中的学术职业——比较的视角》，中国海洋大学出版社2006年版。

［101］［英］弗里德利希·冯·哈耶克著，邓正来译：《自由秩序原理》，生活·读书·新知三联书店1997年版。

［102］［英］J.B.伯里著，宋桂煌译：《思想自由史》，吉林人民出版社2003年版。

［103］斯宾诺莎著，温锡增译：《神学政治论》，商务印书馆1982年版。

［104］［英］约翰·穆勒著，程崇华译：《论自由》，商务印书馆1982年版。

后 记

书稿落笔,往事如昨,掩卷回眸,已过五载。本书既记载了我主持教育部哲学社会科学研究重大课题攻关项目"加强党对高校领导的体制机制研究"的结项成果,也有一种如释重负的人生感悟,更遗落下一些迷茫和落寞。从珞珈山到京师学堂,怀揣对学术研究的执着和不死的信念,推崇求是拓新,映照安常习故。故行高于人,众必非之;但初心如磐,奋楫笃行。

教育是国之大计、党之大计,是民族振兴、社会进步的基石,是功在当代、利在千秋的德政工程,承载着中华民族伟大复兴的希望。习近平总书记指出:"我们的高校是党领导下的高校,是中国特色社会主义高校。办好我国高等教育,必须坚持党的领导,牢牢掌握党对高校工作的领导权,使高校成为坚持党的领导的坚强阵地。"党对高校的全面领导,既是根本的制度设计,也是重大的政治原则。党对高校的全面领导,是全方位、全过程、全覆盖的领导,既要抓住领导干部"关键少数",也要抓好其他党员"绝大多数";不仅要领导好党内系统,还要注重调动党外各类群体的积极性和创造性;在抓好党建工作的同时,还要抓好教学科研等业务工作,保证高校事业发展到哪里,党的领导就要跟进到哪里,做到坚持扎根中国大地办好世界一流大学。

历史和实践证明,办好中国的事情,关键在党;办好中国的教育,关键也在党。加强党对教育工作的全面领导,是办好教育的根本保证。高校要强化使命担当,充分发挥党委统揽全局、协调各方、把握方向、凝聚人心的作用,把思想和行动统一到以习近平同志为核心的党中央决策部署上来,把党的全面领导和教育方针有机融入高校工作的各方面、各领域和各环节,努力建设世界一流的中国特色社会主义大学,开创高等教育改革发展新局面。

行文至此,感谢经济科学出版社何宁责任编辑的辛勤付出,由于水平所限,阅历浅薄,对于新时代高校党的领导体制机制研究这个重大的理论和现实课题的把握和阐释可能存在诸多不足,敬请读者不吝批评指正。

黄建军

2023 年 6 月 6 日于北京师范大学

教育部哲学社会科学研究重大课题攻关项目成果出版列表

序号	书　名	首席专家
1	《马克思主义基础理论若干重大问题研究》	陈先达
2	《马克思主义理论学科体系建构与建设研究》	张雷声
3	《马克思主义整体性研究》	逄锦聚
4	《改革开放以来马克思主义在中国的发展》	顾钰民
5	《新时期　新探索　新征程——当代资本主义国家共产党的理论与实践研究》	聂运麟
6	《坚持马克思主义在意识形态领域指导地位研究》	陈先达
7	《当代资本主义新变化的批判性解读》	唐正东
8	《当代中国人精神生活研究》	童世骏
9	《弘扬与培育民族精神研究》	杨叔子
10	《当代科学哲学的发展趋势》	郭贵春
11	《服务型政府建设规律研究》	朱光磊
12	《地方政府改革与深化行政管理体制改革研究》	沈荣华
13	《面向知识表示与推理的自然语言逻辑》	鞠实儿
14	《当代宗教冲突与对话研究》	张志刚
15	《马克思主义文艺理论中国化研究》	朱立元
16	《历史题材文学创作重大问题研究》	童庆炳
17	《现代中西高校公共艺术教育比较研究》	曾繁仁
18	《西方文论中国化与中国文论建设》	王一川
19	《中华民族音乐文化的国际传播与推广》	王耀华
20	《楚地出土战國簡册〔十四种〕》	陈　伟
21	《近代中国的知识与制度转型》	桑　兵
22	《中国抗战在世界反法西斯战争中的历史地位》	胡德坤
23	《近代以来日本对华认识及其行动选择研究》	杨栋梁
24	《京津冀都市圈的崛起与中国经济发展》	周立群
25	《金融市场全球化下的中国监管体系研究》	曹凤岐
26	《中国市场经济发展研究》	刘　伟
27	《全球经济调整中的中国经济增长与宏观调控体系研究》	黄　达
28	《中国特大都市圈与世界制造业中心研究》	李廉水

序号	书名	首席专家
29	《中国产业竞争力研究》	赵彦云
30	《东北老工业基地资源型城市发展可持续产业问题研究》	宋冬林
31	《转型时期消费需求升级与产业发展研究》	臧旭恒
32	《中国金融国际化中的风险防范与金融安全研究》	刘锡良
33	《全球新型金融危机与中国的外汇储备战略》	陈雨露
34	《全球金融危机与新常态下的中国产业发展》	段文斌
35	《中国民营经济制度创新与发展》	李维安
36	《中国现代服务经济理论与发展战略研究》	陈 宪
37	《中国转型期的社会风险及公共危机管理研究》	丁烈云
38	《人文社会科学研究成果评价体系研究》	刘大椿
39	《中国工业化、城镇化进程中的农村土地问题研究》	曲福田
40	《中国农村社区建设研究》	项继权
41	《东北老工业基地改造与振兴研究》	程 伟
42	《全面建设小康社会进程中的我国就业发展战略研究》	曾湘泉
43	《自主创新战略与国际竞争力研究》	吴贵生
44	《转轨经济中的反行政性垄断与促进竞争政策研究》	于良春
45	《面向公共服务的电子政务管理体系研究》	孙宝文
46	《产权理论比较与中国产权制度变革》	黄少安
47	《中国企业集团成长与重组研究》	蓝海林
48	《我国资源、环境、人口与经济承载能力研究》	邱 东
49	《"病有所医"——目标、路径与战略选择》	高建民
50	《税收对国民收入分配调控作用研究》	郭庆旺
51	《多党合作与中国共产党执政能力建设研究》	周淑真
52	《规范收入分配秩序研究》	杨灿明
53	《中国社会转型中的政府治理模式研究》	娄成武
54	《中国加入区域经济一体化研究》	黄卫平
55	《金融体制改革和货币问题研究》	王广谦
56	《人民币均衡汇率问题研究》	姜波克
57	《我国土地制度与社会经济协调发展研究》	黄祖辉
58	《南水北调工程与中部地区经济社会可持续发展研究》	杨云彦
59	《产业集聚与区域经济协调发展研究》	王 珺

序号	书　名	首席专家
60	《我国货币政策体系与传导机制研究》	刘　伟
61	《我国民法典体系问题研究》	王利明
62	《中国司法制度的基础理论问题研究》	陈光中
63	《多元化纠纷解决机制与和谐社会的构建》	范　愉
64	《中国和平发展的重大前沿国际法律问题研究》	曾令良
65	《中国法制现代化的理论与实践》	徐显明
66	《农村土地问题立法研究》	陈小君
67	《知识产权制度变革与发展研究》	吴汉东
68	《中国能源安全若干法律与政策问题研究》	黄　进
69	《城乡统筹视角下我国城乡双向商贸流通体系研究》	任保平
70	《产权强度、土地流转与农民权益保护》	罗必良
71	《我国建设用地总量控制与差别化管理政策研究》	欧名豪
72	《矿产资源有偿使用制度与生态补偿机制》	李国平
73	《巨灾风险管理制度创新研究》	卓　志
74	《国有资产法律保护机制研究》	李曙光
75	《中国与全球油气资源重点区域合作研究》	王　震
76	《可持续发展的中国新型农村社会养老保险制度研究》	邓大松
77	《农民工权益保护理论与实践研究》	刘林平
78	《大学生就业创业教育研究》	杨晓慧
79	《新能源与可再生能源法律与政策研究》	李艳芳
80	《中国海外投资的风险防范与管控体系研究》	陈菲琼
81	《生活质量的指标构建与现状评价》	周长城
82	《中国公民人文素质研究》	石亚军
83	《城市化进程中的重大社会问题及其对策研究》	李　强
84	《中国农村与农民问题前沿研究》	徐　勇
85	《西部开发中的人口流动与族际交往研究》	马　戎
86	《现代农业发展战略研究》	周应恒
87	《综合交通运输体系研究——认知与建构》	荣朝和
88	《中国独生子女问题研究》	风笑天
89	《我国粮食安全保障体系研究》	胡小平
90	《我国食品安全风险防控研究》	王　硕

序号	书　名	首席专家
91	《城市新移民问题及其对策研究》	周大鸣
92	《新农村建设与城镇化推进中农村教育布局调整研究》	史宁中
93	《农村公共产品供给与农村和谐社会建设》	王国华
94	《中国大城市户籍制度改革研究》	彭希哲
95	《国家惠农政策的成效评价与完善研究》	邓大才
96	《以民主促进和谐——和谐社会构建中的基层民主政治建设研究》	徐　勇
97	《城市文化与国家治理——当代中国城市建设理论内涵与发展模式建构》	皇甫晓涛
98	《中国边疆治理研究》	周　平
99	《边疆多民族地区构建社会主义和谐社会研究》	张先亮
100	《新疆民族文化、民族心理与社会长治久安》	高静文
101	《中国大众媒介的传播效果与公信力研究》	喻国明
102	《媒介素养：理念、认知、参与》	陆　晔
103	《创新型国家的知识信息服务体系研究》	胡昌平
104	《数字信息资源规划、管理与利用研究》	马费成
105	《新闻传媒发展与建构和谐社会关系研究》	罗以澄
106	《数字传播技术与媒体产业发展研究》	黄升民
107	《互联网等新媒体对社会舆论影响与利用研究》	谢新洲
108	《网络舆论监测与安全研究》	黄永林
109	《中国文化产业发展战略论》	胡惠林
110	《20世纪中国古代文化经典在域外的传播与影响研究》	张西平
111	《国际传播的理论、现状和发展趋势研究》	吴　飞
112	《教育投入、资源配置与人力资本收益》	闵维方
113	《创新人才与教育创新研究》	林崇德
114	《中国农村教育发展指标体系研究》	袁桂林
115	《高校思想政治理论课程建设研究》	顾海良
116	《网络思想政治教育研究》	张再兴
117	《高校招生考试制度改革研究》	刘海峰
118	《基础教育改革与中国教育学理论重建研究》	叶　澜
119	《我国研究生教育结构调整问题研究》	袁本涛 王传毅
120	《公共财政框架下公共教育财政制度研究》	王善迈

序号	书名	首席专家
121	《农民工子女问题研究》	袁振国
122	《当代大学生诚信制度建设及加强大学生思想政治工作研究》	黄蓉生
123	《从失衡走向平衡：素质教育课程评价体系研究》	钟启泉 崔允漷
124	《构建城乡一体化的教育体制机制研究》	李 玲
125	《高校思想政治理论课教育教学质量监测体系研究》	张耀灿
126	《处境不利儿童的心理发展现状与教育对策研究》	申继亮
127	《学习过程与机制研究》	莫 雷
128	《青少年心理健康素质调查研究》	沈德立
129	《灾后中小学生心理疏导研究》	林崇德
130	《民族地区教育优先发展研究》	张诗亚
131	《WTO主要成员贸易政策体系与对策研究》	张汉林
132	《中国和平发展的国际环境分析》	叶自成
133	《冷战时期美国重大外交政策案例研究》	沈志华
134	《新时期中非合作关系研究》	刘鸿武
135	《我国的地缘政治及其战略研究》	倪世雄
136	《中国海洋发展战略研究》	徐祥民
137	《深化医药卫生体制改革研究》	孟庆跃
138	《华侨华人在中国软实力建设中的作用研究》	黄 平
139	《我国地方法制建设理论与实践研究》	葛洪义
140	《城市化理论重构与城市化战略研究》	张鸿雁
141	《境外宗教渗透论》	段德智
142	《中部崛起过程中的新型工业化研究》	陈晓红
143	《农村社会保障制度研究》	赵 曼
144	《中国艺术学学科体系建设研究》	黄会林
145	《人工耳蜗术后儿童康复教育的原理与方法》	黄昭鸣
146	《我国少数民族音乐资源的保护与开发研究》	樊祖荫
147	《中国道德文化的传统理念与现代践行研究》	李建华
148	《低碳经济转型下的中国排放权交易体系》	齐绍洲
149	《中国东北亚战略与政策研究》	刘清才
150	《促进经济发展方式转变的地方财税体制改革研究》	钟晓敏
151	《中国—东盟区域经济一体化》	范祚军

序号	书名	首席专家
152	《非传统安全合作与中俄关系》	冯绍雷
153	《外资并购与我国产业安全研究》	李善民
154	《近代汉字术语的生成演变与中西日文化互动研究》	冯天瑜
155	《新时期加强社会组织建设研究》	李友梅
156	《民办学校分类管理政策研究》	周海涛
157	《我国城市住房制度改革研究》	高 波
158	《新媒体环境下的危机传播及舆论引导研究》	喻国明
159	《法治国家建设中的司法判例制度研究》	何家弘
160	《中国女性高层次人才发展规律及发展对策研究》	佟 新
161	《国际金融中心法制环境研究》	周仲飞
162	《居民收入占国民收入比重统计指标体系研究》	刘 扬
163	《中国历代边疆治理研究》	程妮娜
164	《性别视角下的中国文学与文化》	乔以钢
165	《我国公共财政风险评估及其防范对策研究》	吴俊培
166	《中国历代民歌史论》	陈书录
167	《大学生村官成长成才机制研究》	马抗美
168	《完善学校突发事件应急管理机制研究》	马怀德
169	《秦简牍整理与研究》	陈 伟
170	《出土简帛与古史再建》	李学勤
171	《民间借贷与非法集资风险防范的法律机制研究》	岳彩申
172	《新时期社会治安防控体系建设研究》	宫志刚
173	《加快发展我国生产服务业研究》	李江帆
174	《基本公共服务均等化研究》	张贤明
175	《职业教育质量评价体系研究》	周志刚
176	《中国大学校长管理专业化研究》	宣 勇
177	《"两型社会"建设标准及指标体系研究》	陈晓红
178	《中国与中亚地区国家关系研究》	潘志平
179	《保障我国海上通道安全研究》	吕 靖
180	《世界主要国家安全体制机制研究》	刘胜湘
181	《中国流动人口的城市逐梦》	杨菊华
182	《建设人口均衡型社会研究》	刘渝琳
183	《农产品流通体系建设的机制创新与政策体系研究》	夏春玉

序号	书　名	首席专家
184	《区域经济一体化中府际合作的法律问题研究》	石佑启
185	《城乡劳动力平等就业研究》	姚先国
186	《20世纪朱子学研究精华集成——从学术思想史的视角》	乐爱国
187	《拔尖创新人才成长规律与培养模式研究》	林崇德
188	《生态文明制度建设研究》	陈晓红
189	《我国城镇住房保障体系及运行机制研究》	虞晓芬
190	《中国战略性新兴产业国际化战略研究》	汪　涛
191	《证据科学论纲》	张保生
192	《要素成本上升背景下我国外贸中长期发展趋势研究》	黄建忠
193	《中国历代长城研究》	段清波
194	《当代技术哲学的发展趋势研究》	吴国林
195	《20世纪中国社会思潮研究》	高瑞泉
196	《中国社会保障制度整合与体系完善重大问题研究》	丁建定
197	《民族地区特殊类型贫困与反贫困研究》	李俊杰
198	《扩大消费需求的长效机制研究》	臧旭恒
199	《我国土地出让制度改革及收益共享机制研究》	石晓平
200	《高等学校分类体系及其设置标准研究》	史秋衡
201	《全面加强学校德育体系建设研究》	杜时忠
202	《生态环境公益诉讼机制研究》	颜运秋
203	《科学研究与高等教育深度融合的知识创新体系建设研究》	杜德斌
204	《女性高层次人才成长规律与发展对策研究》	罗瑾琏
205	《岳麓秦简与秦代法律制度研究》	陈松长
206	《民办教育分类管理政策实施跟踪与评估研究》	周海涛
207	《建立城乡统一的建设用地市场研究》	张安录
208	《迈向高质量发展的经济结构转变研究》	郭熙保
209	《中国社会福利理论与制度构建——以适度普惠社会福利制度为例》	彭华民
210	《提高教育系统廉政文化建设实效性和针对性研究》	罗国振
211	《毒品成瘾及其复吸行为——心理学的研究视角》	沈模卫
212	《英语世界的中国文学译介与研究》	曹顺庆
213	《建立公开规范的住房公积金制度研究》	王先柱

序号	书　名	首席专家
214	《现代归纳逻辑理论及其应用研究》	何向东
215	《时代变迁、技术扩散与教育变革：信息化教育的理论与实践探索》	杨　浩
216	《城镇化进程中新生代农民工职业教育与社会融合问题研究》	褚宏启 薛二勇
217	《我国先进制造业发展战略研究》	唐晓华
218	《融合与修正：跨文化交流的逻辑与认知研究》	鞠实儿
219	《中国新生代农民工收入状况与消费行为研究》	金晓彤
220	《高校少数民族应用型人才培养模式综合改革研究》	张学敏
221	《中国的立法体制研究》	陈　俊
222	《教师社会经济地位问题：现实与选择》	劳凯声
223	《中国现代职业教育质量保障体系研究》	赵志群
224	《欧洲农村城镇化进程及其借鉴意义》	刘景华
225	《国际金融危机后全球需求结构变化及其对中国的影响》	陈万灵
226	《创新法治人才培养机制》	杜承铭
227	《法治中国建设背景下警察权研究》	余凌云
228	《高校财务管理创新与财务风险防范机制研究》	徐明稚
229	《义务教育学校布局问题研究》	雷万鹏
230	《高校党员领导干部清正、党政领导班子清廉的长效机制研究》	汪　曦
231	《二十国集团与全球经济治理研究》	黄茂兴
232	《高校内部权力运行制约与监督体系研究》	张德祥
233	《职业教育办学模式改革研究》	石伟平
234	《职业教育现代学徒制理论研究与实践探索》	徐国庆
235	《全球化背景下国际秩序重构与中国国家安全战略研究》	张汉林
236	《进一步扩大服务业开放的模式和路径研究》	申明浩
237	《自然资源管理体制研究》	宋马林
238	《高考改革试点方案跟踪与评估研究》	钟秉林
239	《全面提高党的建设科学化水平》	齐卫平
240	《"绿色化"的重大意义及实现途径研究》	张俊飚
241	《利率市场化背景下的金融风险研究》	田利辉
242	《经济全球化背景下中国反垄断战略研究》	王先林

序号	书　名	首席专家
243	《中华文化的跨文化阐释与对外传播研究》	李庆本
244	《世界一流大学和一流学科评价体系与推进战略》	王战军
245	《新常态下中国经济运行机制的变革与中国宏观调控模式重构研究》	袁晓玲
246	《推进21世纪海上丝绸之路建设研究》	梁　颖
247	《现代大学治理结构中的纪律建设、德治礼序和权力配置协调机制研究》	周作宇
248	《渐进式延迟退休政策的社会经济效应研究》	席　恒
249	《经济发展新常态下我国货币政策体系建设研究》	潘　敏
250	《推动智库建设健康发展研究》	李　刚
251	《农业转移人口市民化转型：理论与中国经验》	潘泽泉
252	《电子商务发展趋势及对国内外贸易发展的影响机制研究》	孙宝文
253	《创新专业学位研究生培养模式研究》	贺克斌
254	《医患信任关系建设的社会心理机制研究》	汪新建
255	《司法管理体制改革基础理论研究》	徐汉明
256	《建构立体形式反腐败体系研究》	徐玉生
257	《重大突发事件社会舆情演化规律及应对策略研究》	傅昌波
258	《中国社会需求变化与学位授予体系发展前瞻研究》	姚　云
259	《非营利性民办学校办学模式创新研究》	周海涛
260	《基于"零废弃"的城市生活垃圾管理政策研究》	褚祝杰
261	《城镇化背景下我国义务教育改革和发展机制研究》	邬志辉
262	《中国满族语言文字保护抢救口述史》	刘厚生
263	《构建公平合理的国际气候治理体系研究》	薄　燕
264	《新时代治国理政方略研究》	刘焕明
265	《新时代高校党的领导体制机制研究》	黄建军
	……	